国家精品在线开放课程辅导丛书

『中国近现代史纲要』学习辅导

主编 宋俭 万军杰

武汉大学出版社
WUHAN UNIVERSITY PRESS

图书在版编目(CIP)数据

“中国近现代史纲要”学习辅导/宋俭,万军杰主编.—武汉：武汉大学出版社,2021.12
国家精品在线开放课程辅导丛书
ISBN 978-7-307-22661-6

Ⅰ.中… Ⅱ.①宋… ②万… Ⅲ.中国历史—近现代—高等学校—教学参考资料 Ⅳ.K25

中国版本图书馆 CIP 数据核字(2021)第 214796 号

责任编辑:胡国民 韩秋婷 责任校对:李孟潇 版式设计:韩闻锦

出版发行：**武汉大学出版社** (430072 武昌 珞珈山)
(电子邮箱：cbs22@ whu.edu.cn 网址：www.wdp. com.cn)
印刷:武汉中科兴业印务有限公司
开本:787×1092 1/16 印张:22.5 字数:400 千字 插页:1
版次:2021 年 12 月第 1 版 2021 年 12 月第 1 次印刷
ISBN 978-7-307-22661-6 定价:50.00 元

目　录

下编　从新中国成立到社会主义现代化建设新时期（1949—　）

绪　论

一、教学目的与要求

1. 了解本门课程的性质、任务、功能和学习的意义。
2. 了解中国近现代史的主流和本质。
3. 了解中国近现代史的主题和主线。
4. 熟悉中国近现代史的历史分期。
5. 基本掌握学习本门课程的方法。

二、基本教学内容

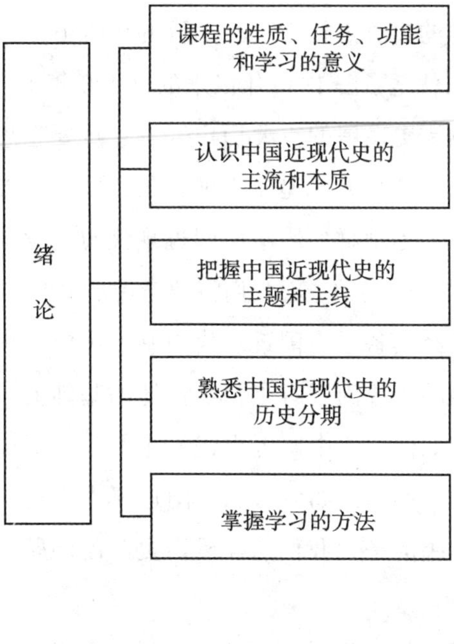

三、讨论式教学教案

（一）“中国近现代史纲要”课程的性质、功能和任务

教师：在开始学习之前，我们先来讨论一个问题：我们将要学习的“中国近现代史纲要”是一门怎样的课程？它承载着怎样的功能？当代大学生为什么必须要学习这门课程？这门课程的任务是什么？

学生：老师，我也想要和您讨论这个问题。在中学时我们已经学习了“中国近现代史”。初中的历史课讲了，高中文科生的历史课也讲了，到了大学，还要学这门课，这不是重复学习吗？我们现在要学习的这门课和中学的“中国近现代史”难道有什么不同吗？

教师：中国近现代史纲要学习的也是1840年第一次鸦片战争以来到今天的历史，和你们中学学习的当然是同一部中国近现代史。但是，并不是简单的重复学习，因为学习的重点、学习的目的是不同的。

学生：那您跟我们谈谈这些不同吧，大学和中学学习的区别到底在哪里呢？

教师：就“中国近现代史纲要”这门课程的学习来说，从初中到高中，再到大学的学习是一个递进和上升的过程。初中阶段学习的是历史知识，即中国近现代史“是什么、有什么”的问题，就是了解1840年以来的这180年里，中国历史上都发生过哪些重大事件？有哪些影响历史发展的重要历史人物、重要思想主张、重要制度？高中阶段的学习是在掌握了基本历史知识基础上的拓展，即不仅要知道历史有什么，还要了解历史为什么是这样而不是那样？影响中国近现代历史发展的主要因素是什么？即回答“历史为什么是这样”的问题。而我们将要学习的“中国近现代史纲要”是第三个阶段，就是要在大家已经具备了中国近现代史基本历史知识，并对中国近现代史的来龙去脉及影响历史发展的主要因素有了初步认知的基础上，思考我们应该怎样看待这一段历史，也就是我们如何评价中国近现代发生的影响历史发展的重大事件、重要思想理论和重要历史人物，特别是如何认识中国近现代历史发展的基本规律及其对未来历史走向的影响。要解决的是“我们怎样看历史”的问题。这和中学的历史学习的层次有很大的区别。

我们知道，对于同一个历史事件的评价，站在不同的立场可能得出不同的结论，

汉语有一个成语叫“亲痛仇快”。意思是对同一件事，因为立场的不同、关系的不同，而有着完全不同的评价。历史的评价也是如此，由于立场不同、历史观不同，对于同一历史事件，或者同一历史材料的分析，结论就可能大相径庭。比方说“中华人民共和国的成立”，这在中国近现代史上是一个重大事件，对于这个事件，站在人民的立场来评价和站在被推翻的旧统治阶级的立场来评价，结论就会完全不同。历史本身是客观的，但对历史的认识和评价则是要受立场和价值观影响的。

学生：老师的意思是说我们在大学阶段学习中国近现代史这门历史课，是要学会以正确的历史观去认识和评价中国近现代史上发生的历史事件和历史人物，以及他们的思想，也就是要我们自己学会去认识和评价历史，认识历史发展的规律。

教师：你说得基本正确，但是不准确。你刚才把我们将要学习的这门课叫作“历史课”。这种叫法是不准确的。我们可以把这门课程简称为“纲要”课，“纲要”课不是历史课，虽然它具有历史课的特点，它的知识体系也是以历史学为基础的，但这门课程的性质不是历史课，而是一门思想政治理论课，它从历史教育的维度，承担着大学生思想政治教育的功能。对于人类来说，历史始终都是一个好老师，历史学习同样是大学生思想政治教育的载体，作为当代大学生，只有了解近代以来中国的历史和国情，才能对我们今天的社会制度、主流意识形态及我们选择的发展道路有正确的认识，才能真正坚定中国特色社会主义的自觉和自信。如果离开历史来谈自觉和自信，那么不是言不由衷，就是苍白和空洞的!

学生：老师，习近平总书记指出，历史是最好的老师，只有正确认识历史，才能更好开创未来。这说的是历史的功能和学习历史的意义，您能跟我们深入地谈谈这个问题吗?

教师：好，那我就来谈谈历史的功能问题。你们应该都熟悉英国哲学家培根说过的一句名言：“读史使人明智。”① 英国另一位哲学家休谟也说：“历史不仅是知识中很有价值的部分，而且还打开了通向其他许多部分的门径。”② 这些都是强调历史是智慧之学，是打开人类智慧之门的钥匙。在中国的文化传承中，也一直非常重视历史的资政育人功能，先辈们也给我们留下了许多至理名言，我列举几例，我们一起来看看：

孔子说：“明镜所以察形，往古者所以知今”。③ 就是说，照镜子才能看清自己的

---

① ［英］弗兰西斯·培根：《培根随笔选》，何新译，上海出版社 1985 年版，第 14 页。

② ［美］莫蒂默·艾德勒、［美］查尔斯·范多伦：《西方思想宝库》，吉林人民出版社 2008 年版，第 17 页。

③ （春秋）孔子：《孔子家语》，中国文史出版社 2003 年版，第 89 页。

形象，知晓过去历史的人才能看清楚今天的现实。

汉代学者王充说："知今不知古，谓之盲瞽。"① 意思是说，你如果只知道今天而不了解历史，就会像盲人和聋人一样。

宋代历史学家司马光认为历史的功能是"鉴前世之兴衰，考当今之得失"。② 所以，他把他主持编写的那部历史巨著命名为《资治通鉴》。

晚清著名思想家龚自珍说："出乎史，入乎道；欲知大道，必先为史。"③ 意思是说，只有深刻了解历史，才能真正认识人类发展的规律。如果想要认识人类发展的规律，首先就必须了解历史。

近代学者梁启超说："叙述数千年来各种族所以盛衰兴亡之故者，是历史之精神也。"④ 意思是说，历史的精神是探索国家民族盛衰兴亡的原因。也就是我们通常所说的，明治乱，知兴替，以史鉴今。

以上这些名言警句，都谈的是历史的功能和学习历史的意义。在这里，我特别要说到龚自珍先生关于历史与国家兴亡关系的一句名言："灭人之国，必先去其史。"⑤ 说的是历史是一个国家和民族的精神和魂魄，如果你想要灭亡一个国家，首先要解构和摧毁这个国家的历史。"史"亡了，亡国也就不远了！民国历史学家陈寅恪更进一步地说："国可亡，而史不可灭。"⑥ 为什么要这样说呢？陈先生是这样解释的："国亡然能有史，则殷鉴不远。从善去恶，国可再建。如无史，何所鉴戒？何所取法？华夏民族无从因袭，将不复存在矣。"⑦ 这种认识是何其深刻呀！

历史，是一个民族和国家的集体记忆，也是其精神家园。一个没有自己历史或者遗忘了自己历史的民族，是不可能形成自己的文化和民族精神的，这样的民族是不可能有凝聚力的，也是不可能自立于世界民族之林的！

这正是历史，特别是中国近现代史所承载的思想政治教育功能。当代大学生，当然必须要了解自己国家和民族的历史，特别是要了解近代以来的历史和中华人民共和国的历史。习近平总书记指出，历史是现实的根源，任何一个国家的今天都来自昨天。

---

① （东汉）王充撰，陈蒲清点校：《论衡》，岳麓书社 2006 年版，第 164 页。
② （北宋）周马光编撰，邬国义校点：《资治通鉴》，上海古籍出版社 2017 年版，第 3682 页。
③ 李敖：《龚自珍全集 · 盛世危言》，天津古籍出版社 2016 年版，第 89 页。
④ 梁启超：《新史学》，商务印书馆 2014 年版，第 98 页。
⑤ 李敖：《龚自珍全集 · 盛世危言》，天津古籍出版社 2016 年版，第 25 页。
⑥ 陈寅恪：《陈寅恪集》，三联书店 2015 年版，第 362 页。
⑦ 岳南：《陈寅恪与傅斯年》，岳麓书社 2014 年版，第 265 页。

只有了解一个国家从哪里来，才能弄懂这个国家今天怎么会是这样而不是那样，也才能搞清楚这个国家未来会往哪里去和不会往哪里去。我认为，这正是我们学习“纲要”这门课的意义所在。

一直以来，中国共产党都非常重视历史特别是中国近现代史、党史和国史的学习。毛泽东说：“今天的中国是历史的中国的一个发展；我们是马克思主义的历史主义者，我们不应当割断历史。从孔夫子到孙中山，我们应当给以总结，承继这一份珍贵的遗产。”① 邓小平说：“我们要用历史教育青年，教育人民。”② “要懂得些中国历史，这是中国发展的一个精神动力。”③ 邓小平把历史学习看作国家发展的精神动力。党的十八大以来，习近平总书记更是高度重视党史和国史的学习，他指出，历史是最好的教科书。学习党史、国史，是坚持和发展中国特色社会主义，把党和国家各项事业继续推向前进的必修课。这门功课不仅必修，而且必须修好。可以说，世界上没有哪个政党像中国共产党这样重视历史学习，这也是我们在学习的过程中要深刻领会的。

接下来，我再简单谈谈学习“中国近现代史纲要”这门课程的目的和任务。简单的说，就是要通过学习，做到“两个了解，四个选择”。

学生：请问什么是“两个了解，四个选择”呢？

教师：“两个了解”就是要了解国史、国情。国史是指中华人民共和国历史。不仅要了解中华人民共和国发展的历史，还要了解中华人民共和国成立的历史，所以，了解国史实际包括了解近代以来中国的历史。国情，主要是指当代中国的基本国情，但同样地，了解国情也包括了解近代以来中国的基本国情。

“四个选择”是一种概括的说法，就是要让大学生通过“中国近现代史纲要”的学习，了解近代以来历史和人民怎样选择了马克思主义、选择了中国共产党、选择了社会主义道路、选择了改革开放。这“四个选择”决定了近代以来中国的历史命运，也决定了中国的发展前途。我们今天所处的时代——中国特色社会主义新时代，正是由这“四个选择”所决定的。

（二）中国近现代史的主流和本质

教师：现在我们来谈一个对于历史学习者极为重要的问题：在学习中国近现代史

---

① 《毛泽东选集》（第2卷），人民出版社1991年版，第534页。
② 《邓小平文选》（第3卷），人民出版社1993年版，第206页。
③ 《邓小平文选》（第3卷），人民出版社1993年版，第358页。

的过程中，如何避免历史知识的碎片化、表面化，从而认识历史的主流和本质？

学生：老师，我觉得历史的主流就是指历史发展的规律，它应该体现和反映历史的本质。

教师：可以这么理解。历史的主流和本质是两个关联性很强的概念，历史的主流是指历史发展的规律或趋势。历史的本质则是指某一历史过程或某一具体历史事件的本质特征。我们通常看到的历史过程或历史事件，首先表现为历史现象的呈现，历史现象和历史本质是构成一个历史事物的两个基本要素，历史现象是历史本质的外部表现，是指历史运动的外部联系和表面特征，历史现象是纷繁复杂的，历史研究的主要任务是透过历史现象揭示历史本质，认识历史发展的规律。

学生：老师您说得有点儿抽象，能不能谈得再具体一些。

教师：好。我们先来看一组黄河的图片。我们看到的地图和照片，黄河总的趋势是大河东去，这是由于我国西高东低的地形所决定的。但是，由于黄河流经的区域并不都是西高东低，所以黄河在不同区段的流向是多样化的。在一些地段，黄河也向北流、向南流，甚至向西流。历史也是这样。历史便如一条长河，其主流和总体趋势便如大河东流，是向前发展的。但是，在其发展过程中，在不同的阶段可能会表现出特殊的阶段性特征。在某个特定的阶段，其发展的方向可能会出现曲折，甚至会出现历史倒退的现象。如果我们不能正确区分历史的主流与支流，把握历史发展的总体趋势，就可能会被历史发展到一定阶段出现的曲折、倒退和偏离历史发展方向的支流所误导，也就难以准确认识历史的主流和本质，把握历史发展的规律。

学生：您是说，我们在学习历史的过程中，对任何一个具体的历史事件或历史人物都不能孤立地看，而要放在一个较长的历史发展过程中来考察，看它是否顺应历史发展潮流。

教师：对。我们说的历史主流就是历史发展的潮流。1916 年 9 月 15 日，孙中山先生应朋友之邀到浙江海宁观看钱塘江大潮，当时正值袁世凯复辟帝制失败后不久，孙中山触景生情，由钱塘江大潮想到了历史洪流。回到上海后，他写下了一句千古名言：“世界潮流，浩浩荡荡，顺之则昌，逆之则亡。”① 我想，这就是我们评价历史的基本标准，我们评价一件事或一个人，就是要看它（他）是顺应历史发展的潮流，推动历史的进步，还是逆历史潮流而动，阻碍历史的进步。

但是，需要注意的是，历史在其发展过程中，并不是在每一发展阶段都必然表现

---

① 《浙江文史资料选辑》（第 32 辑）《孙中山与浙江》，浙江人民出版社 1986 年版，第 166 页。

出主流的趋势，可能会有曲折，甚至会出现暂时的倒流。因此，区别历史的主流与支流，正确认识历史过程中一定阶段呈现的某种历史现象与整体历史发展主流的关系极为重要，不能把握历史的主流，就很难对具体的历史事件和历史人物做出正确的评价。我们对于中国近现代历史上每一具体历史时期、历史事件、思想主张、历史人物的评价，都应以其是否顺应历史发展的潮流为基本标准。举个例子来讨论一下吧。你们说说看，对辛亥革命要怎么评价呀？

学生："纲要"课教材中的总体评价是："辛亥革命是中国人民为救亡图存、振兴中华而奋起革命的一个里程碑，它使中国发生了历史性巨变，具有伟大的意义。"①

学生：但是在社会上也有不同的评价，有种观点说，辛亥革命后中国社会更糟糕了，政治黑暗、军阀混战、社会动荡、民不聊生，辛亥革命并没有使中国振兴。老师您怎么看这种评价呢？

教师：我们不否认辛亥革命失败后的一段时间里，中国的确进入20世纪最黑暗的时期，瞿秋白当时就评价说："中国的辛亥革命死了！在满中国都是反动的潮流"。②毛泽东后来在《论人民民主专政》中也说：辛亥革命后，"国家的情况一天一天坏，环境迫使人们活不下去"。③ 他们谈的是辛亥革命后一个时期内中国社会的黑暗。但是，他们并没有因此就否定辛亥革命的伟大意义。辛亥革命后一段时间内中国社会的黑暗，反映的只是历史发展过程中一定阶段的曲折性。当我们把辛亥革命放在近代以来实现中华民族复兴的历史过程来考察时，毫无疑问，辛亥革命是20世纪中国的第一次历史性巨变，它推动了中华民族的思想解放，打开了中国进步潮流的闸门，为中华民族发展进步探索了道路。可以这么说，如果没有孙中山先生领导的辛亥革命，就不可能有后来中国共产党领导的新民主主义革命的伟大胜利，也就不可能有中华民族从站起来到富起来、强起来的伟大飞跃。学习中国近现代史，必须要分清什么是历史的主流和主导方面，什么是历史的支流和次要方面。

对历史事件的评价如此，对历史人物的评价也是如此。中国近现代史上的历史人物形形色色，在同一历史事件中，不同历史人物有不同的表现，同一历史人物在不同时期、不同历史事件中的表现也不相同，只有把每一历史人物都放在历史发展的过程中，以其是否顺应历史发展的趋势为基本的标准来考察，才能正确评价其历史地位和

① 《中国近现代史纲要》（2021年版），高等教育出版社2021年版，第80页。
② 《瞿秋白文集·政治理论编》（第2卷），人民出版社2013年版，第1页。
③ 《毛泽东选集》（第4卷），人民出版社1991年版，第1470页。

作用。

学习中国近现代史不仅需要注意区别历史的主流和支流，还需要注意避免历史知识表面化、碎片化。你们都有听过“盲人摸象”的寓言故事吧？

学生：听过。这个故事说的是有五位盲人想了解大象长得是什么样子，分别摸到了大象的五个不同的部位，于是得出了五个完全不同的结论。

教师：这就是由于知识碎片化、表面化，而得出以偏概全、偏离事物本质的错误结论。就局部来说，五位盲人摸到的大象都是真实的大象，得出的结论也是正确的，但放在整体来说，则是完全错误的。碎片化、表面化的历史知识，也有可能导致同样的结果。在近年来兴起的中国近现代史“热”中，就常见这种“盲人摸象”的现象。如对抗日战争时期国民党正面战场的评价，有两种截然不同的观点。一种观点是热捧，由对台儿庄战役、昆仑关战役等具体战役的肯定而得出国民党正面战场是抗日战争主战场的结论。另一种观点则是骂杀，由豫湘桂战役、皖南事变等具体历史事件而得出国民党消极抗战、积极反共的结论。这两种观点都是由个别历史事件而得出的对整体历史的评价。这样的观点当然是片面的、不准确的。“纲要”课新教材的评价就比较客观，既强调“中国共产党的中流砥柱作用是中国人民抗日战争胜利的关键”,① 又突出“全民族抗战是中国人民抗日战争胜利的重要法宝”,② 对国民党正面战场的积极作用做出了客观的评价。

不能由碎片化的个别历史事件或某个具体的历史细节而得出结论，这是历史学的常识。因为仅仅由个别历史事件或某个具体的历史细节不仅无法获得对历史过程的整体、全面的认识，不可能把握历史发展的主线和规律，而且也可能偏离具体历史事件的本质。

学生：历史细节也很重要呀！您不是经常跟我们讲，历史主线和历史分期是历史的骨架，细节才是历史的血肉呀！

教师：没错，细节是历史的血肉。历史过程终归是由一个个历史细节串连而成的，对于具体历史事件和历史细节的精细的考证和研究当然是重要的，对于具体历史事件和历史细节的考辨愈细致、愈深入，对于由一个个具体历史事件和历史细节构成的历史整体和历史全过程的认识就愈全面、愈准确、愈深刻。但是，要注意的是：历史是一个不断演进的过程，前后有连贯性，事物之间有关联性，如果不能把具体的人和事

① 《中国近现代史纲要》(2021 年版)，高等教育出版社 2021 年版，第 161 页。
② 《中国近现代史纲要》(2021 年版)，高等教育出版社 2021 年版，第 162 页。

放在历史发展的过程中来考察，考察其与相关事物的联系性，而只是孤立地考察一个个具体历史事件或历史细节，就会导致“只见树木，不见森林”，或者说“一叶障目，不见泰山”。

历史学家翦伯赞曾经提出：只有掌握了更丰富的史料，才能使中国的历史，在史料的总和中，显出它的大势；在史料的分析中，显出它的细节；在史料的升华中，显出它的发展法则。碎片化的史料是不能显出历史“大势”和“发展法则”的。只有把一个个具体历史事件和微观历史细节放在宏观的历史框架和长时段的历史过程中考察，并将其按照一定的联系组织起来，构成有机的整体，才可能透过具体的历史事件和微观的历史细节认识历史的本质和历史的规律性。如果脱离历史的整体和历史发展的全过程孤立地看某个具体的历史事件和历史人物，得出的结论便有可能如“盲人摸象”一般。

学生：老师，那您给我们归纳一下，我们在学习的过程中，要怎样才能够避免历史知识的碎片化、表面化，从而正确认识中国近现代史的主流和本质呢？

教师：记住两条：第一，要正确认识个别历史事件或具体历史细节与整体历史的关系，切忌以点代面、以偏概全，由个别历史事件或具体历史细节得出对整体历史的结论；第二，区分历史的主流与支流，正确认识历史发展过程一定阶段曾经呈现的某种发展趋向与整体历史发展主流的关系。

中国近现代史上发生的大事很多，可谓千头万绪，但都是围绕着实现中华民族伟大复兴这个主题来展开的。一部中国近现代史，就其主流和本质来说，是中国一代又一代的志士仁人和人民群众为救亡图存和实现中华民族伟大复兴而英勇奋斗、艰辛探索的历史。

（三）中国近现代史的主题和主线

教师：接下来，我们再讨论一个话题：从 1840 年鸦片战争到今天，历史内容纷繁复杂，历史线索千头万绪，历史人物亦各领风骚，那么，这 180 多年的历史有没有一个共同的主题呢？如果有的话，这个主题是什么？

学生：老师，您前面说到，中国近现代史上发生的一切事件都是围绕着实现中华民族伟大复兴这个主题展开的，我认为，中国近现代史的主题就是十八大后习近平总书记提出的“实现中华民族伟大复兴的中国梦”。

教师：说得好。2012 年 11 月 29 日刚刚当选为中共中央总书记的习近平和全体中央政治局常委到国家博物馆参观大型历史展览“复兴之路”，当时，习近平总书记说了这么一段话：“现在，大家都在讨论中国梦，我以为，实现中华民族伟大复兴，就是中华民族近代以来最伟大的梦想。这个梦想，凝聚了几代中国人的夙愿，体现了中华民族和中国人民的整体利益，是每一个中华儿女的共同期盼。”① 习近平总书记这里谈的正是中国近现代史的主题。

学生：老师，复兴是指衰落后再兴盛起来。中华民族伟大复兴，就是说中华民族历史上曾经强盛过，在经历了近代的衰落后再次强盛起来，达成国家富强、民族振兴、人民幸福的目标。

教师：对。习近平总书记 2014 年出访欧洲时，在比利时布鲁日欧洲学院的演讲中曾说道：“在工业革命发生前的几千年时间里，中国经济、科技、文化一直走在世界的第一方阵之中。”② 的确，在一个很长的历史时期里，中国都是世界上最强盛与最富足的国家之一。唐代，中国成为世界文化的中心，英国史学家韦尔斯在《世界史纲》中曾高度评价初唐的“文化腾达和威力远被”。西班牙史学家门多萨在《中华大帝国史》中将明朝时的中国称为“全世界最富饶的国家”。德国哲学家莱布尼茨称中国拥有“人类最伟大的文明和最高雅的文化”。③ 法国启蒙思想家狄德罗盛赞“中国民族，其历史之悠久，文化、艺术、智慧、政治、哲学的趣味，无不在所有民族之上”，④ 还认为中国的治理也“是世界上前所未有最优秀的”。⑤ 那时的中国，以国家统一、社会富庶、人民勤劳的形象成为许多欧洲人心目中的理想国度。

但是，当世界历史由农耕时代进入工业时代以后，由于封建统治阶级的闭关自守、固步自封，中国落伍了。1840 年鸦片战争后，西方列强的侵略，使中国由一个封建大国逐步沦为半殖民地半封建社会，造成了中国长期贫穷落后，人民饥寒交迫、备受奴役，中华民族几度面临亡国灭种的危机。在那样的历史大背景下，争取民族独立、人民解放，实现国家富强、人民富裕，成为中华民族必须完成的历史任务。

---

① 中共中央文献研究室：《习近平关于青少年和共青团工作论述摘编》，中央文献出版社 2017 年版，第 13 页。

② 习近平：《出席第三届核安全峰会并访问欧洲四国和联合国教科文组织总部、欧盟总部时的演讲》，人民出版社 2014 年版，第 42 页。

③ ［德］G. G. 莱布尼茨：《中国近事——为了照亮我们这个时代的历史》，［法］梅谦立、杨保筠译，大象出版社 2005 年版，第 1 页。

④ 《学习时报》编辑部：《落日的辉煌　17、18 世纪全球变局中的“康乾盛世”》，中共中央党校出版社 2001 年版，第 7 页。

⑤ 解本亮：《凝视中国　外国人眼里的中国人》，民族出版社 2004 年版，第 6 页。

1894年，中国革命的先行者孙中山先生在创立资产阶级革命团体兴中会时提出了“振兴中华”的口号。之后，华兴会提出了“复兴中华”的口号，改良派的梁启超也提出“复兴中国”“振兴民族”的口号。后来的国民党政府发起了中华民族复兴运动。说说一个有意思的历史细节：1902年的时候，梁启超发表了一部轰动一时的政治幻想小说，叫《新中国未来记》。他在书中描述了60年后“新中国”的富强与繁荣，其中有一节，梁启超仿佛亲临其境地描绘了中国富强起来后在上海召开万国博览会的繁华情景，这表达的正是当时中国人渴望民族复兴、国家富强、人民幸福的强国富国梦想。可以说，进入近代以后，中国各派社会力量的活动，政治革命也罢，社会革命也罢，工业化建设也罢，国民性改造与思想启蒙也罢，都围绕着同一个主题：实现中华民族复兴。所以我们说一部中国近现代史就是中国人民为救亡图存和实现中华民族伟大复兴而英勇奋斗、艰辛探索的历史。

学生：梁启超的万国博览会梦想后来真的在上海实现了，就是2010年在上海举办的世界博览会呀！只不过已经过了108年，这也叫梦想成真吧！

教师：是的，近代以来中国人的强国、富国梦想今天正在一个一个地实现。所以，习近平总书记提出：今天，我们比历史上任何时期都更接近、更有信心和能力实现中华民族伟大复兴的目标。接下来，我们再来讨论中国近现代史的主线。中国近现代史的历史线索纷繁复杂、千头万绪，我们一起梳理一下，围绕实现中华民族伟大复兴的主题，有哪几条主线是贯穿这180多年历史，并体现着历史发展方向的呢？

学生：我认为主要有反侵略、革命、现代化这三条主线。其中革命和现代化是最重要的两条主线，是中国近现代史的两大主动脉。

学生：我认为可以从经济、政治、文化、军事、社会变迁、中外关系这几个方面来归纳中国近现代史的主线。

教师：嗯，你们的分析都有一定道理。尤其是把“革命”和“现代化”称为中国近现代史的“两大主动脉”的说法很贴切。如果说“主题”是历史的“魂”，那么，“主线”就是历史的“脉”。历史的线索很多，但并不是所有的历史线索都可以称为“主线”。一般来说，历史主线最起码要符合两个条件：其一，它是历史主题的展开，反映和体现着历史发展的主流；其二，它贯穿历史发展的全过程。这样来分析，我认为，围绕实现中华民族伟大复兴这一主题，贯穿中国近现代180多年历史的主线有以下三条：

第一条主线是：近代以来中国人民反对外来侵略、争取国家独立与民族解放以及中国由封闭走向开放，扩大国际参与，步入世界民族之林，走近世界舞台中央的历史进程。一方面，一部中国近现代史，就是一部中国人民和中华民族在山河破碎、民族危亡的背景下，用血与火谱写的抗击外国资本-帝国主义的野蛮侵略，争取国家独立与民族解放的抗争史，是一部与企图阻碍中华民族伟大复兴进程的各种敌对势力斗争的斗争史；另一方面，又是一部中国由封闭走向开放、不断加强与世界的联系，主动参与全球化的进程，倡导创建人类命运共同体，并逐步走近世界中央的开放史。

第二条主线是：近代以来中国人民通过社会革命，解放和发展生产力，走向现代化，建设社会主义现代化强国的历史进程。革命和现代化是构成中国近现代史的两个方面，二者相辅相成、不可分割。马克思说“革命是历史的火车头”,① 形象而深刻地说明了革命推动历史发展的巨大作用。当旧的生产关系和上层建筑成为生产力发展的桎梏时，就要通过社会革命，变革旧的生产关系和上层建筑。一部中国近现代史，就是一部通过革命解放和发展生产力的历史。现代化是实现国家富强和人民富裕的必由之路，近代中国的现代化包括物质文明的现代化，其核心是工业化；制度文明的现代化，其核心是政治民主化、国家法治化；精神文明的现代化，既包括马克思主义中国化、时代化、大众化，也包括对中华优秀传统文化的创造性转换。一部中国近现代史，就是中华民族全面迈向现代化的历史，就是在现代化进程中强国富民的历史，正如习近平总书记所说，现代化“使中华民族焕发出新的蓬勃生机”。②

第三条主线是：近代以来先进的中国人向西方寻找真理，在这个过程中选择以马克思主义为指导来解决中国的问题，并在运用马克思主义的科学理论指导中国的革命、建设和改革的实践中，不断推进马克思主义中国化的历史进程。马克思说：“理论在一个国家实现的程度，总是取决于理论满足这个国家的需要的程度。”③ 鸦片战争后，在历史大变局下，向西方学习成为先进的中国人探索国家出路的最初选择，近代由西方传来的主义、学说有很多种，同时并存的各种主义、学说，符合社会历史发展要求的得到发展，不符合的则被淘汰。由西方传来的各种资产阶级的主义、学说，都不能够根本解决中国的问题，中国人民正是在这样的过程中选择了马克思主义作为实现民族复兴的指导思想。这是一个决定中国历史命运的选择，中国人民选择马克思主义，也就意味着选择了社会主义道路和社会主义制度。五四运动后，在马克思主义同中国工

---

① 《马克思恩格斯选集》(第1卷)，人民出版社2012年版，第527页。

② 习近平：《在庆祝中国共产党成立95周年大会上的讲话》，人民出版社2016年版，第4页。

③ 《马克思恩格斯选集》(第1卷)，人民出版社2012年版，第11页。

人运动相结合的过程中，中国共产党诞生了，由此深刻改变近代以后中华民族发展的方向和进程，深刻改变了中国人民和中华民族的前途和命运。而中国共产党在运用马克思列宁主义理论指导中国革命和建设的实践中，从中国的实际出发，理论联系实际，不断推进马克思主义中国化，先后形成了毛泽东思想、邓小平理论、“三个代表”重要思想、科学发展观、习近平新时代中国特色社会主义思想等中国化的马克思主义理论，为实现中华民族伟大复兴提供了科学的指南。这是一条连接历史与现实、过去与未来的主线。

学习“中国近现代史纲要”，要在纷繁复杂、千头万绪的复杂历史中抓住这“一个主题，三条主线”。只有抓住中国近现代史的“魂”和“脉”，才能更好地把握中国近现代史的主流和本质。

（四）中国近现代史的历史分期

教师：这堂课我们来谈谈中国近现代史的历史分期问题。在前一个问题中，我们讲了中国近现代史的历史主线，从纵向对近代以来180多年的历史发展作了梳理，使纷繁复杂的历史线索条理化。历史分期则是从横向来对历史发展过程进行整理。这样就可以使纵向的历史主线与横向的历史时期构成一个中国近现代史的坐标体系，便于我们将这180多年历史发展过程中的每一历史事件和每一历史人物都放到这个坐标体系中来进行考察，明确它（他）们所处的历史方位，考察它（他）们与相关事物间的联系。

弄清历史分期对于历史学习者非常重要，划分历史时期是研究历史的一种方法，目的在于揭示不同历史时期之间质的差别，发现历史发展的阶段性特点及规律。但是需要注意，历史本身是一个连续的过程，划分历史阶段并不是要割断历史的联系，恰恰相反，对历史进行阶段性考察正是为了揭示历史发展的阶段性特点与历史发展全过程的关系。以中国近现代史为例，从1840年到今天的历史是一个连续的、不可分割的过程，但在这180多年中，因为历史任务的不同、从事主导历史发展方向的历史活动的主体不同等因素，在不同历史时期必然表现出质的差别，我们根据这种质的差别，将中国近现代史划分成若干个历史时期来进行阶段性的考察。

学生：老师，我们说人民群众是历史的创造者。按照这样的观点，一切历史活动的主体都应该是人民群众，那么如何理解您说的不同历史时期从事历史活动的主体不同呢？

教师：你提了一个很好的问题。人民是一个抽象的概念，但人民的构成是具体的，而且在不同时期，人民的内涵也是有所区别的。在中国民主革命时期，人民是一个阶级的范畴，人民的具体构成是指各革命阶级，包括工人阶级、农民阶级、城市小资产阶级，也包括民族资产阶级。各革命阶级在不同的历史时期，其地位和作用是不同的。在旧民主主义革命时期，民族资产阶级及其政党是历史活动的主导者，工人阶级、农民阶级则只是这一时期历史活动的参与者，所以我们说旧民主主义革命是民族资产阶级领导的。在新民主主义革命时期，工人阶级及其政党是历史活动的主导者，农民阶级是工人阶级的同盟军，是新民主主义革命的主力军，民族资产阶级则只是历史活动的参与者，所以我们说新民主主义革命是无产阶级领导的。我要强调的是，从事主导历史发展方向的历史活动的主体在不同历史时期是不同的。这是划分中国近现代史历史分期的一个重要依据，因为主导历史活动的主体不同，其选择的指导理论和发展道路便不同，这就使不同历史时期必然呈现出质的差别。

学生：我明白了。“纲要”课教材分为三编，实际就是将中国近现代史划分为三个历史时期，上编“从鸦片战争到五四运动前夜”，就是资产阶级及其政党领导的旧民主主义革命时期；中编“从五四运动到新中国成立”，就是无产阶级及其政党领导的新民主主义革命时期；下编“从新中国成立到社会主义现代化建设新时期”，就是中国共产党领导中国人民进行社会主义革命和社会主义现代化建设时期。

教师：对，可以这样理解。这是一种革命史的分期方法。从广义来说，革命、建设、改革都是社会革命。不过，我们还需要区分一下中国近代史和中国现代史。我们学习的中国近现代史是指 1840 年到今天的历史，包括中国近代史和中国现代史。其中，从 1840 年鸦片战争至 1949 年中华人民共和国成立前近 110 年的历史是中国近代史。中国近代史又分为两个时期，1840 年鸦片战争至 1919 年五四运动前的近 80 年为近代史前期，这一时期是中国半殖民地半封建社会形成和资产阶级领导的旧民主主义革命时期；1919 年五四运动至 1949 年中华人民共和国成立的 30 年为近代史后期，这一时期是中国半殖民地半封建社会的延续和无产阶级领导的新民主主义革命时期，新民主主义革命在全国的胜利，基本结束了中国的半殖民地半封建社会状态。从 1949 年中华人民共和国成立一直到今天的历史为中国现代史，准确地说应该包括现代史和当代史，这一时期与中华人民共和国史是重合的。这一段历史也可以分为两个时期，从 1949 年中华人民共和国成立到 1978 年改革开放前为现代史，这一时期的主题是完成社会主义革命和开始社会主义建设的探索；1978 年改革开放以来到今天的历史为当代史，这一时期的主题是开创、坚持、发展中国特色社会主义，党的十八大以后，中国特色社会主义进入新时代。这就是中国近现代史的基本历史分期。

学生：老师，我还有个问题，我看到有些老的历史教科书是将五四运动作为中国近代史和中国现代史的分界点，依据是五四运动是中国旧民主主义革命和新民主主义革命的分水岭。那么，我们为什么要将中华人民共和国的成立作为中国近代史和中国现代史的分界点呢？这种分期的主要根据是什么呢？

教师：你说得对，较早的历史教科书的确曾经将五四运动作为中国近代史和现代史的分界点。依据是五四运动之前是资产阶级领导的、以建立资产阶级共和国为目的的旧民主主义革命；五四运动之后，是无产阶级领导的、以马克思主义指导的、以走向社会主义为目的的新民主主义革命。但从今天的角度来看，这种分期有局限性。因为从 1840 年到 1949 年的 110 年间，中国的社会性质也就是基本国情是基本相同的，都是半殖民地半封建社会，中国革命的性质和任务也是相同的，都是反帝反封建的民主主义革命。从实现中华民族伟大复兴这个历史主题来说，近代中华民族的主要任务就是完成反帝反封建的任务，结束中国的半殖民地半封建社会状态，实现民族独立和人民解放，为国家富强、民族振兴、人民幸福创造前提条件。这个历史任务的完成是以新民主主义革命的胜利和新中国的成立为标志的。所以，将 1840 年到 1949 年作为完整的中国近代史更符合历史实际。

将中华人民共和国的成立作为中国现代史的开端，主要有两个根据。第一个根据是新民主主义革命的胜利和中华人民共和国的成立具有划时代的意义，以它为标志，结束了一个旧的历史时期，即半殖民地半封建社会时期，开启了一个新的时代，即社会主义社会的时代。也就是说，随着中华人民共和国的成立，中国的社会性质和基本国情都发生了深刻的变化。所以，我们通常将中华人民共和国的成立称为开启了中国历史的“新纪元”。所谓新纪元，就是一个新时代的开端，一段苦难和屈辱的历史结束了，中华民族站起来了！当时，有一位叫胡风的诗人写了一首长诗，赞颂中华人民共和国的成立，诗的题目很有意思，叫作《时间开始了》，以表达中华人民共和国成立的划时代意义。其中最后几句是这样的：

大自然底交响乐涌出了最高音，
全人类底大希望发出了最强光，
你镇定地迈开了第一步，

你沉着的声音像一响惊雷——

全人类四分之一的中国人从此站立起来了！

中华人民共和国的成立标志着经历百年沉沦的中华民族和中国人民站起来了，这就是中华人民共和国成立的划时代意义，胡风说的“时间开始了”也就是这个意思。第二个根据是随着新民主主义革命的胜利和中华人民共和国的成立，中华民族和中国人民的历史任务也发生了变化。如果说前110年历史的关键词是“革命”的话，那么，中华人民共和国成立以来到今天的这段历史的关键词就是“建设”，我们要在各方面进行现代化建设，建设一个富强民主文明和谐美丽的社会主义现代化强国。虽然中国进入社会主义社会是在1957年年初，但我们为社会主义而奋斗的历史从1949年中华人民共和国成立时就已经开始了。从1949年中华人民共和国成立到今天的历史就是一部在社会主义道路上实现中华民族伟大复兴的历史。经过70多年的发展，特别是改革开放以来40多年的持续发展，我国经济实力、科技实力、国防实力、综合国力进入世界前列，国际地位实现前所未有的提升，党的面貌、国家的面貌、人民的面貌、军队的面貌、中华民族的面貌发生了前所未有的变化。中国赶上了时代，实现了中国人民从站起来到富起来、强起来的伟大飞跃。今天，我们比历史上任何时期都更接近中华民族伟大复兴的目标，比历史上任何时期都更有信心、有能力实现这个目标。这是一个完整的历史过程。所以，将中华人民共和国的成立作为中国近代史和现代史的分野是符合历史实际的，凸显了实现中华民族伟大复兴历史进程中的两个不同阶段。

（五）学习“中国近现代史纲要”的方法

教师：接下来我们来聊聊绪论部分的最后一个问题：学习“中国近现代史纲要”的方法。在前面，我跟大家说到，学习“中国近现代史纲要”与中学阶段学习历史的最大区别，主要不在于学习和掌握具体的历史知识，而在于解决“我们怎样看历史”的问题，也就是要通过学习和训练，让大学生基本具备认识和评价历史的能力，这样在学习的过程中树立正确的历史观就特别重要，学习中国近现代史的方法，首先和最重要的一条就是要树立科学的历史观。

学生：老师，什么是科学的历史观呢？

教师：我们讲的科学的历史观，就是唯物史观。唯物史观又叫历史唯物主义，是人们运用唯物辩证法的方法观察和研究人类历史现象的根本观点和方法。唯物史观是马克思、恩格斯创立的，列宁称之为“唯一的科学的历史观”和“社会科学的唯一科学方法”。学习“中国近现代史纲要”，最重要的一点，就是要学会运用唯物史观的基本观点和方法来认识和评价历史。

学生： 老师，您跟我们说说，唯物史观主要有哪些基本的观点呢？

教师： 唯物史观有一整套科学的理论体系。大家在学习马克思主义基本原理课时，会接触到这套知识体系。今天，我们只是从认识和评价历史的角度来说，要掌握的唯物史观的基本观点主要有这么几条：

第一，历史的所有事件发生的根本原因是物质的丰富程度，社会历史的发展有其自身固有的客观规律。物质生活的生产方式决定社会生活、政治生活和精神生活的一般过程。

第二，社会存在决定社会意识，社会意识又可以塑造与改变社会存在。

第三，生产力和生产关系之间的矛盾、经济基础与上层建筑之间的矛盾，是推动一切社会发展的基本矛盾。

第四，在阶级社会中，社会基本矛盾表现为阶级斗争，阶级斗争是阶级社会发展的直接动力；阶级斗争的最高形式是进行社会革命，夺取国家政权。

第五，社会发展的历史是人民群众的实践活动的历史，人民群众是历史的创造者，但人民群众创造历史的活动和作用总是受到一定历史阶段的经济、政治和思想文化条件的制约。

我讲到这些，不是说要大家把这几条都背下来，而是要在思想上真正理解，并懂得运用，学会用这样的观点来考察和分析近代以来各个历史时期中国的国情，分析和评价中国近现代史上的历史事件、历史人物、思想流派，进而把握历史的主流和本质，认识历史发展的规律。通过学习中国近现代史，树立科学的历史观，本身也是学习这门课程的任务。

学生： 老师，我有一个问题：实事求是是不是唯物史观的基本观点呢？

教师： 当然是。是否遵循实事求是的方法论原则，是判定唯物史观还是唯心史观的根本标志。你提的这个问题特别好，尊重事实，忠于事实，一切从事实出发，求真、求实，是唯物史观的基本立场。周恩来总理曾经提出：只有忠于事实，才能忠于真理。我认为：这也应该是我们对待历史的基本态度。

学生： 我明白了。除了掌握科学的历史观，我们在具体的学习方法上，还应该注意哪些问题呢？

教师：在具体的学习方法上，还有以下几个需要注意的问题：

第一，要有世界的眼光，要把中国近现代历史放在整个世界历史的范围内来考察，从世界历史的宏观视域来考察中国近现代历史的发展和中国社会的深刻变迁。中国近现代史不同于中国古代史的一个重要特点是，鸦片战争以后，中国就不再是封闭的、孤立的，而开始被卷入世界资本主义体系，和世界发生日益密切的联系，中国历史的发展和中国社会的变动受到世界历史的深刻影响，离开世界历史的发展孤立地看中国近现代史是不全面的。

第二，“读万卷书，行万里路”。读万卷书是指阅读，阅读是学习历史的基本方法，读的史书、史料越多，对于历史的了解就越具体、越深入。由于“中国近现代史纲要”这门课程主要是“史论”性质的，它注重的不是具体的历史事件和历史过程，而是重要的历史结论和对重大历史事件的评论，特别是对历史发展规律的评述。虽然这些结论和评论都是建立在具体的历史研究基础之上的，但是，在教材和课堂的教学内容中，由于篇幅和时间的限制，不可能对具体历史事件和历史过程做详细的、具体的描述。所以，需要拓展阅读，才能深化对这些历史结论和评论的认识。“行万里路”则是指走入历史现场。中国近现代史的历史遗存甚多，要亲身走入历史现场，去感悟历史，近距离观察历史，这比仅仅通过阅读，对于历史的认识和认知会更加深刻。

第三，坚持理论与实际相结合，历史与现实相结合。中国近现代史纲要是一门思想政治理论课，其主要内容是中国共产党对于中国近现代历史重大问题的历史结论和对中国近现代历史发展规律的认识。其主要目的是要解决大学生对于“两个了解、四个选择”的认识问题，这是一个关乎中国未来发展的重大问题，正因如此，习近平总书记才强调它“是坚持和发展中国特色社会主义、把党和国家各项事业继续推向前进的必修课”,① 不仅必修，而且必须修好。那么，我们要学好这门必修课，仅仅背书本上的结论是没有意义的，一定要理论联系实际，密切关注当前的现实，要把学习中国近现代历史，同当前中国特色社会主义进入新时代，决胜全面建成小康社会和全面建设社会主义现代化强国的实际结合起来，只有这样，才能真正加深对国史国情的了解，才能加深对历史和人民选择马克思主义、选择中国共产党、选择社会主义道路、选择改革开放的认识，才能坚定中国特色社会主义的理论自信、道路自信、制度自信和文化自信。学习的目的，不仅是为了记住历史，更是为了全面把握现在，正确对待未来。

第五，在线学习、线下自习和课堂讨论式学习相结合。这谈的是具体的学习要求。

---

① 习近平：《在党史学习教育动员大会上的讲话》，人民出版社 2021 年版，第 3 页。

我用三句话来概括：线上学习重在投入；课堂学习独立思考；线下自习拓展阅读。

“中国近现代史纲要”绪论部分的学习就到此为止了，希望通过这个单元的学习和思考，对于大家学好“中国近现代史纲要”这门课程能有所帮助。

四、释疑解惑

（一）学习“中国近现代史纲要”怎样才能避免历史知识的碎片化，把握历史发展的主流

一是全面、准确认识历史，透过历史现象把握历史本质。历史现象和历史本质是构成一个历史事物的两个基本要素，历史现象是历史本质的外部表现，是指历史运动的外部联系和表面特征，任何一个历史过程、历史人物、历史事件及它们的发展变化都是通过历史现象表现出来的。历史现象纷繁复杂，透过历史现象揭示历史的本质，是历史研究的任务。要将具体的历史事件和历史人物置于中国近现史的全局中和具体的历史条件下来考察，深入洞悉其与相关历史事件之间的内在联系，全面、准确揭示历史的本质。历史现象并不一定能反映历史本质，碎片化的史实可以作为历史研究的材料，但不能将碎片化的史实当作历史本身，仅仅停留于“历史碎片”的研究并不一定能够揭示出历史整体的本质，甚至可能偏离历史的真相。所谓“真实的史料”，有时也会具有欺骗性，碎片化的史实不可能整体、全面地呈现历史发展的过程，更不可能深刻揭示历史发展的规律。

二是正确认识个别历史事件或具体历史细节与整体历史的关系，切忌以点代面、以偏概全，由个别历史事件或具体历史细节得出对整体历史的结论。不能由个别历史事件或某个具体的历史细节而轻率得出对整体历史的结论，这是历史研究的常识，因为仅仅根据个别事件或某个具体的历史细节无法获得对历史过程的整体、全面的认识，不可能把握历史发展的主要线索和基本规律。对于具体历史事件和历史细节的精细的考证研究当然是重要的，细节是历史的血肉，对于具体历史事件和历史细节的考察愈细致、准确，对于由一个个具体历史事件和历史细节构成的历史整体和历史全过程的认识就愈深刻。但是，如果忽略历史发展的主线而只是孤立地考察一个个具体历史事件或历史细节，往往会导致“只见树木，不见森林”，必须将历史微观的分析和宏观的研究有机地结合起来，将一个个具体的历史事件和微观的历史细节放在宏观的历史框架和长时段的历史发展过程中进行考察，并将一个个具体的历史事件和微观的历史细节按照一定的联系组织起来，使之成为有机的整体性历史，这样才有可能透过具体的历史事件和微观的历史细节认识历史本质和历史规律。如前所述，如果脱离历史的整体和历史发展的全过程来评价具体的历史事件和历史人物，其结论便可能如“盲人摸象”。对历史事件和历史人物的评价，应该放在其所处时代和社会的历史条件下去分析，不能离开对历史条件、历史过程的全面认识和对历史规律的科学把握，不能忽略历史必然性和历史偶然性的关系。

三是注意区分历史的主流与支流，正确认识历史发展过程中一定阶段曾经呈现的某种发展趋向与整体历史发展主流的关系。历史主流指历史的本质和主导方面，它决定历史的性质和发展方向，在历史发展过程中表现为主导的、不可抗拒的必然趋势，即孙中山先生所说的：“世界潮流，浩浩荡荡，顺之者昌，逆之者亡”；① 历史支流则是历史的非主导的、次要的方面，在历史发展过程中表现为非主导性的趋势。但是，历史在发展过程中，并不是在每一发展阶段都表现出主流的趋势，还可能会有曲折，甚至在一定时间内会呈现出非主流的发展趋势。因此，区分历史的主流与支流，正确认识历史发展过程中一定阶段呈现的某种发展趋势与整体历史发展主流的关系极为重要，不能把握历史的主流和本质，就不能把握历史发展的总体趋势，就可能会被历史的支流误导，就很难对具体的历史事件做出正确的评价，也就不能正确认识历史的本质，把握历史发展的规律。对历史人物的评价也是如此，中国近现代史上的历史人物形形色色，在同一历史事件中，不同历史人物有不同的表现，同一历史人物在不同时期、不同历史事件中的表现亦各不相同，情况极为复杂，只有把每一个历史人物都放在历史发展的全过程中，以其是否顺应历史发展的潮流和趋势为基本的标准来考察，方能正确评价其历史地位和作用。对每一历史时期、每一历史事件、每一历史人物的评价，都必须放在历史发展的全过程中来考察，以其是否顺应历史发展的潮流和趋势为基本的标准。

（二）怎样理解中国近现代史上革命和现代化的关系

一般认为，关于中国近现代史主要有两种研究范式，即革命史范式和现代化范式。也就是用革命的视角和话语来研究和书写中国近现代史，或是用现代化的视角和话语来研究和书写中国近现代史。其实，革命和现代化是中国近现代史的两条并行不悖的

① 中国人民政治协商会议浙江省委员会文史资料研究委员会：《孙中山与浙江》，浙江人民出版社 1986 年版，第 166 页。

历史主线。二者不是对立的，而是相辅相成、密不可分的。中国近现代史上的“革命”通常主要指社会革命，社会革命的主要目标是通过革命变革旧的秩序，为社会发展扫清障碍。中国近现代史上的民主主义革命和社会主义革命的意义都在于此：革命就是要解放和发展生产力。现代化则是指较不发达社会通过社会革命（或改革），获得较发达社会共有特征的一个社会变革过程。在近代中国，现代化的内涵主要包括三个层面：物的现代化，主要是工业化和城市化，亦可表述为技术的进步；制度的现代化，主要是政治民主化与国家法治化，亦可表述为政治的进步；文化的现代化，即以人的价值观念现代化为核心的民族文化体系的现代化，亦可表述为文化的进步。现代化是道路选择和目标选择。社会革命是现代化的动力和必要前提。社会革命为现代化扫清障碍、创造条件，而现代化的进程反过来又会促进社会革命的深化。中国近现代的历史正是这么发展过来的。

五、学习测试

（一）单项选择题（备选答案中只有1个是正确的）

1. 提出“灭人之国，必先去其史”的著名学者是(　　)

A. 龚自珍　　B. 顾炎武　　C. 梁启超　　D. 陈寅恪

2. 有人认为由于辛亥革命的直接结果是导致了北洋军阀的混战和黑暗统治，因此，这场革命没有进步意义。这种认识的错误在于(　　)

A. 不能够区分清楚历史的主流和支流

B. 完全背离了历史事实

C. 故意夸大辛亥革命的消极结果

D. 以碎片化的历史来代替整体的历史

3. 1840年以来至今180多年的中国近现代史的主题是(　　)

A. 社会革命　　B. 争取民族独立、人民解放

C. 实现现代化　　D. 实现中华民族伟大复兴

4. 中国近代史和中国现代史的分界点是（　　）

A. 1911年辛亥革命　　B. 1919年五四运动

C. 1949年中华人民共和国成立　　D. 1978年改革开放

5. 提出马克思主义的唯物史观是“唯一的科学的历史观”的是(　　)

A. 马克思　　B. 恩格斯　　C. 列宁　　D. 斯大林

6. 提出“明镜所以察形，往古者所以知今”的中国古代思想家是(　　)

A. 孔子　　B. 孟子　　C. 王充　　D. 魏征

7. “盲人摸象”的寓言故事对于我们学习中国近现代史的启示是(　　)

A. 要正确认识历史的主流

B. 不能以碎片化的历史细节得出整体历史的结论

C. 要透过历史现象认识历史的本质

D. 只有了解历史的真相才能得出正确的结论

8. 习近平总书记所说的“深刻改变了近代以后中华民族发展的方向和进程，深刻改变了中国人民和中华民族的前途和命运”的重大历史事件是指(　　)

A. 辛亥革命　　B. 五四运动

C. 中国共产党建立　　D. 秋收起义

9. 中国近现代史中的“近代”是指(　　)

A. 1840—1911 年　　B. 1840—1919 年

C. 1840—1949 年　　D. 1840—1978 年

10. 政治幻想小说《新中国未来记》的作者是(　　)

A. 严复　　B. 魏源　　C. 梁启超　　D. 邹容

(二) 多项选择题（备选答案中至少有 2 个是正确的）

1. 下列选项中属于“四个选择”的是(　　)

A. 历史和人民选择了马克思主义　　B. 历史和人民选择了现代化道路

C. 历史和人民选择了中国共产党　　D. 历史和人民选择了改革开放

E. 历史和人民选择了社会主义

2. 下列选项中属于中国共产党历史上“三件大事”的是(　　)

A. 推动马克思主义与中国工人运动相结合，建立中国共产党

B. 取得抗日战争胜利，奠定中华民族复兴的基础

C. 取得新民主主义革命胜利，成立中华人民共和国

D. 完成社会主义改造，建立社会主义制度

E. 进行改革开放的伟大革命

3. 中国近现代史的主线是(　　)

A. 中国人民反对外来侵略、争取国家独立与民族解放，以及中国由封闭走向开放，扩大国际参与，步入世界民族之林，走近世界舞台中央的历史进程

B. 中华民族由站起来到富起来、强起来的历史进程

C. 中国人民通过社会革命，不断解放和发展生产力，走向现代化的历史进程

D. 实现中华民族伟大复兴的历史进程

E. 中国人民在向西方寻找真理的过程中选择马克思主义，并在运用马克思主义的科学理论指导中国的革命、建设和改革的实践中，不断推进马克思主义中国化的历史进程

4. 近代以来中国的现代化主要是指(　　)

A. 物质文明现代化　　B. 制度文明现代化

C. 精神文明现代化　　D. 科学技术现代化

E. 生态文明现代化

5. 下列选项中不属于唯物史观的观点是(　　)

A. 英雄人物对历史的发展起决定性的作用

B. 社会存在决定社会意识

C. 一切历史都是当代史

D. 人类历史是“绝对观念”发展到一定阶段而外化的产物

E. 人民群众是历史的创造者

(三) 论述题

1. 简要阐述中国近现代史的主题和主线。

2. 为什么说中华人民共和国成立以来是“辉煌的历史进程”？

◎ 参考答案

(一) 单项选择题

1. A　2. A　3. D　4. C　5. C　6. A　7. B　8. C　9. C　10. C

(二) 多项选择题

1. ACDE　2. CDE　3. ACE　4. ABC　5. ACD

（三）论述题

1. 简要阐述中国近现代史的主题和主线。

中国近现代史的主题就是实现中华民族的伟大复兴，中国近现代史上的一切重大历史活动从根本上讲都是围绕这一主题展开的。中国近现代 180 多年的历史进程呈现出三条主线。一是近代以来中国人民反对外来侵略、争取国家独立与民族解放，以及中国由封闭走向开放，扩大国际参与，步入世界民族之林，走近世界舞台中央的历史进程。二是近代以来中国人民通过社会革命，解放和发展生产力，走向现代化，建设社会主义现代化强国的历史进程。革命和现代化是构成中国近现代史的两个方面，二者相辅相成、不可分割。三是近代以来先进的中国人向西方寻找真理，在这个过程中选择以马克思主义为指导来解决中国的问题，并在运用马克思主义的科学理论指导中国的革命、建设和改革的实践中，不断推进马克思主义与中国的具体实际相结合，以创新的理论发展马克思主义，推进马克思主义中国化的历史进程。

2. 为什么说中华人民共和国成立以来是“辉煌的历史进程”？

这是从历史的主流和本质来认识中华人民共和国成立 70 多年来的发展历史。1949 年中华人民共和国成立以来，中国共产党团结和带领中国人民完成了社会主义改造，确立了社会主义基本制度，实现了中华民族有史以来最为广泛而深刻的社会变革，为当代中国的发展奠定了制度基础。通过改革开放的伟大觉醒和伟大革命，成功地开创、坚持、发展了中国特色社会主义，极大地激发了广大人民群众的创造性，极大地解放和发展了社会生产力，极大地增强了社会发展活力，人民生活显著改善，国家经济实力、科技实力、国防实力、综合国力显著增强，国际地位和国际影响力显著提高，使中国大踏步赶上了时代，实现了从站起来到富起来、强起来的伟大飞跃。尽管在发展的过程中，也出现了曲折和失误，需要我们去认真总结经验教训，但那不是新中国 70 多年历史发展的主流和本质。今天，中国特色社会主义已经进入新时代，中国人民比历史上任何时期都更接近中华民族伟大复兴的目标，比历史上任何时期都更有信心、有能力实现这个目标。

六、阅读文献

1. 毛泽东：《中国革命和中国共产党》（1939 年 12 月）

2. 毛泽东：《如何研究中共党史》（1942 年 3 月 30 日）

3. 习近平：《在庆祝中国共产党成立 95 周年大会上的讲话》（2016 年 7 月 1 日）

4. 习近平：《领导干部要读点历史（在中央党校 2011 年秋季开学典礼上的讲话）》（2011 年 9 月 1 日）

5. 习近平：《在纪念毛泽东同志诞辰 120 周年座谈会上的讲话》（2013 年 12 月 26 日）

6. 江泽民：《高举邓小平理论伟大旗帜，把建设有中国特色社会主义事业全面推向二十一世纪——在中国共产党第十五次全国代表大会上的报告》（1997 年 9 月 12 日）

7. 《关于建国以来党的若干历史问题的决议》（1981 年 6 月 27 日）

上　编

从鸦片战争到五四运动前夜（1840—1919）

综述
风云变幻八十年

一、教学目的与要求

1. 了解灿烂的古代中华文明，封建社会末期中国逐步衰落的情况，世界资本主义的发展与殖民扩张。

2. 了解从鸦片战争起，近代中国逐步演变为半殖民地半封建社会的原因，认识资本-帝国主义侵略给中国带来的祸患及半殖民地半封建社会的特点。

3. 了解近代中国的两大社会矛盾、两大历史任务，认识中国革命发生的必然性。

二、基本教学内容

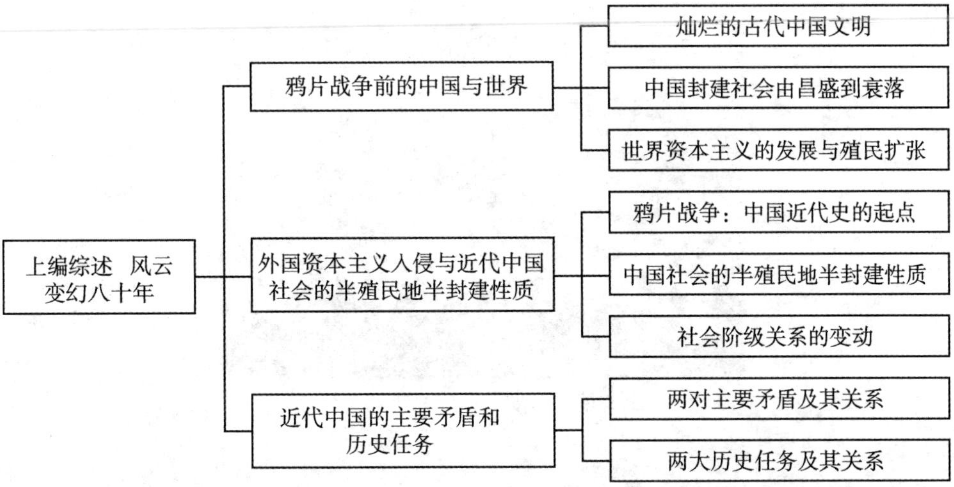

三、讨论式教学教案

（一）鸦片战争前的中国与世界

教师：同学们好！今天我们要探讨的问题是：鸦片战争前的中国与世界。

请大家看下面这两张图片：一张是“鸦片战争前夜的中国传统手工业”，另一张是“工业革命时期英国的大机器工厂”。这两张图片真实地反映了鸦片战争前中国与西方世界的巨大反差。然而，在近代以前的相当长时间里，中国是走在世界前列的。

鸦片战争前夜的中国传统手工业

工业革命时期英国的大机器工厂

下面，我们学习第一个问题：“灿烂的中国古代文明”。

中华民族有五千年的文明历史，创造了灿烂的中华文明。请你们谈谈古代中国取得的辉煌成就。

学生A：中国是世界上最早的农业发祥地之一，在1万年前的新石器时代就开始了农耕活动。直到18世纪末，中国农业产量仍居世界前列：全国拥有10.5亿亩耕地，粮食产量达2040亿斤，养活3亿人口。农业的发达为古代中华文明的高度发展和完善奠定了坚实的物质基础。

学生B：在手工业方面，早在3000年前，商代的工匠就以世界上最先进的技术铸造出精美的青铜器；在封建时代，中国手工业的冶炼、纺织技术长期领先于世界，中国的瓷器、漆器、丝织品等，深受各国人民喜爱，在世界上久负盛名。

学生A：中国古代建筑工程成就辉煌。都江堰设计精巧，是世界上建造最早的水利工程。宏伟的万里长城堪称世界建筑史上的奇迹，贯通中国南北的京杭大运河，是世界上最长的人工运河。

学生B：在航海方面，公元前2世纪至公元5世纪，中国航船活跃于印度洋。隋唐以后，中国商船驶往日本、朝鲜及东南亚、南亚、西亚等国家。明朝是中国的大航海时代，郑和率船队第一次下西洋时比1492年哥伦布早87年发现新大陆。

学生A：古代中国的科学技术的发展，也达到了相当的高度。中国古代造纸、活字印刷、指南针、火药四大发明，深刻影响了人类文明的进程。据统计，从公元前直到15世纪末，在世界最重要的298项发明或发现中，中国占173项。英国著名的科技发展史专家李约瑟博士说："中国在3世纪到13世纪之间保持着一个西方所望尘莫及的科学知识水平。"①

学生B：在思想文化方面，中国诞生了老子、孔子、庄子、孟子、墨子、孙子、韩非子等闻名于世的伟大思想巨匠，创作了《诗经》、楚辞、汉赋、唐诗、宋词、元曲、明清小说等伟大文艺作品，传承了《格萨尔王》《玛纳斯》《江格尔》等震撼人心的伟大史诗。中国古代的哲学、史学、文学、艺术、教育等都达到了相当的高度。

教师：这些辉煌成就表明，自商周以来，中国在农业和手工业生产、科学技术发展、思想文化水平等方面，都居于世界前列，是世界上最强盛的国家。中国并不是从来就落后的。中华民族以其勤劳和智慧，创造了灿烂的古代文化，为人类作出了卓越贡献，成为世界上伟大的民族。

接下来，我们探讨第二个问题："中国封建社会由盛转衰"。

自公元前5世纪的战国时代到1840年鸦片战争，中国的封建社会前后延续了两千

---

① ［英］李约瑟：《李约瑟文录》，李约瑟文献中心等译，浙江文艺出版社2004年版，第71页。

多年。

18、19世纪之交的嘉庆朝上承康乾盛世，下启道光、咸丰以来的衰世，在农民起义的冲击下，清王朝迅速由盛转衰，若与工业革命和资本主义迅速发展的西方相比，更是全面落后。这主要表现在哪里呢？

学生A：在经济方面：土地兼并日甚一日，导致社会矛盾激化；人口激增，导致无发展的增长；由于鸦片走私导致白银大量外流，银贵钱贱，民众不堪重负，清王朝财政收入下降。

学生B：在政治方面：吏制日益腐败，官场贪墨之风盛炽，卖官鬻爵，纲纪崩坏。官员昏庸，不思作为，“多磕头，少说话”成为官场的金科玉律。

学生A：在军事、海防方面：武备废弛，军力衰败。八旗兵长期养尊处优，早已不复入关前之骁勇；绿营军官贪兵懦，全无战斗力；海防空虚，炮台年久失修，水师战船遇击则破。

学生B：在思想文化方面：清王朝僵化守旧，排斥异端，兴文字狱，实行文化专制主义，没有任何容纳新思想的空间，对外部世界的情况毫无兴趣。整个社会万马齐喑，一片沉寂。

学生A：在对外关系方面：实行固步自封、闭关锁国政策，严重阻碍中国的对外贸易和经济发展，严重妨碍中国人学习世界先进思想文化和科学技术。

教师：当历史的车轮驶入19世纪之时，曾经创造了辉煌的古代文明的中国，已衰相尽显，内外潜伏巨大危机。中国已经落后于西方资本主义国家。

最后，我们学习第三个问题：“世界资本主义的发展与殖民扩张。”

学生B：16世纪至19世纪初，中国还处在封建社会晚期的兴衰更替之时，西方社会发生了怎样的变化呢？

教师：在中国走向衰落之时，西方资本主义已经产生、发展，西方殖民主义势力也随之向外扩张。东西方历史走向出现巨大反差。

1640年的英国资产阶级革命，标志着世界历史开始进入资本主义时代。至18世纪，英国、美国、法国等先后通过资产阶级革命，建立了资产阶级政权，为资本主义的发展提供了政治上的前提和保证。

18世纪中叶至19世纪中叶，从英国开始然后迅速推广到欧美各国的工业革命，使大机器生产取代工场手工业，资本主义经济得到迅速发展。

工业革命带来生产力的高速发展，加上资本主义生产方式的逐利本质，西方资产阶级必然要将这种生产方式推向全世界，从而在全球确立资本主义生产关系的统治地位。

列宁指出，资本主义如果不经常扩大其统治范围，如果不开发新的地方并把非资本主义的古老国家送往世界经济的漩涡，它就不能存在和发展。

在资本主义制度确立之后，殖民主义者运用各种手段对一些国家和地区进行军事、政治、经济、文化等方面的侵略，使它们在不同程度上沦为资本主义强国的商品倾销市场，廉价劳动力和原料的供应地，以及自由的投资场所。

东方是西方殖民扩张的主要区域，西方殖民主义势力来到东方，并不是为了使东方国家成为独立的资本主义社会，而是为了把它们纳入资本主义的世界体系，成为殖民地、半殖民地，成为自己在经济上、政治上的附庸。

西方资本主义的发展及其向东方的殖民扩张，使古老的中国遇到了空前严重的挑战，面临着极其深刻的生存危机。

（二）中国半殖民地半封建社会的形成

教师：同学们好，今天我们要学习的问题是：中国半殖民地半封建社会的形成。下面，我们来探讨第一个问题："鸦片战争：中国近代史的起点"。

学生：1840 年，英国发动了侵略中国的鸦片战争。这场战争爆发的原因是什么呢？

教师：为了开辟中国这个广阔的市场，英国企图以贸易为武器，打开中国的大门。然而，鸦片战争以前，英国对华贸易长期处于入超状态，英国工业品遭到中国自然经济和闭关政策的顽强抵抗，销量不大，而英国商人却需要用大量银元购买中国的茶叶、生丝等商品。为了牟取暴利和改变贸易逆差，英国殖民者不惜从事可耻的鸦片贸易。

据不完全统计，鸦片战争前 40 年间，英国运入中国的鸦片有 40 万箱，从中国掠走了 3 亿至 4 亿银元。英国的鸦片走私，不仅造成了中国白银的大量外流和财政危机，而且直接毒害了中国人的身体和精神。马克思曾谴责道："非法的鸦片贸易年年靠摧残人命和败坏道德来填满英国国库"。①

罪恶的鸦片贸易，激起了中国人民的强烈愤慨。清政府权衡利害，决定严禁鸦片。1839 年 6 月，钦差大臣林则徐奉命在广东虎门销毁收缴的鸦片，这完全是维护国家和民族利益的正义行动，英国侵略者却以此为借口发动侵华战争。

1840 年 4 月，英国国会通过了对华战争的决定。同年 6 月，英国侵华舰队封锁珠

---

① 《马克思恩格斯选集》（第 1 卷），人民出版社 2012 年版，第 793 页。

江口和广东海面，鸦片战争正式爆发。

学生：鸦片战争以清政府的失败而告终，这场战争给中国带来了怎样的影响呢？

教师：1842 年 8 月，清政府与英国签订了中国近代史上第一个不平等条约《南京条约》。1843 年 10 月，又签订了中英《虎门条约》。1844 年 7 月，签订了中美《望厦条约》，1844 年 10 月，签订了中法《黄埔条约》。

通过这一系列不平等条约，英国等西方列强在中国攫取了大量侵略特权。割让香港岛，破坏了中国的主权和领土完整；外国船舰可在中国领海自由航行，破坏了中国的领海主权；外国人在华享受领事裁判权，破坏了中国的司法主权；协定关税，破坏了中国的关税主权。

鸦片战争后，随着外国资本主义的入侵，中国的封建社会逐步变成了半殖民地半封建社会。中国人民逐渐开始了反帝反封建的资产阶级民主革命。因此，鸦片战争成为中国近代史的起点。

下面，我们来学习第二个问题：“中国社会的半殖民地半封建性质”。

鸦片战争前的中国社会是封建社会。鸦片战争后，随着外国资本-帝国主义的入侵，中国社会发生了两个根本性的变化：其一，独立的中国逐步变成半殖民地的中国；其二，封建的中国逐步变成半封建的中国。

学生：为什么说独立的中国逐步变成了半殖民地的中国？

教师：这是因为，鸦片战争后，资本-帝国主义列强通过发动侵略战争，强迫中国签订了一系列不平等条约，破坏了中国的领土主权、领海主权、司法主权、关税主权等，并逐步控制了中国的政治、经济、外交和军事。中国已经丧失了完全独立的地位，在相当程度上被殖民地化了。

资本-帝国主义侵略中国的目的，是要把中国变成自己的殖民地。但由于中国是一个统一的大国，特别是中国人民顽强、持久的反抗，同时也由于帝国主义列强间争夺中国的矛盾无法协调，使得它们中的任何一个国家无法单独征服中国，也使得它们不可能共同瓜分中国。这样它们就不能像英国在印度那样，对中国实行直接的殖民统治，而是通过其代理人实行间接统治。近代中国虽然在实际上已经不是一个主权完整的独立国，但是仍然维持着独立国家和独立政府的名义，还有一定的主权。因此，这就称作半殖民地。

学生：为什么说封建的中国逐步变成了半封建的中国？

教师：这是因为，外国资本主义列强用武力打开中国的大门以后，外国商品在中国大量倾销，逐渐使中国的农业和家庭手工业分离，一方面，破坏了中国自给自足的自然经济的基础，破坏了城市手工业和农民的家庭手工业；又一方面，促进了中国城乡商品经济发展，给中国资本主义的产生创造了某些客观条件。破产的农民和手工业者成了产业工人的后备军。一批官僚、买办、地主和商人投资兴办新式工业。中国出现了资本主义生产关系。中国已经不是完全的封建社会了。

学生：那么，中国半殖民地半封建社会有哪些基本特征呢？

教师：第一，资本-帝国主义侵略势力不但逐步操纵了中国的财政和经济命脉，而且逐步控制了中国的政治，日益成为支配中国的决定性力量。

第二，中国的封建势力日益衰败并同外国侵略势力勾结，成为资本-帝国主义压迫、奴役中国人民的社会基础和统治支柱。

第三，中国自然经济的基础虽然遭到破坏，但是封建剥削制度的根基即封建地主的土地所有制依然在广大地区内保持着，成为中国走向现代化和民主化的严重障碍。

第四，中国新兴的民族资本主义经济虽然已经产生，并在政治、文化生活中起了一定作用，但是在帝国主义和封建主义的压迫下，它的发展很缓慢，力量很软弱，而且它的大部分与外国资本-帝国主义和本国封建主义都有或多或少的联系。

第五，由于近代中国处于资本-帝国主义列强的争夺和间接统治之下，加上中国地域广大，以及在地方性的农业经济的基础上形成的地方割据势力的存在，近代中国各地区经济、政治和文化的发展是极不平衡的。

第六，在资本-帝国主义和封建主义的双重压迫下（后来还加上官僚资本主义的压迫），中国的广大人民尤其是农民日益贫困以至大批破产，过着饥寒交迫和毫无政治权利的生活。

接下来，我们探讨第三个问题：“社会阶级关系的变动”。

随着中国社会性质的演变，中国社会的阶级关系也发生了深刻变动，不仅旧的阶级关系发生变化，还有新的阶级产生出来。

学生：近代中国旧的阶级发生了怎样的变化呢？

教师：旧的封建统治阶级即地主阶级继续掌握着国家政权，对人民实行专制统治。地主中的大多数仍主要依靠地租剥削生活，也有一部分转化为资本家。

旧的被统治阶级即农民阶级，仍然是近代中国社会人数最多的被剥削阶级。有些农民破产或失去土地后流入城市，成为产业工人的后备军。农民深受压迫和剥削，具有强烈的革命要求，是中国民主革命的主力军。

学生：近代中国诞生了哪些新的阶级呢？

教师：近代中国诞生的新兴的被压迫阶级是工人阶级。它的主要来源是城乡破产失业的农民、手工业者和城市贫民。中国工人阶级最早出现于19世纪四五十年代外国资本主义在华企业中。因此，它是先于中国的资产阶级而产生的。在19世纪60年代后，洋务派创办的军用工业和民用企业，以及70年代以后的中国的民族企业中，又雇佣了一批工人。早期中国工人阶级人数不多，却是先进生产力的代表。

中国资产阶级也是近代中国新产生的阶级。它是在外国资本主义入侵的影响和刺激下，主要由一些官僚、买办、地主、商人投资新式企业转化而成。中国资产阶级的来源不同，构成比较复杂。其中有一部分是官僚买办资本家，他们与外国资本主义和本国封建势力有着密切的联系；另一部分是民族资本家，他们与外国资本主义和本国封建势力既有矛盾、斗争的一面，又有依赖、妥协的一面，是一个具有两面性的阶级。

（三）近代中国的主要矛盾和历史任务

教师：同学们好！今天我们要学习的问题是：“近代中国的主要矛盾和历史任务”。民主革命的先驱陈天华在《猛回头》中写了这段话：

俄罗斯，自北方，包我三面；英吉利，假通商，毒计中藏。
法兰西，占广州，窥伺黔桂；德意志，胶州领，虎视东方。
新日本，取台湾，再图福建；美利坚，也想要，割土分疆。
这中国，那一点，我还有份？这朝廷，原是个，名存实亡。
替洋人，做一个，守土官长；压制我，众汉人，拱手降洋。

这段话指明了近代中国社会的主要矛盾和中国人民的敌人。下面，我们来探讨第一个问题：“近代中国社会的两大主要矛盾及其关系”。

学生：近代中国半殖民地半封建社会的矛盾，呈现出错综复杂的状况。其中究竟有哪些矛盾呢？而占支配地位的主要矛盾又是什么呢？

教师：其中有中华民族与资本-帝国主义的矛盾，农民与地主阶级的矛盾，资产阶级与地主阶级的矛盾，无产阶级与资产阶级的矛盾，封建统治阶级内部各集团派系的矛盾，各帝国主义国家在中国争夺的矛盾，等等。

在这些社会矛盾中，占支配地位的主要矛盾是帝国主义和中华民族的矛盾，封建主义和人民大众的矛盾。这两对主要矛盾是相互交织在一起的，由于帝国主义是中国封建势力的靠山，中国封建势力已成为帝国主义统治中国的工具，因此，帝国主义与中华民族的矛盾则是近代中国社会最主要的矛盾。

学生：在不同的情况下，这两对主要矛盾的地位和作用是不同的。如何具体认识它们的地位和作用呢？

教师：一般来说，当资本-帝国主义向中国发动侵略战争时，中国内部各阶级，除一些叛国分子外，能够暂时地团结起来通过民族战争去反对外国侵略。这时民族矛盾特别尖锐，阶级矛盾暂时降到次要地位和服从地位。例如，鸦片战争、第二次鸦片战争、中法战争、中日甲午战争、义和团反帝运动时，都有过这种情形。

而当资本-帝国主义与中国反动统治阶级结成同盟，用战争以外的形式共同压迫中国人民，尤其是封建主义统治特别残酷的时候，中国人民往往采取国内战争的形式，去反对资本-帝国主义和封建主义的同盟，而斗争的矛头主要直接地指向中国的封建政权，这时阶级矛盾就上升为主要矛盾，民族矛盾退居次要地位。例如，太平天国农民战争和辛亥革命，就是这种情况。

当国内战争发展到从根本上威胁资本-帝国主义及其代理人中国封建地主阶级统治的时候，外国侵略势力甚至会直接出兵，镇压中国人民，援助中国的反动派。这时，外国侵略者和国内封建统治者完全公开站在一条战线上。例如，太平天国后期，中外反动势力共同镇压太平天国农民战争，就属于这种情况。

近代中国革命的深刻根源就隐藏在这两对主要矛盾之中，并伴随着这两对主要矛盾的激化而发生和发展起来。

下面，我们学习第二个问题：“两大历史任务及其关系”。

学生：从1840年反对英国侵略的战争直到抗日战争前，近代中国人民的反侵略战争的结局及其根本原因是什么？

教师：近代以来，中国人民除了继续遭受本国残酷的封建压迫外，更遭受了外国资本-帝国主义势力残酷的民族压迫。亡国灭种的阴影，笼罩在中国人民的心头。近代中国人民的斗争，主要是以挽救中华民族的危亡为出发点的。

近代以来，世界上主要的资本-帝国主义国家，几乎都欺凌过中国；而近代中国的历次反侵略战争，除抗日战争外，无不以中国失败、被迫接受丧权辱国的条约而结束。其根本原因，正如毛泽东所说：“一是社会制度腐败，二是经济技术落后”。① 因此，

---

① 《毛泽东年谱（一九四九—一九七六）》（第5卷），中央文献出版社2013年版，第259页。

推翻帝国主义和封建主义联合的半殖民地半封建的社会制度，改变中国经济技术落后的面貌，就成为一代又一代中国人的梦想和追求。

学生：近代以来，中华民族面对的两大历史任务及其关系是什么呢？

教师：鸦片战争后，中国成为半殖民地半封建国家。中华民族面对着两大历史任务：一是争取民族独立和人民解放；二是实现国家富强和人民幸福。前一任务为后一任务扫清障碍，创造必要的前提。

争取民族独立和人民解放，是要改变民族遭遇侵略（外无民族独立），人民受压迫（内无民主）的状况，从根本上推翻半殖民地半封建的统治秩序和社会制度，解决生产关系问题。

实现国家富强和人民幸福，是要改变中国经济、技术、文化落后的面貌，大力发展以现代工业为主要标志的社会生产力，解决生产力问题，实现经济发展和社会全面进步。

学生：那么，能否在半殖民地半封建的社会制度下，去实现强国梦呢？

教师：近代以来，一些爱国人士提出过工业救国、教育救国、科学救国等主张，并为此进行过努力，但这些良好的愿望在实践中不断碰壁。正如毛泽东所说："在一个半殖民地的、半封建的、分裂的中国里，要想发展工业，建设国防，福利人民，多少年来多少人做过这种梦，但是一概幻灭了。"① 许多爱国人士终于抛弃了这些幻想，毅然走上了争取民族独立和人民解放的斗争道路。

学生：怎样才能实现民族独立和人民解放？

教师：近代中国曾有不少人希望通过改良的途径挽救中国的危亡，如维新变法运动以及立宪运动等，但统统行不通。这是因为帝国主义列强决不会自动放弃在中国攫取的特权，封建主义势力也决不肯自动放弃自己控制的政权，所以，以改良的方式是不可能改变帝国主义和封建主义联合统治下中国的半殖民地半封建社会制度的。

事实上，只有通过革命实现民族独立、人民解放以后，中国人民才有可能集中力量进行现代化建设，逐步改变贫穷落后的面貌，实现国家的富强和人民的幸福，从而使无数爱国志士和革命先驱为之献身的中华民族伟大复兴的中国梦真正成为现实。

---

① 中共中央文献研究室、中央档案馆：《建党以来重要文献选编（1921~1949）》（第22册），中央文献出版社2011年版，第176页。

四、释疑解惑

（一）怎样认识中国的封建宗法制度

宗法制度是由氏族社会父系家长制演变而来的，奉行的是男权至上原则，形成于奴隶制时期，是王族贵族按血缘关系分配国家权力，以便建立世袭统治的一种制度。其特点是宗族组织和国家组织合二为一，宗法等级和政治等级完全一致。在封建社会得到发展。

中国封建宗法制度的一个鲜明特点是家国同构，家庭或家族与国家在组织结构方面具有共同性，不论国家或家族、家庭，他们的组织系统和权力结构都是严格的父权家长制。家国同构的共同性具体表现为“家是小国，国是大家”。在家庭或家族内，父亲地位尊，权力最大，是家长；在国中，君主的地位至尊，权力至大。所以，家长在家庭中就像君主一样，而君主则相当于整个国家的家长。在封建纲常名教中，所谓君臣、父子、夫妻“三纲”，突出君权、父权、夫权。族长即相当于全族的家长，但本质上族长权代表的也是父权，或者说父权已经包括了族长权。所以族长权并没有列入“三纲”之中。封建宗法制度下的伦常名教突出的主要是君权、父权、夫权。封建宗法制度的核心是君权制，所谓“普天之下，莫非王土；率土之滨，莫非王臣”。所谓家国天下，就是家国不分、天下一统，朕即国家。宗法制度是中国封建统治的重要基础。

（二）怎样认识近代中国的买办和买办阶级

关于近代中国的买办和买办阶级，是一个比较复杂的问题。要弄清楚这个问题，一是需要区别概念上的买办和个体的买办；二是需要区分买办和买办阶级。

所谓买办，就是指在中国近代史上，帮助外商与中国进行双边贸易的中国商人，早期的买办多为外商的雇员，在外资银行或洋行工作，通常称为“华经理”或“中国经理”，后期也发展为独立的中间商。随着外国资本在中国的发展，买办这个群体的发展也很快，到 1900 年，单是在外商洋行工作的买办便达 20000 余人。但具体到个体的买办来说，其买办的身份并不是终身不变的，有不少买办在具备了一定经济实力后，会脱离洋行独立经营，从而转化为民族工商业者，其资本亦由买办资本转化为民族资本。如号称晚清“四大买办”的唐廷枢、郑观应、徐润、席正甫，其中前三人后来都办了很多民间实业，对中国民族工商业的早期发展作出了较大贡献，其身份也转化为民族资本家，郑观应还成为中国早期改良主义知识分子的主要代表，也是民族资产阶级的重要代言人。所以，对于个体的买办，不能一概而论，需要作具体分析。

如果说买办是一种身份或者说是其所从事的一种职业的话，买办阶级则是中国近代的一个重要政治术语。其实买办并不是一个独立的阶级，通常我们会称为“买办资产阶级”或“官僚买办资产阶级”，就是要把他们与一般的资产阶级区别分来。我们不把这个群体作为中国民族资产阶级的一部分。“买办资产阶级”的概念，是强调其与外国资本的密切联系，突出其是外国资本主义在中国的代理人的政治属性，即突出其半殖民地的性质；“官僚买办资产阶级”的概念，则将其与外国资本有密切联系的封建官僚作为一个整体，强调其与外国资本和本国封建官府之间的密切联系，突出其半殖民地半封建的政治属性。

所以，虽然官僚买办资产阶级是伴随外国商品/资本在中国的输入和中国近代工业的兴起而产生的。当我们把“买办资产阶级”或“官僚买办资产阶级”作为一个整体来认识时，我们不把它作为近代中国的新兴阶级，而将其定性为中国半殖民地半封建社会的特殊产物，它们对外与外国资本主义相勾结，对内与封建统治势力相结合，是封建政权的重要政治和经济支柱，代表着半殖民地半封建社会中最落后和最反动的生产关系，是中国民族资本主义发展的障碍。毛泽东关于中国社会阶级分析的理论，将中国资产阶级分为两部分，即官僚买办资产阶级和民族资产阶级，对于官僚买办资产阶级的性质和地位，毛泽东明确指出：他们从来都不是中国革命的力量，而是中国革命的对象。从这个角度，我们需要将买办阶级和个体的买办区分开来。对于买办阶级是予以否认的，对于买办个体，则需要作具体分析，因为个体买办的身份和属性可能是变化的。

五、学习测试

（一）单项选择题（备选答案中只有 1 个是正确的）

1. 汉武帝确立独尊儒术的政策后，中国封建社会的正统思想是(　　)

A. 儒家思想　　B. 阴阳家思想　　C. 墨家思想　　D. 佛教思想

2. 世界历史开始进入资本主义时代的标志性事件是（　　）

A. 1640 年英国资产阶级革命　　B. 1680 年俄国彼得一世改革

C. 1789 年法国大革命　　D. 1775 年美国独立战争

3. 19 世纪末资本主义进入帝国主义阶段后，(　　) 成为殖民主义剥削的重要形式，并出现瓜分世界的狂潮

A. 商品输出　　B. 资本输出　　C. 贩卖奴隶　　D. 掠夺土地

4. 鸦片战争以清政府的失败而告终。1842 年 8 月 29 日，清政府与英国签订了中国近代史上的第一个不平等条约，即(　　)

A. 中英《南京条约》　　B. 中英《虎门条约》

C. 中美《望厦条约》　　D. 中法《黄埔条约》

5. 中国近代史的起点是(　　)

A. 鸦片战争　　B. 甲午战争　　C. 中法战争　　D. 八国联军侵华战争

6. 中国近代社会的性质是(　　)

A. 资本主义社会　　B. 封建社会

C. 半殖民地半封建社会　　D. 殖民地社会

7. 把鸦片战争作为中国近代史的开端，最主要的根据是(　　)

A. 中国第一次被英国打败　　B. 中国社会性质发生了变化

C. 中国社会经济发生了变化　　D. 中国长期闭关锁国状况被打破

8. 中国近代沦为半殖民地半封建社会，其中“半殖民地半封建”的含义是(　　)

A. 封建的自然经济解体，商品经济发展

B. 中国社会一半是殖民地，一半是封建帝国

C. 政治上，独立国拥有的完整主权部分丧失；经济上，自然经济遭到破坏，出现了资本主义生产关系，但它并没有成为中国社会经济的主要形式

D. 政治上是殖民地，经济上是封建经济

9. 近代中国诞生的新兴的被压迫阶级是(　　)

A. 买办阶级　　B. 民族资产阶级　C. 地主阶级　　D. 工人阶级

10. 中国近代半殖民地半封建社会最主要的矛盾是(　　)

A. 地主阶级与农民阶级的矛盾　　B. 资产阶级与工人阶级的矛盾

C. 帝国主义与中华民族的矛盾　　D. 封建主义与人民大众的矛盾

11. 下列关于近代中国半殖民地半封建社会基本特征的描述，不正确的是(　　)

A. 西方侵略势力日益成为支配中国的决定性力量

B. 中国封建势力日益衰败，成为资本-帝国主义压迫、奴役中国人民的社会基础和统治支柱

C. 封建地主的土地所有制依然在广大地区保持着，成为中国发展的严重障碍

D. 中国各地发展大体平衡，整个国家处于落后状态

12. 西方殖民主义来到东方，其目的是（　　）

A. 使东方国家成为独立的资本主义社会

B. 给东方国家带来自由、平等和博爱

C. 使东方国家成为自己的殖民地或半殖民地

D. 帮助东方国家从封建制度的束缚下解放出来

13. 下列关于中国近代民族资产阶级的叙述，正确的是(　　)

A. 是在政治上表现出两面性的阶级

B. 是中国革命的主力军

C. 孔祥熙是民族资产阶级的代表

D. 由于残酷剥削工人而成为民主革命的对象

14. 近代中国人民的斗争，主要是以(　　)为出发点的

A. 反对封建主义　　B. 挽救民族危亡

C. 收复国土　　D. 打倒地主

15. 近代中国民主革命的主力军是（　　）

A. 工人阶级　　B. 农民阶级　　C. 小资产阶级　　D. 民族资产阶级

16. 近代中国新生产力的代表是（　　）

A. 工人阶级　　B. 农民阶级　　C. 小资产阶级　　D. 民族资产阶级

17. 近代中国最革命的阶级是（　　）

A. 工人阶级　　B. 农民阶级　　C. 小资产阶级　　D. 民族资产阶级

18. 帝国主义没有能够对中国实行直接的殖民统治，而是通过其代理人对中国实行间接统治，其根本原因是(　　)

A. 中国一直是一个统一的大国

B. 中国人民顽强、持久的反抗

C. 帝国主义争夺中国的矛盾无法协调

D. 帝国主义不可能形成共同瓜分中国的局面

19. 近代中国产业工人的后备军是(　　)

A. 破产的地主阶级　　B. 破产的民族资产阶级

C. 破产的官僚　　D. 破产的农民和手工业者

20. 中国自然经济的解体发生于(　　)

A. 第一次鸦片战争　　B. 第二次鸦片战争后

C. 中法战争后　　D. 甲午战争后

(二) 多项选择题 (备选答案中至少有 2 个是正确的)

1. 中国封建社会的基本特征是(　　)

A. 封建地主土地所有制经济占主导地位

B. 儒家思想为正统思想

C. 封建宗法等级制度

D. 高度中央集权的封建君主专制

2. 中国封建社会的社会结构特点是族权和政权相结合的封建宗法等级制度。其核心是宗族家长制，突出(　　)

A. 父权　　B. 夫权　　C. 君权　　D. 妻权

3. 近代中国新产生的阶级有(　　)

A. 中国资产阶级　　B. 地主阶级

C. 农民阶级　　D. 工人阶级

4. 近代中国半殖民地半封建社会的主要矛盾是(　　)

A. 地主阶级与农民阶级的矛盾　　B. 资产阶级与工人阶级的矛盾

C. 帝国主义与中华民族的矛盾　　D. 封建主义与人民大众的矛盾

5. 近代以来中华民族面临的两大历史任务是(　　)

A. 开展武装斗争　　B. 实行土地革命

C. 争取民族独立和人民解放　　D. 实现国家富强和人民富裕

(三) 论述题

1. 怎样认识近代中国社会的主要矛盾、社会性质及其基本特征?

2. 如何理解近代中国的两大历史任务及其相互关系?

◎ 参考答案

（一）单项选择题

1. A　2. A　3. B　4. A　5. A　6. C　7. B　8. C　9. D　10. C

11. D　12. C　13. A　14. B　15. B　16. A　17. A　18. B　19. D　20. B

（二）多项选择题

1. ABCD　2. ABC　3. AD　4. CD　5. CD

（三）论述题

1. 怎样认识近代中国社会的主要矛盾、社会性质及其基本特征？

（1）主要矛盾：帝国主义和中华民族、封建主义与人民大众之间的矛盾是近代中国社会的主要矛盾，而帝国主义和中华民族的矛盾是最主要的矛盾。

（2）社会性质：鸦片战争后，随着外国资本主义的入侵，中国社会发生了两个根本性的变化：独立的中国逐步变为半殖民地的中国；封建的中国逐步变为半封建的中国。中国社会沦为一个半殖民地和半封建社会。

（3）基本特征：第一，帝国主义侵略势力日益成为统治中国的决定性力量；第二，中国封建势力已经同帝国主义侵略势力相互勾结，成为帝国主义奴役近代中国的社会基础；第三，中国自然经济基础虽被破坏，但封建制度的根基——封建土地所有制依然占据着明显的优势，成为中国走向现代化和民主化的严重障碍；第四，民族资本主义有了某些发展，并在政治、文化生活中起了颇大的作用，但它在帝国主义和封建主义的压迫下，力量很软弱，且与帝国主义和封建主义都有或多或少的联系；第五，由于帝国主义列强在中国划分势力范围，实行分裂剥削政策，造成中国实际上长期不统一，中国的政治、经济、文化的发展表现出极端的不平衡；第六，在帝国主义和封建主义的双重压迫下，中国人民在经济上贫困和政治上不自由的程度，是世界上所少见的。

2. 如何理解近代中国的两大历史任务及其相互关系？

两大历史任务：争取民族独立、人民解放和实现国家繁荣富强、人民富裕。

这两个任务是互相区别而又互相紧密联系的。腐朽的社会制度束缚着生产力的发展，阻碍着技术的进步，必须首先改变这种社会制度，争得民族独立和解放，才能为国家富强和人民富裕创造前提、开辟道路。因为只有推翻帝国主义对中国的统治，才能改变其控制中国经济财政命脉、向中国倾销商品和输出资本、压迫中国民族工商业的局面；只有废除封建土地所有制，才能解放农村生产力，改善农民生活，扩大民族工商业的国内市场；最终才能达到民族团结、社会稳定，集中力量进行现代化建设，实现国家的繁荣富强和人民的富裕幸福。

教育救国、实业救国等主张的失败，改良（维新变法、立宪运动）、革命（辛亥革命）等救国努力的失败，说明必须进行反帝反封建的民族革命，才能争得民族独立和人民解放。事实上，只有通过革命争得民族独立和人民解放，中国人民才能集中力量进行现代化建设，改变贫穷落后的面貌，实现中国的现代化，使中华民族伟大复兴的梦想真正实现。

六、阅读文献

1. 毛泽东：《中国革命和中国共产党》（1939 年 12 月）

2. 江泽民：《高举邓小平理论伟大旗帜，把建设有中国特色社会主义事业全面推向二十一世纪——在中国共产党第十五次全国代表大会上的报告》（1997 年 9 月 12 日）

3. 习近平：《实现中华民族伟大复兴是中华民族近代以来最伟大的梦想》（2012 年 11 月 29 日）

第一章
反对外国侵略的斗争

一、教学目的与要求

1. 从中国近代与古代社会以及和世界的历史联系中，认识从鸦片战争开始中国社会形态转化的历史根源。

2. 把握近代中国历史发展的两条基本脉络，认识社会制度腐败与经济技术落后是导致曾经处于世界领先地位的中国在近代全面落伍的内在根源。

3. 深刻了解外国侵略者给中华民族和中国人民带来的深重灾难，认识到外国资本主义的野蛮侵略和本国封建主义的腐朽统治是近代中国贫穷落后的总根源，从而认清中国近代社会的基本矛盾和近代中国的两大历史任务。

二、基本教学内容

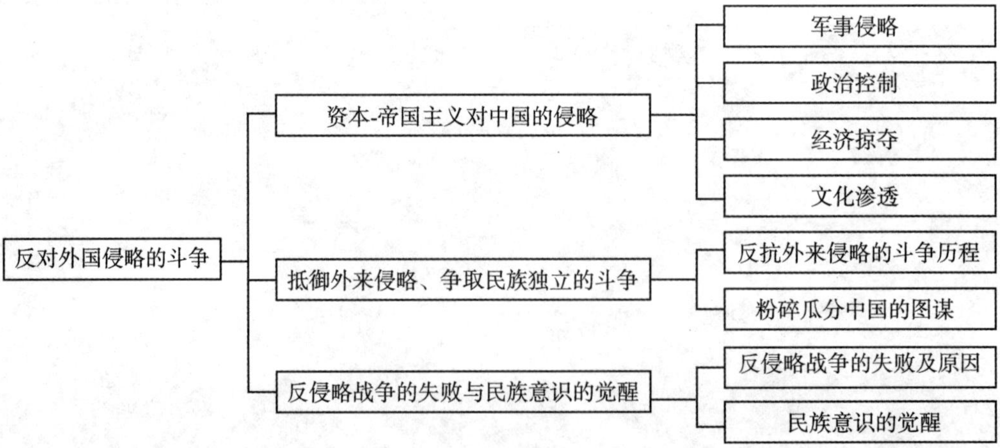

三、讨论式教学教案

（一）导学

教师：大家好！本次课我们开始学习第一章：反对外国侵略的斗争。本章在线上主要学习三个方面的内容：

其一，资本-帝国主义对中国的侵略，包括四个要点：军事侵略、政治控制、经济掠夺和文化渗透。

其二，抵御外来侵略、争取民族独立的斗争，包括两个要点：反抗外来侵略的斗争历程，以及粉碎瓜分中国的图谋。

其三，反侵略战争的失败与民族意识的觉醒，包括两个要点：反侵略战争的失败及原因和民族意识的觉醒。

学生：本章知识点还是比较多的，那么该如何有效地组织教学？

教师：本章的线上教学不会面面俱到，我们将重点讲授五个知识点：一是资本-帝国主义对中国的武装侵略；二是不平等条约体系及后果；三是反抗外来侵略的斗争历程；四是反抗外来侵略战争失败的原因；五是民族意识的觉醒。

学生：在社会上存在这样一种观点：西方列强的侵略推动了中国的现代化进程，促进了中国的文明进步。我们该如何认识西方资本-帝国主义对中国的侵略？

教师：这正是我们展开具体学习之前需要了解的一个基本问题。西方资本-帝国主义对中国的侵略是近代中国社会主要矛盾和各种社会矛盾产生的主要根源，也是近代中国社会贫穷落后的根本原因。对此要从历史实际出发，从三个角度来看待和认识。

一是从主观动机与客观效果关系的角度。英国发动鸦片战争和西方资本-帝国主义列强侵略中国的主观动机是要掠夺、压迫中国，企图把中国变成其殖民地或半殖民地，这完全是由它们自身利益驱使的，而绝不是为了给中国带来“近代文明”，帮助中国变成独立富强的现代化国家。但同时，我们也应该承认它在实现其利益和目的的过程中带来的客观效果，如瓦解中国的封建自然经济，使中国卷入世界市场和世界资本主义经济体系，传播西方资本主义生产方式和物质文明，并在客观上为中国资本主义的发展和中国资产阶级、无产阶级、新型知识分子的产生创造了物质前提。这就是马克思所指出的殖民主义充当了历史的不自觉的工具，并具有破坏性和建设性的

“双重使命”。

二是从正义和非正义、是非善恶的道德判断角度。英国发动鸦片战争以及西方资本-帝国主义列强侵略中国是非正义的。它们向中国走私毒品鸦片，贩卖人口，发动战争，运用各种手段掠夺、屠杀、压迫、剥削中国人民，这些都是极其野蛮、可耻、不道德的罪行。马克思在著作中愤怒揭露和谴责了殖民主义的这些侵略罪行。因此绝不能因其有“双重使命”的客观效果而替西方资本-帝国主义侵略辩护、美化甚至评功摆好。

三是从生产力和生产关系的角度。西方资本-帝国主义为了其自身利益，在将西方资本主义生产方式传入中国的同时，又有意保留中国的封建生产关系，扶植中国封建势力，阻碍中国民族资本主义的发展，并使中国走上半殖民地经济的畸形发展道路。更重要的是中国采用资本主义生产方式和物质文明所产生的成果和利益，绝大多数中国人民是享受不到的。正如马克思指出的，因为这“不仅仅决定于生产力的发展，而且还决定于生产力是否归人民所有”,① 所以中国人民必须首先通过革命推翻帝国主义和封建主义的统治，争取独立和民主，否则是不可能真正实现中国的富强和现代化的。

学生：学习本章内容，您有什么好的学习方法推荐吗？

教师：可采取线上线下相结合的学习方式。线上学习本章重难点问题和参与课堂讨论；线下学习拓展阅读内容并与实地考察相结合。

一是系统阅读本章教材内容和指定参考文献，并拓展阅读一些相关研究论著以及观看一些有代表性、典型性的音像资料。

二是实地考察比如广东东莞林则徐纪念馆、山东威海刘公岛甲午战争博物馆等相关历史文化遗迹，可与大学生社会实践活动结合起来，这有助于我们深化对“资本-帝国主义对中国的侵略”和“反侵略战争的失败与民族意识的觉醒”等问题的认识。

学生：您可否给大家推荐一些学习资源？

教师：我们可以好好利用两类资源。一类是文献资源，建议大家阅读的有：马克思《英人在华的残暴行动》（1857 年 3 月）、列宁《对华战争》（1900 年 9—10 月）、毛泽东《把我国建设成为社会主义的现代化强国》（1963 年 9 月）、萧致治《鸦片战争与近代中国》、胡绳《从鸦片战争到五四运动》、茅海建《天朝的崩溃》、陈旭麓《近代中国社会的新陈代谢》、王建郎《中国废除不平待条约的历史考察》等。

另一类是影视资源，其中以电影居多，包括《林则徐》《鸦片战争》《火烧圆明

① 《马克思恩格斯选集》（第 1 卷），人民出版社 2012 年版，第 861 页。

园》《镇海保卫战》《甲午风云》《甲午大海战》等。电视剧包括《台湾 1895》《圆明园》《百年中国》《复兴之路》等。

（二）资本-帝国主义对中国的武装侵略

教师：大家好！本次课学习的内容是“资本-帝国主义对中国的武装侵略”。

学生：众所周知，资本-帝国主义从来就是恃强凌弱，以血腥暴力乃至残酷战争为对外扩张的主要手段。西方列强正是通过发动多次侵华战争，使中国一步步沦为半殖民地半封建社会的。对此，您能否为我们加以解读？

教师：西方列强大规模侵华战争有五次：

第一次是 1840—1842 年鸦片战争。1839 年，中国反对鸦片贸易的禁烟运动达到高潮。清政府派出钦差大臣林则徐，在广东虎门销毁收缴的英国等国不法商人运来的 2 万多箱鸦片，这是维护国家利益和民族尊严的正义行动，但英国政府为了维护鸦片贸易所带来的巨大利润，保持掠夺东方财富的通道畅通，公然派出侵略军先后进犯中国的广东、福建、浙江及江苏地区，并陈兵天津大沽口，威逼清政府妥协。最后在 1842 年夏闯进长江下游，从上海一直打到南京，迫使清政府无条件屈服投降。英、美、法等西方国家迫使清政府签订《南京条约》等不平等条约，使中国开始丧失国家独立地位，向半殖民地半封建社会沉沦。

第二次是 1856—1860 年第二次鸦片战争。西方列强不满足于鸦片战争后在中国东南五口通商的局面，要全面打开中国大门，获得更多的政治、经济特权，特别是要促使鸦片贸易完全合法化。在对清政府展开外交攻势不能奏效之后，1856 年 10 月，英、法出兵，美、俄协助，挑起了第二次鸦片战争。英法联军先后攻陷广州、大沽、天津、北京，劫掠并焚毁圆明园。清政府被迫签订《天津条约》《北京条约》和中俄《瑷珲条约》。中国大门完全向西方资本主义世界敞开，领土主权遭到更为严重的破坏，半殖民地程度进一步加深。

第三次是 1883—1885 年中法战争。19 世纪 70 年代，西方资本主义开始向帝国主义过渡，其对海外殖民地的争夺日炽。列强在亚洲加紧了对中国周边国家的侵略扩张，使中国西北、西南、东南、南部和东北边疆相继出现严重危机。1883 年 12 月至 1885 年 4 月，法国侵略越南，进而侵略中国，爆发了中法战争。第一阶段战场在越南北部；第二阶段扩大到中国东南沿海。法国海陆两军虽于多数战役占据上风，但均无法取得奠定全局的战略性大胜。法国远东舰队虽于海战赢得全胜，并一度攻占基隆，却因沪尾一役受挫及疫病流行，无法达成拿下台湾岛的战略目的；而清军虽于初期陆海皆遭惨败，导致由恭亲王奕䜣领班的军机处被全面撤换，但后期台湾及杭州湾防卫成功，且有冯子材统率各部于镇南关之役给法国陆军带来较重伤亡，导致茹费里政权垮台。最后两国重启和谈，订立《中法新约》，清方承认法国对法属印度支那诸殖民地的宗主权。

第四次是1894—1895年中日甲午战争。日本1868年明治维新以后，在英、美的扶植下，迅速崛起为东亚资本主义强国。早在1871年，日本就开始将其势力打进朝鲜。1874年，出动军队进犯中国台湾。1879年吞并琉球，将其变为日本的冲绳县。1884年以后，日本为侵略中国和朝鲜开始进行陆海大扩军。1894年6月，日本利用朝鲜国王请求清政府出兵协助镇压农民起义之机，派军队侵朝，并于7月25日偷袭中国运兵船，挑起战端。清政府消极避战，日本先是在朝鲜境内大败清军，继而在黄海大东沟海面袭击清北洋水师，随后越过鸭绿江，侵入中国辽东半岛和山东。清朝陆军在辽东战败，北洋水师也因消极避战而被日军全歼于山东威海卫军港。清政府被迫于1895年4月和日本签订了近代以来条件最为苛刻的不平等条约《马关条约》。此后，日本成为近代中国最凶暴的敌人，中国则更深地陷入半殖民地的泥潭。

第五次是1900—1901年八国联军侵华战争。中国在甲午战争中失败之时，正值帝国主义国家瓜分世界的浪潮涌起之际，西方列强纷纷在华抢占租借地，划分势力范围，瓜分中国之声甚嚣尘上，中国面临亡国灭种的空前危机。面对如此严峻的形势，中华民族表现出反抗外来压迫的强烈愿望和战斗精神。源于19世纪60年代反洋教斗争的义和团反帝爱国运动在山东迅猛发展，接着席卷直隶地区，于1900年6月大举进入京、津，这又促使全国各地民众纷纷在义和团的旗帜下奋起进行反帝斗争。列强看到促使清政府扑灭义和团运动不见成效之后，决定联合发动侵华战争。从1900年6月中旬到8月中旬，先后攻陷大沽、天津及北京。沙俄还独自出动十数万军队，大举入侵中国东北，占领主要城市和交通线，妄图一举将中国东北地区变为所谓的“黄俄罗斯”。1901年9月，俄、英、美、日、法、德、意、奥、西、比、荷十一国强迫清政府订立了丧权辱国的《辛丑条约》。从此，清政府无论是在内政还是外交方面，再不能、也不敢超出列强允许的范围行事，中国半殖民地半封建社会完全形成。

除了上述大规模入侵之外，列强还在中国进行过不少其他形式的侵略战争。1888年、1903—1904年，英国先后两次入侵西藏，为煽动所谓“独立”埋下了祸根。1904年2月到1905年9月，日本和俄国为争夺中国东北、蒙古和朝鲜，以辽东半岛及其附近海面为主战场，展开血腥厮杀。

学生：资本-帝国主义的武装入侵，是它们写在中国近代史册上最血腥、最野蛮的一页。

（三）不平等条约体系及后果

教师：大家好！本次课学习的内容是“不平等条约体系及后果”。

学生：近代中外关系史上有一个规律性现象：每当中国在抵抗列强的战争中失败，或列强通过施压、讹诈使中国统治者屈服之后，侵略者总要把勒索到手的东西强迫中国以条约的形式确定下来，使之成为对华关系的基石。大家来看下面这个表格，1842—1915年列强强加在中国人民头上的不平等条约竟多达474个！即使将时间截至1901年，也有469个。从1842年中英《南京条约》到1901年《辛丑条约》，列强逼迫清政府签订了大量的不平等条约，形成了一个庞大的不平等条约体系，宣告了中国半殖民地半封建社会的完全形成。这些不平等条约体系对近代中国有哪些不良影响呢？

1842—1915年不平等条约数目概览

	政治综合	通商航海	租界	司法	军事	传教	边界	其他	准条约	合计
合计	72	102	61	14	18	8	19	68	112	474
各国	4	15	12	8	3	1		8	3	54
日本	26	9	14	1	10		1	27	11	99
英国	14	15	12		1		1	7	35	85
俄国	11	15	8				17	10	12	73
法国	9	7	4	3	1	3		3	3	33
美国	3	5	1	1	2			2	14	28
德国		10	7		1	1		5	2	26
比利时		3	1					2	10	16
意大利		3	1			2		3		9
丹麦	1	2							5	8
英国、丹麦									8	8
葡萄牙	1	5						1		7

续表

	政治综合	通商航海	租界	司法	军事	传教	边界	其他	准条约	合计
英国、德国									6	6
奥地利		2	1							3
西班牙		2								2
瑞典		2								2
秘鲁		2								2
荷兰	1									1
巴西		1								1
瑞士	1									1
尼泊尔	1									1

教师：近代不平等条约体系严重破坏了中国国家主权，主要表现在以下几个方面：

第一，迫使中国赔款、割地和提供“租借地”，破坏中国领土完整。

赔款。主要包括三个方面。一是战争赔款。鸦片战争后，《南京条约》规定向英国赔款2100万元。第二次鸦片战争后，《天津条约》和《北京条约》规定分别向英法赔款白银850万两和820万两。甲午战争后，《马关条约》规定向日本赔款2亿两白银，外加3000万两白银的“赎辽费”。《辛丑条约》规定向列强赔款白银4.5亿两。二是无端索要“补偿”。如日本1874年入侵台湾后难以立足，为撤出问题与清政府订立《北京专条》，竟无理索取“抚恤费”、在台湾建兵营费用50万两白银。1871年，沙俄利用新疆动荡局面，占据中国领土伊犁。1881年2月，在就归还伊犁问题与清政府订立的条约中，强索900万银卢布（约折合白银509万两），作为所谓“代守”兵费和对俄商的“补恤”。三是逼迫中国偿付外国人在中外冲突事件中的“损失”。如1870年“天津教案”后，清政府被迫向法国“赔偿”教堂等“损失”，支付白银50万两。1875年，英国驻华使馆译员马嘉里为接应从缅甸来的英国探路队，违反条约规定擅入云南而被杀，英方据以大肆讹诈，迫使清政府订立《烟台条约》，赔付白银20万两，等等。

割地。1842年《南京条约》开中国领土割让之端，英国据以强占香港岛；1860年《北京条约》将割地范围扩大到香港岛对面的九龙司。1887年3月，葡萄牙以同意澳门与香港一同协助中国缉拿鸦片走私为诱饵，与清政府订立条约，规定葡萄牙“永驻、管理”澳门及属澳之地。沙俄一直对中国领土有极大的野心，1858年5月和1860年11月，胁迫清政府订立《瑷珲条约》及《北京条约》，掠去中国黑龙江以北、外兴安岭以南以及乌苏里江以东，共100多万平方公里的领土。1864年10月，俄国强迫清政府接受其单方面炮制的《中俄勘分西北界约记》，鲸吞中国西部共44万平方公里的领土。从1881年2月中俄围绕伊犁问题订立《中俄改订条约》开始，俄国强占中国7万多平方公里领土。1895年中日签订《马关条约》，日本割占台湾和澎湖列岛，并在那里盘踞了整整50年的时间。

提供“租借地”。1898年3月，德国逼迫清政府订约，强租胶州湾99年。俄、英、法三国随即效尤，沙俄强租旅顺、大连湾25年；英国强租“新界”即深圳河以南、九龙半岛界线街以北99年，强租威海卫25年；法国强租广州湾99年。

第二，强迫中国开放通商口岸，破坏中国关税主权与海关行政管理权。

一是开放通商口岸和建立租界。不平等条约强迫中国开放通商口岸，中国沿海沿江各个省份及东北、西北、西南以及南部边境省份遍布通商口岸，就连北京也成了通商口岸。列强又先后在上海、厦门、广州、天津、镇江、汉口、九江、苏州、杭州及重庆10个通商口岸开辟25个专管租界、2个公共租界，成为中国领土上的“国中之国”。

二是破坏中国关税主权与海关行政管理权。1842年中英《南京条约》和1843年中美《望厦条约》关于协定关税的条款，是破坏中国关税主权的肇始。1858年11月，清政府与英、法、美订立《通商章程善后条约》，正式确定进出口税总体上“值百抽五”的原则。1861年，清政府成立总理各国事务衙门，其中“总税务司”一职由英国人担任，各海关税务司由西方人担任。1901年《辛丑条约》规定，赔款39年还清，以海关税、常关税及盐税作担保，并将通商口岸50里以内的常关，归于海关总税务司管辖。至此，中国除了田赋之外，其他几乎所有税收都被列强控制。

三是通过不平等条约攫取种种经济特权。1875年中英《烟台条约》规定，无论外商、华商进口洋货，一律免征内地税，且在通商口岸和租界区免征厘金。1895年《马关条约》给予列强在华设厂的权利，列强在华制造的产品无需交纳关税。此后，又由俄国带头，列强纷纷逼迫清政府通过条约，给予它们在华修筑铁路或提供铁路贷款、开采矿山和采伐森林等项权利。

第三，践踏中国的司法、领海主权，在华驻军，迫使中国废弃国防。

一是践踏中国的司法主权。中英《虎门条约》、中美《望厦条约》及中英《烟台条约》中的领事裁判权条款，使西方国家在华人员不受中国法律制约，其在华官员还得以干预中国司法过程。

二是破坏中国的领海主权。《虎门条约》和《望厦条约》规定，英、美军舰可任意停泊和往来于通商口岸，中国方面无权管辖。这种对中国领海主权的破坏，后来又延伸到中国内河领域，为列强对中国实行炮舰政策提供了条件。

三是在华驻军，迫使中国废弃国防。外国在华驻军的权利，肇始于1898年3月德国迫使清政府订立的《胶澳租界条约》，俄、英、法在分别向清政府索取旅顺、大连，威海卫，广州湾租借地时随即效尤。这样列强实际上将所谓的租借地，都变成了它们在华的军事基地。后来《辛丑条约》规定，列强在北京使馆区常驻军队，还可在北京至山海关铁路沿线12处重要地方驻军。同时，拆毁大沽口炮台和大沽至北京沿线炮台，天津周围20里之内不得驻扎中国军队。至此，连中国首都都成了外国军队的驻扎之地，中国国防已经废弃殆尽。

此外，第二次鸦片战争后的《天津条约》《北京条约》还规定西方人在华有自由传教的权利，并允许传教士在各地租买田地，建造自便。

学生：不平等条约破坏和践踏了中国国家主权，是套在中华民族身上的沉重枷锁，是中国半殖民地半封建社会的鲜明标记呀！

（四）反抗外来侵略的斗争历程

教师：大家好！本次课学习的内容是“反抗外来侵略的斗争历程”。

学生：资本-帝国主义侵略、压迫中国人民的过程，同时也是中国人民反抗它们的侵略、压迫的过程。救亡图存，成了一代又一代中国人面临的神圣使命。为了捍卫民族生存的权利，他们在长时间里进行了不屈不挠、再接再厉的英勇斗争。请您来分析一下人民群众的反抗斗争。

教师：人民群众的反侵略斗争规模比较大的有以下几次：

一是三元里人民的抗英斗争。在英国发动侵略中国的鸦片战争后，中国人民奋起抵抗。1841年5月，英军在广州郊区三元里一带的淫掠暴行，激起当地乡民的义愤，“不呼而集者数万人”，与英军展开激烈战斗。三元里人民的抗英斗争，是中国近代史上中国人民第一次大规模的反侵略武装斗争，显示了中国人民不甘屈服和敢于斗争的英雄气概。

二是太平军多次重创洋枪队。太平天国农民战争后期，太平军曾多次重创英、法侵略军和外国侵略者指挥的洋枪队“常胜军”“常捷军”。1862 年 5 月，太平军在江苏奉贤击毙法国侵华海军司令卜罗德；6 月，在青浦活捉“常胜军”副统领法尔思德；9 月，又在浙江慈溪击伤“常胜军”统领、美国人华尔。1863 年 1 月，在绍兴打死“常捷军”统领勒伯勒东。

三是台湾人民坚决反抗侵略者。在资本-帝国主义侵略中国台湾的过程中，台湾人民奋起反抗侵略者。1867 年，美国派海军入侵台湾，副舰长马肯基率陆战队在琅峤登陆，高山族人民英勇抵抗，击毙马肯基，打退了美军的进犯。1874 年，日本派陆军中将西乡从道率日军侵犯台湾琅峤地区，遭到高山族人民的迎头痛击。1895 年《马关条约》规定，割让台湾全岛及所属岛屿和澎湖列岛给日本。台北人民闻讯后鸣锣罢市，表示抗议。台湾绅民还发布檄文，表示“愿人人战死而失台，决不愿拱手而让台”，表达了誓与台湾共存亡的决心。台湾人民与总兵刘永福所率领的黑旗军共同抗击日本侵略。吴汤兴、徐骧等指挥的台湾义军及吴彭年、杨泗洪指挥的黑旗军在新竹、彰化、嘉义和台南等地与日军激战。从 1895 年 6 月至 10 月，台湾军民浴血奋战，抗击日本两个近代化师团和一支海军舰队，日军死伤 32000 多人，日本近卫师团长白川能久亲王也伤重毙命。台湾军民为保卫祖国神圣领土，写下了可歌可泣的一页。此后，在日本统治台湾的半个世纪里，台湾人民反抗日本侵略者的斗争从未间断过。

四是义和团与八国联军拼死鏖战。1900 年八国联军侵华时，义和团及部分清军与之展开殊死战斗。6 月，英国海军中将西摩率领八国联军 2000 多人，从天津乘火车向北京进犯，在廊坊遭到义和团的阻击。撤到杨村又遭到当地义和团和清军的围攻，死伤近 300 人。义和团和清军一起在天津老龙头火车站和紫竹林租界等地与八国联军拼死鏖战。义和团与清军还在东北抗击沙俄侵略军。

另外，1884 年，中法战争期间，香港中国造船工人举行罢工，拒绝修理受伤的法舰，爱国商人也举行罢市，码头工人则不运送法货。

学生：晚清爱国官兵在反侵略斗争中的表现可圈可点，您是否可以为我们具体讲解一下？

教师：在历次反抗外国侵略的战争中，晚清爱国官兵中不乏英勇之士，他们满怀爱国激情，奋勇作战，宁死不屈，血洒疆场。

在第一次鸦片战争时期，1841 年 1 月，英军袭击大角、沙角炮台，副将陈连升父子血战殉国。2 月，英军进攻虎门炮台，广东水师提督关天培率部英勇抵抗，为国捐躯。9 月，英军进攻浙江定海，总兵葛云飞、王锡朋及郑国鸿身先士卒，浴血奋战六昼夜后英勇牺牲。10 月镇海之战，两江总督、钦差大臣裕谦不畏强敌，亲自登城擂鼓激励将士。城破之后，他投泮池自尽，壮烈殉国。1842 年 6 月，英军侵入长江口，江南提督陈化成坚守吴淞炮台，英勇献身。7 月，英军进攻镇江，副都统海龄率守军殊死奋战，随后阵亡。

在第二次鸦片战争中，1859 年 6 月，英法联军大举进攻大沽炮台，直隶提督史荣椿率领守军沉着应战，击沉、击伤敌舰多艘后奋勇战死。1860 年 8 月，英法联军袭击大沽北岸炮台，直隶提督乐善指挥清军英勇抗击后壮烈牺牲。

在中法战争期间，1883 年 5 月，刘永福率黑旗军在河内纸桥，击毙法军司令李威利。1884 年 8 月，法舰进犯台湾基隆。同年 10 月，又进犯淡水，都被督办台湾事务大臣刘铭传指挥守军击退。1885 年年初，法舰炮轰浙江镇海炮台，被守军击退，法国舰队司令孤拔受重伤。3 月，在中越边境镇南关，70 岁老将冯子材身先士卒，率部勇猛冲杀，大败法军，取得镇南关大捷。

在甲午战争之时，1894 年 9 月，日军进攻朝鲜平壤，总兵左宝贵率清军坚守玄武门，重创敌军后中炮牺牲。9 月 17 日，北洋舰队与日本联合舰队在黄海大战。致远号管带邓世昌指挥受伤军舰撞向日舰吉野号，不幸为鱼雷击中沉没，邓世昌与全舰 200 多名官兵壮烈牺牲。经远号被 4 艘日舰包围，管带林永升与全舰官兵血战阵亡。

在抵抗八国联军侵华战争中，天津保卫战时期，直隶提督、武卫前军统帅聂士成率部同八国联军血战八昼夜，后因弹药匮乏、寡不敌众，于 1900 年 7 月 9 日在八里台地区被侵略军包围。聂士成率部激战两个小时，多处负伤后仍坚持指挥战斗，最后中炮阵亡。

学生：近代中国人包括统治阶级中的爱国志士，在反侵略斗争中表现出来的爱国主义精神，铸成了中华民族的民族魂。

教师：正是由于中国人民前仆后继、英勇顽强的斗争，才使我们的国家和民族历尽劫难、屡遭侵略而不亡。那些不畏强暴、赴汤蹈火、血战疆场、宁死不屈的民族英雄，乃是中华民族的脊梁。

（五）反抗外来侵略战争失败的原因

教师：大家好！本次课学习的内容是"反抗外来侵略战争失败的原因"。

学生：从 1840 年至 1919 年的近 80 年间，中国人民对外来侵略进行了英勇顽强的反抗，这些斗争具有重大的历史作用。但是历次的反侵略战争，都是以中国失败、中国政府被迫签订丧权辱国的条约而告结束的。蒋廷黻先生指出："鸦片战争失败的根本理由是我们的落伍。我们的军器和军队是中古的军队，我们的政府是中古的政府，我们的人民，连士大夫阶级在内，是中古的人民。"① 请您来为我们具体说明一下。

教师：反抗外来侵略战争屡屡失败的原因，主要有以下两个方面：一是社会制度的腐败；二是经济技术的落后。而前者是根本原因，正是由于社会制度的腐败，才使得经济技术落后的状况长期得不到改变。

1840 年以后，中国封建社会逐步变成了半殖民地半封建社会。统治中国的清王朝，从皇帝到权贵，大多昏庸愚昧，不了解世界大势，不懂得御敌之策。由于政治腐败、经济落后和文化保守，一方面使清朝统治阶级封闭自守、妄自尊大、骄奢淫逸、盲目进攻；另一方面又使统治者和清军指挥人员在战争面前完全没有应变的能力和心态，他们不适应近代战争，不少将帅贪生怕死、临阵脱逃，有的甚至出卖国家和民族的利益。他们尤其害怕人民群众，担心人民群众被动员起来以后可能危及自身的统治，所以常常压制与破坏人民群众和爱国官兵的反侵略斗争。在这样腐败的政府领导和指挥下的战争，怎么可能不失败？

在鸦片战争中禁烟抗英有功的大臣如林则徐、邓廷桢等被革职查办，甚至发配充军；而主张对敌妥协的琦善等人反而受到重用。钦差大臣奕山到广东后，竟然把人民群众诬蔑为"汉奸"，主张"防民甚于防寇"。清政府特别害怕战争持续下去，会引发农民起义，因而急于向英国侵略者谋求妥协，为此不惜割地、赔款。

在中法战争后期，1885 年 3 月，爱国将领冯子材指挥清军在中越边境前线大败法军，取得镇南关大捷和谅山大捷，使法国侵略者处于内外交困的境地，茹费理内阁还为此而垮台。可是清政府当权者却力主避战求和，竟以此为和谈资本，加紧妥协求和活动，接受法国条件，签订《中法新约》，并下令前线清军停战撤兵。中法战争最终以"中国不败而败，法国不胜而胜"而告结束。

中日甲午战争时，清廷为筹办慈禧太后 60 岁生日庆典，除要求各级官员捐纳外，还提用户部饷银和边防经费，甚至挪用海军军费。1894 年 11 月 7 日慈禧太后寿辰，恰好是日军攻陷大连之日。慈禧太后却照样在宫中升殿受贺、大宴群臣，还让皇帝与大臣们不问国事陪坐听戏 3 日。指挥战争的李鸿章为了保存自己控制的北洋海军和淮军实力，消极避战，积极求和。清政府还下令不许接济和支援台湾军民的浴血抗战。在

---

① 蒋廷黻：《中国近代史》，中国文史出版社 2016 年版，第 16 页。

这种情况下，中日甲午战争最后只能以中国的失败而告终。

八国联军侵华战争开始以后，以慈禧太后为首的清政府守旧派，虽然一度想利用义和团的力量，与列强讨价还价及排斥异己，实际上却一直在背后牵制、破坏义和团和部分清军官兵与八国联军的战斗。八国联军侵占北京后，慈禧太后带着光绪皇帝及亲贵大臣西逃。1900 年 9 月 17 日，在逃亡途中发布镇压义和团的上谕，称“义和团实为肇祸之由……非痛加铲除不可”，命令各地文武官员对义和团要“严行查办，务净根株”。① 同时，她又派李鸿章与庆亲王奕劻向八国联军乞降求和。此后，清军便公开与八国联军勾结起来，一同屠杀、镇压义和团团民。义和团运动和抗击八国联军的反侵略战争最后被中外反动派联合绞杀。

学生：很明显，正是腐败的中国半殖民地半封建的社会制度，阻碍了中国人民的广泛动员和组织，这是近代中国反侵略战争屡遭失败最重要的原因。

教师：近代中国反侵略战争失败的另一个重要原因，是国家综合实力特别是经济技术和作战能力的落后。

19 世纪中叶，西方资本主义强国经过工业革命，经济和技术飞速发展，封建的中国已被远远抛在后面。

以鸦片战争为例，当时，清朝常备军包括绿营与八旗兵有 80 万人，而当时英国全国军队不过 20 万人，侵华远征军最多时仅 2 万人。但是，双方的武器装备、军队素质、综合实力悬殊。

就武器装备来看，多数清兵尚使用刀、矛、弓箭等冷兵器，火器也不过是用火绳点放的鸟枪、抬枪，炮台所用大炮有些还是明朝末年制造的。而英军普遍使用步枪，大炮可打霰弹、开花弹，杀伤力强。中国水师的战船都是木船，吨位小、载炮少，经不起风浪，难以在海上作战。而英国舰队帆船吨位大、载炮多，还拥有少量蒸汽动力的轮船，船速快，还可在逆风搁浅时牵引帆船。

再就军队的素质和战斗力来看，清军军官不通兵法，不谙近代军事指挥。相对而言，英军训练有素、指挥统一，海军、步兵、炮兵、工兵各兵种协同作战，战斗力较强。

由此可见，在鸦片战争中，虽然中国军队在总兵力上占优势，但在局部战役、战场上并不占优势。加上军队素质、武器装备等诸方面的劣势，中国军队的综合实力、战斗能力远远低于英军。这是中国军队在战场上节节失败的重要原因。

---

① 路遥：《义和团运动文献资料汇编·中文卷》（下），山东大学出版社 2012 年版，第 525 页。

学生：经济技术落后是反侵略战争失败的重要原因，但并不表明经济技术落后就一定会在反侵略战争中失败。正是因为当时的中国政府不能很好地组织反侵略战争，不能发动和利用人民群众的力量，甚至压制人民群众，其失败是不可避免的。

教师：中国近代历次反侵略战争失败的教训是，中国人民必须把反对帝国主义的民族斗争和反对封建主义的阶级斗争统一起来，才能完成近代中国的革命任务。

（六）民族意识的觉醒

教师：大家好！本次课学习本章最后一个知识点“民族意识的觉醒”。

学生：帝国主义的侵略给中华民族带来了巨大的灾难。但是，列强发动的侵华战争以及中国反侵略战争的失败，从反面教育了中国人民，极大地促进了中国人的思考、探索和奋起。鸦片战争以后，先进的中国人开始睁眼看世界了；中日甲午战争以后，中国人民的民族意识开始普遍觉醒。关于“师夷长技以制夷”的主张和早期的维新思想，请老师为我们详解一下。

教师：中华民族作为一个自在的民族实体，是在几千年的历史过程中形成的，而中华民族作为一个自觉的民族实体，则是在100多年中国与外国列强的对抗中出现的。当中华民族的生存和独立受到威胁的时候，当中华民族为抗击外国侵略而共同斗争的时候，中国人才产生现代意义上的民族意识和民族觉醒。

鸦片战争就像晴空霹雳，惊破了中国封建统治者以“天朝上国”自居的迷梦。鸦片战争中国失败的结局，说明了对世界愚昧无知的可悲。受到战争失败的强烈刺激，中国官吏和知识分子中的少数爱国、开明的有识之士，开始注意了解国际形势，研究外国史地，总结失败教训，寻找救国的道路和御敌的方法。而鸦片战争及战后闭关大门的打开，也使得他们能够通过收集、翻译传入的外国报刊、书籍、地图，以及战争中审问英军俘虏和向外国商人、传教士直接询问等各种方式来获取世界知识。

林则徐是近代中国睁眼看世界的第一人。1841年，他组织翻译了英国人慕瑞的《地理大全》，编成《四洲志》。书中叙述世界五大洲30多个国家的地理、历史。1843年1月，魏源在此基础上编成《海国图志》，除包括世界各国的历史、地理以外，还有总结鸦片战争经验教训、论述海防战略战术的《筹海篇》，翻译西人论述的《夷情备采》及西洋科技船炮图说等。这是当时东亚国家关于世界知识最丰富的一部巨著。在书中魏源提出“师夷长技以制夷”的思想，主张学习外国先进的军事和科学技术，以期富国强兵、抵御外国侵略，开创了中国近代向西方学习、探索近代化道路的时代新风，对以后的洋务运动及维新运动具有重要的思想启蒙意义。

19世纪70年代以后，王韬、薛福成、马建忠和郑观应等人不仅主张学习西方的科学技术，同时也要求吸纳西方的政治、经济学说。他们的共同特点，就是具有比较强烈的反对外国侵略、希望中国独立富强的爱国思想，以及具有一定程度反对封建专制的民主思想。如郑观应在《盛世危言》中提出，大力发展民族工商业，同西方国家进行“商战”，设立议院，实行“君民共主”制度等，这些主张具有重要的思想启蒙意义。

学生：鸦片战争以后，中国还只有少数人有朦胧的民族觉醒意识。甲午战争以后，当中华民族面临生死存亡的关头之时，中国人才开始有了普遍的民族意识的觉醒。梁启超指出：“吾国四千余年大梦之唤醒，实自甲午战败割台湾偿二百兆以后始也。”①请老师为我们具体讲解一下。

教师：中国在甲午战争中的失败，对中国人的刺激极大。接踵而来的瓜分狂潮，更使中华民族的各阶级、各阶层普遍产生了亡国灭种的危机感。

康有为在1898年4月保国会的演说中，把这种民族意识表达得淋漓尽致。他说：“吾中国四万万人，无贵无贱，当今日在覆屋之下，漏舟之中，薪火之上，如笼中之鸟，釜底之鱼，牢中之囚，为奴隶，为牛马，为犬羊，听人驱使，听人割宰，此四千年中二十朝未有之奇变。”②

1895年，严复在《救亡决论》中响亮地喊出了“救亡”的口号。在甲午战争后，严复翻译了《天演论》。他用“物竞天择”“适者生存”的社会进化论思想，为这种危机意识和民族意识提供了理论根据。他在按语中指出，世界上一切民族都在为生存而竞争，“进者存而传焉，不进者病而亡焉”，“负者日退而胜者日昌”，中华民族也不能例外。中国如果不能自强，就会“弱者先绝”、亡国灭种，失去民族生存的权利。③《天演论》对中国人来说无异于振聋发聩的警世钟。

学生：1898年，有人形象地绘制了一幅《时局图》，深刻揭示出当时中国面临的瓜分危局。

教师：民族危机激发了中华民族的觉醒，增强了中华民族的凝聚力。中国自古以来的“天下兴亡，匹夫有责”的优良传统，得到了发扬和升华。救亡图存成为时代的

---

① 梁启超：《戊戌政变记》，广西师范大学出版社2010年版，第1页。
② 汤志钧：《康有为政论集》（上册），中华书局1981年版，第237页。
③ ［英］托马斯·赫胥黎：《天演论》，严复译，译林出版社2014年版，第47页。

主旋律。

1894 年 11 月，孙中山创立革命团体兴中会时指出："方今强邻环列，虎视鹰瞵，久垂涎于中华五金之富、物产之饶。蚕食鲸吞，已效尤于接踵；瓜分豆剖，实堪虑于目前。有心人不禁大声疾呼，亟拯斯民于水火，切扶大厦之将倾。"① 由此，他喊出了"振兴中华"这个时代的最强音。

1899 年，梁启超在《东籍月旦》一文中，通过对欧洲世界史著作的评介，第一次使用了"民族"一词。1901 年《中国史叙论》中首次提出了"中国民族"的概念。1902 年《论中国学术思想变迁之大势》中正式提出了"中华民族"的概念。

学生：近代以来，中国的志士仁人正是怀着强烈的危机感和民族意识，历尽千辛万苦，不怕流血牺牲，去探索挽救中华民族危亡的道路。

教师：甲午战争以后的戊戌维新、辛亥革命，都是在救亡图存、振兴中华这面爱国主义大旗下发生的。这些斗争和探索，使中华民族燃烧起了新的希望，标志着中华民族进一步的觉醒。

四、释疑解惑

（一）如何理解近代中国人民反对外国侵略的正义斗争

近代中国人民反对外来侵略、保卫社稷家园的斗争，其正义性是不容否定的。正是这种英勇顽强、不屈不挠的斗争，才避免了中国被瓜分、被彻底殖民而亡国的悲惨命运，这对于中华民族的伟大复兴具有至关重要的伟大意义。诚然，在反对外来侵略的斗争中，尤其是义和团运动确实表现出了难以回避的落后性和局限性，但绝不能因其表现出了落后性和局限性就否定这种反侵略斗争的正义性。落后固然要挨打，但落后不等于就应该挨打，否则就是弱肉强食的强盗逻辑，就是为殖民主义张目的社会达尔文主义。正是这"应该"与"不应该"的分野，人类才有了善与恶的观念，才有了野蛮与文明的区别，人类也才有了进步的希望。对于近代中国来说，落后与挨打是现实，可正是中国人民不屈服于这种现实而英勇拼战、流血牺牲，中华民族才有了生存下去的可能，才有了求发展、求复兴的可能。至于在此过程中表现出的滞后性和愚昧性，那是一个需要我们逐步总结经验教训，在追求中华民族伟大复兴征途中逐步克服

---

① 孙中山：《革命与共和》，天津人民出版社 2017 年版，第 16 页。

的问题，而与反侵略斗争的正义性无涉。

（二）如何认识近代中国民族意识的觉醒

民族意识是指近代民族国家意识。它不同于种族意识、族群意识。近代中国民族国家意识的形成大体是由戊戌变法到五四时期形成的，而辛亥革命特别是中华民国的建立，对于民族国家意识的形成和觉醒起到了很大的作用。民族国家意识涉及三个主体：人民（国民、公民）、民族（族群）、国家（以政权为代表）。族群是人民共同体，国家既是民族共同体，也是人民共同体。国家是人民的、民族的国家，国家和人民、和民族有权利和义务的制约。梁启超的《新民说》对这些关系均有阐释，可以说是近代中国较早阐释民族国家意识的文本。

所谓民族国家意识，是建立在这样的关系的基础之上的。为什么五四爱国运动能够喊出“外争国权，内惩国贼”的口号，而两次鸦片战争、甲午战争、八国联军侵华战争较之巴黎和会带来的危机更甚，而民众却是完全麻木的？因为辛亥革命以前的所谓国家，并不是近代意义的民族国家，而是朝廷，是皇帝的国家，所谓“普天之下，莫非王土”，“朕即国家”，不是人民的国家、民族的国家。辛亥革命后，《中华民国临时约法》明确规定国家的权力属于中华人民全体，这才第一次在法理上明确了国家和人民、民族的关系，所谓民国，就是人民的国家。所以，毛泽东在《民众的大联合》里才会发出“国家者，我们的国家”“我们不说谁说，我们不干谁干”的呐喊。① 这样的口号在辛亥革命以前是不会有的，因为彼时的国家和民众是没有关系的。五四运动的爆发和青年学生民族国家意识的觉醒直接相关。五四运动标志着民族国家意识的初步觉醒，因为这种觉醒主要还是在青年学生和知识界，广大民众并没有觉醒。中华民族真正的民族觉醒是在伟大的抗日战争时期。外敌的威胁和侵略，促进了民族意识的觉醒，也加速了民族国家的形成。

五、学习测试

（一）单项选择题（备选答案中只有1个是正确的）

1. 资本-帝国主义列强对中国的侵略，首先和主要进行的是(　　)

① ［日］毛泽东文献研究会：《毛泽东集》（第1卷），苍苍社1983年版，第65页。

A. 军事侵略　B. 文化渗透　C. 经济掠夺　D. 政治控制

2. 1895 年签订的割让中国台湾全岛及所有附属岛屿和澎湖列岛的条约是(　　)

A.《南京条约》　B.《望厦条约》　C.《马关条约》　D.《北京条约》

3. 英国军官戈登承认："我们就这样以最野蛮的方式摧毁了世界上最宝贵的财富"，这个"世界上最宝贵的财富"是(　　)

A. 圆明园　B. 颐和园　C. 故宫　D. 长城

4. 鸦片战争后外国人可以在中国横行不法，中国政府却无权干预，这是因为资本-帝国主义列强在中国享有(　　)

A. 协定关税权　B. 领事裁判权　C. 驻军权　D. 传教权

5. 开放汉口为通商口岸的条约是(　　)

A.《南京条约》　B.《天津条约》　C.《马关条约》　D.《北京条约》

6. 自 1863 年任中国海关总税务司开始，掌握中国海关大权达 40 余年之久的是英国人(　　)

A. 赫德　B. 李泰国　C. 李提摩太　D. 林乐知

7. 为列强侵略中国制造舆论，基督教在中国设立的最大的出版机构广学会发行的刊物是(　　)

A.《新民丛报》　B.《民报》　C.《字林西报》　D.《万国公报》

8. 孙中山曾说："经过那次血战之后，外国人才知道中国还有民族思想，这种民族是不可消灭的。""那次血战"指的是(　　)

A. 辛亥革命　B. 三元里人民抗英斗争

C. 太平天国运动　D. 义和团运动

9. "师夷长技以制夷"的思想是魏源在哪一部著作中提出来的(　　)

A.《康道纪行》　B.《海国图志》　C.《朔方备乘》　D.《瀛环志略》

10. 近代历史上，中国"不败而败"的对外战争是(　　)

A. 中法战争　B. 第一次鸦片战争

C. 第二次鸦片战争　D. 甲午战争

11. 郑观应提出进行"商战"，设立议院，实行"君民共主"制度等主张的著作是(　　)

A.《劝学篇》　B.《海国图志》C.《盛世危言》　D.《校邠庐抗议》

12. 严复翻译的、用"物竞天择""适者生存"的社会进化论思想，为危机意识和

民族意识提供理论依据的著作是(　　)

A.《原富》　B.《穆勒名学》C.《天演论》　D.《群己权界论》

13. 英国强迫清政府割让香港的条约是(　　)

A. 1842 年《南京条约》　B. 1860 年《北京条约》

C. 1858 年《瑷珲条约》　D. 1895 年《马关条约》

14. 李大钊说：“太平天国禁止了鸦片，却采用了宗教，不建设民国，而建设天国，这是他们失败的重要原因。”这句话的意思是(　　)

A. 农民阶级不是先进生产力的代表，提不出科学理论和正确目标

B. 宗教是人民的麻醉剂，农民政权不该利用宗教麻醉农民阶级

C. 天国只是一种宗教幻想，现实世界不可能实现

D. 太平天国的错误选择，贻误了中国近代政治民主化的进程

15. 最能体现太平天国社会理想的纲领性的文件是(　　)

A.《天朝田亩制度》　B.《资政新篇》

C.《太平条规》　D.《十条天款》

16. 最早对兴办洋务事业指导思想作出比较完整表述的人是(　　)

A. 张之洞　B. 郑观应　C. 冯桂芬　D. 王韬

17. 近代历史上，通过不平等条约攫取中国领土最多的国家是(　　)

A. 俄国　B. 英国　C. 美国　D. 日本

18. 洋务运动所举办的民用工业，采取最多的形式是(　　)

A. 官商合办　B. 商办　C. 官办　D. 官督商办

19. 近代中国司法主权受到破坏，规定外国享有领事裁判权的条约是(　　)

A.《望厦条约》　B.《北京条约》C.《马关条约》　D.《南京条约》

20. 八股取士的废除是在(　　)

A. 维新变法时期　B. 洋务运动时期

C. 辛亥革命时期　D. 清末新政时期

(二) 多项选择题（备选答案中至少有 2 个是正确的）

1. 资本-帝国主义列强对中国的军事侵略是逐步升级的，主要有(　　)

A. 骚扰、蚕食中国沿海、边疆　B. 割占中国大片领土

C. 通商　D. 瓜分中国

E. 占领全中国

2. 1900 年 7 月，俄国入侵中国东北时，先后制造的惨案有(　　)

A. 中东路惨案　　B. 江东六十四屯惨案

C. 旅顺惨案　　D. 海兰泡惨案

E. 洛门罕惨案

3. 中国近代史上，与香港有关的条约有哪些(　　)

A.《南京条约》　B.《北京条约》　C.《望厦条约》　D.《辛丑条约》

E.《瑷珲条约》

4. 关于租界的叙述，正确的有(　　)

A. 1845 年，英国租得上海外滩附近 837 亩土地，设立英租界，这是外国人在中国设立租界的开端

B. 到 1911 年，西方列强在中国的 16 个城市设立了 30 多个租界

C. 外国侵略者在租界逐步排斥中国的主权，使租界成为“国中之国”

D. 租界成了“冒险家的乐园”和外国侵略中国的据点

E. 中国政府对租界内的行政、司法有干预权

5. 资本-帝国主义列强对中国的侵略方式有(　　)

A. 文化渗透　B. 经济掠夺　C. 军事侵略　D. 政治控制

E. 和平演变

6. 沙皇俄国先后侵占中国领土 150 多万平方公里，是通过下列哪几个不平等条约实现的(　　)

A.《改订伊犁条约》和 5 个勘界议定书

B.《北京条约》

C.《瑷珲条约》

D.《勘分西北界约记》

E.《望厦条约》

7. 为了统治中国，资本-帝国主义列强在政治上采取的主要方式是(　　)

A. 发动侵略战争，划分势力范围　B. 镇压中国人民的反抗

C. 扶植、收买代理人　D. 控制中国的内政、外交

E. 实行商品倾销和资本输出

8. 资本-帝国主义列强对中国进行经济侵略的方式除战争赔款外，主要是利用其与

清政府签订的不平等条约赋予的特权，掠夺的方式有(　　)

A. 控制中国的通商口岸　　B. 剥夺中国的关税自主权

C. 实行商品倾销和资本输出　　D. 操纵中国的经济命脉

E. 扶植和收买代理人

9. 19世纪70至80年代，中国陷入“边疆危机”，其主要事件有(　　)

A. 英国从印度侵入西藏　　B. 英国从缅甸入侵云南

C. 法国从越南侵犯广西　　D. 俄国从中亚入侵新疆

E. 日本吞并琉球，侵犯台湾

10. 帝国主义列强没有实现瓜分中国的图谋的主要原因有(　　)

A. 中国封建统治的牢固

B. 中华民族不屈不挠的反侵略斗争

C. 帝国主义列强之间的矛盾和互相制约

D. 帝国主义国家的自动放弃

E. 帝国主义国家希望发展中国的资本主义

(三) 论述题

1. 资本-帝国主义的侵略给中国带来了什么？
2. 中国近代历次反侵略战争失败的根本原因和教训是什么？

◎ 参考答案

(一) 单项选择题

1. A　2. C　3. A　4. B　5. B　6. A　7. D　8. D　9. B　10. A

11. C　12. C　13. A　14. A　15. A　16. C　17. A　18. D　19. A　20. D

(二) 多项选择题

1. ABD　2. BD　3. AB　4. ABCD　5. ABCD

6. ABCD　7. BCD　8. ABCD　9. ABCDE　10. BC

(三) 论述题

1. 资本-帝国主义的侵略给中国带来了什么？

通过军事侵略，屠杀中国人民，侵占中国领土，划分势力范围，勒索赔款，抢掠财富；通过政治控制，操纵中国的内政和外交，扶植收买代理人；通过经济掠夺，扩大对中国的商品倾销和资本输出，进行掠夺和榨取，逐步使中国卷入资本主义的世界市场；通过文化渗透，宣扬殖民主义的奴化思想，麻醉中国人民的精神，摧毁中国人民的民族自尊心和自信心。

总之，帝国主义的侵略导致中国在政治上一盘散沙，在经济上停滞和落后，广大农民处于破产的边缘，严重阻碍了中国社会的进步。

与帝国主义者的愿望相反，帝国主义的侵略刺激了中国人民的觉醒，促使中国人民投入反抗帝国主义侵略的斗争。

2. 中国近代历次反侵略战争失败的根本原因和教训是什么？

从1840年至1919年约80年间，中国人民对外来侵略者进行了英勇顽强的反抗，这些斗争具有重大的历史作用。但是，历次的反侵略战争，都是以中国失败、中国政府被迫签订丧权辱国的条约而宣告结束。其原因，从中国内部因素来分析，主要有以下两个方面：一是社会制度的腐败，二是经济技术的落后。而前者则是更根本的原因。

第一，社会制度的腐败。1840年以后，中国封建社会逐步沦为了半殖民地半封建社会。清王朝的统治阶级，大多昏庸愚昧，不了解世界大势，不懂御敌之策。许多官员、将帅为了自身私利，不惜出卖国家和民族的利益，并常常压制与破坏人民群众和爱国官兵的反侵略斗争。腐败的中国半殖民地半封建的社会制度，阻碍了中国人民群众的广泛动员和组织，这是近代中国历次反侵略战争屡遭失败的最重要的原因。

第二，经济技术的落后。近代中国反侵略战争失败的另一个重要原因，是国家综合实力特别是经济技术和作战能力的落后。19世纪中叶，西方资本主义强国经过工业革命，经济和技术飞速发展，封建的中国已被远远抛在后面。但是，经济技术落后并不意味着在战争中一定打败仗。而当时的中国，不仅武器装备落后，而且统治阶级实行错误的方针、政策，并压制人民群众的动员。在这种情况下，中国的反侵略战争才一再失败。

中国近代历次反侵略战争的失败启示我们：

第一，在近代中国，要取得反侵略战争的胜利，争得民族独立，必须充分动员和组织人民群众的力量，必须改变帝国主义、封建势力联合统治中国的局面。

第二，要取得反侵略战争的胜利，必须改变中国经济技术落后的状况。但进行现代化建设的前提是实现民族的独立和人民的解放。这需要推翻帝国主义对中国的民族压迫和封建的腐朽势力的反动统治。只有这样，国家才能真正强大，人民才能当家作主。

六、阅读文献

1. 马克思：《英人在华的残暴行动》（1857 年 3 月）
2. 列宁：《对华战争》（1900 年 9—10 月）
3. 毛泽东：《把我国建设成为社会主义的现代化的强国》（1963 年 9 月）
4. 林华国：《近代历史纵横谈》，北京大学出版社 2005 年版
5. 萧致治：《鸦片战争与近代中国》，湖北教育出版社 1999 年版
6. 王建朗：《中国废除不平等条约的历史考察》，《历史研究》1997 年第 5 期

第二章
对国家出路的早期探索

一、教学目的与要求

1. 深刻了解太平天国农民战争的历史意义、失败原因和教训，认识到单纯的农民战争不可能完成争取民族独立和人民解放的历史任务。

2. 深刻了解洋务运动的历史意义、失败原因和教训，认识到洋务运动不可能为中国摆脱贫弱找到出路。

3. 深刻了解戊戌维新运动的历史意义、失败原因和教训，认识到封建统治者走自上而下的改良道路在根本上行不通。

二、基本教学内容

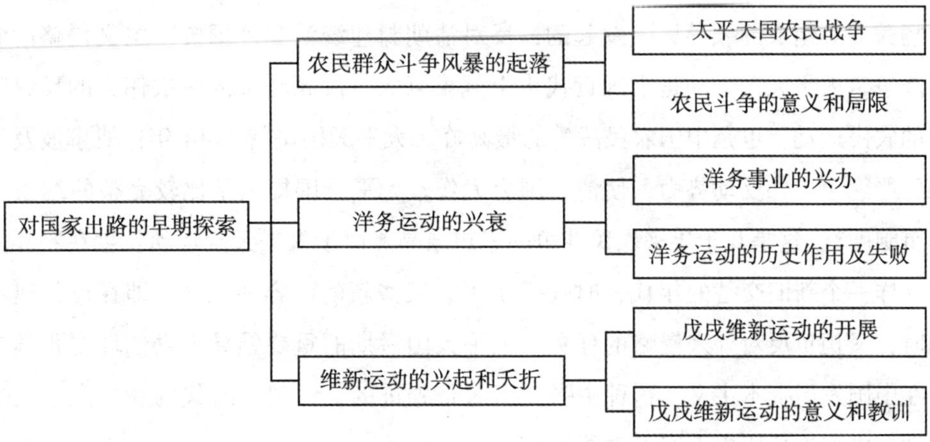

三、讨论式教学教案

（一）导学

教师：鸦片战争后，中国开始沦为半殖民地半封建社会。随着资本-帝国主义的入侵，中国的民族危机与社会危机日益加深，社会各个阶级都面临着“怎么办”的问题。首先我们来看传统社会力量的应对。在封建社会，所谓的传统社会力量，是指农民阶级和地主阶级。面对这“三千年未有之变局”和“三千年未有之强敌”，中国的传统社会力量将作出怎样的反应呢？我们看到，千百年来脸朝黄土背朝天的农民发出了怒吼，他们掀起了一场农民起义，希望建立一个自己的理想天国；面对内忧外患，地主阶级也坐不住了，他们开始办洋务，力图通过向西方学习求强求富。除了传统社会力量外，新兴的资产阶级知识分子担心亡国灭种，他们积极主张变法，希望在中国改弦更张，从而发展资本主义。

学生：这三次运动的大致经过是怎样的？

教师：无论是农民阶级、地主阶级，还是民族资产阶级，他们都从各自的阶级立场出发，对国家的出路进行探索，先后提出了不同的主张和方案。本章学习的主要内容就是太平天国运动、洋务运动和维新运动。

太平天国运动是清朝咸丰元年到同治三年（即 1851 年至 1864 年）期间，由洪秀全、杨秀清等组成的领导集团发起的，反对清朝封建统治和外国资本主义侵略的农民起义战争。太平天国运动是中国近代史上规模巨大、波澜壮阔的一次伟大的反封建反侵略的农民运动，也是中国农民战争的最高峰。太平天国坚持了 14 年，战事波及半个中国，严惩了中外反动势力，使清朝国力大伤。太平天国提出了比较完整的纲领《天朝田亩制度》，这是几千年来农民斗争的思想结晶。由于太平天国运动发生在鸦片战争之后这样一个新旧交替的年代，时代赋予了它某些新的内容和意义，即在反封建主义的同时，又担负反对外来侵略的任务。太平天国后期的重要领导人洪仁玕主张学习西方，在中国发展资本主义，这种主张在当时是先进的，体现了时代的新特点。太平天国运动在中国近代历史上留下重要的一页。

毛泽东曾给予太平天国运动极高的评价。1945 年 6 月，在延安召开的中国革命死难烈士追悼大会上，毛泽东指出：“我们今天的公祭可以一直上溯到一八四一年平英团那些英雄们，也祭奠他们。平英团的反英斗争，太平天国运动，都是英勇的斗争。太平天国有几十万军队、成百万的农民，打了十三年，最后南京城被清兵攻破的时候，一个也不投降，统统放起火烧死了，太平天国就是这样结束的。他们失败了，但他们是不屈服的失败，什么人要想屈服他们，那是不行的。”①

洋务运动，又称晚清自救运动、自强运动。第二次鸦片战争后，清政府内部出现了洋务派和顽固派。洋务派以“中体西用”为指导思想，主张利用西方先进科学技术来维护清朝统治。从19世纪60年代到90年代，洋务派以“自强”和“求富”为口号，掀起了一场“变事不变制”的洋务运动。虽然这场运动并没有使中国立即富强起来，但洋务派引进了西方先进的科学技术，使中国出现了第一批近代企业，这在客观上推动了生产力的进步，刺激了中国民族资本主义的产生与发展，在一定程度上抵制了外国资本主义的经济输入，促进了近代中国教育和国防的现代化。美国汉学家芮玛丽这样评价这一阶段的“自强”运动，她说：“不但一个王朝，而且一个文明看来已经崩溃了，但由于十九世纪六十年代的一些杰出人物的非凡努力，它们终于死里求生，再延续了六十年。”②

19世纪末，中国民族资本主义得到了初步发展。在民族危机加剧的形势下，民族资产阶级作为新的政治力量登上历史舞台。1898年（即农历戊戌年），以康有为、梁启超为代表的资产阶级维新派掀起了一场救亡图存的政治运动。这场运动史称戊戌变法，又称百日维新、维新变法。戊戌变法在政治上具有资产阶级民主色彩，如提倡官民上书言事。鼓励私人兴办工矿企业等规定则有利于发展资本主义经济。文化教育方面，要求开办京师大学堂，各地普遍设立中小学堂，废除八股取士，改试策论，开设经济特科等，这些措施有利于西方文化的引进与传播。但是，变法法令中没有涉及资产阶级维新派提出的设议院、开国会、定宪法等政治主张。

戊戌变法是资产阶级的改良运动。资产阶级维新派要求实行有利于发展资本主义的政策，逐步变封建专制制度为资本主义君主立宪制，这在当时是符合中国历史发展趋势的，有进步意义。戊戌变法也是一次思想启蒙运动，推动了近代中国第一次思想解放潮流，在社会上起到了开启民智的作用，促进了中国人民的觉醒。但是，变法的失败说明资产阶级改良道路在半殖民地半封建的中国行不通。

---

① 《毛泽东文集》（第3卷），人民出版社1996年版，第435~436页。

② 转引自费正清：《剑桥中国史》（上卷），中国社会科学院历史研究所译，中国社会科学出版社1985年版，第517页。

通过本章的学习，希望大家掌握太平天国运动爆发的原因与农民斗争的意义和局限性，了解洋务派与资产阶级维新派对国家出路的探索与实践，并正确理解洋务运动与戊戌变法失败的原因与教训。了解中国近代知识分子的爱国情操与救国主张在中国近代化过程中的历史地位与作用。认识到农民阶级、地主阶级和资产阶级都不可能使中国真正实现民族独立和国家富强。

学生：为更好地学习本章内容，请老师推荐一些参考读物。

教师：推荐大家阅读《天朝田亩制度》《资政新篇》，马克思所著的《中国革命和欧洲革命》，康有为所著的《上清帝第二书》，梁启超所著的《变法通议》《戊戌政变记》等。推荐大家观看电影《清宫秘史》，电视剧《太平天国》《戊戌风云》等。

（二）从《天朝田亩制度》到《资政新篇》

教师：太平天国定都天京后，进行了一系列制度建设，先后颁布了《天朝田亩制度》和《资政新篇》两份重要文献。

这两份文献的主要内容是什么？有什么意义及局限性呢？我们来了解一下。

中国历来是一个以农业为基础的大国，农业人口占绝大多数，农民的土地问题是个重要问题。这个问题解决得如何，关系历代政权的兴亡治乱和社会经济的繁荣衰替。于是，1853 年冬，就在定都天京之时，太平天国颁布了《天朝田亩制度》。《天朝田亩制度》以解决农民土地问题为中心，涉及经济、政治、军事、文教和社会等多方面的政策和措施。

《天朝田亩制度》把土地分为九等，好坏平均搭配。然后以户为单位，不分男女按人口平均分配。16 岁以上分全份，15 岁以下分半份。它还绘制了一幅新型社会的蓝图，这就是以 25 家为基层单位，称为“两”。两个“两”，设“两司马”主持。每 5 家设“伍长”一人。每家出 1 人当兵作伍卒，“有警则首领统之为兵，杀敌捕贼，无事则首领督之为农”。每个基层单位，建立一个“国库”，“凡当收成时，两司马督伍长除足其 25 家每人所食可接新谷外，余则归国库，凡麦、豆、苎麻、布帛、鸡、犬各物及银钱亦然”。各家遇有婚丧嫁娶和生育等事，按规定费用到“国库”领取；鳏寡孤独残废等丧失劳动能力的人，也由“国库”开支抚养。农民除耕种外，还要利用农闲时间饲养猪、鸡、蚕，从事纺织、缝衣、制作陶器、木活、打石等家庭副业和手工业生产。

《天朝田亩制度》是最能体现太平天国社会理想和这次农民起义特色的纲领性文件。它确立了平均分配土地的方案，这实际上是起义农民提出的一个以解决土地问题为中心的比较完整的社会改革方案。《天朝田亩制度》的主张，从根本上否定了封建社会的基础即封建地主土地所有制，表现了广大农民要求平均分配土地的强烈愿望，具有进步意义。太平天国的领导人希望通过施行这样的方案，"务使天下共享天父上主皇上帝大福，有田同耕，有饭同食，有衣同穿，有钱同使，无处不均匀，无人不饱暖也"。

但是，《天朝田亩制度》所规定的社会经济生活方案，是要在小生产的基础上废除私有制和平均一切社会财富，以求人人平等，是农民的绝对平均主义思想。这种方案不可能使社会生产力向前发展，相反，它将使社会生产力停滞在分散的小农经济的水平上，将自给自足的自然经济理想化、固定化。因此，它又具有违反社会发展规律的落后性。1948 年，毛泽东在《在晋绥干部会议上的讲话》中，针对当时的情况曾说过："现在农村中流行的一种破坏工商业、在分配土地问题上主张绝对平均主义的思想，它的性质是反动的、落后的、倒退的"。①

《天朝田亩制度》既具有革命性，又具有封建落后性，这个矛盾是由农民小生产者的经济地位所决定的。太平天国领袖们绘制的这张貌似美丽的社会蓝图，实际上是不可能实现的。他们为了适应现实的迫切需要，就不得不采取一些较为切实可行的措施。在《天朝田亩制度》颁布后不久，根据天京粮食供应紧张的情况，杨秀清、韦昌辉、石达开等向洪秀全建议，在安徽、江西等地"照旧交粮纳税"。这个建议，经洪秀全批准后得以施行。实行"照旧交粮纳税"的政策，就是仿照清朝的办法，即地主是田赋的主要交纳者，征收地丁银和糟粮。这表明太平天国承认地主占有土地，并允许地主收租。我们可以看出，随着《天朝田亩制度》的颁行，封建的生产关系和阶级关系尽管受到冲击，但并没有被彻底改变。

《资政新篇》是洪仁玕在太平天国后期提出的一个社会发展方案。洪仁玕是洪秀全的族弟，是拜上帝教最早的信徒之一。1852 年，洪仁玕到达香港，结交了一批传教士，在那里接受了一些西方资本主义的思想。1858 年，洪仁玕离开香港，辗转来到天京，受到洪秀全器重。他被封为干王，总理太平天国政事。

洪仁玕总理朝政后，看到太平天国政涣人散的严重局面，决心通过改革挽救危局，从而创造一个"太平一统江山万万年"的"新天、新地、新人、新世界"。为此，1859 年冬，他提出了一个改革内政和建设国家的新方案——《资政新篇》。

---

① 中共中央文献研究室、中央档案馆：《建党以来重要文献选编（1921~1949）》（第 25 册），中央文献出版社 2011 年版，第 250 页。

《资政新篇》的主要内容有四个方面。第一，在政治方面，主张“禁朋党之弊”，加强中央集权；学习西方，制定法律制度。第二，在经济方面，主张发展近代工矿、交通邮政金融等事业；吸取外国的科学技术，奖励科技发明和机器制造；提倡资本主义的雇佣劳动制，“准富者请雇工，不得买奴，贻笑外邦”，对穷人“宜令作工，以受所值”。第三，在思想文化方面，提出设新闻馆，设“暗柜”，用以监督官员，改革弊政；主张革除缠足等社会陋习；提倡兴办学校、医院和社会福利事业。第四，在外交方面，主张同世界各国交往通商，强调外国人不得干涉天朝内政。

作为太平天国反封建反侵略的纲领性文献，《资政新篇》具有强烈的革命性。它是近代中国的先进人士最早提出的在中国发展资本主义的方案，具有鲜明的资本主义性质。它明确提出了学习西方先进的政治制度和先进的科学技术，主张平等的外交等。这些主张集中反映了当时先进的中国人向西方寻找真理和探索救国救民道路的迫切愿望，符合中国社会发展方向，具有进步性。

但是，《资政新篇》没有把发展资本主义与消灭封建剥削制度联系起来，没有同太平天国当时的现实斗争联系起来，只字未提农民最关心的土地问题，既非农民斗争实践的产物，也缺乏实践的社会基础，因此得不到太平天国广大将士的拥护，对太平天国的现实斗争起不到任何积极作用，而且战争环境也不具备实行的客观条件。所以，《资政新篇》没有得到实行。

（三）洋务派的求强求富

教师：第二次鸦片战争后，清政府内部出现了洋务派和顽固派。洋务派主张利用西方先进科学技术来维护清朝统治，从19世纪60年代到90年代，他们以“自强”和“求富”为口号，掀起了一场“变事不变制”的洋务运动。

洋务派中央代表人物是奕䜣，地方代表人物有李鸿章、张之洞、曾国藩、左宗棠等地方大员，此外还有崇厚、沈葆桢、刘坤一等。李鸿章曾说：“我朝处数千年未有之大变局……窃以为天下穷则变，变则通。中国士大夫沉浸于章句小楷之积习，以致所用非所学，所学非所用……中国文武制度，事事远出西人之上，独火器万不能及。”①又说：“鸿章以为中国欲自强，则莫如学习外国利器；欲学习外国利器，则莫如觅制器之器，师其法而不必尽用其人，欲觅制器之器与制器之人，则或专设一科取士……中

---

① 中华书局编辑部、李书源：《筹办夷务始末·同治朝》（卷二十五），中华书局2008年版，第1087~1088页。

国但有开花大炮轮船两样，西人即可敛手。”① 由此可见，洋务派是希望通过兴“西学”、办“洋务”、建军工厂，生产新式武器，训练新式军队，以达到“自强”的目的，使中国“有备无患”。

洋务运动前期，洋务派以“自强”为旗号，采用西方先进生产技术，创办了一批近代军事工业。在李鸿章等人的主持下，江南机器制造总局、金陵制造局、福州船政局、天津机器局等一批大型近代化军事工业相继问世。短短几年中，中国就已经具备了铸铁、炼钢以及机器生产各种军工产品的能力，产品包括大炮、枪械、弹药、水雷、蒸汽轮船等新式武器。他们还开办了天津北洋水师学堂、广州鱼雷学堂、威海水师学堂、南洋水师学堂、旅顺鱼雷学堂、江南陆军学堂、上海操炮学堂等一批军事学校，为国防事业作出了重要的贡献。

北洋水师的建立，是洋务运动军事方面的重要成果之一。1888 年正式成立的北洋水师是一支近代化海军舰队，同时也是清朝建立的四支近代海军中实力最强、规模最大的一支。主要军舰大小共有 25 艘，辅助军舰 50 艘，运输船 30 艘，官兵 4000 余人。尽管北洋水师在甲午战争中全军覆灭，但是它毕竟曾经是中国可以威慑海洋的先进军事力量，在世界海军史上占据了一席之地。

洋务运动中后期，洋务派为解决军事工业在资金、燃料、运输等方面的困难，打出“求富”的旗号，兴办了一批民用工业。1872 年，李鸿章在上海建立了轮船招商局，这是洋务派创办的第一个民用企业。轮船招商局开办仅 3 年时间，就为清政府回收了 1300 多万两银子，还将业务发展到外国，打破了外国航运公司的垄断局面。此后，中国近代矿业、电报业、邮政、铁路等行业相继出现。轻工业也在洋务运动期间得到大力发展。1880 年，左宗棠创办兰州织呢局，成为中国近代纺织工业的鼻祖。中国近代的纺织厂、自来水厂、发电厂、机器缫丝厂、造纸厂、印刷厂、制药厂、玻璃制造厂等，都是在 19 世纪七八十年代开始建立起来的。在洋务运动的推动下，中国的民用工业得到了迅速发展。

洋务派还大力创办新式学堂，派遣留学生。1862 年，恭亲王奕䜣创办京师同文馆，开创了中国近代化教育的篇章。从 19 世纪 60 年代到 90 年代的 30 多年间，洋务派创办新式学堂 30 多所。其类型主要有三种：一为翻译学堂，如京师同文馆，主要培养翻译人才；二为工艺学堂，培养电报、铁路、矿务、西医等专门人才；三为军事学堂，如

---

① 中华书局编辑部、李书源：《筹办夷务始末 · 同治朝》（卷二十五），中华书局 2008 年版，第 1089 页。

船政学堂等，培养新式海军人才。在创办新式学堂的同时，清政府还向外国派出留学生。1872年至1875年，在曾国藩、李鸿章等洋务派的主持下，清政府先后派出四批共120名幼童赴美国留学。其中50多人进入哈佛大学、耶鲁大学、哥伦比亚大学、麻省理工学院等著名学府深造。在曾国藩和李鸿章呈递给朝廷的奏折里，他们将派遣幼童到美国留学称作“中华创始之举，古今未有之事”。

学生：请问应该如何评价洋务运动？

教师：洋务运动在客观上对近代中国的现代化起到了促进作用。比如兴办军事工业，发展民用企业，促进了近代工业和资本主义生产方式在中国的产生；开办新式学堂，派遣留学生，是中国近代教育的开始，带来了新知识，打开了人们的眼界；“西学为用”“学习诸国富强之术”“稍分洋商之利”等思想推动了社会观念和社会风气的移易，有利于资本主义经济的发展。

但是，洋务运动具有封建性，洋务派举办洋务新政的目的是要维护封建统治，并不是要使中国朝着独立的资本主义方向发展，洋务派并不愿意变革封建的生产关系和上层建筑。同时，洋务运动对外国具有依附性，企业在技术、人才等方面严重依赖外国。洋务派对企业的管理也非常落后。洋务民用企业虽然具有一定的资本主义性质，但其经营方式仍然是封建衙门式的。官员既不懂生产技术，又不懂经营管理，经营不讲效益，内部极其腐败。从19世纪80年代开始，早期改良主义知识分子的代表人物，如王韬、郑观应、薛福成、马建忠等人，便批评洋务运动只引进西方近代生产技术而不学习西方政治体制的弊病，提出向西方和日本学习君主立宪制的主张。他们还对洋务企业官督商办的方式提出质疑，提倡用商办的方式取代官督商办。康有为则直指洋务运动是“积习难忘，仍是补漏缝缺之谋，非再立堂构之规，风雨既至，终必倾坠”；① “今天下之言变者，曰铁路，曰矿务，曰学堂，曰商务，非不然也，然若是者，变事而已，非变法也”。② 总的看来，洋务运动不可能为中国摆脱贫弱找到出路。在列强侵略势力的进攻下，洋务派这些封建思想的卫道者们所进行的“壮举”迅速归于失败。

（四）早期改良主义知识分子的思想主张

教师：早在19世纪70年代，随着洋务运动的展开和民族资本主义近代工业的出

---

① 清华大学历史系：《戊戌变法文献资料系日》，上海书店出版社1998年版，第84页。

② 康有为：《敬谢天恩并统筹全局折》，参见中国史学会《戊戌变法》（二），上海人民出版社1957年版，第216页。

现，产生了中国第一代资产阶级知识分子。他们大多由封建文人转化而来，接触过不少西方资产阶级的社会政治学说。他们继承了以林则徐、魏源为代表的地主阶级改良派的爱国思想和学习西方的进步主张，痛恨外国资本主义的侵略和清朝的腐败政治，希望清政府进行社会改革，找出一条消除外患、发展本国资本主义的富强道路。早期改良主义的代表人物有冯桂芬、王韬、薛福成、马建忠、郑观应、何启、胡礼垣等人。

学生：请简要介绍一下他们中的代表人士。

教师：冯桂芬，晚清思想家、散文家，江苏苏州人。冯桂芬曾师从林则徐。他于道光二十年中进士，后授编修。咸丰初年，冯桂芬在老家办团练。同治初年，冯桂芬又被延揽入李鸿章的幕府。治学方面，冯桂芬尤其重视钻研经世致用之学。他曾在上海设广方言馆，培养西学人才，并先后主讲金陵、上海、苏州诸书院。冯桂芬为改良主义之先驱人物，最早表达了洋务运动“中体西用”的指导思想。他著有《校邠庐抗议》等文献。在《校邠庐抗议》一书中，冯桂芬提出了“以中国之伦常名教为原本，辅以诸国富强之术”的思想。这一思想不久就为洋务派所利用，后来又为从洋务派分化出来的早期改良主义思想家薛福成、郑观应等人所继承和发挥。

郑观应，祖籍广东香山县。他是中国近代最早的具有完整维新思想体系的理论家、启蒙思想家，写作了《盛世危言》一书。他同时也是实业家、教育家、文学家、慈善家和热忱的爱国者。

王韬，江苏苏州人。1874 年，王韬在香港集资创办《循环日报》，评论时政，提倡维新变法，影响很大。1884 年，王韬回到阔别 20 多年的上海。次年任上海格致书院院长，直至去世。

早期改良主义知识分子的思想主张有：

第一，主张抵御外侮，维护国家主权和民族独立，要求发展资本主义工商业。他们“愤彼族之要求，惜中朝之失策”，特别反对签订不平等条约，要求取消列强强行获得的片面最惠国待遇、领事裁判权、协定关税等危害中国最深的侵略特权。他们谴责和揭露英国人赫德把持中国海关、干涉中国内政外交的行径，要求收回海关行政权。他们认为外国掠夺中国的经济和资源，是中国日趋贫困的主要原因，主张练兵以同外国进行兵战，发展民族工商业以和外国进行商战。他们要求发展资本主义工商业，作为谋求民族独立和国家富强的出路，以抵制外国资本主义侵略。郑观应甚至认为商战比兵战更重要。他说：“彼不患我之练兵讲武，特患我之夺其利权。凡致力于商务者，在所必争。可知欲制西人以自强，莫如振兴商务。”① 1895 年，郑观应在修订出版其代表作《盛世危言》时，特地将《筹洋刍议》中的《变法》等篇章附录于后。他还提出发展资本主义工商业。他认为中国必须振兴工商业，强调发展运输业、发展农业、发展工业是振兴工商业的三个要端。

第二，力主革新政治，倡言设立议院。早期改良派革新政治的主张并不局限于传统的整饬吏治、裁汰冗员等方面，而是大胆提出设立议院、改革制度等崭新的政治内容。这方面以郑观应的言论最为充分、明确。他曾简要介绍西方各国设有上、下议政院的情况及其优越性，明确主张中国应“仿泰西之良法”。后在《盛世危言》中进一步阐明设议院的好处，认为中国要富国强兵、永保太平之局，“其必自设立议院始矣”。王韬、何启等也从不同的角度宣扬西方的民主政治，主张设立议院以收“伸民志、结民心和富国强兵”② 之效。

第三，批判顽固守旧、批判洋务派仅袭西学之皮毛，而要求进行社会改革。郑观应说：“今之公卿大夫，墨守陈编，知古而不知今。”③ 说他们“泥古不化”，“甘守固陋以受制于人”。④ 王韬指斥顽固派官僚：“至此时而犹作深闭固拒之计，是直妄人而已，误天下苍生者若辈也。”⑤ 他们指出，时代变了，形势变了，再想闭关自守、安于一隅是不可能的。他们在认真研讨了西方社会制度后，认识到不变革清政府的封建专制制度，中国就不可能像西方各国那样强盛起来。他们独具慧眼，认为学习西方技艺是次要的，而变革体制是根本性的问题。他们抨击洋务派兴办洋务是“小变而非大变，貌变而非真变”，是对西学“仅袭皮毛，而即嚣然自以为足”。⑥ 因此，他们要求建立一套有利于资本主义工商业发展的政治制度，即君主立宪制度，认为中国要富强，就必须改变这种腐败的封建专制制度，建立资产阶级议会制度才是长治久安之策。

总的看来，早期改良主义知识分子的思想主张集中反映了正在兴起的民族资产阶级的利益，但也表现了民族资产阶级的软弱性和妥协性。他们反对外国侵略者，却幻想通过谈判取消侵略特权，说明对西方侵略者的本质尚无清醒的认识。他们反对封建

---

① （清）郑观应：《盛世危言》，陈志良选注，辽宁人民出版社 1994 年版，第 255 页。

② 参见（清）王韬：《弢园文录外编》，上海书店出版社 2002 年版；何启、胡礼垣：《新政真诠》，辽宁人民出版社 1994 年版。

③ 蒋世弟、吴振棣：《中国近代史参考资料》，高等教育出版社 1998 年版，第 200 页。

④ 郑观应：《郑观应集》，上海人民出版社 1982 年版，第 248 页。

⑤ （清）王韬：《弢园文录外编》，辽宁人民出版社 1994 年版，第 42 页。

⑥ （清）王韬：《弢园文录外编》，上海书店出版社 2002 年版，第 10 页。

专制制度，但不是要推翻它，而是依靠封建政权进行自上而下的改革。他们大多主张在维护中国封建制度和伦理道德的基础上，采用西方资本主义生产技术和政治制度。因此，尽管早期改良主义思想不彻底，但它相对于“师夷长技”的主张而言有了很大的进步。早期改良主义知识分子的思想主张不仅涉及技术层面，而且深入到了社会的根本，也就是制度性的问题。改革的范围更广，程度更深远，是救中国的进一步的探索。早期改良主义思想的进一步发展，最终引发了一场维新变法运动。

（五）昙花一现的“百日维新”

教师：“百日维新”，又称“戊戌变法”，指在以康有为、梁启超为代表的维新派人士的推动和策划下，光绪皇帝于 1898 年 6 月 11 日至 9 月 21 日进行的倡导学习西方，提倡科学文化，改革政治、教育制度，发展农、工、商业的改良运动。

维新运动的开展有深刻的历史背景。近代中国遭受西方列强的野蛮侵略，甲午战争的惨败更加速了中国社会半殖民地半封建化的进程。亡国灭种的危机促使先进的中国人寻找新的救国救民道路，以康有为、梁启超为代表的资产阶级维新派就在这种背景下开始登上历史舞台。

康有为和他的弟子梁启超是资产阶级维新派的代表人物。康有为打着“托古改制”的旗号，将西方资本主义政治学说与中国传统的儒家思想相结合来宣传变法。他在《应诏统筹全局折》中写道：“观大地诸国，皆以变法而强，守旧而亡，然则守旧开新之效，已断可睹矣。……观万国之势，能变则全，不变则亡；全变则强，小变仍亡”。康有为的思想在当时极具震撼力，为维新变法奠定了理论基础。但是他的思想中仍然带有浓厚的封建色彩，体现了他对封建顽固势力的妥协。

在传播维新思想的过程中，维新派与顽固派展开了激烈的论战。论战围绕三个“要不要”进行，即要不要实行维新变法，要不要改封建君主专制制度为君主立宪制度，要不要改革封建的教育制度。一种新思想的产生，必然会遭到保守思想的反对，维新派与顽固派之间的论战不可避免。这是一场维新与守旧、变法与反变法的争论，是中国的资本主义思想同封建主义思想的第一次正面交锋。维新派利用这次机会使自己的思想广泛传播开来，中国的知识分子进一步开阔了眼界，解放了思想，更多的人倒向了维新阵营。

1897 年冬，德国出兵强占胶州湾，引发了列强瓜分中国的狂潮。在严重民族危机的激发下，维新变法运动迅速高涨。1898 年 1 月 29 日，康有为上了《应诏统筹全局折》。4月，康有为、梁启超在北京发起成立保国会。6月11日，光绪帝颁布了《定国是诏》，变法正式开始。变法期间，光绪帝先后发布上百道变法诏令，除旧布新。其内容归纳起来，包括下列数端：

政治方面。改革行政机构，裁撤闲散、重叠机构，撤销主管皇后、太子家事的詹事府，主管内外章奏的通政司等六个衙门，撤销湖北、广东、云南三省“督抚同城”的巡抚；裁汰冗员，澄清吏治，提倡廉政；提倡向皇帝上书言事，允许报纸“指陈利弊”，“中外时事，均许据实昌言，不必意存忌讳”。① 又下诏，凡院、部司员欲条陈意见，可以上书，通过本衙门的“堂官”（即首长）代传；普通百姓可以到都察院呈递。同时，任用新人。维新派杨锐、刘光第、谭嗣同都被光绪皇帝任命为“军机衙门章京上行走”（即秘书），参与新政；准许旗人自谋生计，取消他们享受国家供养的特权。

经济方面。保护、奖励农工商业和交通采矿业，中央设立农工商总局与铁路矿务局，各省设立商务局；提倡开办实业，奖励发明创造；注重发展农业，提倡用西式新法开办农场；广办邮政，修筑铁路；在大城市开办商学、商报，设立商会等各类组织；改革财政，编制国家预算决算。

军事方面。改用西洋军事训练；遣散老弱残兵，削减军饷开支，实行团练，裁减绿营；颁发兴造枪炮特赏章程；筹设武备大学堂；武科停试弓箭骑剑，改试枪炮。

文化教育方面。创设京师大学堂，各省书院改为高等学堂，在各地设立中、小学堂；提倡西学，废除八股，改试策论，开经济特科；设立译书局，翻译外国书籍，派人出国留学；奖励新著，奖励创办报刊，准许自由组织学会。

百日维新既有积极的一面，也有消极的一面。积极性表现在，“百日维新”期间颁布的各项政令大多是接受了维新派的建议而制定的，旨在开放一定程度的言论、出版、结社自由，使资产阶级享受一定程度的政治权利，促进资本主义工商业的发展，因此，戊戌维新是一场资产阶级性质的改良运动。局限性表现在，在光绪皇帝发布的新政诏令中，并没有采纳维新派多次提出的开国会等政治主张。这些政令和措施并未触及封建制度的根本，所要推行的是一种十分温和的改良方案。

学生：维新运动的结局是怎样的？

教师：维新派试图通过光绪皇帝推行温和的、不彻底的改革，遭到了封建守旧势力的激烈反对。光绪皇帝所颁布的新政命令，由于中央和地方守旧官僚们的抵制，大多未能付诸实施。聚集在慈禧太后周围的守旧势力密谋对维新派进行反击和镇压。

① 戈公振：《中国报学史》，北京：生活·读书·新知三联书店1955年版，第45页。

1898 年 9 月 18 日，御史杨崇伊上书慈禧，称大同学会蛊惑士心、紊乱朝政，请慈禧皇太后即日训政以遏乱萌。9 月 21 日凌晨，慈禧太后突然从颐和园赶回紫禁城，直入光绪皇帝寝宫，将光绪皇帝囚禁于中南海瀛台；然后发布训政诏书，再次临朝“训政”，“戊戌变法”失败。

9 月 28 日，谭嗣同、杨锐、刘光第、林旭、杨深秀、康广仁六人在北京菜市口被杀害，史称“戊戌六君子”。

1898 年的“百日维新”如同昙花一现，只经历 103 天就夭折了。除京师大学堂被保留下来以外，其余新政措施大多被废除，维新派人士和参与或同情变法的官员，或被囚禁，或被革职，或遭放逐。以慈禧太后为首的保守势力扼杀维新变法的政变，史称“戊戌政变”。戊戌维新运动宣告失败。

（六）戊戌维新运动失败的原因与教训

教师：1898 年的“百日维新”曾给黑暗的封建专制的中国带来了一线曙光，然而轰轰烈烈的变法运动，最终以六君子喋血菜市口而结束。戊戌维新运动为什么会失败？又给我们留下了哪些历史教训呢？

戊戌维新运动的失败，主要是由于维新派自身的局限和以慈禧太后为首的强大的守旧势力的反对。当时民族资本主义经济力量还十分微弱，民族资产阶级的社会基础相当狭窄。民族资产阶级的政治代表维新派的实力更是非常弱小，很多人自身还保留着封建士大夫的痕迹。他们既没有严密的组织，也不掌握实权和军队，更没有去发动群众。这样他们就只能把自己实行改革的全部希望寄托在一个光绪皇帝身上。当时国家的最高领导权不在光绪皇帝手中，而是被以慈禧太后为首的王公大臣们所掌握。维新派只有少数几个人，没有实权。慈禧太后最初曾指示“今宜专讲西学”，但是，当她感到变法触及她自己的权力和清廷王公贵族的利益时，就动手遏制、镇压。正当维新运动进入高峰，维新派推动光绪皇帝颁布明定国是上谕，开始新政改革之际，以慈禧太后为首的守旧派也开始行动起来。就在明定国是上谕颁布的第四天，慈禧太后逼迫光绪皇帝连发三道上谕。其一，凡二品以上大臣授新职，要具折到皇太后前谢恩。这道上谕暴露了慈禧太后企图再度“临朝训政”的野心。按成例，凡已归政的太上皇、皇太后有赏于大臣，应由皇帝代奏谢恩，以表示尊崇。现在慈禧太后突然命二品以上大臣谢恩陛见，显然是她企图操纵用人大权，既笼络上层官僚，又防止光绪皇帝任命维新派为高级官员，扼制维新派进入枢密权力中心。其二，任命其亲信荣禄为直隶总督，统领北洋三军。这是守旧派部署政变的关键步骤。荣禄本是朝廷京官，时任兵部尚书兼总理衙门大臣。在军机大臣同和被罢免之后，慈禧太后有意将军机大臣的职位授与荣禄，而荣禄却自求北洋大臣一职，“意在揽握兵权”。慈禧太后通过荣禄将京畿地区的军事力量完全掌握在自己手中。在这样的情况下，维新派怎么能不失败！

维新派在变法策略上也显得操之过急。103天的新政，颁发上谕达100多道。新政上谕纷至沓来，每一项措施都重要，结果究竟什么是主要的，什么是次要的，各级官员完全是一头雾水，就更谈不上执行了。改革的内容从政治、经济、军事、文化教育，以至整顿街道等琐事也涉及了。如新政规定“前门大街之买卖等摊，现皆不合安设，已赶至西东两河沿处，大街为之一空，甚至铺户幌子等全不令高悬，否则街道厅察时必笞臀以示罚焉，而人人遂有怨心矣”。①“戊戌变法”的新政严重损害了小商小贩的利益，他们能不怨恨新政吗？再如，改寺庙为学校之举，也侵犯了僧尼的信仰自由。各处地痞流氓趁机威胁僧尼迁往他处，或抢夺其室屋，或以低价收买，使大批僧尼失去居所和生活来源，他们能不反对新政吗？

学生：维新派的局限性表现在哪些方面？

教师：维新派本身的局限性突出表现在以下三个方面。首先，不敢否定封建主义。他们在政治上不敢根本否定封建君主制度，在经济上未触及封建主义的经济基础——封建土地所有制，在思想上仍要打着孔子的旗号以“托古改制”。

其次，对帝国主义报有幻想。他们幻想西方列强能帮助自己变法维新，试图依靠与英日结盟来抵抗俄国，有人甚至建议聘请日本前首相伊藤博文来中国任维新顾问，并在戊戌政变前祈求英、美、日等国公使的支持，结果都落了空。

最后，惧怕人民群众。维新派的活动基本上局限于官僚士大夫和知识分子的小圈子。他们不但脱离人民群众，而且惧怕甚至仇视人民群众，因此运动未能得到人民群众的支持。广大民众阶层，基本上是游离于政治生活之外。维新派居高临下的英雄史观使他们没能深入民众进行“开民智”的启蒙工作，一般百姓依旧被守旧主义的迷雾所笼罩。他们并不了解维新派的主张，更无从理解维新者救国救世的良苦用心。

维新派寄希望于洋人帮助中国变法的行为与民众普遍的排外心理形成巨大的反差，为这场学习西方的进步运动增添了障碍。轰轰烈烈的“百日维新”并没有给老百姓带来什么现实利益，所有的变法措施没有一项涉及农民最关心的土地问题，一些新政措施甚至还损害了老百姓的利益。由于维新派没能启蒙民众，老百姓很难理解反帝反侵

① 清华大学历史系：《戊戌变法文献资料系日》，上海书店出版社1998年版，第813页。

略与学西方救亡图存之间的关系，他们与维新派之间的隔膜很深，对变法表现冷漠。

“戊戌变法”失败后不久，梁启超曾总结说：“戊戌维新之可贵，在精神耳！若其形式，则殊多缺点。殆犹大辂之仅有椎轮，木植之始见萌拆也。当时举国人士，能知欧美政治大原者，既无几人，且掣肘百端，求此失彼；而其主动者，亦未能游西域读西书，故其措置不能尽得其当，殆势使然，不足为讳也。”①

戊戌维新运动的历史表明，在不触动封建社会地主土地所有制根基、不触动封建官僚机构的情况下，走自上而下的和平改革道路，是不切实际的幻想。正如毛泽东所说：“资产阶级共和国，外国有过的，中国不能有，因为中国是受帝国主义压迫的国家。”② 维新派的失败就在于他们没有认清和正确分析中国国情，明确在半殖民地半封建社会里的反帝反封建的革命任务，没有把反对帝国主义和反封建主义结合起来。

戊戌维新运动作为中国民族资产阶级登上政治舞台的第一次表演竟失败得这么快，这不但暴露了这个阶级的软弱性，而且再次暴露出清朝统治集团的腐朽与顽固，同时也说明在半殖民地半封建的旧中国，企图通过统治者走自上而下的改良实现国家的独立、民主、富强是根本行不通的，必须摒弃改良路线，用革命的手段，推翻帝国主义、封建主义联合统治的半殖民地半封建的社会制度。戊戌维新运动失败后，一部分人放弃了改良主张，开始走上革命的道路。孙中山领导的资产阶级民主革命，就是这样应运而生的。

四、释疑解惑

（一）如何评价太平天国的《天朝田亩制度》

《天朝田亩制度》的主张，从根本上否定了封建社会的基础即封建地主的土地所有制，体现了广大农民要求平均分配土地的强烈愿望，是对以往农民战争中“均贫富”“等贵贱”和“均平”“均田”思想的发展和超越，具有进步意义。不过，它并没有超出农民小生产者的狭隘眼界。它所描绘的理想天国，仍然是闭塞的自给自足的自然经济，是小农业和家庭手工业相结合的传统生活方式；同时又是一个没有商

---

① 梁启超：《梁启超全集》（第 1 册），北京出版社 1999 年版，第 484 页。

② 《毛泽东选集》（第 4 卷），人民出版社 1991 年版，第 1471 页。

品交换的、绝对平均的社会。这种社会理想，在很大程度上具有不切实际的空想的性质。实际上，《天朝田亩制度》中的平分土地方案即使在太平军占领地区也并未能付诸实行。

（二）如何看待广学会和外国传教士对戊戌变法运动的影响

广学会是19世纪80年代英美传教士在中国办的一个文化机构，一般也被认为是西方资本-帝国主义对中国进行文化侵略的重要工具。广学会先后在华出版2000多种书籍和小册子，向中国人介绍各种西学。英国传教士李提摩太长期担任广学会的总干事，他曾主持一个在近代中国影响很大的杂志——《万国公报》（翻译成现代汉语就是《世界知识》）。在"戊戌变法"前，李提摩太在北京结识梁启超、康有为，并建立了良好的个人关系。梁启超还做过李提摩太的中文秘书，深受其影响。1895年，由康有为出资，维新派在北京办了第一份报纸《中外纪闻》，梁启超任主笔，成为强学会的机关报，在士大夫知识分子中影响甚大，可以说是戊戌维新运动第一个有影响的宣传阵地。该报1895年8月在北京创刊，创刊时叫《万国公报》，后遭到广学会的抗议，12月才改报名为《中外纪闻》。广学会和外国传教士对维新派人士和戊戌维新运动的影响是很大的。问题是我们要怎样看待这种影响？从这一事实所产生的客观后果来考量，其无疑对于推动戊戌维新运动的兴起和发展起到了积极的作用。

五、学习测试

（一）单项选择题（备选答案中只有1个是正确的）

1. 1853年3月，太平军占领南京，定为首都，改名为(　　)

A. 金陵　　B. 秣陵　　C. 建业　　D. 天京

2. 最能体现太平天国社会理想和这次农民起义特色的纲领性文件是(　　)

A.《天父诗》　　B.《资政新篇》

C.《天朝田亩制度》　　D.《原道醒世训》

3. 中国近代历史上第一个比较系统的发展资本主义的方案是(　　)

A.《资政新篇》　B.《海国图志》　C.《救亡决论》　D.《盛世危言》

4. 太平天国由盛转衰的分水岭是(　　)

A. 天京事变　　B. 天京城外的破围战

C. 金田起义　　D. 北伐失利

5. 太平天国的失败表明(　　)

A. 农民阶级不能正确对待传统文化

B. 农民阶级不能正确对待宗教

C. 农民阶级无法长期保持领导集团的团结

D. 农民阶级不能担负起领导反帝反封建斗争取得胜利的重任

6. 对洋务派兴办洋务事业的指导思想最先做出比较完整表述的是(　　)

A. 冯桂芬　　B. 张之洞　　C. 曾国藩　　D. 马建忠

7. 19 世纪 60 年代，洋务派在中央的代表人物是(　　)

A. 张之洞　　B. 奕䜣　　C. 曾国藩　　D. 李鸿章

8. 洋务派兴办洋务事业的指导思想是(　　)

A. 中学为体，西学为用　　B. 师夷长技以制夷

C. 物竞天择，适者生存　　D. 变法维新，救亡图存

9. 洋务派创办的当时国内最大的兵工厂是(　　)

A. 湖北枪炮厂　　B. 马尾船政局　　C. 天津机器局　　D. 江南制造总局

10. 近代中国派遣第一批官派留学生是在(　　)

A. 洋务运动时期　　B. 戊戌维新时期

C. 清末“新政”时期　　D. 辛亥革命时期

11. 洋务派倡导洋务运动的根本目的是(　　)

A. 发展资本主义　　B. 发展新式学堂

C. 维护封建统治　　D. 抵抗外国侵略

12. 洋务运动失败的标志是(　　)

A. 甲午中日战争的战败，北洋海军的全军覆没

B. 中国民族资本主义的兴起

C. 中法战争中中国不败而败

D. 义和团运动的兴起和发展

13. 资产阶级思想与封建主义思想在中国的第一次正面交锋是(　　)

A. 维新派与守旧派的论战　　B. 洋务派与维新派的论战

C. 革命派与改良派的论战　　D. 洋务派与顽固派的论战

14. 戊戌维新时期，康有为创办的培养维新人才的重要学堂是(　　)

A. 时务学堂　　B. 广方言馆　　C. 京师大学堂　　D. 广州万木草堂

15. 戊戌维新时期，梁启超的主要著述是(　　)

A.《仁学》　　B.《日本变政考》

C.《变法通议》　　D.《新学伪经考》

16. 戊戌维新时期，严复在天津主办的报纸是(　　)

A.《国闻报》　　B.《时务报》　　C.《湘报》　　D.《大公报》

17. “百日维新”开始的标志是(　　)

A. 公车上书　　B. 明定国是上谕的颁布

C. 维新派与守旧派的论战　　D. “中体西用”思想的提出

18. 京师大学堂创设于(　　)

A. 戊戌变法时期　　B. 洋务运动时期

C. 晚清新政时期　　D. 辛亥革命时期

19. “百日维新”中，光绪皇帝颁布政令要求各省书院改为(　　)

A. 高等学堂　　B. 预备学校　　C. 私塾　　D. 专业学会

20. “百日维新”中，光绪皇帝颁布政令要求裁减旧式绿营兵，改练(　　)

A. 新式骑兵　　B. 新式炮兵　　C. 新式陆军　　D. 新式海军

(二) 多项选择题（备选答案中至少有 2 个是正确的）

1. 下列关于《天朝田亩制度》叙述正确的是(　　)

A. 确定了平均分配土地的方案

B. 是一个以解决土地问题为中心的比较完整的社会改革方案

C. 具有空想性质，不可能实现

D. 它的主张从根本上否定了封建社会的基础即封建地主的土地所有制

E. 是一个具有鲜明资本主义色彩的方案

2. 太平天国农民起义的历史意义(　　)

A. 沉重打击了封建统治阶级，强烈撼动了清政府的统治根基

B. 是中国旧式农民战争的最高峰，同时又具有不同于以往农民战争的新的历史特点

C. 在一定程度上冲击了中国封建统治的精神支柱

D. 打击了外国侵略势力

E. 冲击了西方殖民主义者在亚洲的统治

3. 下列人物中属于洋务派代表人物的有( )

A. 曾国藩 B. 奕䜣 C. 左宗棠 D. 李鸿章

E. 张之洞

4. 洋务派兴办的洋务事业主要有以下几方面( )

A. 兴办近代企业 B. 建立新式海陆军

C. 创办新式学堂，派遣留学生 D. 废除八股

E. 设议院，开国会

5. 洋务派创办的军用工业有( )

A. 江南制造总局 B. 金陵机器局

C. 天津机器局 D. 福州船政局

E. 轮船招商局

6. 洋务运动失败的原因主要是( )

A. 封建性 B. 依赖性 C. 腐朽性 D. 落后性

E. 独立性

7. 下列关于洋务运动叙述正确的是( )

A. 洋务运动是封建统治阶级为了维护其统治而进行的一场自救运动

B. 提出了“自强”和“求富”的主张

C. 客观上对中国的早期工业和民族资本主义的发展起了某些促进作用

D. 是由资产阶级发动的

E. 触及封建统治的根基

8. 以康有为、梁启超等为主要代表人物的资产阶级维新派，采取了下列行动宣传维新主张( )

A. 向皇帝上书 B. 著书立书

C. 办学会 D. 介绍外国变法的经验教训

E. 办报纸

9. 戊戌维新时期，影响较大的宣传变法的报纸主要有( )

A.《时务报》　B.《国闻报》　C.《湘报》　D.《湘江评论》

E.《大公报》

10. 戊戌维新运动的重大历史意义(　　)

A. 是一场资产阶级性质的政治改良运动

B. 是一次爱国救亡运动

C. 是一场思想启蒙运动

D. 是一场封建统治阶级的自救运动

E. 是一场正规的资产阶级民主革命

(三) 论述题

1. 试述太平天国农民起义的历史意义。

2. 试述洋务运动的历史作用。

◎ 参考答案

(一) 单项选择题

1. D　2. C　3. A　4. A　5. D　6. A　7. B　8. A　9. D　10. A

11. C　12. A　13. A　14. D　15. C　16. A　17. B　18. A　19. A　20. C

(二) 多项选择题

1. ABCD　2. ABCDE　3. ABCDE　4. ABC　5. ABCD

6. ABC　7. ABC　8. ABCDE　9. ABC　10. ABC

(三) 论述题

1. 试述太平天国农民起义的历史意义。

太平天国起义虽然失败了，但它具有不可磨灭的历史功绩和重大的历史意义。太平天国起义沉重打击了封建统治阶级，强烈撼动了清政府的统治根基。这次起义历时14年，起义军转战18省，并建立了与清王朝对峙的政权。在太平天国的影响下，各地各族人民反清斗争风起云涌。如南方和东南沿海各省有天地会及其支派的起义，北方有捻军起义，西南、西北有各族人民起义。天京失陷后，太平天国余部仍坚持斗争达4年之久。这些斗争都加速了清王朝的衰败过程。太平天国起义是中国旧式农民战争的最高峰。它把千百年来农民对拥有土地的渴望在《天朝田亩制度》中比较完整地表达了出来。《资政新篇》则是中国近代历史上第一个比较系统的发展资本主义的方案，这反映了太平天国某些领导人在后期试图通过向外国学习来寻求出路的一种努力。因此，太平天国起义具有了不同于以往农民战争的新的历史特点。太平天国起义也冲击了孔子和儒家经典的正统权威。这在一定程度上削弱了封建统治的精神支柱。

太平天国起义还有力地打击了外国侵略势力。太平天国的领袖们拒绝承认不平等条约，严禁鸦片贸易。尤其是当中外反动派勾结起来向太平军举起屠刀时，他们毫不犹豫地同英、法军队和由外国军官组织和指挥的“常胜军”“常捷军”进行英勇的斗争，使侵略者“呼救无人”“梦魂屡惊”。

在19世纪中叶的亚洲民族解放运动中，太平天国起义是其中时间最久、规模最大、影响最深的一次。它和其他亚洲国家的民族解放运动汇合在一起，冲击了西方殖民主义者在亚洲的统治。

2. 试述洋务运动的历史作用。

洋务派提出“自强”“求富”的主张，通过所掌握的国家权力集中力量优先发展军事工业，同时也试图“稍分洋商之利”，发展若干民用企业，在客观上对中国的早期工业和民族资本主义的发展起了某些促进作用。但是，洋务派兴办洋务，主要是为了维护封建统治，并不是要使中国朝着独立的资本主义方向发展。

洋务运动时期，为了培养通晓洋务的人才，开办了一批新式学堂，清政府派出了最早的官派留学生，这是中国近代教育的开始。与此同时，还翻译了一批近代自然科学书籍，给当时的中国带来了新的知识，使人们开阔了眼界。

洋务运动时期，伴随着资本主义生产方式的出现，传统的“重本抑末”等观念受到冲击，社会风气和价值观念开始变化，工商业者的地位上升。对一部分人来说，西方的各种技术和器物不再被当作“奇技淫巧”受到排斥，而是被视为模仿、学习的对象。这一切，都有利于资本主义经济的发展，也有利于社会风气的改变。

六、阅读文献

1.《天朝田亩制度》(1853年)

2. 康有为：《上清帝第二书》（1895 年 5 月）
3. 洪仁玕：《资政新篇》（1859 年）
4. 梁启超：《变法通议》（1896 年）
5. 严复：《原强》（1895 年 3 月）
6. 张之洞：《劝学篇》（1898 年）

第三章
辛亥革命与君主专制制度的终结

一、教学目的与要求

1. 了解孙中山创建兴中会和中国同盟会、三民主义等历史基础知识，把握辛亥革命发展的基本脉络，认识当时进行资产阶级民主革命的必要性、正义性和进步性。

2. 深刻体会辛亥革命是中国近代史上一次伟大的反帝反封建的资产阶级民主革命。

3. 了解辛亥革命失败的原因，总结其失败的教训，正确认识资产阶级民主共和国方案的局限性，认识资产阶级领导的旧民主主义革命让位于无产阶级领导的新民主主义革命是历史的必然趋势。

二、基本教学内容

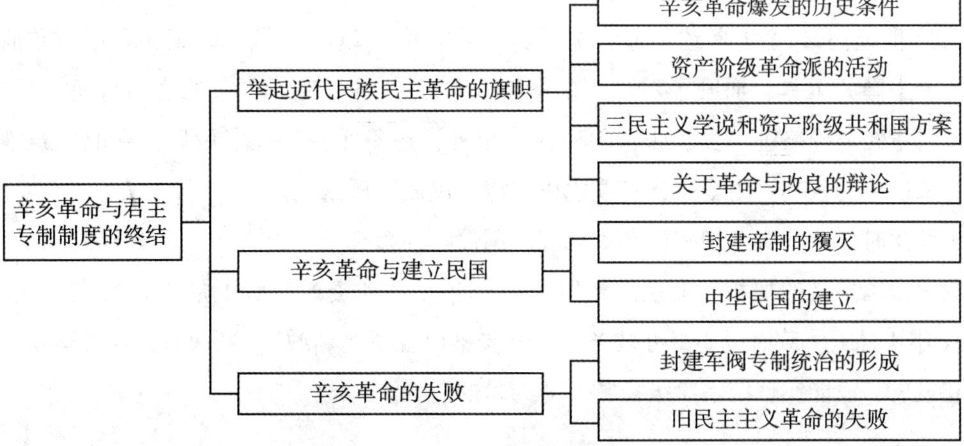

三、讨论式教学教案

（一）导学

教师：同学们好！本次课我们学习“第三章：辛亥革命与君主专制制度的终结”。本章学习的主要内容有三个方面：一是举起近代民族民主革命的旗帜，包含四个要点，即辛亥革命爆发的历史条件、资产阶级革命派的活动、三民主义学说和资产阶级共和国方案、关于革命与改良的辩论；二是辛亥革命与建立民国，涉及两个要点，即封建帝制的覆灭、中华民国的建立；三是辛亥革命的失败，有两个要点，即封建军阀专制统治的形成、旧民主主义革命的失败。

学生：本章内容相当丰富，我们要如何学习这些内容呢？

教师：时间有限，我们不可能面面俱到，将选取五个重要的知识点予以讲解：一是“从兴中会到同盟会”，二是“20 世纪初民主革命思想的宣传”，三是“孙中山的三民主义”，四是“武昌起义与中华民国的建立”，五是“辛亥革命失败的原因和教训”。

学生：列宁指出，“革命是不能‘制造出来’的，革命是从客观上（即不以政党和阶级的意志为转移）已经成熟了的危机和历史转折中发展起来的”。① 列宁的论断说明，革命总是有其深刻的社会历史原因的。我们该如何理解辛亥革命具有历史必然性和历史正义性？

教师：这是本章的一个基本问题。我着重讲讲这个问题。

首先，辛亥革命的爆发有其历史必然性。

20 世纪初，《辛丑条约》签订之后，列强采取“以华治华”政策，利用清政府作为统治中国的工具，加剧了对中国的争夺，致使中国出现了严重的边疆危机。同时，列强对华经济侵略进一步扩张，除商品输出外，还争相在华投资设厂，夺取修筑铁路和开采矿山的权利。中华民族民族危机加深，民族矛盾激化。

而此时的清政府已彻底放弃了抵抗外国侵略的念头，甘当“洋人的朝廷”。为了继续取得帝国主义的扶植，安抚统治阶级内部各派系和资产阶级上层人物并欺骗人民，1901 年 4 月，清政府成立督办政务处，逐步推出各项“新政”。新政只是洋务运动的继续和发展，没能实现统治阶级挽救大清的目的。

---

① 《列宁全集》（第 26 卷），人民出版社 2017 年版，第 257 页。

当时的国内，资产阶级革命派的反清武装起义开始发展，迫于内外各种压力，清政府不得不于1906年宣布“预备仿行立宪”，由于清政府改革的根本目的是延续其统治，预备立宪同样没能挽救清王朝，反而激化了社会矛盾，加重了危机。此时的社会经济也到了崩溃的边缘。广大人民群众再也无法照旧生活下去，统治阶级再也无法照旧统治下去。革命成了历史不得不做出的必然选择。

其次，辛亥革命又有其历史正义性。

孙中山领导的辛亥革命是中国人民为救亡图存而奋起革命的一个伟大里程碑，具有伟大的历史性意义。它推翻了清朝封建腐朽的统治，结束了两千多年的君主专制制度，扫除了中国人民走向独立和解放道路的巨大障碍。封建帝制的轰然倒塌，使反动统治秩序再也无法稳定下来，从而为中国的进步潮流打开了闸门，激励中国人民为争取民族独立和人民解放、实现国家富强而更加勇敢地奋斗。

辛亥革命建立了中国历史上第一个资产阶级共和政府，颁布了《中华民国临时约法》，民主共和的观念开始深入人心，人们不再把自己看作皇上的“子民”，开始意识到自己是国家的主人。因此，当袁世凯、张勋先后复辟时，均受到了社会舆论的强烈谴责和人民群众的坚决反抗。

辛亥革命是一场巨大的思想解放运动，既然历来被看作绝对权威的皇帝都可以被打倒，那么，还有什么陈腐的东西不可以被怀疑、不可以被抛弃呢？辛亥革命打开了思想进步的闸门，激励先进的知识分子不断探索拯救中国的道路。

辛亥革命促使社会经济、思想习惯和社会风俗等方面的一系列变化，推动了社会的进步和发展，尤其是中国民族资本主义经济有了较大的发展，形成了资本主义发展的“黄金时代”。

辛亥革命不仅是中国近代具有完整意义的资产阶级民族民主革命，同时也是世界民族解放运动中的重要一环，它在一定程度上打击了帝国主义侵略势力，推动了亚洲各国民族解放运动的高涨。辛亥革命的伟大意义说明它是一场正义的资产阶级民主革命。

学生：您可否为本章的学习推荐一些好的学习方法？

教师：要将线上线下的学习相结合。线上认真学习本章重难点问题，积极参与在线课堂讨论。

线下学习需将拓展阅读与实地考察相结合：一要系统阅读本章教材内容和指定参考文献，并拓展阅读一些相关研究论著以及观看一些有代表性、典型性的音像资料；

二要实地考察，比如武汉辛亥革命博物馆、广州黄花岗七十二烈士墓园等相关历史文化遗存，可以与大学生社会实践活动结合起来，有助于深刻认识“辛亥革命的胜利与失败”这一问题。

学生：您给我们推荐一些线下的学习资源吧。

教师：有两类学习资源值得重视，一类是文献资源。建议重点阅读的文献有：列宁《中国的民主主义与民粹主义》(1912年7月)、毛泽东《纪念孙中山先生》(1956年11月12日)、胡锦涛《在纪念辛亥革命100周年大会上的讲话》(2011年10月9日)、孙中山《檀香山兴中会章程》(1894年11月24日)、孙中山《民报》发刊词(1905年10月20日)等。

另一类是影视资源。电影有《孙中山》《辛亥革命》等；电视片比较多，有《孙中山》《走近孙中山》《世纪伟人孙中山》《1911——再读辛亥》《辛亥革命之共和新生》《思想解放史录·辛亥革命》《百年中国》《复兴之路》等。

（二）从兴中会到同盟会

教师：同学们好！本次课学习的内容是“从兴中会到同盟会”。

学生：中国近代反帝反封建的资产阶级民主革命，严格地说，是从孙中山先生开始的。而孙中山开始革命，又以他创设革命团体兴中会为标志。请您分析一下这个问题。

教师：从根本上说，近代中国的革命是被外国侵略者和本国封建统治者逼迫出来的。中国革命的许多先驱者早年也曾尝试采取和平的手段，来推进中国的变革与进步。1894年6月，孙中山北上京津向李鸿章上书，提出“人能尽其才，地能尽其利，物能尽其用，货能畅其流”① 的主张，可见，他也曾希望进行自上而下的改革，并把发展工业、教育等当作“治国之大径”“富强之根本”。但是，李鸿章并没有重视他的意见。而在北上京津的过程中，他发现清朝的腐败比他原先了解的要严重得多。这时，他确信“和平之法无可复施”，“积渐而知和平之手段不得不稍易以强迫”,② 决心以革命的方法推翻清朝的统治。

11月24日，孙中山联合华侨中的反清人士，在檀香山创立了中国第一个资产阶级革命团体——兴中会，《兴中会章程》没有明确提出武装反清主旨，而是为了广泛争取

① 《孙中山选集》，人民出版社1981年版，第2页。
② 《孙中山选集》，人民出版社1981年版，第19页。

华侨商人的同情和支持，以便募集资金。入会秘密誓词里规定，会员必须坚守不渝、忠实履行的斗争任务是“驱除鞑虏，恢复中华，创立合众政府”。它第一次提出了推翻清朝封建君主专制政府、建立像美利坚合众国那样的资产阶级民主共和国的革命纲领，兴中会已经完全不同于鼓吹反清复明的旧式封建会党，而是一个在中国以开展民主革命为宗旨的政治集团。

1895 年 1 月下旬，孙中山抵达香港，与杨衢云、陈少白、陆皓东及郑士良等积极筹建革命组织。2 月 21 日，兴中会总部在香港中环士丹顿街 13 号宣告成立，通过了修订的《兴中会章程》，猛烈抨击了清朝的腐朽反动统治，深刻指出当时“政治不修，纲维败坏，朝廷则鬻爵卖官，公行贿赂；官府则剥民刮地，暴过虎狼。盗贼横行，饥馑交集，哀鸿遍野，民不聊生”的中国社会现状，从而更加明确地把斗争的矛头指向清朝宫廷和官府，公开揭示了兴中会的反清宗旨。香港兴中会总部对外挂起“乾亨行”招牌，以经商形式作掩护。

1895 年 2 月下旬，孙中山等赴广州建立兴中会分会，陆续入会者达百人。

学生：兴中会由哪些成员组成？

教师：兴中会会员，多数是华侨中小资本家、公务员、工人和自由职业者（包括教员、医生、传教士等）。兴中会是一个以资产阶级、小资产阶级为主的革命团体。

学生：为什么说兴中会是中国资产阶级民主革命运动最主要的领导者和组织者？

教师：兴中会成立后，积极策划广州起义。起义计划泄露后，陆皓东被捕牺牲，孙中山流亡国外。这是孙中山领导的第一次反清武装斗争，被写进民主革命斗争的史册。1899 年，兴中会在香港创办《中国日报》，宣传革命。1900 年，兴中会派郑士良在惠州发动起义，史坚如在广州策应，起义未获成功。兴中会在国外设有许多分会，积极在华侨中发展组织。

学生：中国同盟会是近代中国第一个领导资产阶级革命的全国性政党。它又是如何应运而生的呢？

教师：随着民主革命队伍的壮大，民主革命思想的广泛传播，国内资产阶级革命团体在 1904 年前后如雨后春笋般涌现。其中规模和影响较大的是湖南的华兴会、湖北的科学补习所和浙江的光复会。

革命小团体尽管数量众多，却难以采取足以推翻清王朝的大规模集中统一行动，形势发展需要有一个深孚众望的革命领袖出面，将各地分散的革命力量联合起来，建立一个全国性的统一革命组织，将革命运动有力地向前推进。在这种情况下，孙中山由于首倡资产阶级民族民主革命，且在国内外革命青年中享有极高威望，自然成为众望所归的共同领袖，成为团结各方革命力量的中心人物。

1905年夏，孙中山从欧洲到达日本，受到中国留日学生和各革命团体的热烈欢迎。他宣传“互相联络”的重要性，倡议成立一个全国规模的统一的革命组织，以便领导全国革命运动。7月30日，孙中山召集筹备会，决定成立中国同盟会。8月20日，中国同盟会在东京召开成立大会，通过了黄兴等人起草的章程。总章第二条规定，以孙中山提出的“驱除鞑虏，恢复中华，创立民国，平均地权”为同盟会的政治纲领。推举孙中山为总理，黄兴为执行部庶务干事，实际主持会内日常工作。在东京设立总部，本部机构遵循三权分立原则，在总理之下设立执行、评议及司法三部。国内设立东、西、南、北、中五个支部，支部下按省设立分会，国外设立南洋、欧洲、美洲和檀香山四个支部。创办《民报》作为同盟会机关报。

学生：中国同盟会的成立，标志着中国资产阶级民主革命进入到一个新的阶段，用孙中山的话说：“从此革命风潮一日千丈，其进步之速，有出人意表者矣。”①

教师：中国同盟会的建立，有力地推进了革命形势的发展。在短短数年间，同盟会进行了大量工作。其中，特别重要的是两个方面的活动：一是同保皇派开展了空前规模的论战，批驳了保皇谬论，广泛传播了民主革命思想；二是坚持武装反清斗争，发动了多次武装起义，为辛亥革命打下了必要基础，提供了必需条件。

（三）20世纪初民主革命思想的宣传

教师：同学们好！本次课学习的内容是“20世纪初民主革命思想的宣传”。

义和团运动以后，为挽救危局，清政府推行“新政”。兴办学堂和奖励留学是晚清“新政”的主要内容。从新式学堂出身或留学归来的学生接受了“西学”“新学”熏陶，世界观发生很大改变，许多青年成为资产阶级的知识分子，不少人实现了从封建文人到资产阶级知识分子的转化。资产阶级知识分子的出现，为近代革命事业提供了一支新的力量，他们的爱国思想日益发展，为振兴中华以各种方式积极行动起来，逐步从爱国走向革命。

学生：1900年以后，随着革命形势的发展，以及孙中山和革命派的共同努力，国内外掀起翻译出版西方资本主义著作，创办发行革命报刊书籍，宣传民主革命思想的热潮。请您为我们介绍一下这方面的情况。

---

① 孙中山：《建国方略》，辽宁人民出版社1994年版，第93页。

教师：戊戌变法失败之后，严复先后翻译出版了亚当·斯密的《原富》、斯宾塞的《群学肆言》、穆勒的《名学》、孟德斯鸠的《法意》等书。其他西方译著还有杨廷栋翻译的卢梭的《民约论》、颜惠庆翻译的《理财学课本》、蔡元培翻译的科培尔的《哲学要领》，以及大多由出国留学生翻译的《政治学》《经济通论》《美国独立战争史》《万国宪法比较》及《葡萄牙革命史》等。这些书籍的出版发行和广为流传，极大地冲击了维护封建专制统治的传统思想观念，开阔了人们的视野。许多爱国知识分子不再追求日本"明治维新"以及俄国"彼得变政"等模式，走上了"美国独立"和"法国革命"等民主革命的道路。

当时革命派活动的主要基地和新型知识分子的聚集地，在国外是日本、美洲和南洋，在国内则是上海、广东及香港等地区，革命书刊的发行地也大多集中在这些地区。1903 年至 1904 年间，革命书刊如雨后春笋般纷纷涌现。

截至同盟会成立前，日本留学生在创办《译书汇编》《开智录》和《国民报》之后，又发行了许多宣传革命的刊物。主要有：1902 年 11 月，杨守仁、黄兴等创办《游学译编》，鼓吹反清的民族主义思想；1903 年 1 月，刘成禺、李书城等发行《湖北学生界》（后改名为《汉声》），此刊为留日学生所办的革命刊物中第一种以省份命名的刊物；2 月，孙翼中、蒋方震等刊行《浙江潮》，积极宣传民族革命思想；直隶留日学生创办《直说》，反对帝国主义对中国的侵略；4 月，秦毓鎏、黄宗仰等创办《江苏》，宣传推翻清朝，建立资产阶级共和国，该刊与《湖北学生界》及《浙江潮》一样，成为留日学生鼓吹革命、反对保皇派的重要刊物；1905 年 6 月，黄兴、宋教仁、陈天华、田桐等创办《二十世纪之支那》，以宣传爱国主义、使中国成为 20 世纪亚洲乃至世界第一强国为宗旨。

在美洲和南洋等地，1903 年 9 月，孙中山改组《檀山新报》，使之成为檀香山兴中会机关报。1904 年，孙中山将美洲洪门致公堂机关报《大同日报》从保皇派手中夺回，并改造为宣传革命的阵地。同年，革命派在新加坡创办了《图南日报》。

在国内，截至 1905 年，上海创办的革命报刊有《大陆》《童子世界》《国民日日报》《中国白话报》《俄事警闻》《女子世界》和《二十世纪大舞台》等，另外有的旧式报纸如《苏报》，也转而鼓吹革命。广东及香港地区的革命报刊有《中国日报》《岭东日报》《亚洲日报》《世界公益报》《广东日报》《有所谓报》等。其他地区的革命报刊有《觉民》《萃新报》《重庆日报》和《俚语日报》等。

在中外反动势力的摧残破坏下，这些刊物有不少被迫先后停刊，但民主革命思想汹涌澎湃、不可遏止，此报停彼报出，革命思想深入人心。

学生：在创办报刊的同时，革命派出版革命书籍的情况又是怎样的呢？

教师：革命派建立镜今书局、东大陆图书局和国学社等印书馆，印刷革命书报。而作新社、广智书局、商务印书馆和大同书局等也纷纷出版新书。由革命派编撰和翻译出版的革命书籍，不下百数十种，和革命报刊一样，畅销国内外，极大地促进了革命思想的传播，激发了广大民众的民族革命思想。

学生：宣传革命的读物之中有哪些影响深远？

教师：邹容的《革命军》、陈天华的《猛回头》及《警世钟》、章炳麟的《驳康有为论革命书》，在启发人们民主觉醒，组织和壮大革命队伍，推动革命形势迅速发展方面作用最为显著。1903 年 5 月《革命军》出版，在短短一两年内翻印 20 余版，风行海内外，销售逾百十万册，就像一颗精神炸弹，其惊世骇俗、振聋发聩的威力是无法估量的。《革命军》对人们从资产阶级改良主义思想，跃进到资产阶级革命思想，起了很大的推动作用。《革命军》与陈天华的《猛回头》《警世钟》，成为革命志士必读的教科书。

学生：20 世纪初，资产阶级民主革命思想的广泛传播，压缩了保皇派的活动空间，扩大了革命阵营，推动了民主革命运动的发展，为众多革命小团体的出现乃至同盟会的成立，奠定了较为坚实的基础，预示着资产阶级民主革命高潮的到来。

（四）孙中山的三民主义

教师：同学们好！本次课学习的内容是"孙中山的三民主义"。

学生：同盟会的政治纲领是"驱除鞑虏，恢复中华，创立民国，平均地权"。1905 年 11 月，同盟会机关报《民报》发刊词将之概括为三大主义，即民族主义、民权主义、民生主义，称为三民主义。民族主义包括"驱除鞑虏，恢复中华"两项内容。请您为我们解读一下。

教师："驱除鞑虏，恢复中华"，一是要以革命手段推翻清朝政府，改变其一贯推行的民族歧视和民族压迫政策；二是追求独立，建立"民族独立的国家"。孙中山指出，民族主义不是简单的"排满"，不是针对一切满人，而是"将满洲政府所有压制人民之手段、专制不平之政治、暴虐残忍之刑罚、勒派加抽之苛捐，满洲政府所纵容之虎狼官吏，一切扫除"。① 孙中山民族主义一定程度上提出了国内民族平等的进步思

① 转引自：隗瀛涛、吴雁南：《辛亥革命史》（中册），人民出版社 1980 年版，第 41 页。

想，后来发展成汉、满、蒙、回、藏“五族共和”思想。1912年，孙中山在《临时大总统就职宣言书》中说：“国家之本在于人民，合汉、满、蒙、回、藏诸地为一国，则合汉、满、蒙、回、藏诸族为一人，是曰民族之统一。”

民族主义将“排满”与反对君主专制结合起来，将推翻清朝统治与建立民族独立国家结合起来，指明了资产阶级革命的斗争目标，在当时有着巨大的进步意义。不过，在半殖民地半封建的历史条件下，帝国主义与中华民族的矛盾是中国社会的主要矛盾，也是阻碍中国国家独立最主要的危险。建立民族独立的国家，必须清除帝国主义在中国的侵略势力。而同盟会纲领中的民族主义，没有从正面鲜明地提出反对帝国主义的主张。当时的革命派对于帝国主义的本质认识不清，害怕帝国主义干涉，甚至幻想以承认不平等条约“继续有效”为条件，来换取列强对自己的支持。同时，他们也没有明确地把汉族军阀、官僚及地主作为革命对象，从而给了这部分人从内部和外部破坏革命以可乘之机。

学生：民权主义的内容是“创立民国”，即推翻封建君主专制制度，建立资产阶级民主共和国。这就是孙中山所说的政治革命。我们该如何理解？

教师：政治革命的目的是建立民国。《军政府宣言》指出：“凡为国民皆平等以有参政权。大总统由国民公举。议会以国民公举之议员构成之。制定中华民国宪法，人人共守。敢有帝制自为者，天下共击之！”其中“凡为国民皆平等以有参政权”是指导思想，也就是建立资产阶级议会制共和国。孙中山强调，政治革命应当与民族革命并行。民族革命是扫除“现在的恶劣政治”，而政治革命则是扫除“恶劣政治的根本”，从而把斗争矛头直接指向集国内民族压迫与封建专制统治于一身的清政府。

孙中山的民权主义指明了资产阶级革命的最终目的是结束封建专制制度，代之以民主共和国，这代表了当时大多数民众的迫切要求，是历史的巨大进步。但民权主义也是有局限的。孙中山一方面注意到要使人民享有民权，另一方面又对人民能否享有民权表示怀疑。在制度设计中，无论是军政时期、约法时期，还是五权宪法中的“政权”与“治权”区分，都包含了要由“先知先觉”者掌握治权，以教育启发“后知后觉”“不知不觉”者的思想。这样在实践中就很容易使人民的主权落空，因而难以使人民的民主权利得到真正的保证。这种严重轻视和脱离人民群众的倾向，使孙中山及其革命党人的民主革命实践难以得到广大人民群众的认同与支持。

学生：民生主义在当时指的是“平均地权”，也就是孙中山所说的社会革命。它的内涵是什么？

教师：孙中山主张核定全国地价，现有之地价，仍属原主；革命后的增价，则归国家，为国民共享。国家可以按原定地价收买地主土地。孙中山认为，西方资本主义发展中的诸多社会问题，根源在于未能解决土地问题，因此他试图探讨一种一劳永逸的办法，既使中国富强，又避免产生贫富悬殊的现象，从而避免社会危机。因此，他希望“举政治革命、社会革命毕其功于一役”。

资本主义社会贫富悬殊之根源，是资本主义生产的社会化和生产资料的私人占有之间的矛盾。孙中山还看不到这一点，只想用土地国有来避免社会革命，从现实看是根本无法实现的。在当时的中国，封建土地制度仍然占据着统治地位，占中国最大多数人口的是农民，他们要求废除封建土地所有制和分得土地，而孙中山所讲的是城市土地问题，主要是针对香港、上海等地“地价一定跟着文明日日涨高”的情况，而不是广大农村的封建土地制度，所以“平均地权”并不能真正解决中国的封建土地制度，不能满足广大农民的土地要求，这一主张在革命中难以成为发动广大工农群众的理论武器。

学生：我们是否可以这样理解，在当时的历史条件下，三民主义构想概括了当时中国社会的基本矛盾，符合民众要求民族独立、国家统一和社会民主的历史潮流，是一代中国人向西方寻找救国救民真理的缩影，是资产阶级革命家对中国前途的精心设计。

教师：完全正确。三民主义初步描绘出中国还不曾有过的资产阶级共和国方案，是一个比较完整而明确的资产阶级民主革命纲领，对推动革命的发展产生了重大而积极的影响。

（五）武昌起义与中华民国的建立

教师：同学们好！本次课学习的内容是“武昌起义与中华民国的建立”。

学生：宣统初，陕西流传这样一首民谣：“不用掐，不用算，宣统不过两年半，今年猪吃羊，明年种田不纳粮。”我们该如何理解其中蕴含的意义？

教师：这首民谣形象反映了清王朝已经处于崩溃的边缘，革命有在全国范围内爆发的趋势。1911年，清政府拒绝立宪派的请愿要求，出台皇族内阁，镇压保路运动和各地人民的反抗斗争。清政府的倒行逆施使封建统治集团的内部矛盾也达到极为紧张的程度。正是在这一历史背景下，武昌起义取得胜利，腐朽的清王朝瞬间崩塌，以孙中山为代表的革命党人成立南京临时政府，创建资产阶级共和国，实现了20世纪中国历史的第一次伟大转折。

学生：有人说，武昌首义是偶然的。事实果真如此吗？

教师：20 世纪初，有两座城市改变了世界，一座是欧洲的圣彼得堡，另一座就是亚洲的武汉。十月革命和辛亥革命，摧毁了欧亚大陆两个最为顽固的君主政权——沙皇与清朝。辛亥首义发生在武汉，绝非一只从云端掉下来的幸运之果。

首先，在辛亥革命前几年，武汉地区民族资产阶级力量增长较快，武汉是当时国内仅次于上海的第二大工业城市，给这次起义的发动提供了一定的阶级基础。

其次，两湖地区特别是武汉地区阶级矛盾异常尖锐，起义具有深厚的社会基础和群众基础。当时一个在湖北做官的人说："庚子之后，湖北筹款之多，甲于天下。"当时武汉地区流行这样一首儿歌："湖北翻了天，犯人全出监，红衣满街走，长毛在眼前。"说明广大民众渴望一场革命大风暴的迅速降临。

再次，革命党人进行了比较深入扎实的工作。会党和新军是辛亥革命的两支基本队伍。湖北革命党人对这两支力量做了许多工作，重点又放在新军上面。他们认为："革命非运动军队不可，运动军队非亲身加入队伍不可。"① 从科学补习所、日知会、湖北军队同盟会、群治学社、振武学社，直到文学社和共进会等各革命团体，始终都注意在新军和学生中进行革命宣传和组织工作，将大批青年学生和会党群众输送入伍，在新军基层建立起革命组织，为武昌起义的发动奠定了坚实的基础。

由于革命形势已经成熟，湖北新军中的共进会和文学社两个革命团体，决定联合行动，在武昌举行武装起义。1911 年 10 月 10 日晚，驻武昌新军工程第八营的革命党人打响了起义第一枪。起义军一夜之间占领武昌，取得了首义胜利。革命军三日之内光复武汉三镇，成立了湖北军政府。

武昌起义掀起了辛亥革命的高潮，打开了清王朝统治的缺口。大江南北、长城内外，革命烈火雄雄燃起。一个月内，先后有 13 个省以及上海和许多州县宣布起义，脱离清政府统治。腐朽的清王朝迅速土崩瓦解。1912 年 2 月 12 日，清帝被迫退位。在中国延续了两千多年的封建帝制最终覆灭。

在武昌起义和各省政权更迭的过程中，资产阶级革命派既表现出了革命性和勇敢精神，又暴露出软弱性和妥协态度。各省独立政权出现了复杂的情况。一些地方革命党人主动把权力让给立宪派或旧官僚；某些省份政权被立宪派或旧官僚、旧军官篡夺；有的地方旧官僚和立宪派改头换面地继续维持着旧政权；某些省份虽是由革命党人掌

① 《孙中山全集》（第 1 卷），中华书局 1981 年版，第 297 页。

权，但这些人很快蜕变为新军阀、新官僚。这就意味着，革命是很快地发展了，但其基础并不牢固，在内部和外部都潜伏着深刻的危机。

学生：武昌首义后，中华民国是如何成立的？

教师：1911 年年底，孙中山从海外回到上海。“独立”各省的代表聚集南京，选举孙中山为临时大总统。1912 年 1 月 1 日，孙中山宣誓就职，宣告中华民国临时政府正式成立，改国号为中华民国，以 1912 年为中华民国元年。

南京临时政府是一个资产阶级共和国性质的革命政权。首先，资产阶级革命派在这个政权中占有领导和主体的地位。孙中山作为临时大总统拥有统治全国和统率海、陆军之权，其他如陆军、外交等重要部门的总长和各部所有的次长全由革命党人担任。作为国家立法机关的临时参议院，同盟会会员也占多数。其次，南京临时政府制定的各项政策措施，集中代表和反映了中国民族资产阶级的愿望和利益，在相当程度上也符合广大中国人民的利益。例如：扫除种种封建弊端，保护人权；鼓励发展资本主义工商业，提倡兴办工厂、矿山、银行、垦殖事业等；宣布禁止刑讯，保护华侨，禁止贩卖华工，禁止买卖人口，废除奴婢，禁止种植和吸食鸦片等；宣布改革文化教育制度，否定忠君尊孔教育，废止小学读经，禁用清政府学部颁行的各种教科书等。

学生：毛泽东说过：“民国元年的《中华民国临时约法》，在那个时期是一个比较好的东西；当然，是不完全的、有缺点的，是资产阶级性的，但它带有革命性、民主性。”① 请您来谈谈这部约法的相关情况。

教师：1912 年 3 月，临时参议院颁布《中华民国临时约法》。这是中国历史上第一部具有资产阶级共和国宪法性质的法典。《中华民国临时约法》规定，“中华民国之主权属于国民全体”，而“以参议院、临时大总统、国务员、法院行使其统治权”。增设国务总理，作为政府首脑。内阁辅佐临时大总统，为行政机关，行使行政权；增设法院，行使司法权；参议院为立法机关，行使立法权，参议院还有弹劾大总统和国务员的权利。中华民国国民一律平等，享有人身、财产、集会、结社、出版、言论等自由，享有请愿、陈述、考试、选举与被选举等民主权利。《中华民国临时约法》以根本大法的形式废除了两千年来的封建君主专制制度，确认了资产阶级共和国的政治制度。

学生：南京临时政府有比较大的局限性，主要表现在哪些方面？

教师：一是企图用承认清政府与列强所订的一切不平等条约和清政府所欠的一切外债，来换取列强承认中华民国。二是没有提出任何可以满足农民土地要求的政策和

---

① 《毛泽东文集》（第 6 卷），人民出版社 1999 年版，第 325~326 页。

措施，反而以保护私有财产为借口，去维护封建土地制度以及官僚、地主所占有的土地和财产。

（六）辛亥革命失败的原因和教训

教师：同学们好！本次课学习的内容是“辛亥革命失败的原因和教训”。

学生：毛泽东曾说过：辛亥革命，“有它胜利的地方，也有它失败的地方。你们看，辛亥革命把皇帝赶跑，这不是胜利了吗？说它失败，是说辛亥革命只把一个皇帝赶跑，中国仍旧在帝国主义和封建主义的压迫之下，反帝反封建的革命任务并没有完成”。① 辛亥革命为什么会失败呢？

教师：这需要从主客观两方面找原因。

一是客观上，中外反动势力联合镇压革命。从根本上说，是因为在帝国主义时代，在半殖民地半封建的中国，资本主义的建国方案是行不通的。尽管当时先进的中国人真诚地希望把中国建设成为资产阶级共和国，但是帝国主义不会容许中国建立一个独立、富强的资产阶级共和国，从而使自己失去中国这个占世界人口四分之一的剥削、奴役的对象。因此，其运用政治、外交、军事、经济、财政等各种手段来破坏、干涉中国革命，扶植并支持代理人袁世凯夺取政权。而封建势力的根基也十分雄厚，他们千方百计地破坏和瓦解革命。帝国主义和以袁世凯为代表的大地主大买办势力以及旧官僚、立宪派一起，从外部和内部绞杀了这场革命。毛泽东说过，正是“帝国主义的侵略打破了中国人学西方的迷梦。很奇怪，为什么先生老是侵略学生呢？中国人向西方学得很不少，但是行不通，理想总是不能实现。多次奋斗，包括辛亥革命那样全国规模的运动，都失败了”。② 这个历史教训是很深刻的。

二是主观上，资产阶级革命派本身存在许多弱点和错误。这场革命之所以失败，从主观方面来说，在于领导者资产阶级革命派本身存在许多弱点和错误。主要是：

第一，没有提出彻底的反帝反封建的革命纲领。他们没有明确提出反帝的口号，甚至幻想以妥协退让来换取帝国主义对中国革命的承认和支持。他们只强调“反满”和建立共和政体，并没有认识到必须反对整个封建统治阶级，致使一些汉族旧官僚、旧军官也混入革命的营垒。受当时政治局势的左右和妥协退让思想的支配，革命党人

① 中共中央文献研究室、中央档案馆：《建党以来重要文献选编（1921~1949）》（第16册），中央文献出版社2011年版，第283页。

② 中共中央文献研究室、中央档案馆：《建党以来重要文献选编（1921~1949）》（第20册），中央文献出版社2011年版，第503页。

最后甚至还把政权拱手让给了袁世凯。后来，孙中山在回顾辛亥革命的历程，并总结有关教训时说：“曾几何时，已为情势所迫，不得已而与反革命的专制阶级谋妥协。此种妥协，实间接与帝国主义相调和。遂为革命第一次失败之根源。”① “夫袁世凯者，北洋军阀之首领，时与列强相勾结，一切反革命的专制阶级如武人官僚辈，皆依附之以求生存；而革命党人乃以政权让渡于彼，其致失败，又何待言！”②

第二，不能充分发动和依靠人民群众。由于中国民族资产阶级同封建势力有千丝万缕的联系，因而不敢发动和依靠反封建的主力军——农民群众。在革命的过程中，资产阶级革命派虽然也曾经联合新军（多数是穿起军装的农民和学生）和会党（以游民和破产农民为主体的秘密结社），从而一定程度上动员了群众的力量，但推翻清政府之后，他们便把群众抛弃了。他们不但不去领导农民进行反封建斗争，反而指责农民“行为越轨”，并派兵加以镇压。正因为中国民主革命的主力军——广大农民没有被动员起来，这个革命的根基就显得相当单薄。“国民革命需要一个大的农村变动。辛亥革命没有这个变动，所以失败了。”③

第三，不能建立坚强的革命政党，并作为团结一切革命力量的强有力的核心。同盟会内部组织比较松散，派系纷杂，缺乏统一和稳定的领导核心。甚至有人主张“革命军起，革命党消”。有的还另建党派，自立山头。孙中山指出，辛亥革命之所以失败，“非袁氏兵力之强，实同党人心之涣”。④

学生：延安五老之一的吴玉章，在回顾这段历史的时候心情非常沉痛，他说：“从辛亥革命起，我们为了推翻清朝而迁就袁世凯，后来为了反抗北洋军阀而利用西南军阀，再后来为了抵制西南军阀而培植陈炯明，最后陈炯明又叛变了。这样看来，从前的老一套革命方法非改变不可，我们要从头做起。”⑤ 如何理解这一段话的深刻含义？

教师：资产阶级革命派的弱点、错误，根源于中国民族资产阶级的软弱性和妥协性。中国民族资产阶级的软弱性和妥协性是“从娘肚子里带来的”。因为中国是一个半殖民地半封建的国家，民族资本主义的主要部分是从地主、买办、官僚和商人中转化而来，这决定了他们与封建势力和外国资本主义势力之间必然有着千丝万缕的联系，他们不能也不可能彻底反对封建主义和帝国主义。正因为如此，辛亥革命仅仅赶跑了

① 《宋庆龄选集》（下卷），人民出版社1992年版，第260页。
② 《孙中山选集》，人民出版社1981年版，第587页。
③ 《毛泽东选集》（第1卷），人民出版社1991年版，第16页。
④ 《孙中山选集》，人民出版社1981年版，第109页。
⑤ 吴玉章：《吴玉章回忆录》，中国青年出版社1978年版，第109~110页。

一个皇帝，却没有能够改变封建主义和军阀官僚政治的统治基础，无法完成反帝反封建的根本任务。辛亥革命的失败表明，资产阶级共和国方案没有能够救中国，先进的中国人需要进行新探索，为中国谋求新出路。

尽管辛亥革命最终失败了，但是以孙中山为代表的中国民主革命先驱者的业绩和不屈不挠的奋斗精神，永远是中国近代革命史上光辉的一页。对于他们的缺点，是要从历史条件加以说明，使人理解，不能过于苛求前人。

经过辛亥革命，民主共和的思想从此流传广远，人们对革命的继续追求也绵延不绝。许多参加过辛亥革命的人，后来陆续参加中国共产党或成为共产党的忠诚朋友，这不是偶然的。

四、释疑解惑

（一）如何看待近代中国民族民主革命发生的历史必然性

鸦片战争以来，帝国主义发动了一系列侵华战争，并与国内的封建势力相勾结，使中国沦为半殖民地半封建社会，使中国的民族危机日益加深。为此，正如江泽民在中共十五大报告中所指出的，近代中国鸦片战争后，中华民族面对着两大历史任务：一个是求得民族独立和人民解放；另一个是实现国家繁荣富强和人民共同富裕。前一个任务是为后一个任务扫清障碍，创造必要的前提。也就是说，中华民族面对的首要任务，就是求得民族的独立和人民的解放。

近代中国只有通过革命才能求得民族独立和人民的解放，才能为中国的现代化开辟道路。这是近代中国社会发展的必然选择。

一般来说，在一个国家的社会发展与转型中，是采取革命的方式，还是采取改良的方式，不能一概而论，完全取决于这个国家的历史传统、经济状况与社会文化等现实国情。近代中国民族民主革命的发生，从根本上说，不是基于人们的主观愿望，而是近代中国社会基本矛盾激化的产物，这是近代中国革命发生和发展的客观条件。就近代中国而言，严重的民族危机、激烈的阶级对抗和深重的社会危机，只能选择革命，特别是帝国主义和中华民族的矛盾，封建主义和人民大众的矛盾更加尖锐，从而使反帝反封建革命的客观形势趋于成熟。正如列宁所说，“革命是不能‘制造出来’的，革命是从客观上（即不以政党和阶级的意志为转移）已经成熟了的危机和历史转折中发展起来的”。①

中国资产阶级民主革命是由以孙中山为代表的资产阶级革命派首先发动的。革命的领导人和不少骨干分子，并非一开始就主张以革命方式推翻清政府，而是经历了一条从改良到革命的道路。孙中山曾经提出：可用和平手段即用和平手段，必须用强力时而以强力临之。正因为改良道路走不通，才使孙中山最终选择了革命。章太炎等人也是由改良转向革命的。因此，近代中国革命也是外国侵略者和本国反动派逼出来的。

同时，近代中国民族资本主义的产生和发展，民族资产阶级的产生及与它联系的社会力量的发展，为近代民族民主革命的发生打下了阶级基础。

（二）辛亥革命究竟是成功了还是失败了

我们不能简单地说辛亥革命是成功了或者失败了，首先需要明确评价成功和失败的标准。资产阶级革命派领导的这场革命的目标体现在孙中山提出的三民主义政治纲领中，即“驱除鞑虏，恢复中华，创立民国，平均地权”。从辛亥革命的直接结果来看，驱除鞑虏、恢复中华、创立民国这三个目标是达到了；平均地权的任务，孙中山称为社会革命，按照他的设想，那是要在建立民国之后再逐步推开的，而不是在辛亥革命中就直接完成的。从这个角度来说，辛亥革命的直接目的是达成了。虽然后来有张勋复辟、袁世凯复辟帝制的逆流，但都不过是昙花一现，都没有改变“驱除鞑虏，恢复中华，创立民国”这一辛亥革命的最大成果。所以，从辛亥革命的直接目的来说，不管有没有发生袁世凯“篡夺革命果实”的事，辛亥革命都成功了，它不仅推翻了统治中国260多年的腐朽落后的清王朝的专制统治，而且废除了中国延续两千多年的封建君主专制制度，建立起了亚洲第一个民主共和国。至于它所产生的深远历史意义就更不用说了，党的十五大报告称之为“二十世纪中国第一次历史性巨变”，认为它打开了中国一切进步的闸门。从这个角度来说，辛亥革命成功了。

那么，我们为什么又说辛亥革命失败了呢？这是从解决近代中国社会的主要矛盾，完成中国民主主义革命的历史任务的角度来说的。中国民主主义革命的两大任务，一是推翻帝国主义的统治，争取国家独立；二是推翻封建专制主义的统治，争取人民解放，结束近代中国半殖民地半封建社会的状况。从这个角度来说，两大任务辛亥革命一个也没有完成，帝国主义的统治依然照旧，民族危机仍在加深；虽然建立了民国，却是“无量头颅无量血，可怜购得假共和”，封建专制主义的统治不过换了一副招牌后

---

① 《列宁全集》（第26卷），人民出版社2017年版，第257页。

仍然在延续，中国半殖民地半封建社会的性质并没有改变。所以说，辛亥革命失败了。我们还需要思考一个问题：假设辛亥革命的果实没有被袁世凯篡夺，中国资产阶级政党掌握了政权，那么，反帝反封建的任务就能够完成，中国半殖民地半封建社会的性质就会改变吗？历史当然不能假设，而事实是：第一，由于中国资产阶级的软弱性，决定了他们在与袁世凯的争夺中不可能胜利；第二，后来以孙中山为代表的资产阶级政党还是建立了政权，发动了国民革命，但同样还是没有能够完成反帝反封建的任务，没有改变中国半殖民地半封建社会的性质。因此，由于近代中国的国情和中国资产阶级的特点，他们是不可能完成这场民主主义革命的任务的，这也是中国的民主主义会转变到新民主主义革命的根本原因。我们要从这样的角度来理解辛亥革命。辛亥革命既胜利了，也失败了。

五、学习测试

（一）单项选择题（备选答案中只有1个是正确的）

1. 1903年邹容写的宣传革命和资产阶级共和国思想的著作是(　　)

A.《革命军》　　B.《猛回头》

C.《警世钟》　　D.《驳康有为论革命书》

2. 1903年6月，在上海《苏报》发表《驳康有为论革命书》，批驳康有为所谓“中国之可立宪，不可革命”谬论的是(　　)

A. 梁启超　　B. 章炳麟　　C. 陈天华　　D. 邹容

3. 中国近代第一个资产阶级革命政党是(　　)

A. 兴中会　　B. 强学会　　C. 中国同盟会　　D. 国民党

4. 同盟会的机关刊物是(　　)

A.《国民报》　　B.《新民丛报》　　C.《苏报》　　D.《民报》

5. 1905年11月，孙中山在《民报》发刊词中将同盟会的政治纲领概括为(　　)

A. 创立民国，平均地权

B. 民族主义，民权主义，民生主义

C. 驱除鞑虏，恢复中华，创立合众政府

D. 联俄，联共，扶助农工

6. 武昌起义前同盟会领导的影响最大的武装起义是(　　)

A. 广州起义　　B. 黄花岗起义　　C. 萍浏醴起义　　D. 镇南关起义

7. 辛亥革命爆发前，长期深入湖北新军做宣传组织工作的是(　　)

A. 文学社与共进会　　B. 日知会与共进会

C. 同盟会与保路同志会　　D. 文学社与同盟会

8. 武昌起义爆发的导火线是(　　)

A. 黄花岗起义　B. 保路运动　　C. 萍浏醴起义　　D. 广州起义

9. 中华民国元年是指(　　)

A. 1910 年　　B. 1911 年　　C. 1912 年　　D. 1913 年

10. 中国历史上第一部资产阶级性质的宪法是(　　)

A. 《中华民国临时约法》　　B. 《钦定宪法大纲》

C. 《中华民国约法》　　D. 《试训政纲领》

11. 辛亥革命的最大功绩是(　　)

A. 结束了两千多年的君主专制政体，建立了资产阶级共和国

B. 使人民获得了一些民主和自由的权利

C. 为资本主义的发展创造了条件

D. 使民主共和观念深入人心

12. 辛亥革命成果被袁世凯窃取的标志是(　　)

A. 袁世凯就任正式大总统

B. 清帝退位

C. 孙中山辞职，临时政府迁往北京

D. 袁世凯颁布《中华民国约法》

13. 1912 年 8 月，宋教仁为推行政党政治和建立责任内阁制，以同盟会为基础，联合其他党派在北京组成(　　)

A. 国民党　　B. 中华革命党　C. 统一共和党　　D. 进步党

14. 二次革命失败最重要的原因是(　　)

A. 国民党力量涣散　　B. 革命党人军队不足

C. 袁世凯军队强大　　D. 袁世凯得到帝国主义的支持

15. 1914 年 7 月，孙中山为组织武装反袁在日本东京成立了(　　)

A. 中国同盟会　　B. 国民党　　C. 中华革命党　D. 兴中会

16. 1915 年，在云南率先举起反袁护国旗帜的是(　　)

A. 蔡锷　　B. 黄兴　　C. 段祺瑞　　D. 孙中山

17. 资产阶级革命派发动护国运动的主要原因是(　　)

A. 袁世凯指使人刺杀宋教仁

B. 袁世凯复辟帝制

C. 袁世凯强迫国会选举他为正式大总统

D. 袁世凯解散国会

18. 袁世凯为复辟帝制与日本签订了卖国的(　　)

A. 中日共同防敌军事协定　　B. “二十一条”

C. 承认外蒙自治　　D. 出让川汉、粤汉铁路

19. 标志着资产阶级领导的旧民主主义革命终结的事件是(　　)

A. 第二次护法运动的失败　　B. “二次革命”的失败

C. 护国运动的失败　　D. 保路风潮的失败

20. 辛亥革命的失败是指(　　)

A. 没有促进中国革命的向前发展

B. 没有推翻清政府的统治

C. 没有打击帝国主义的在华势力

D. 没有完成反帝反封建的任务

(二) 多项选择题（备选答案中至少有 2 个是正确的）

1. 《辛丑条约》的签订，标志着(　　)

A. 清政府彻底放弃了抵抗外国侵略者的念头

B. 清政府甘当“洋人的朝廷”

C. 国人对清政府更为失望

D. 中国半殖民地半封建社会形成

E. 外国军队有权在北京使馆区等地“留兵驻守”

2. 清末“新政”的内容主要包括(　　)

A. 设立商部、学部、巡警部等中央行政机构

B. 裁撤绿营，建立新军

C. 颁布商法商律，奖励工商

D. 颁布新的学制

3. 20世纪初成立的资产阶级革命团体有(　　)

A. 华兴会　　B. 科学补习所　　C. 光复会　　D. 岳王会

4. 1905年至1907年间，资产阶级革命派与改良派论战的主要议题是(　　)

A. 要不要以革命手段推翻清王朝　　B. 要不要推翻帝制，实行共和

C. 要不要废科举和兴西学　　D. 要不要社会革命

5. 《中华民国临时约法》的内容包括(　　)

A. 中华民国主权属于国民全体　　B. 人民享有各项权利

C. 中华民国国民一律平等　　D. 国家体制上实行内阁制

6. 为了防范袁世凯的独裁野心，1912年2月14日，临时大总统孙中山在给临时参议院的辞职咨文中提出辞职的附加条件是(　　)

A. 临时政府设在南京

B. 新总统到南京就职

C. 新总统要遵守《中华民国临时约法》

D. 清帝退位

7. 辛亥革命失败后，资产阶级革命派为挽救革命成果而进行的斗争主要有(　　)

A. 保路风潮　　B. 护国运动　　C. 护法运动　　D. 二次革命

8. 袁世凯篡夺辛亥革命胜利果实的主要原因是(　　)

A. 帝国主义的支持　　B. 国内封建势力的支持

C. 袁世凯假意赞成共和　　D. 资产阶级的软弱性

E. 袁世凯拥有强大的军事力量

9. 以袁世凯为首的北洋军阀投靠帝国主义的表现为(　　)

A. 出卖路权、矿权，大肆借款，并签订众多不平等条约

B. 与列强签订“善后大借款”合同，使列强控制和监督中国财政

C. 扩充军队，建立特务警察系统

D. 基本接受日本提出的严重损害中国权益的“二十一条”

10. 下列关于辛亥革命的评价，正确的是(　　)

A. 一次比较完全意义上的资产阶级民主革命

B. 结束了统治中国两千多年的封建君主专制制度

C. 推动了亚洲各国民族解放运动的高涨

D. 给人们带来了思想上的解放

（三）论述题

1. 为什么说孙中山领导的辛亥革命是20世纪中国的第一次历史性巨变？
2. 辛亥革命为什么会失败？它的失败说明了什么？

◎ 参考答案

（一）单项选择题

1. A　2. B　3. C　4. D　5. B　6. B　7. A　8. B　9. C　10. A
11. A　12. C　13. A　14. A　15. C　16. A　17. B　18. B　19. A　20. D

（二）多项选择题

1. ABCDE　2. ABCD　3. ABCD　4. ABD　5. ABCD
6. ABC　7. BCD　8. ABCD　9. ABD　10. ABCD

（三）论述题

1. 为什么说孙中山领导的辛亥革命是20世纪中国的第一次历史性巨变？

辛亥革命是资产阶级领导的以反对君主专制制度、建立资产阶级共和国为目的的革命，是一次比较完全意义上的资产民主革命。在近代历史上，辛亥革命是中国人民救亡图存、振兴中华而奋起革命的一个里程碑，它使中国发生了历史性巨变。

第一，辛亥革命推翻了封建势力的政治代表，帝国主义在中国的代理人——清王朝的统治，沉重打击了中外反动势力，使中国反动统治者在政治上乱了阵脚。

第二，辛亥革命结束了统治中国两千多年的封建君主专制制度，建立了中国历史上第一个资产阶级共和政府，使民主共和的观念开始深入人心，并在中国形成了“敢有帝制自为者，天下共击之”的民主主义观念。

第三，辛亥革命给人们带来一次思想上的解放。

第四，辛亥革命促使社会经济、思想习惯和社会习俗等方面发生了新的积极变化。

第五，辛亥革命不仅在一定程度上打击了帝国主义的侵略势力，而且推动了亚洲各国民族解放运动的高涨。

2. 辛亥革命为什么会失败？它的失败说明了什么？

从根本上说，是由于近代中国的基本国情，决定了资本主义的建国方案行不通。尽管当时先进的中国人真诚地希望把中国建设成为资产阶级共和国，但是，外国帝国主义决不容许中国建立一个独立、富强的资产阶级共和国。因此，它们用经济、政治、军事、外交等各种手段干涉、破坏中国革命，并扶植和支持它们的代理人袁世凯夺取政权。帝国主义列强和以袁世凯为代表的中国封建势力相勾结，联合起来绞杀了这场革命。这是辛亥革命失败的主要原因。

这场革命之所以失败，从主观方面来说，在于它的领导者资产阶级革命派本身存在着许多弱点和错误。主要是：

第一，没有提出彻底的反帝反封建的革命纲领。他们没有明确提出反帝的口号，甚至幻想以妥协退让来换取帝国主义对中国革命的承认和支持。他们只强调“反满”和建立共和政体，并没有认识到必须反对整个封建统治阶级，致使一些汉族旧官僚、旧军官也混入革命的营垒。受当时政治局势的左右和妥协退让思想的支配，革命党人最后甚至还把政权拱手让给了袁世凯。

第二，不能充分发动和依靠人民群众。由于中国民族资产阶级同封建势力有着千丝万缕的联系，因而不敢依靠反封建的主力军——农民群众。在革命的过程中，资产阶级革命派虽然也曾经联合新军和会党，从而在一定程度上动员了群众的力量，但在清政府被推翻之后，他们便把群众抛弃了。他们不但不去领导农民进行反封建斗争，反而指责农民“行为越轨”，并派兵加以镇压。正因为中国民主革命的主力军——广大农民没有被动员起来，这个革命的根基就显得相当单薄。

第三，不能建立坚强的革命政党，并作为团结一切革命力量的强有力的核心。同盟会内部组织比较松散，派系纷杂，缺乏一个统一和稳定的领导核心。

辛亥革命的失败表明，资产阶级共和国的方案没有能够救中国，先进的中国人需要进行新的探索，为中国谋求新的出路。

六、阅读文献

1. 列宁：《中国的民主主义与民粹主义》（1912 年 7 月）
2. 毛泽东：《纪念孙中山先生》（1956 年 11 月 12 日）
3. 胡锦涛：《在纪念辛亥革命 100 周年大会上的讲话》（2011 年 10 月 9 日）

4. 习近平：《在纪念孙中山先生诞辰150周年大会上的讲话》（2016年11月11日）

5. 孙中山：《〈民报〉发刊词》（1905年10月20日）

6. 《中华民国临时约法》（1912年3月）

7. 章开沅、林增平：《辛亥革命史》，人民出版社1981年版

中　编

从五四运动到新中国成立（1919—1949）

综述
翻天覆地的三十年

一、教学目的与要求

1. 了解1919年五四运动至1949年中华人民共和国成立以前中国新民主主义革命时代背景和国际环境。

2. 了解新民主主义革命为什么要反对帝国主义、封建主义和官僚资本主义。

3. 了解三种政治力量、三种建国方案和中国的两种命运及前途的较量，懂得中国只有在无产阶级及其政党的领导下才能为争取民族独立和人民解放的任务指明道路。

二、基本教学内容

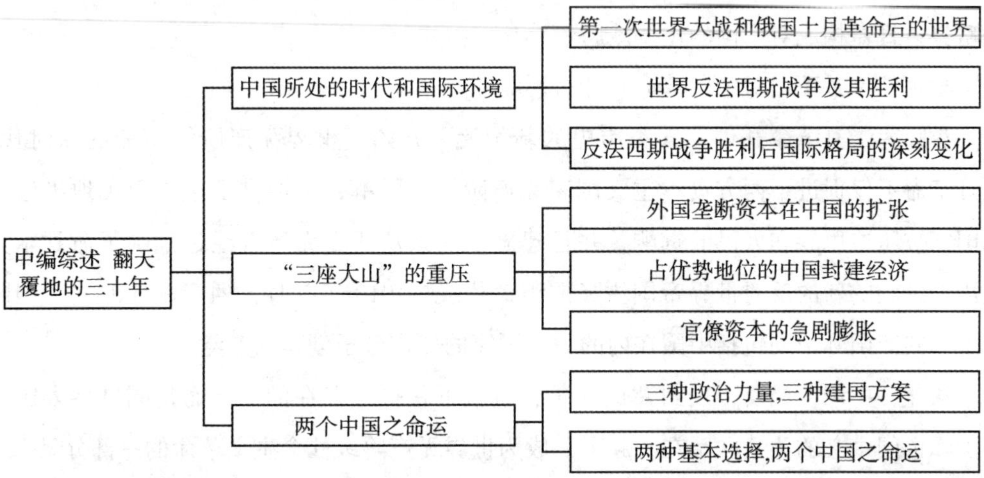

三、讨论式教学教案

(一) 中国新民主主义革命的时代背景和国际环境

教师：同学们好！今天我们要探讨的问题是：中国新民主主义革命的时代背景和国际环境。中国的新民主主义革命不是孤立存在的，而是与它所处的时代和国际环境紧密相连的。

下面我们讲第一个问题：“第一次世界大战和俄国十月革命后的世界”。

学生：19 世纪末 20 世纪初，西方发达国家由自由资本主义阶段进入帝国主义阶段，帝国主义国家为了争夺殖民地，引发了 1914 年至 1918 年的第一次世界大战。这场战争对世界产生了怎样的影响呢？

教师：首先，欧洲走向衰落，美、日崛起，帝国主义国家在新的力量对比的基础上，建立了新的国际关系体系：凡尔赛-华盛顿体系，确定了战胜国对战后世界进行重新划分的蓝图。

其次，战争引起了革命，1917 年 11 月 7 日（俄历 10 月 25 日），俄国爆发十月社会主义革命，建立了人类历史上第一个社会主义国家。

再次，亚非拉人民逐步觉醒，开始进行反对帝国主义压迫的民族解放运动。

最后，对中国来说，第一次世界大战结束后，英国势力又卷土重来；随后，日本侵略势力日益构成对中国的主要威胁。

学生：十月革命对中国革命有什么影响呢？

教师：十月革命开创了人类历史的新纪元，开始了世界无产阶级革命的新时代。十月革命不仅促进了西方资本主义国家无产阶级的觉醒，也促进了东方殖民地半殖民地国家被压迫民族和人民的觉醒，并且建立了一条从西方无产者经过俄国革命到东方被压迫民族的新的反对世界帝国主义的革命战线。1919 年 3 月，列宁领导的共产国际诞生。共产国际帮助包括中国在内的一些国家的先进分子创建共产党。

从此，中国人民反帝反封建的斗争，也就不是孤立存在的了，而是同世界人民反对国际帝国主义的斗争联系在一起了，成为世界无产阶级社会主义革命的一部分。

1919 年以来中国的历史，尤其是中国共产党的创建和新民主主义革命发生、发展的历史，就是在上述时代条件和国际环境下展开的。

第二个问题是："世界反法西斯战争及其胜利"。

学生：1929 年至 1933 年，资本主义国家爆发了一场世界性的严重的经济危机。为了摆脱经济危机，德、日、意三个法西斯国家发动了第二次世界大战。这场战争的进程是怎样的呢？

教师：1931 年日本发动"九一八"事变，占领中国东北。1935 年 10 月，意大利入侵阿比西尼亚（即埃塞俄比亚）。1937 年 7 月 7 日，日本发动全面侵华战争。1939 年 9 月 1 日，德军入侵波兰。第二次世界大战全面开始。第二次世界大战是人类历史上规模空前的全球性大战，法西斯侵略者给世界人民造成了无穷的灾难。中国是日本侵略的最大受害国。

中国是首先进行反法西斯侵略的国家。中国人民的抗日战争以"九一八事变"为起点，它揭开了世界反法西斯战争的序幕。"七七事变"时中国守军奋起抵抗，成为中国全国性抗战的开端。中国人民开辟了世界反法西斯战争的东方主战场。

对于法西斯国家的野蛮侵略，世界人民进行了顽强的抵抗。1942 年元旦，由美、英、苏、中 4 国领衔，26 个国家签署《联合国家宣言》，决定结成世界反法西斯联盟。苏联红军在 1942 年 7 月至 1943 年 2 月取得斯大林格勒战役的胜利，世界反法西斯战争发生根本性转折。1944 年 6 月 6 日，美、英盟军发动诺曼底战役，开辟了欧洲的第二战场，德国法西斯陷入腹背受敌的境地。1945 年 5 月 8 日，德国宣布无条件投降。欧洲战场的反法西斯战争胜利结束。

对于日本的侵略，亚洲各国人民进行了长期的、顽强的斗争。中国军民是亚洲大陆上抵抗日本侵略的主力。1944 年，盟军在太平洋战场上对日军全面展开攻势作战。1945 年 8 月 6 日、9 日，美国在日本广岛、长崎投掷原子弹。8 月 8 日，苏联对日宣战。8 月 14 日，日本政府决定接受《波茨坦公告》，向盟国投降。9 月 2 日，日本政府和大本营代表在投降书上签字。中国人民抗日战争和世界反法西斯战争胜利结束。

我们接着讲第三个问题："反法西斯战争胜利后国际格局的深刻变化"。

学生：世界反法西斯战争的胜利，引起了国际局势的深刻变化，对世界历史的发展产生了深远的影响。这主要表现在哪里呢？

教师：一是帝国主义受到削弱，人民民主力量明显增长。首先，德、意、日三个法西斯国家被彻底打败，英、法也被严重削弱。美国成为资本主义世界的霸主。其次，苏联成为足以与美国抗衡的世界一流强国。欧洲东部、中南部和亚洲东部、东南部出现一系列由共产党领导的人民民主国家。社会主义冲破一国范围在多国取得胜利。再次，亚、非、拉等地区民族解放运动蓬勃发展。在资本主义国家，共产党的影响显著增长，工人运动有了新的发展。

这些情况表明，国际帝国主义受到明显的削弱，难以形成足够强大的力量来镇压各国人民革命。世界反法西斯战争的胜利，给世界工人阶级和被压迫民族的解放事业开辟了更加广大的可能性和更加现实的道路。

二是美苏两极格局形成。第二次世界大战后世界政治形势的一个重大变化，就是原来以维持欧洲大国均势为中心的传统的国际格局，被美、苏两极格局所代替。在此基础上，逐步形成以美、苏为首的帝国主义和社会主义两个阵营的对立。美国一手拿着金元，一手拿着原子弹，竭力向全世界扩张。控制中国，成为第二次世界大战后美国全球战略的重要组成部分。为此，美国政府采取了扶蒋反共的政策。这对于中国革命的发展，是一个严重的障碍。

中国共产党审时度势，正确制定了应对美国的政策和策略。当蒋介石集团依仗美国政府作靠山，发动全面内战时，中国共产党领导人民以革命战争反对反革命战争，并赢得了胜利。

（二）“三座大山”：中国新民主主义革命的对象

教师：同学们好！今天我们要讲的内容是：“‘三座大山’：中国新民主主义革命的对象”。

“三座大山”是指外国帝国主义、本国封建主义和1927年后形成的官僚资本主义。中国共产党领导的新民主主义革命，就是推翻这“三座大山”的革命。那么，这“三座大山”究竟代表什么样的生产关系？中国共产党为什么要领导人民推翻这“三座大山”呢？下面我们分别展开分析。

第一个问题：“外国垄断资本在中国的扩张”。

北洋政府统治时期，外国侵略势力在中国得到了进一步扩展。国民党统治的建立，并没有使中国摆脱帝国主义的压迫，而是为外国侵略势力深入中国进一步敞开了大门。国民党统治时期，外国垄断资本在华扩张，可分为三个阶段。

第一阶段，从1927年4月至1937年“卢沟桥事变”前。

此阶段，外国垄断资本已牢牢地掌握了中国的经济命脉。抗战前夕，在重工业方面，外国资本即控制了中国煤产量的55.2%，新法采煤量的77.4%，冶铁工业的95%，石油工业的99%，发电量的77.1%。在中国的现代工业和运输业中，外国资本占

71. 6%。外国银行资产也比华商银行多 1/3。外国资本不仅垄断了中国的重工业、交通运输业，而且控制了中国的财政、金融以及若干主要的轻工业。

第二阶段，从 1937 年 7 月至 1945 年 8 月日本投降。

此阶段，在“日满经济一体化”的口号下，中国东北的经济完全为日本垄断资本所统治。在关内，沦陷区的经济也完全被殖民地化。按照“工业日本，农业中国”的原则，中国的民族工业是不允许存在的。武汉失守后，关内被毁工厂约占当时工厂总数的 37%。其余的，除少数内迁外，大部分为日本侵略者所占夺。关内农业所受的摧残也极为严重。日本侵略者在关内不仅大量占夺农田，大量消耗关内的粮食和其他农副产品，而且还把这些物资大批地运往日本。毛泽东指出，“敌人是将东三省的老办法移植于内地。在物质上，掠夺普通人民的衣食，使广大人民啼饥号寒；掠夺生产工具，使中国民族工业归于毁灭和奴役化。”①

第三阶段，1945 年抗战结束至 1949 年中华人民共和国成立前。

此阶段，美国取代了日本在中国的地位，国民党统治区几乎形同美国的殖民地。国民党政府与美国签订了一系列丧权辱国的条约和协定，使美国在中国享有了种种特权，美国资本迅速在国民党统治区的经济生活中占据了支配的地位。大量美国剩余物资如潮水般地涌入中国市场。在中国的进口总值中，1946 年从美国进口的商品已占 57. 16%，美国在第二次世界大战后对中国的投资超过了 1936 年前各国在华投资的总额，占当时各国在华投资总额的 80%。

外国垄断资本在中国的扩张，严重阻碍了中国民族工商业、农业的发展，使中国的反动势力更加依靠外国垄断阶级。

毛泽东指出，“帝国主义列强侵入中国的目的，决不是要把封建的中国变成资本主义的中国。帝国主义列强的目的和这相反，它们是要把中国变成它们的半殖民地和殖民地。”② 为了达到此目的，帝国主义同中国的封建主义相互勾结，残酷压迫和掠夺中国人民，严重阻碍中国社会向前发展。

正因为如此，反对帝国主义，打破外国垄断资本主义对中国的控制，就成为中国新民主主义革命必须实现的首要任务。

第二个问题：“占优势地位的中国封建经济”。

---

① 中共中央文献研究室、中央档案馆：《建党以来重要文献选编（1921~1949）》（第 15 册），中央文献出版社 2011 年版，第 395 页。

② 《毛泽东选集》（第 2 卷），人民出版社 1991 年版，第 628 页。

这个时期，在中国的社会经济生活中占优势地位的，仍然是封建经济。

在中国，地主和旧式富农占有大量土地，广大农民无地或少地。地主和旧式富农将土地出租给农民，向他们收取高额地租，地租率一般高达50%左右。

除地租外，农民还受到商业资本、高利贷资本的剥削。

政府当局在运用自己的权力维护封建剥削制度的同时，还通过征收苛重的赋税等直接掠夺农民。其中包括：征收田赋；征收盐税；征收各种杂税；强迫农民服劳役和服兵役。

在残酷的封建剥削和压迫下，中国农村经济日益陷于绝境，广大农民过着极端贫困的生活。由于农业生产水平低下，农村无法为中国工业的发展提供必要的商品粮、轻工业原料、工业品市场等条件，这就从根本上限制了中国工业的发展。封建剥削制度是帝国主义统治中国的主要支柱和中国官僚军阀推行专制政治的社会基础。

正因为如此，反对封建主义，进行土地制度的彻底改革，就成为中国新民主主义革命的一项基本任务。

第三个问题：“官僚资本的急剧膨胀”。

什么是中国的官僚资本呢？毛泽东作出了明确的界定：就是“蒋介石、宋子文、孔祥熙、陈立夫为首的垄断资本”；① “这个垄断资本，和国家政权结合在一起，成为国家垄断资本主义。这个国家垄断资本主义，同外国帝国主义、本国地主阶级和旧式富农密切地结合着，成为买办的封建的国家垄断资本主义。这就是蒋介石反动政权的经济基础”。②

以四大家族为代表的官僚资本是1927年国民党新军阀的统治建立后，依靠反动政权的力量，逐步形成和发展起来的。在抗日战争时期和日本投降以后，它达到了高峰。

中国的官僚资本主义背靠帝国主义，通过垄断金融机构，滥发纸币和国债而疯狂侵吞社会财富；通过建立国家专卖制度控制大量商品和物资，大肆牟取高额利润；通过国家政权力量，对工业实行垄断性掠夺和兼并私人资本主义企业。总之，它不是在正常的生产发展的基础上积累起来的，而是利用超经济的特权，通过对广大人民的残酷剥削和对民族工商业的巧取豪夺而发展起来的。它是中国社会生产力发展的严重障碍。

---

① 中共中央文献研究室、中央档案馆：《建党以来重要文献选编（1921~1949）》（第24册），中央文献出版社2011年版，第533页。

② 中共中央文献研究室、中央档案馆：《建党以来重要文献选编（1921~1949）》（第24册），中央文献出版社2011年版，第533页。

正因为如此，反对官僚资本主义、没收官僚资本归新民主主义国家所有，就成为中国新民主主义革命的一项基本任务。

（三）两个中国之命运：中国新民主主义革命的历史走向

教师：同学们好！今天我们要学习的问题是："两个中国之命运：中国新民主主义革命的历史走向"。

一切革命的根本问题是国家政权问题。那么，在当时中国的具体条件下，该建立一个怎样的国家政权呢？当时中国社会的三种主要政治力量分别提出了他们各自的建国方案。

下面，我们来学习第一个问题："三派政治力量的三种建国方案"。

学生：在1921年中国共产党诞生至1949年中华人民共和国成立以前，中国存在着三种主要的政治力量，这三种政治力量分别是哪些阶级呢？

教师：一是地主阶级和买办性的大资产阶级（1927年后成为官僚资产阶级），他们是反动势力、民主革命的对象。其政治代表先是北洋政府，以后主要是国民党统治集团。

二是民族资产阶级。他们是中间势力、民主革命的力量之一。其政治代表是民主党派的某些领导人物和若干无党派民主人士。

三是工人阶级、农民阶级和城市小资产阶级。他们是进步势力、民主革命的主要力量。其政治代表是中国共产党。

学生：这三种政治力量提出的建国方案分别是什么呢？

第一种是地主阶级与买办性的大资产阶级的建国方案。他们同广大人民处于尖锐对立的地位，因而主张继续实行地主阶级、买办性的大资产阶级的军事独裁统治，使中国继续走半殖民地半封建社会的道路。

第二种是民族资产阶级的建国方案。他们的基本政治主张，是建立一个名副其实的资产阶级共和国，以便使资本主义得到自由和充分的发展，使中国成为一个独立的资本主义社会。

第三种是工人阶级、农民阶级和城市小资产阶级的建国方案。他们的政治代表中国共产党主张，中国人民应当在工人阶级及其政党的领导下，首先进行一场彻底的反帝反封建的新式资产阶级民主革命，即新民主主义革命，以便建立一个工人阶级领导的人民共和国，即人民民主专政的国家；其次经过这个人民共和国，逐步达到社会主义和共产主义。

总之，建立一个工人阶级领导的、以工农联盟为基础的，团结一切可以团结的力量的人民民主专政的共和国，这是中国共产党领导中国人民进行新民主主义革命所要达到的基本目标。

第二个问题："两种选择：两个中国之命运"。

在上述三种建国方案中，由于资产阶级共和国的方案并不具备现实性，可供中国人民选择的方案只有两个：或者是继续半殖民地半封建的旧中国，或者是创建新民主主义的新中国。

学生：资产阶级共和国方案为什么行不通呢？

教师：这是由当时中国所处的时代条件和国内阶级关系状况所决定的。

首先，帝国主义不容许。帝国主义侵略中国，不是为了使中国成为一个独立、富强的资本主义国家，而是为了掠夺中国，发展它们自己的资本主义。对它们来说，一个地大物博、人口众多的半殖民地中国，是理想的商品倾销的市场、资本投资场所、廉价的原料和劳动力的供应地。如果中国成为一个独立、富强的资本主义国家，它就要在平等的基础上与西方发达国家建立和发展关系，这是帝国主义所不能容忍的。它们既不愿意失去在中国的殖民主义利益，更不愿意看到中国在国际市场上成为它们的竞争对手。因此，它们会千方百计地镇压和破坏这一方案在中国的实施。

其次，中国民族资产阶级的力量过于软弱。民族资产阶级是真诚地希望中国通过建立资产阶级共和国走上独立、富强之路的。但是，由于它在经济上、政治上的软弱性，由于它同帝国主义和封建主义有着千丝万缕的联系，所以，它没有勇气和能力去领导中国人民进行彻底反帝反封建的革命斗争，从而为建立资产阶级共和国扫清障碍。

再次，中国的大地主、大资产阶级不允许。中国的反动统治者由于自身社会基础极其狭窄，其统治是十分残暴的。它绝不会对于中间势力关于建立资产阶级共和国的要求作出原则性的让步。不仅如此，反动统治者还不断用暴力对他们实行迫害，直至取缔他们的组织，监视、逮捕以及杀害他们个人。

学生：为什么中国共产党提出的建国方案成了中国最广大人民的共同选择？

总体上说，地主阶级与买办性的大资产阶级的建国方案，由于违背了中国人民的根本利益，遭到了广大中国人民的唾弃，它们的反动统治也在根本上被推翻了。民族资产阶级的方案，由于脱离中国实际，也没有得到中国广大群众的拥护，连提出这种方案的多数人，最终也承认这个方案是行不通的。只有中国共产党提出的关于建立人民共和国的方案，逐步地获得了工人、农民、城市小资产阶级乃至民族资产阶级及其政治代表的拥护，由此成了中国最广大人民群众的共同选择。

在中华人民共和国成立前夕，毛泽东在《论人民民主专政》一文中说："就是这样，西方资产阶级的文明，资产阶级的民主主义，资产阶级共和国的方案，在中国人民的心目中，一齐破了产，资产阶级的民主主义让位给工人阶级领导的人民民主主义，资产阶级共和国让位给人民共和国。"① 这段话是对近代以来中国人民探索国家出路历史经验的总结。

正是在中国共产党的领导下，中国人民经过28年浴血奋战，完成了新民主主义革命，建立了中华人民共和国，实现了中国从几千年封建专制政治向人民民主的伟大飞跃。中国革命的胜利证明，十月革命后，中国人民逐步选择了马克思主义，选择了中国共产党，选择了中国共产党制定的救国和建国方案，是符合中国历史发展的客观要求，符合中国最广大人民群众的根本利益的。也正是如此，才可能有新民主主义革命时期翻天覆地的三十年。

四、释疑解惑

毛泽东指出："资产阶级的共和国，外国有过的，中国不能有，因为中国是受帝国主义压迫的国家。"② 如何理解毛泽东的这段话？

帝国主义侵略中国，不是为了使中国成为一个独立、富强的资本主义国家，而是为了掠夺中国，发展它们自己的资本主义。对它们来说，一个地大物博、人口众多的半殖民地中国，是理想的商品倾销市场、资本投资场所、廉价的原料和劳动力的供应地。如果中国成为一个独立、富强的资本主义国家，它就要在平等的基础上与西方发达国家建立和发展关系，这是帝国主义所不能容忍的。它们既不愿意失去在中国的殖民主义利益，更不愿意看到中国在国际市场上成为它们的竞争对手。正因为如此，毛泽东指出："帝国主义侵略中国，反对中国独立，反对中国发展中国的历史，是中国的近代史。"③

① 中共中央文献研究室、中央档案馆：《建党以来重要文献选编（1921～1949）》（第26册），中央文献出版社2011年版，第504页。

② 中共中央文献研究室、中央档案馆：《建党以来重要文献选编（1921～1949）》（第26册），中央文献出版社2011年版，第504页。

③ 《毛泽东选集》（第2卷），人民出版社1991年版，第679页。

五、学习测试

(一) 单项选择题（备选答案中只有1个是正确的）

1. 1931年，日本帝国主义制造的侵略中国东北的事变是(　　)

A. 九一八事变　B. 一·二八事变　C. 七七事变　D. 八一三事变

2. 中国新民主主义革命必须实现的首要任务是(　　)

A. 反对封建主义　B. 反对帝国主义

C. 反对官僚资本主义　D. 打倒军阀

3. 一切革命的根本问题是(　　)

A. 军队问题　B. 土地问题

C. 国家政权问题　D. 农民问题

4. 在1919年五四运动至1949年新中国成立以前这个时期，中国仍是(　　)

A. 封建社会　B. 资本主义社会

C. 半殖民地半封建社会　D. 社会主义社会

5. 第二次世界大战中，先后在日本广岛、长崎投掷原子弹的国家是(　　)

A. 中国　B. 苏联　C. 法国　D. 美国

6. 标志世界反法西斯战争发生根本转折的战役是(　　)

A. 诺曼底战役　B. 斯大林格勒战役

C. 豫湘桂战役　D. 莫斯科保卫战

7. 第二次世界大战后，能够和美国抗衡的世界一流强国是(　　)

A. 中国　B. 苏联　C. 法国　D. 英国

8. 有论者指出，抗战胜利后，国民党统治区几乎形同(　　)的殖民地

A. 日本　B. 苏联　C. 法国　D. 美国

9. 在1921年中国共产党诞生至1949年中华人民共和国成立以前，中国存在的中间势力是(　　)

A. 官僚资产阶级　B. 民族资产阶级

C. 农民阶级　D. 小资产阶级

10. 在近代中国，最终成为中国最广大人民共同选择的建国方案是(　　)

A. 资产阶级共和国方案　　B. 人民共和国方案
C. 中间路线　　D. 第三条道路

11. 德国入侵(　　)标志着第二次世界大战全面开始
A. 阿比西尼亚　　B. 波兰　　C. 比利时　　D. 法国

12. 第二次世界大战中，日本军国主义侵略最大的受害国是(　　)
A. 朝鲜　　B. 菲律宾　　C. 缅甸　　D. 中国

13. 第二次世界大战中，最早进行反法西斯战争的国家是(　　)
A. 朝鲜　　B. 菲律宾　　C. 缅甸　　D. 中国

14. 帝国主义来到中国的目的是(　　)
A. 为了使中国成为一个独立、富强的资本主义国家
B. 为了掠夺中国，发展它们自己的资本主义
C. 希望中国成为它们平等的竞争对手
D. 支持中国发展资本主义

15. 标志着欧洲战场反法西斯战争胜利结束的事件是(　　)
A. 诺曼底登陆战役　　B. 斯大林格勒战役
C. 德国宣布无条件投降　　D. 莫斯科保卫战

16. 标志着中国全民族抗战开端的事件是(　　)
A. 九一八事变　　B. 一·二八事变
C. 七七事变　　D. 八一三事变

17. 标志欧洲第二战场开辟的战役是(　　)
A. 诺曼底战役　　B. 斯大林格勒战役
C. 豫湘桂战役　　D. 莫斯科保卫战

18. 1942年元旦，领衔签署《联合国家宣言》的国家是(　　)
A. 美国、法国、苏联、中国　　B. 美国、英国、苏联、中国
C. 美国、苏联、中国、德国　　D. 美国、英国、中国、日本

19. 标志着中国人民抗日战争和世界反法西斯战争胜利结束的事件是(　　)
A. 太平洋战争　　B. 美国在日本投掷原子弹
C. 苏联对日宣战　　D. 日本代表在投降书上签字

20. 第二次世界大战结束后，成为资本主义世界霸主的国家是(　　)
A. 法国　　B. 英国　　C. 美国　　D. 苏联

（二）多项选择题（备选答案中至少有 2 个是正确的）

1. 十月革命的世界意义是(　　)

A. 开辟了人类历史的新纪元

B. 给世界人民的解放事业开辟了广大的可能性和现实的道路

C. 建立了一条新的反对世界帝国主义的战线

D. 促进和加强了中国革命和世界各国人民斗争的国际联合

2. 第二次世界大战后，世界政治形势发生的新变化，主要是(　　)

A. 资本主义国家受到削弱

B. 人民民主力量显著增长

C. 美、苏两极格局形成

D. 欧洲走向衰落和美国、日本的兴起

3. 在近代中国，压在中国人民身上的“三座大山”指的是(　　)

A. 本国民族资本主义　　B. 外国帝国主义

C. 本国封建主义　　D. 本国官僚资本主义

4. 在 1921 年至 1949 年中，中国存在的主要政治势力是(　　)

A. 地主和买办性的大资产阶级

B. 富农阶级

C. 民族资产阶级

D. 工人阶级、农民阶级和城市小资产阶级

5. 资产阶级共和国的方案在中国行不通，是因为(　　)

A. 帝国主义反对中国成为一个独立、富强的资本主义国家

B. 中国民族资产阶级的力量过于软弱

C. 中国的反动统治者不能容忍任何民主改革

D. 当时中国所处的时代条件和阶级关系状况不允许

（三）论述题

1. 如何理解近代中国的三种建国方案、两个中国之命运？

2. 为什么中国共产党的建国方案最终成为中国人民的共同选择？

◎ 参考答案

（一）单项选择题

1. A　2. B　3. C　4. C　5. D　6. B　7. B　8. D　9. B　10. B
11. B　12. D　13. D　14. B　15. C　16. C　17. A　18. B　19. D　20. C

（二）多项选择题

1. ABCD　2. ABC　3. BCD　4. ACD　5. ABCD

（三）论述题

1. 如何理解近代中国的三种建国方案、两个中国之命运？

1949 年中华人民共和国成立以前，中国存在着三种主要的政治力量。一是地主阶级和买办性的大资产阶级（1927 年后成为官僚资产阶级）。他们是反动势力、民主革命的对象。其政治代表先是北洋政府，以后主要是国民党统治集团。二是民族资产阶级。他们是中间势力，民主革命的力量之一。其政治代表是民主党派的某些领导人物和若干无党派民主人士。三是工人阶级、农民阶级和城市小资产阶级。他们是进步势力，民主革命的主要力量。其政治代表是中国共产党。

三种政治力量分别提出了三种不同的建国方案。第一种是地主阶级和买办性的大资产阶级的方案。他们主张继续实行地主阶级、买办的大资产阶级的军事独裁统治，使中国继续走半殖民地半封建社会的道路。第二种是民族资产阶级的建国方案。他们要建立一个名副其实的资产阶级共和国，以便使资本主义得到自由和充分的发展，使中国成为一个独立的资本主义社会。第三种是工人阶级和其他进步势力的方案。他们主张在工人阶级及其政党的领导下，首先进行一场彻底的反帝反封建的新式资产阶级民主革命，即新民主主义革命，以便建立一个工人阶级领导的人民共和国，即人民民主专政的国家；其次经过这个人民共和国，逐步达到社会主义和共产主义。

2. 为什么中国共产党的建国方案最终成为中国人民的共同选择？

三种建国方案始终摆在中国人民的面前，由他们在自己的政治实践中做出选择。但是，从根本上说，由于资产阶级共和国方案并不具备现实性，可供中国人民选择的方案主要是两个：或者是继续半殖民地半封建的旧中国，或者是创建新民主主义的新中国。

资产阶级共和国的方案之所以行不通，是由于当时中国所处的时代条件和国内阶级关系的状况所决定的。第一，资产阶级的共和国，外国有过的，中国不能有，因为中国是受帝国主义压迫的国家，建立资产阶级共和国是帝国主义不能容忍的。第二，民族资产阶级的力量过于软弱。他们没有勇气和能力去领导人民进行彻底反帝反封建的革命斗争，从而为建立资产阶级共和国扫清障碍。

地主阶级与买办性的大资产阶级的方案由于违背中国人民的根本利益，遭到了广大人民的唾弃，他们的反动统治也在根本上被推翻了。民族资产阶级的方案由于脱离中国实际，也没有得到中国广大群众的拥护，连提出这种方案的多数人最终也承认这个方案是行不通的。只有中国共产党提出的关于建立人民共和国的方案，逐步地获得了工人、农民、城市小资产阶级乃至民族资产阶级及其政治代表的拥护，由此成为中国最广大群众的共同选择。

中国革命的胜利证明，十月革命后，中国人民逐步选择了马克思主义，选择了中国共产党，选择了中国共产党制定的救国和建国方案，是符合中国历史发展的客观要求，符合中国最广大人民群众的根本利益的。

六、阅读文献

1. 毛泽东：《论人民民主专政》（1949 年 6 月）
2. 毛泽东：《唯心历史观的破产》（1949 年 9 月）
3. 毛泽东：《新民主主义论》（1940 年 1 月）
4. 习近平：《在庆祝中国共产党成立 95 周年大会上的讲话》（2016 年 7 月）

第四章
开天辟地的大事变

一、教学目的与要求

1. 了解五四运动在中国近代革命中的历史地位。

2. 理解马克思主义在中国得以广泛传播的原因。

3. 了解中国共产党的产生是近代中国政治经济文化发展的必然产物。

4. 了解第一次国共合作的形成与国民革命的兴起，认识北伐战争的胜利原因和国民革命的失败原因。

二、基本教学内容

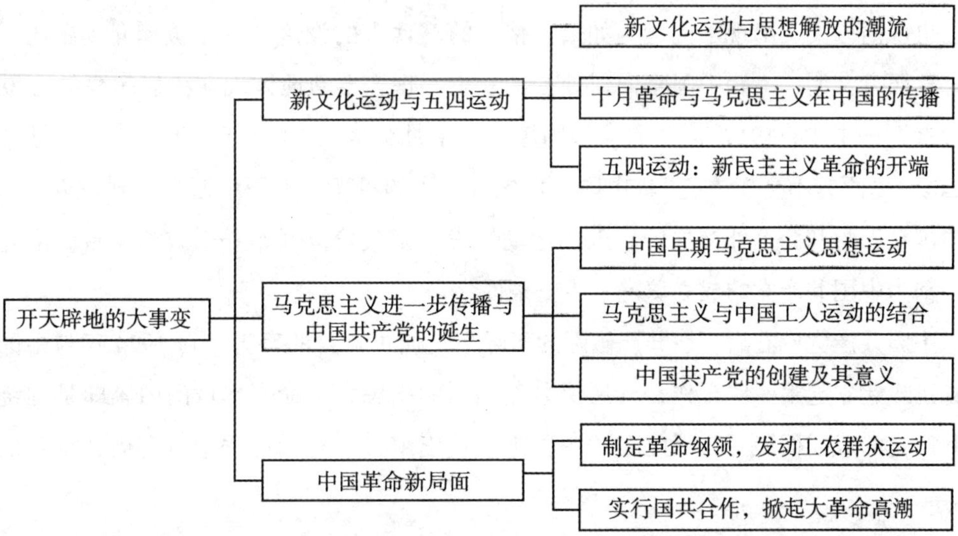

三、讨论式教学教案

（一）导学

教师：同学们好！今天，我们一起来学习第四章“开天辟地的大事变”。

学生：老师，为什么说“中国共产党的成立”是“开天辟地的大事变”呢？

教师：原因当然有很多，但最简单也是最重要的一点，就是有了中国共产党，中国革命的面貌焕然一新。“新”在哪些地方，我们后面再进行具体分析。中国共产党成立后，历经28年的流血牺牲和艰苦奋斗，最终领导中国人民取得了反帝反封建斗争的彻底胜利。此后，又领导中国进行伟大的社会主义革命与建设，创造性地提出中国特色社会主义理论，现今又发展到习近平新时代中国特色社会主义思想。那么，中国共产党的建立，是不是历史的偶然？

学生：应该不是偶然的。

教师：对，中国共产党的成立，是受一系列国内国际因素影响下的必然产物。辛亥革命之后，袁世凯倒行逆施，复辟帝制，直接导致1915年新文化运动的爆发；1914年爆发的、持续到1918年的第一次世界大战，将西方资本主义社会所存在的问题以一种极端的形式暴露在中国人的面前，中国人开始对西方文明产生了怀疑，加之西方人自己也说西方文明出现了问题，如斯宾格勒的《西方的没落》一书被译介到中国，这种怀疑西方文明、不知中国将向何处去的复杂心理，生动地体现在梁启超写的《欧游心影录》一书中；1917年11月，俄国爆发“十月革命”，建立起世界上第一个社会主义国家，“西方不亮东方亮”，中国一批先进分子的目光一下子由西方转到东方；1919年中国在巴黎和会上外交失败，五四运动爆发，工人阶级开始登上政治舞台，诸此等等，都为中国共产党的成立奠定了历史条件。

中国共产党成立后，在共产国际的指导下，通过自身的努力，在1924年与中国国民党正式建立起第一次合作，开展了轰轰烈烈的国民大革命。本章的内容即是围绕中国共产党的成立而展开，因此在“中国近现代史纲要”这门课程中占有极其重要的位置。

按照教学计划，本章的学习内容主要分为三大部分。一是新文化运动和五四运动。它包括三个方面：第一，新文化运动与思想解放的潮流；第二，十月革命与马克思主义在中国的传播；第三，五四运动——新民主主义革命的开端。二是马克思主义的进一步传播与中国共产党的诞生。它包括三个方面：第一，中国早期马克思主义思想运动；第二，马克思主义与中国工人运动的结合；第三，中国共产党的创建及其意义。三是中国革命的新局面。这一部分包括：第一，制定革命纲领，发动工农群众运动；第二，实行国共合作，掀起大革命高潮。

在线上，对这一章内容的学习拟分如下五大方面来展开：①狂飙突进的新文化运动；②五四运动：新民主主义的开端；③十月革命与马克思主义在中国的传播；④中国共产党的成立：开天辟地的大事变；⑤中国革命新局面的出现。这五个部分的内容需要大家在线学习，并且在课堂上开展相关讨论。此外，要全面掌握本章的内容，还要求大家在课后拓展阅读量。不仅要阅读教材所规定的必读文献与延伸阅读文献，还应该广泛涉猎一些相关的研究论著。同时，还要观看一些有代表性、典型性的音像资料，以及积极参加课外实践活动，如参观、考察相关的博物馆、纪念馆等，以加深对这段历史的了解。

此外，我推荐大家看一部电影和一部历史纪录片。电影是 2011 年上映的《建党伟业》，在网上可以找得到。历史纪录片是由中共中央组织部、中共中央宣传部、中央电视台、中国国家博物馆联合摄制的《筑梦中国——中华民族复兴之路》中的第二集：《中流击水》。

（二）狂飙突进的新文化运动

学生：老师，您能和我们谈一谈新文化运动为什么会发生吗？或者说新文化运动发生的背景是什么？

教师：好的。一般来说，我们将新文化运动界定为思想解放运动，那么其发生的背景肯定与这一时期知识界的“思想状况”直接相关。1912 年 1 月 1 日，孙中山在南京建立中华民国临时政府。但是在 4 月，便将总统之位让给了袁世凯。袁世凯为了巩固自身统治，寻找政治合法性，便大搞尊孔复古、复辟帝制等违逆民主、共和的活动。本来，历经辛亥革命，资产阶级革命派所倡导的建立资产阶级民主政府、实现三民主义的政治理想及其革命实践大大解放了中国人的思想，这即是常说的“民主共和深入人心”。然而，不料紧随其后的，却是袁世凯的倒行逆施。因此，这一时期中国的知识界处于极其沉闷、惶恐与压抑的境地。在这种环境下，一些先进的知识分子在绝望、苦闷和彷徨中反思辛亥革命失败的教训，认识到要建立真正的共和国，必须根本改造国民性。于是，他们决心发动一场新的启蒙运动，以期廓清蒙昧、启发理智，使人们从封建思想的束缚中即蒙昧状态中解放出来。这便是“新文化运动”发生的缘由。

教师：新文化运动的发生以什么为标志？其口号又是什么呢？

学生：老师，1915 年，陈独秀创办《青年》杂志，标志着新文化运动的发生。新文化运动的口号是“民主、科学”。

教师：你说得基本正确。《青年》杂志后来改名为《新青年》，它是新文化运动的阵地之一；新文化运动的另一个阵地是北京大学。1917 年 1 月，蔡元培就任北京大学校长，他采取“兼容并包、思想自由”的治校理念，此后，北京大学逐渐成为各种新旧、中西思想交流碰撞的地方，也因此成为新文化运动的阵地。陈独秀后来被蔡元培聘请为北大文科学长，《新青年》一并迁往北京大学。于是，新文化运动的两大阵地紧密结合在一起了。蔡元培、陈独秀等无疑成为新文化运动的代表人物，那么还有没有其他代表性人物呢？

学生：老师，新文化运动的代表人物还有李大钊、鲁迅、胡适等，他们高举进化论、民权、平等、个性解放等思想武器，向封建传统旧伦理、旧道德展开了猛烈的攻击。

教师：对，他们在新文化运动中高举两大口号：“德先生、赛先生”，也即你刚才所说的“民主、科学”。在陈独秀看来，“只有这两位先生，可以救治中国政治上、道德上、学术上、思想上一切的黑暗”。

了解新文化运动的口号之后，我们接下来看新文化运动的主要内容。新文化运动的主要内容有如下几个方面。第一个内容是宣传民主和科学。在陈独秀看来，民主，既是指资产阶级民主主义的制度，也是指资产阶级民主主义的思想。科学，则有广、狭二义：狭义的是指自然科学，广义的是指社会科学。陈独秀强调要用自然科学一样的科学精神和科学方法来研究社会。他提倡民主和科学，是为了实现在中国“建设西洋式之新国家”即西方式的资本主义国家这个目标。新文化运动的第二个内容是批判孔教。我们知道，孔学是封建社会的正统思想。进入民国时期，北洋军阀政府仍然把孔学当作宗教教条一样强迫人民去信奉。那时统治阶级及其帮闲者们的文章和教育，不论它的内容和形式，都是八股式、教条式的。这种情况严重地束缚了人们的思想，压制了民族的生机和创造力。著名学者吴虞就曾尖锐地指出，“儒家以孝弟二字为二千年来专制政治、家族制度联结之根干”①，使中国“终颠顿于宗法社会之中而不能前进”。②“儒教不革命，儒学不转轮，吾国遂无新思想、新学说，何以造新国民？悠悠万事，惟此为大已吁！”③ 新文化运动的第二个内容是提倡“文学革命”。胡适的《文学改良刍议》中提出文学改良须从八事入手：须言之有物，不模仿古人，须讲求文法，不作无病之呻吟，务去滥调套语，不用典，不讲对仗，不避俗字俗语。

这场白话文运动，对于提高国民文化素质、改造国民性起到了巨大的作用。新文化运动之前，革命党人的机关报《民报》上的文章（特别是章太炎的文章），连高等学堂的学生都有读不懂的，倡导白话文运动之后，初中毕业生甚至高小毕业生都可以读懂孙中山“三民主义”的白话经典了。

那么，新文化运动的历史意义具体体现在哪些方面呢？

学生：具体来讲，首先，新文化运动对于资产阶级民主主义的提倡，有振聋发聩的作用。新文化运动的倡导者提倡民主、反对专制，提倡科学、反对迷信盲从，是切中时弊的。其次，在新文化运动的推动下，人们开始冲破封建思想的牢笼，进行独立思考。

教师：你说得很正确。不过，新文化运动虽然以打倒传统礼教为号召，但是我们要注意到新文化运动的倡导者并没有因为批判孔学就否定中国全部的传统文化。首先，他们指出，孔学并不等于全部国学。其次，他们并没有否定孔学的历史作用。再次，他们也没有把孔学说得一无是处。接前所述，第三个内容是，新文化运动的兴起，还在社会上掀起了一股思想解放的潮流。前面所讲的白话文运动推进了“文体解放”，在“文体解放”的基础上，紧随其后的是“思想解放”。在新文化运动的推动下，讨论文体、研究主义，言论思想界，表现出一种很活泼的现象。并且，发行刊物、报纸等风靡一时，大概自中学以上的学生团体都要撙节些钱出来，发行一两种刊物，而不管刊物能发行多久。报纸杂志的大量出现，加上白话文所带来的文体解放，大大方便了国人了解中国、了解世界，进而推动思想解放运动的深入发展。

因此，我们可以认为：新文化运动在政治和思想上给封建主义以空前的沉重打击；这是在新的历史条件下一次思想解放的潮流，它促使人们更迫切地追求救国救民的真理，为马克思主义在中国的传播创造了有利的条件。

---

① 赵清、郑城：《吴虞集》，四川人民出版社 1985 年版，第 63 页。
② 赵清、郑城：《吴虞集》，四川人民出版社 1985 年版，第 61 页。
③ 赵清、郑城：《吴虞集》，四川人民出版社 1985 年版，第 98 页。

当然，五四运动以前的新文化运动，也存在着一些局限性，这表现在以下四个方面：①早期新文化运动的倡导者提倡资产阶级民主主义，并不能为人们提供一种思想武器去认识中国，去有效地对中国社会进行改造；②新文化运动的参加者基本局限在知识分子的范围；③离开改造产生封建思想的社会环境的革命实践，而把改造国民性置于优先的地位；④那时的许多领导人还没有马克思主义的批判精神，他们一般还是使用资产阶级的方法，片面地、形式主义地看问题，影响了新文化运动后来的发展。

新文化运动的倡导者在宣传西方资产阶级民主主义时，其中的左翼人士对它也有所怀疑和保留，这是因为三点。第一，在帝国主义时代，资本主义制度的内在矛盾已经比较充分地暴露出来。陈独秀指出，“自竞争人权之说兴，机械资本之用广，其害遂演而日深：政治之不平等，一变而为社会之不平等；君主贵族之压制，一变而为资本家之压制。此近世文明之缺点，毋庸讳言者也”。①第二，1914 年至 1918 年的第一次世界大战，以极端形式进一步暴露了资本主义制度固有的不可克服的矛盾。李大钊深刻地指出，此次战争“使欧洲文明之权威大生疑念。欧人自己亦对其文明之真价不得不加以反省”。②第三，中国人学习西方的努力屡遭失败的事实，更使他们对资产阶级共和国方案在中国的可行性产生了极大的疑问。诚如后来毛泽东所指出的，“帝国主义的侵略打破了中国人学西方的迷梦。很奇怪，为什么先生老是侵略学生呢？中国人向西方学得很不少，但不是行不通，理想总是不能实现。多次奋斗，包括辛亥革命那样全国规模的运动，都失败了。国家的情况一天一天坏，环境迫使人们活不下去。怀疑产生了”。③

新文化运动左翼人士对资产阶级民主主义的怀疑，推动着他们去探索挽救危亡的新途径，为他们以后接受马克思主义准备了合宜的土壤。这样后来新文化运动的发展就分成了两个潮流。一部分人（如李大钊等）继承科学和民主的精神，并在马克思主义的基础上加以改造；另一部分人（如胡适等）则沿着资产阶级的道路继续走下去了。

（三）五四运动：新民主主义的开端

教师：五四运动是在一系列错综复杂的国际国内局势下发生的，这时候的世界和中国发生了哪些大的历史事件呢？

---

① 《陈独秀文集》（第 1 卷），人民出版社 2013 年版，第 99 页。

② 《李大钊全集》（第 2 卷），人民出版社 2013 年版，第 316 页。

③ 中共中央文献研究室、中央档案馆：《建党以来重要文献选编（1921～1949）》（第 26 册），中央文献出版社 2011 年版，第 503 页。

学生：老师，大概地说，就当时的世界来看，十月革命爆发，第一次世界大战结束；就当时的中国而言，一是辛亥革命以来，中国的民族资本主义获得快速的发展，二是新文化运动爆发。

教师：你的回答基本正确。五四运动的发生，大致有以下四大背景。第一，新的社会力量成长、壮大。在1914年至1918年第一次世界大战期间，中国的资本主义经济得到了相当迅速的发展。中国资产阶级和工人阶级的力量也进一步成长起来。至五四运动发生前，中国产业工人已经达到200余万人，这为五四运动准备好了比以往的革命斗争更加广泛的群众基础。第二，新文化运动掀起了思想解放潮流。受这一潮流影响的年轻一代知识界，尤其是那些具有初步共产主义思想的知识分子，为五四运动准备了最初的群众队伍和骨干力量。第三，十月革命鼓舞了革命斗志。在当时，陈独秀就说，十月革命以后，“中国人也受了两个教训：一是无论南北，凡军阀都不应当存在；一是人民有直接行动的希望。五四运动遂应运而生”。① 毛泽东也认为，俄罗斯以民众大联合打倒贵族、驱逐富人的事实，使全世界为之震动。革命浪潮风起云涌，“异军特起，更有中华长城渤海之间，发生了‘五四’运动”。② 第四，五四运动的直接导火索是中国在巴黎和会上外交的失败，这实质上就是我们常说的“弱国无外交”。下图就是巴黎和会的会场情况。我们说它是一场“黑吃黑的肮脏会议”。1919年，第一次世界大战战胜国对战败国媾和的会议在巴黎凡尔赛宫召开，美、英、法的政府首脑操纵了和会。

巴黎和会

① 《陈独秀文集》（第2卷），人民出版社2013年版，第9页。

② 中共中央文献研究室：《毛泽东年谱（1893—1949）》（上卷），人民出版社、中央文献出版社1993年版，第43页。

下图为参加会议的美国总统威尔逊（右一）、英国首相劳合·乔治（左二）和法国总理克里孟梭（左三）。因为这次和会是被西方列强所操纵的分赃会议，所以中国在和会上提出的要求都未能得到满足。中国政府代表提出废除外国在华势力范围、撤退外国在华驻军等七项希望和取消日本强加的“二十一条”及换文的陈述书，遭到拒绝。这个由几个西方列强把持的会议，竟规定德国应将在中国山东获得的一切特权转交给日本。会议给予中国的，只是归还八国联军入京时被德国掠去的天文仪器而已。中国在巴黎和会上失败的消息传到国内，引发了五四运动。

1919年，第一次世界大战战胜国对战败国媾和的会议在巴黎凡尔赛宫召开，美、英、法的政府首脑操纵了和会。图为参加会议的美国总统威尔逊（右一）、英国首相劳合·乔治（左二）和法国总理克里孟梭（左三）。

学生：老师您说得对。1919年5月4日，北京大学等北京十几所学校的学生3000余人在天安门前集会，随后举行示威游行。北京政府逮捕了部分学生，后来经过各方的努力，被捕学生于5月7日被释放。这时候的五四运动尚局限在知识分子范围。但是，到了是年6月3日，政府再度逮捕学生，激起全国人民的愤怒。1919年6月5日上海举行“三罢”斗争。斗争发展为全国范围内的爱国运动，工人阶级登上政治舞台。五四运动由此上了一个新的台阶。

教师：你对五四运动及其两个阶段的理解很准确，我们可以来看一下关于五四运动的历史图片。下面右边这幅图是当时知识分子上街散发的《告同胞书》，另外，北京大学的大学生也积极上街发表演讲，鼓励群众参与到运动中来。另外，我们也可以来看看当时报纸杂志对上海工人大罢工的报道。从下面左边这幅图我们也可以看出当时工人大罢工的盛况。可以说，工人大罢工，使五四运动获得了强大的力量。这样随着工人阶级登上政治舞台，各基层群众联合起来，五四运动最终实现了它直接斗争的目标，中国政府没有在巴黎和会上签字，而且北京政府也罢免了曹汝霖、章宗祥、陆宗舆等。

（左）

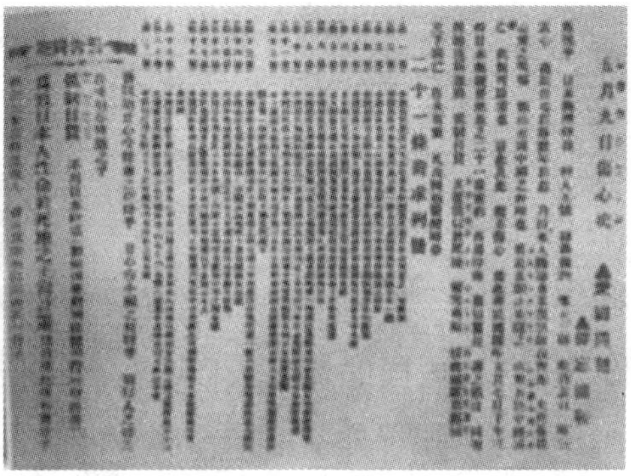

（右）

工人大罢工与《告同胞书》

鐵路工人罷工中之消息

上海之罷工風潮

關于1919年6月初工人罢工的一些图文报导

学生：老师，五四以前，中国也有一些群众运动，但大多以失败告终，五四运动这场轰轰烈烈的群众运动是如何获得成功的呢？

教师：总体上讲，第一，中国工人阶级以独立的姿态登上了政治舞台，成为运动的主力军；第二，社会各阶层联合的作用；第三，以陈独秀、李大钊为代表的具有初步共产主义思想的知识分子的指导。纵观整场五四运动，我们可以发现它具有如下几大特点。

第一，五四运动表现了反帝反封建的彻底性。

近代以来，中国人民对帝国主义的认识经历了两个阶段。第一阶段是表面的感性认识的阶段，这典型地表现在义和团等笼统的排外主义的斗争上。第二阶段才进入理性认识的阶段，即看出了帝国主义内部和外部的各种矛盾，并看出了帝国主义联合中国买办阶级和封建阶级以压榨中国人民大众的实质，这种认识是 1919 年五四运动前后才开始的。这表明，中国人民反帝反封建的斗争提升到了一个新的水平。

第二，五四运动是一次真正的群众运动。

如果说辛亥革命的根本弱点之一是没有广泛地动员和组织群众，那么，五四运动本身就是一场群众性的革命运动。

第三，五四运动促进了马克思主义在中国的传播及其与中国工人运动的结合。

巴黎和会上中国的外交失败，有力地打破了人们对于资本主义列强的幻想。倾向于社会主义的知识分子中，一些人经过比较，开始在马克思主义的旗帜下集合起来。工人在斗争中发挥决定性的作用这个事实，给予先进的知识分子以真切的教育。那些接触了社会主义思潮、初步掌握了马克思主义的知识分子脱下学生装，穿上粗布衣，开始到工人中去进行宣传工作和组织工作。先进知识分子与工人群众相结合的过程，也就是马克思主义与中国工人运动相结合的过程。这样五四运动就为 1921 年中国共产党的成立作了思想上和干部上的准备。当然，也正是因为五四运动具备了上述新的历史特点，它也就成了中国革命的新阶段即新民主主义革命阶段的开端。

如何理解、传承五四精神？我们可以从如下几个方面来把握：第一，五四精神的内核是爱国、进步、民主、科学；第二，爱国主义是五四精神的源泉；第三，民主与科学是五四精神的核心，勇于探索、敢于创新、解放思想、实行变革是民主与科学提出和实现的途径，理性精神、个性解放、反帝反封建是民主与科学的内容。而所有这些，目的都是为了振兴中华。

（四）十月革命与马克思主义在中国的传播

教师：马克思主义在中国的传播，是一个历史的过程，也是一个近代中国人自主、自觉探索民族国家出路的过程。掌握好这一节的内容，可以帮助我们从源头上理解近代中国人民为什么选择马克思主义、选择中国共产党、选择社会主义道路。近代中国的先进分子是如何受十月革命的启发而接受马克思主义、接受苏俄革命，并决定在中国传播马克思主义、走苏俄社会主义革命之路的？要弄清楚这一问题，首先就得从十月革命说起，"十月革命"为何发生？革命爆发前俄国是一个什么样的状况呢？

学生：老师，我记得有一幅很经典的油画叫《伏尔加河上的纤夫》，这大致可以反映十月革命前俄国的社会经济状况。烈日酷暑下，漫长荒芜的沙滩上，一群衣衫褴褛的纤夫拖着货船，步履沉重地前进着。一曲低沉的号子在炎夏的闷热中与河水的悲吟交织在一起。

教师：你说得很对，这幅名画确实是十月革命前沙俄残暴统治下百姓痛苦生活的真实写照。当然，更为具体地讲，十月革命前的俄国，第一是农民生活极端贫困。20世纪初，俄国农业人口占全国人口的80%，他们的衣衫破烂，很多人没有足够的食物吃。他们还要承担沉重的赋税盘剥，且稍有反抗便会遭到残酷镇压。第二是沙俄工业生产落后，它的工业产值约占国民生产总值的42%。按人均计算，1913年俄国的钢产量只占美国的1/11，德国的1/8，英国的1/6，法国的1/4，国民人均收入只有美国的1/7。与此同时，俄国的外债也在不断增长：1903年沙俄政府举借外债30亿卢布，每年需支付高达1.3亿卢布的利息，到1914年所借外债竟高达60亿卢布。第三，十月革命前，沙俄政府极其"好战"。可见今天人们戏称俄国为"战斗民族"是有历史依据的。"好战"、穷兵黩武、四面出击导致俄国国内矛盾极其尖锐。我们可以来看一下沙俄在第一次世界大战中的军需情况：1914年8月，俄国缺少30万支步枪；10月，缺少87万支步枪；1916年，因燃料匮乏，炼铁炉被迫停火，结果使冶炼厂只能供应军工所需金属的一半；前线每年需30亿发子弹，而年生产能力为5亿发；每月所需炮弹为150万发，而每月却仅能生产5万发。战争也使得大量劳动力奔赴前线，影响各项生产特别是农业生产的发展；这又直接导致食品供应的紧张，军队仅能得到原来供应量的一半。下图讲的是第一次世界大战中俄国士兵的作战场面，当时入伍的壮丁几乎占全国男性劳动力的一半。沙俄的"好战"还导致士兵厌战情绪的产生，士兵起义、拒绝执行命令等情况层出不穷：1915年11月，波罗的海舰队部分水兵起义；1916年3月，德文斯克士兵拒绝执行进攻命令；西伯利亚部分军队也拒绝作战。1916年，逃兵人数达150万，起义事件屡屡发生。另外，"好战"也直接导致俄国国内工人罢工运动的高涨。

教师：在沙俄的统治之下，社会矛盾已然十分尖锐。因此，在1917年俄国其实发生了两次革命，在十月革命之前还有一场革命，有人知道是什么革命吗？

第一次世界大战中俄国士兵的作战场面

学生：是“二月革命”。在十月革命爆发之前，俄国在 1917 年 2 月爆发了资产阶级革命，推翻了罗曼诺夫王朝的封建专制统治。但是，新成立的克伦斯基政府并未结束战争，也未解决农民渴望已久的土地问题，对于工人阶级的状况也没有采取有力措施。在这种情况下，以列宁为首的布尔什维克党人发动了十月革命，建立起了世界上第一个社会主义国家。

教师：你说得对。继二月革命之后的十月革命，可以说是开辟了人类历史新纪元。对于世界上那些被侵略、压迫的弱小国家而言，十月革命建立起一条从西方无产者经过俄国革命到东方被压迫民族的、新的反对世界帝国主义的革命战线。并且，十月革命之后，苏俄也开始积极帮助弱小国家反对外来帝国主义的侵略。1919 年 3 月在莫斯科举行共产国际成立大会，之后，共产国际积极帮助包括中国在内的一些国家创建党组织。

至此，我们已经大致了解了十月革命爆发的背景及其胜利的意义。那么接下来，我们就对十月革命做几点小结：第一，十月革命之前，俄国的资本主义虽获初步发展，但仍属农业国的性质，经济落后，政治腐败；第二，列宁领导的十月革命，是以工农联盟为基础，以暴力革命为手段而获得成功的；第三，列宁领导的十月革命是以马克思主义为理论指导，以实现社会主义、共产主义为目标的；第四，十月革命之后，苏俄开始帮助其他国家的无产阶级开展革命斗争，争取自身权利。苏俄是中国的邻国，所以它很快就派出代表来华，指导中国的革命斗争，中国的先进分子由此开始走苏俄的革命道路。这也是毛泽东所说的，十月革命一声炮响，给我们送来了马克思列宁主义。十月革命帮助了全世界，也帮助了全中国的知识分子，用无产阶级的宇宙观作为观察国家命运的工具，重新考察自己的问题。

学生：老师，十月革命之后，马克思主义又是怎样具体影响中国先进分子的呢？换言之，中国的知识分子是如何认识十月革命，然后接受马克思主义的呢？

教师：这个问题问得很好。其实，十月革命之前，马克思主义在中国已有过介绍，李提摩太、梁启超、朱执信、孙中山等都在中国介绍过马克思主义。虽然他们介绍过马克思主义，但都没有把马克思主义作为解决中国问题的思想武器。随着袁世凯上台及其北洋军阀割据局面的形成，资产阶级共和国道路的实践在中国失败了。中国的真正出路在哪里呢？这时转折点来了，十月革命爆发了，中国的先进分子开始将目光转向苏俄。中国的先进分子在认识十月革命、接受马克思主义之前，也具备了一定的基础。首先，从中国这一方面来讲，资本主义经济发展，工人阶级队伍壮大。20 世纪初资本主义经济发展包括：民国的建立提供了政治保障，商人地位提高；第一次世界大战爆发，列强无暇东顾，暂时放松了对中国的掠夺；华侨的回国投资迅速增长。而且从下面这幅图也可以看出，这一时期中国的产业工人人数大幅增加。其次，这一时期中国知识分子处于一个思想解放与迷茫并存的时期。所谓思想解放，主要是说，辛亥革命促成了 20 世纪初期思想的解放；后继的新文化运动则承接辛亥革命思想解放的历史潮流，开启思想解放运动的新时代。说思想迷茫，一是袁世凯上位之后，出现了尊孔复古的逆流与复辟帝制运动；二是随着中国人对第一次世界大战的认识与了解的深入，反思第一次世界大战与怀疑西方文明的思想萌生了。战争的残酷促使先进分子开始怀疑近代工业文明的价值。并且，随着对西方文明的怀疑，对于西方国家这一学习对象也产生了疑问。加之，这一时期的西方人自己也说西方文明破产了。有一本书叫作《西方的没落》，是斯宾格勒写的，现在也有新版，大家可以找来看一看。这样一来，无疑就使中国人一直以来向西方学习的思想产生了混乱。就如梁启超在《欧游心影录》一书中所写的："全社会人心都陷入怀疑沉闷、畏惧之中，好像失了罗针的海船，遇着风，遇着雾，不知前途怎生是好。"

再次，推动中国先进分子转向的第三个原因，便是十月革命给他们带来了一系列直接的启示。第一，经济文化落后的国家也可以用社会主义思想指引自己走向解放之路。十月革命前的沙俄与中国一模一样，都是一个老旧的大帝国，都是以农业经济为主，都是民生凋敝、政治腐败，中国学西方学了近 80 年都未能成功，那么走社会主义是否会像苏俄那样呢？第二，十月革命后诞生的苏俄号召反对帝国主义，并以新的平等的态度对待中国，有力地推动了社会主义思想在中国的传播，这也喊出了全中国人

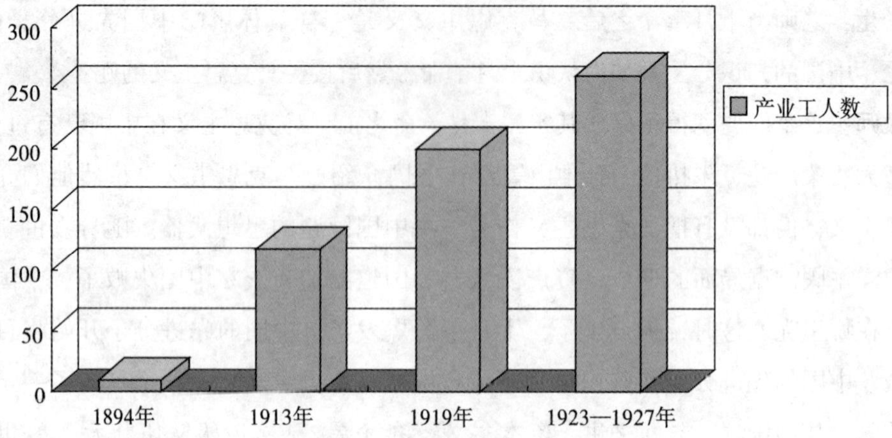

产业工人人数大幅增长

的心声。因为近80年来，中国人一直在努力做的就是“反对帝国主义侵略”这件事，因此，李大钊说这一号召在我们中国人听起来是格外沉重、格外有意义。第三，十月革命中俄国工人、农民和士兵群众的广泛发动并由此赢得胜利的事实，给予中国先进分子以新的革命方法的启示，推动他们去研究这个革命所遵循的主义。此前，中国的革命主要是孙中山领导的革命，依靠的力量是华侨、会党、学生，一直是屡战屡败。好不容易有了个辛亥革命，最终也失败了。那么，华侨、会党、学生搞革命不成功，像苏俄那样换成工人、农民来是否可行呢？虽然中国工人人数不多，但农民很多啊。所以，这就给中国的先进分子特别是有志于革命的先进分子以巨大的想象空间。当然，还有一点，就是苏俄在外交上还推出了三次加拉罕对华宣言，1919年7月25日，苏俄政府发表了《俄罗斯苏维埃联邦社会主义共和国政府对中国人民和中国南北政府的宣言》，即加拉罕第一次对华宣言，指出苏俄红军“越过乌拉尔山向东进发”，其目的不但要“帮助本国的劳动阶级，而且也帮助中国人民”；“劳农政府把中东铁路矿产、林业等权力及其他由俄罗斯帝国政府、克伦斯基政府、土匪霍伐斯、谢美诺夫和俄国军队、律师、资本家所取得的特权，都返还给中国，不受任何报酬，劳农政府并放弃庚子赔款”。此后，又分别有第二次、第三次对华宣言，激发了中国民众对苏俄的普遍好感。李剑农在《中国近百年政治史》一书中写道：“到十一年八月十二日，也就是1922年8月12日，苏俄的代表越飞到北京；二十一日，北京新潮社等十四个团体便以国民的团体资格开宴会欢迎他。”这是中国国民外交史上罕有的举动，这14个团体里面虽然不包含有几个共产党员，但这种宴会的意义绝对不是共产党联俄意义，也不是国民党联俄意义，实在是中国的知识阶级代表国民全体对苏俄表示友好的意义。1923年北京大学25周年纪念的民意测验显示：赞成“友俄”与赞成“友美”的比例约为5：1。而赞成“友俄”的一个重要理由是“因其为社会主义国家，以不侵略为原则”。不侵略成了社会主义的代码和标志。

因此，在十月革命之后，中国知识分子开始将目光转向苏俄，也开始主动去了解苏俄革命、了解马克思主义。首先在中国大地上举起马克思主义大旗的是李大钊。他断定：“试看将来的环球，必是赤旗的世界!”① 这样在十月革命以后的中国思想界，就产生了一批赞成俄国十月社会主义革命、具有初步共产主义思想的知识分子。社会主义开始在中国形成一股有相当影响的思想潮流。马克思主义在中国的逐渐传播，最终为1921年中国共产党的诞生准备了历史条件，也为近代中国实现民族独立、人民解放与国家富强、人民富裕指明了新的方向。

（五）开天辟地的大事变：中国共产党的成立

教师：上一节我们讲到，在五四新文化运动的后期，历经十月革命的洗礼，社会主义思潮在中国蓬勃兴起，马克思主义也开始在知识界得到传播；在李大钊等的影响和当时形势的推动下，一批爱国的进步青年，尤其是那些具有初步共产主义思想的知识分子，经过各自的摸索，逐步划清了资产阶级民主主义和无产阶级社会主义、科学社会主义和其他社会主义流派的界限，走上了马克思主义的道路。我们回顾一下，中国早期信仰马克思主义的先进人物，主要有哪些类型呢？

学生：老师，他们主要有三种类型。首先，是五四以前新文化运动的精神领袖，如李大钊、陈独秀等。其次，是五四爱国运动的左翼骨干，如毛泽东、周恩来、蔡和森等。再次，还有一部分原中国同盟会会员、辛亥革命时期的活动家，他们在五四运动之后也转而信仰马克思主义，代表人物有董必武、吴玉章、林伯渠等。

教师：你说得很对，补充一点就是，作为五四爱国运动左翼骨干之一的毛泽东，在赞成十月革命、接受马克思主义上有一个转变的过程。毛泽东早年是湖南学生运动的领导人之一，他对马克思主义的认识有一个逐步接受的过程。当然，这一过程也是他由主张改良转向赞成革命的过程。毛泽东早年是主张改良的。看过《建党伟业》这部电影的人都知道，毛泽东进北大之初就直奔胡适的课堂；另外，早年毛泽东在湖南

① 《李大钊全集》（第2卷），人民出版社2013年版，第367页。

创办的“自修大学”，校名也是胡适拟定的。但是，毛泽东后来在湖南的改良运动也即“湖南自治运动”中，发现改良主义行不通，于是在1920年年初，他在写给朋友的信中，思想就开始发生变化了。他说：“我看俄国式的革命，是无可如何的山穷水尽诸路皆走不通了的一个变计，并不是有更好的方法弃而不采，单要采这个恐怖的方法。”① 赞成、支持、羡慕苏俄的革命，这与他在1919年的《湘江评论》创刊宣言中所赞成的改良显然发生了明显改变。他曾说：“如何打倒的方法，则有二说，一急烈的，一温和的。两样方法，我们应有一番选择。（一）我们承认强权者都是人，都是我们的同类。滥用强权，是他们不自觉的误谬与不幸，是旧社会旧思想传染他们遗害他们。（二）用强权打倒强权，结果仍然得到强权，不但自相矛盾，并且毫无效力”。② 这一转变无疑为后来毛泽东接受马克思主义、运用马克思主义来指导中国革命与建设的实践做了思想上的准备。

在早期马克思主义者的努力下，中国掀起了一场研究、传播马克思主义的思想运动，这个运动从一开始就具有以下几个特点：第一，重视对马克思主义基本理论的学习，明确地同第二国际的社会民主主义划清界限；第二，注意从中国的实际出发，学习、运用马克思主义的理论；第三，开始提出知识分子应当同劳动群众相结合的思想。

中国的先进分子在接受马克思主义之后，并未抛弃反而是继承了五四运动的科学和民主精神，并赋予它们新的含义，使它们在更高的层次上得到发扬。那么，在五四以后，新文化运动得到了哪些新的发展？

学生：这表现在民主不再指狭隘的资产阶级民主，而是指多数人的民主、以劳动群众为主体的民主；科学，就对社会的研究来说，也逐渐发展至马克思主义的科学世界观和社会革命论；此外，在反封建的思想启蒙运动中也开始运用马克思主义这一思想武器。

教师：说得很对。五四以前的新文化运动主要是资产阶级民主主义的新文化反对封建主义的旧文化的斗争；五四以后的新文化运动已经发展到了一个新阶段，马克思主义开始逐步地在思想文化领域中发挥指导作用了。

随着早期信仰马克思主义者队伍的壮大，马克思主义的传播也逐渐扩展开来，并开始与工人运动相结合。约在1920年8月，陈独秀、李汉俊、李达等在上海组建了中国工人阶级政党最早的组织，并创办了《共产党》（月刊）。这标志着共产党和共产主

① 《毛泽东年谱（1893~1949）（修订本）》（上卷），中央文献出版社2013年版，第73页。
② ［日］毛泽东文献研究会：《毛泽东集》（第1卷），苍苍社1983年版，第53页。

义的旗帜在中国大地上树立起来了。这一由陈独秀创建的共产党早期组织，实际上是中国共产党的发起组织，是各地共产主义者进行建党活动的联络中心。此后，各地共产主义小组纷纷建立起来，大家可以来看看当时共产主义小组的分布图。共产党的早期组织建立起来之后，开展了一系列的活动。第一，研究和宣传马克思主义，译介马克思主义著作，如陈望道翻译《共产党宣言》等；同反马克思主义思想流派进行斗争，如“问题与主义”的论战、“社会主义”的论战、“无政府主义”的论战；同反马克思主义思潮进行斗争，划清了社会主义同资本主义以及科学社会主义同资产阶级、小资产阶级社会主义流派的界限，推动着知识分子坚定地走上马克思主义的道路。第二，到工人中去进行宣传和组织工作，如创办刊物、建立工人学校、组织工会等。第三，进行关于建党问题的讨论和实际组织工作，如制定《中国共产党宣言》；组建社会主义青年团。共产党早期组织成立后进行的这些活动，促进了马克思列宁主义的传播及其与中国工人运动的结合，逐渐形成了一批工人阶级的先进分子，使在中国创建工人阶级的先锋队——中国共产党的条件基本具备了。

在这一条件下，1921 年 7 月 23 日，在上海法租界望志路 106 号，中国共产党第一次全国代表大会召开，其间由于会场受到暗探注意和法租界巡捕房搜查，最后一天的会议改在嘉兴南湖的游船上举行。这条船后来被称为“红船”。中共一大确定了党的名称，确立了党的纲领，选举出了党的总书记，它的召开宣告了中国共产党的成立。

中国共产党的成立有着独特的历史特点和意义。第一，中国共产党是马克思列宁主义同中国工人运动相结合的产物，其成立是近代中国政治经济和中国革命运动发展的必然结果。第二，中国共产党一开始就是一个以马列主义为基础，有别于许多欧洲资本主义国家社会民主党和工人党的新型工人阶级革命政党。第三，“自从有了中国共产党，中国革命的面目就焕然一新了”。① 第四，中国共产党一经成立，就把实现共产主义作为党的最高理想和最终目标，义无反顾地肩负起中华民族伟大复兴的历史使命。第五，中国共产党的成立，深刻改变了近代以后中华民族发展的方向和进程，深刻改变了中国人民和中华民族的前途和命运，深刻改变了世界发展的趋势和格局。

中国共产党人的初心和使命，就是为中国人民谋幸福，为中华民族谋复兴。这个初心和使命是激励中国共产党人不断前进的根本动力。一代又一代的中国共产党人不

---

① 中共中央文献研究室、中央档案馆：《建党以来重要文献选编（1921~1949）》（第 25 册），中央文献出版社 2011 年版，第 618 页。

忘初心、牢记使命，弘扬建党时期的“红船精神”，即开天辟地、敢为人先的首创精神，坚定理想、百折不挠的奋斗精神，立党为公、忠诚为民的奉献精神，取得了一个又一个胜利。

（六）中国革命新局面的出现

教师：我们常说，中国共产党成立之后，中国革命的面貌焕然一新。上一节我们一起学习了中国共产党的成立，那么，中国共产党成立之后，中国革命的面貌呈现出哪些新的局面呢？这一节，我们就一起来学习中国共产党成立后中国革命出现的新局面。总体上讲，主要是带来了四大新的局面：第一是制定了新的革命纲领；第二是提出了新的革命理念；第三是采取了新的革命方式；第四是促成了新的革命高潮。我们先来看第一个“新”，即制定新的革命纲领：反帝反封建的民主革命纲领。大家思考一下，中国共产党的民主革命纲领是在哪次大会上提出的？

学生：老师，是在中国共产党第二次全国代表大会上提出的。1922 年 7 月，中共二大召开并发表《中国共产党第二次全国代表大会宣言》，阐明中国社会的性质，革命的性质、对象、动力和前途，制定了党的最高纲领和最低纲领，其中最低纲领也称民主革命纲领。

教师：说得很对。这个宣言第一次旗帜鲜明地提出了反帝反封建的民主革命纲领，明确区分了民主革命和社会主义革命，成为动员、组织和鼓舞中国人民争取解放的一面战斗旗帜。所谓“反帝反封建的革命纲领”：即消除内乱，打倒军阀，建设国内和平，推翻国际帝国主义的压迫，达到中华民族的完全独立，统一中国为真正的民主共和国。

中国革命新局面的第二个“新”，就是提出了新的革命理念：即走群众路线搞革命。中国共产党提出了“相信群众”“依靠群众”来开展革命的基本理念：中共二大明确指出，“我们既然是为无产群众奋斗的政党，我们便要‘到群众中去’要组成一个大的‘群众党’”。这个党不仅“内部必须有适应于革命的组织与训练”，而且“党的一切运动都必须深入到广大的群众里面去”，“必须是不离开群众的”。① 中国共产党提出这一革命理念之后，一方面是集中力量从事工人运动，成立中国劳动组合书记部，领导、组织、推动中国工人运动。那么这一时期中国的工人运动出现了什么样的变化呢？

---

① 中共中央文献研究室、中央档案馆：《建党以来重要文献选编（1921~1949）》（第 1 册），中央文献出版社 2011 年版，第 162~163 页。

学生：在中国共产党的领导下，近代中国掀起了第一次工人运动高潮。从 1922 年 1 月香港海员罢工到 1923 年 2 月京汉铁路工人罢工，在 13 个月的时间里，全国发生了包括安源路矿工人罢工、开滦五矿工人罢工等在内的大小罢工 100 余次，参加者在 30 万人以上。

教师：你说得很对，中国工人罢工出现第一次高潮。我们可以看一下 1922 年、1923 年香港海员大罢工和京汉铁路大罢工的场景。

接前所述，中国共产党提出依靠群众力量开展革命的理念之后，在另一方面则是领导农民运动。1921 年 9 月，经过共产党人的努力，浙江萧山县衙前村成立了中国第一个农民协会，开展反抗地主压迫的斗争。1922 年 6 月，彭湃来到家乡广东海丰县，经过艰苦的工作，成立了农会。次年元旦，海丰全县农民代表大会召开，海丰总农会宣告成立，全县范围的农民运动轰轰烈烈地开展了起来。下面有两幅图，分别是浙江萧山衙前农民协会、“农民运动大王”彭湃。中国共产党领导的工人斗争，显示了中国工人阶级坚定的革命性和坚强的战斗力，扩大了中国共产党在全国的政治影响。孙中山正是从这个斗争中，认识到中国共产党是一支新兴的、生机勃勃的革命力量，因而下决心同它进行合作的。中国共产党领导的这一新式的农民运动，在中国共产党成立之前也是不曾有过的。中国共产党领导的浙江、广东和湖南农民运动，有力打击了封建地主经济和传统势力，为后来广东革命根据地的发展和巩固创造了有利条件。

浙江萧山衙前农民协会

“农民运动大王”彭湃

中国共产党成立之后，中国革命呈现的第三个“新”是，开始采取新的革命方式，即与中国国民党合作，共同搞革命。

教师：中国共产党为什么会选择与中国国民党开展合作呢？

学生：我想第一个原因是，统一战线是马列主义的策略原则；第二个原因是中国共产党成立后的革命实践，也使共产党人深切认识到：革命的敌对力量非常强大，无产阶级不能孤军奋战，必须争取一切可能的同盟者，结成广泛的联合战线。

教师：你说得很正确。正是基于这些原因，中国共产党最后召开第三次全国代表大会，正式确定中共党员以个人身份加入国民党，与国民党进行党内合作的方针。当然，在中国共产党努力探索与国民党的合作中，也有共产国际的帮助。列宁和共产国际推动了中共与国民党的合作。1921 年年底，在共产党员张太雷的陪同下，共产国际代表马林与孙中山进行多次会晤，建议孙中山与共产党合作。最终，国共第一次合作形成。1922 年 8 月—1923 年年初，中国共产党多次与孙中山商议合作事宜。1923 年 1 月，孙中山重新解释三民主义。1 月 17 日，《孙文越飞宣言》发表。孙中山“联俄、联共、扶助农工”的三大政策基本形成。1924 年 1 月 20 日至 30 日，中国国民党第一次全国代表大会在广州隆重召开，标志着第一次国共合作的正式形成。

中国共产党成立之后，中国革命的又一新局面便是，促成新的革命高潮——国民大革命的兴起。以五卅运动为标志，揭开了国民大革命的序幕。1925 年 2 月爆发的五卅运动，是一次伟大的群众性的反帝爱国运动，它大大提高了全国人民的觉悟程度和组织力量，在全国范围内为北伐战争准备了群众基础，并将国民革命推向高潮，从而揭开了 1925—1927 年中国大革命的序幕。1926 年 7 月，北伐誓师大会在广州召开，国民大革命正式开始。

教师：那么，国民大革命的对象是谁呢？

学生：国民大革命的基本对象是各系军阀。

教师：对，北伐初期的对象之一是直系军阀吴佩孚，其占据湘、鄂、豫、陕、直等地。另一对象是由直系军阀分立出来的孙传芳，其占据苏、浙、皖、赣、闽等地。北伐后期的对象则是占据东北、热河、察哈尔、京津和山东等地的奉系军阀张作霖。北伐战争开始后，国民革命军在工农群众的支援下，采取各个击破的战略，在不到半年的时间里，先后基本摧毁了北洋军阀吴佩孚、孙传芳的主力，革命势力发展到了长江流域和黄河流域的大部分地区。“打倒列强，除军阀”的呼声响彻了大江南北、大河上下。随着北伐的胜利进军，中国形成了历史上空前广大的人民解放运动。我们可以来看看北伐的胜利进军图。随着北伐战争的胜利进军，湘鄂赣三省的工人运动迅速高涨。湘鄂赣三省农会会员大增；国民党开办农民运动讲习所，培养大批干部；毛泽东、方志敏、恽代英、彭湃等人积极领导农民运动；上海工人举行了三次武装起义；中国人民掀起反帝运动高潮。汉口、九江工人配合国民政府收回英租界。

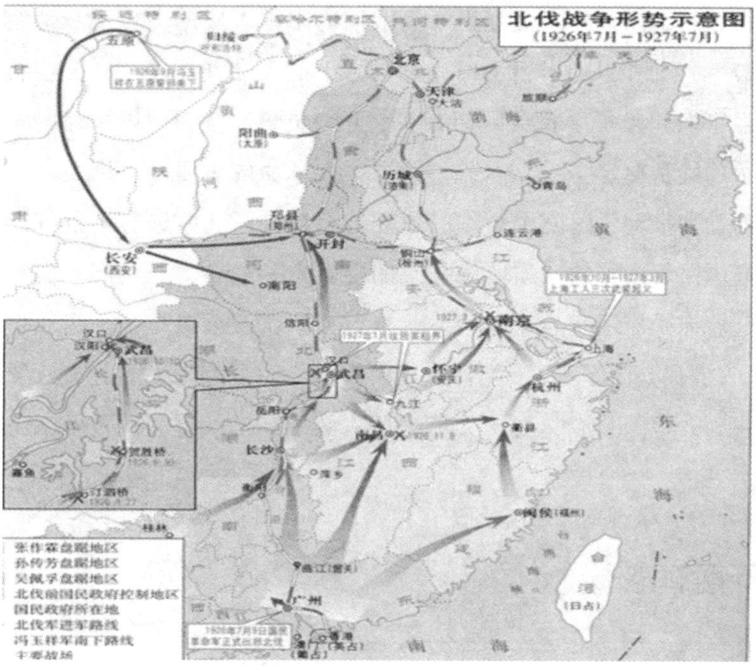

1925 年至 1927 年中国反帝反封建的革命，相比以往任何一次革命，包括辛亥革命和五四运动，群众的动员程度更加广泛，斗争的规模更加宏伟，革命的社会内涵更加深刻，因此被称作“大革命”。

在这次新的革命高潮——国民大革命中，中国共产党发挥了哪些具体作用？总体上讲，大革命是在国共合作的条件下进行的，如果没有国共合作，就不会在短时间内掀起这样一场革命。在这场革命中，中国共产党起着独特的、不可代替的作用。没有中国共产党，就不会有这场大革命。这是因为：

第一，大革命是在反对帝国主义、反对军阀的政治口号下进行的，提出这个口号的正是中国共产党。大革命是在以国共合作为基础的统一战线的组织形式下进行的。而中国共产党正是国共合作的倡导者和统一战线的组织者。周恩来就曾指出，“当时，国民党不但思想上依靠我们，复活和发展他的三民主义，而且组织上也依靠我们，在各省普遍建立党部，发展组织。……当时各省国民党的主要负责人大都是我们的同志。……是我们党把革命青年吸引到国民党中，是我们党使国民党与工农发生关系。国民党左派在各地的国民党组织中都占优势。国民党组织得到最大发展的地方，就是左派最占优势的地方，也是共产党员最多的地方”。① 第二，大革命是近代中国历史上空前广泛而深刻的群众运动，中国共产党是人民群众的主要发动者和组织者。经过共产党人深入细致的工作，一向被视为一盘散沙的中国人民的力量逐步地组织起来、凝聚起来。1927 年 4 月中共召开五大时，它领导下的工会共拥有 280 万会员，产业工人基本上都已经组织起来了。农会则拥有 972 万会员。这就为国民革命的发展、广东战争和北伐战争的胜利奠定了群众基础。第三，大革命的主要斗争形式是革命战争。共产党人不仅帮助和推动了国民革命军的建立，而且在军队中进行了卓有成效的政治工作，积极提高国民革命军的素质，增强它的凝聚力和战斗力；共产党员在战斗中更是身先士卒，起着先锋作用和表率作用。此外，共产党人还建立了一定数量的工农武装(工人纠察队、农民自卫军等)，配合正规军作战，而上海工人的起义武装更是充当了解放上海的主力。中国共产党对于大革命所作的独特的、重大的贡献，是当时人们所公认的。

四、释疑解惑

(一) 如何认识五四新文化运动在中国近现代史上的地位与影响

从地位上看，五四运动是中国近现代史上具有划时代意义的一个重大事件。它爆发于民族危难之际，是一场以先进青年知识分子为先锋、广大人民群众参加的彻底反帝反封建的伟大爱国革命运动，是一场中国人民为拯救民族危亡、捍卫民族尊严、凝聚民族力量而掀起的伟大社会革命运动，是一场传播新思想、新文化、新知识的伟大思想启蒙运动和新文化运动，以磅礴之力鼓动了中国人民和中华民族实现民族复兴的志向和信心。

从影响上看，五四运动，以彻底反帝反封建的革命性、追求救国强国真理的进步性、各族各界群众积极参与的广泛性，推动了中国社会进步，促进了马克思主义在中国的传播，促进了马克思主义同中国工人运动的结合，为中国共产党的成立做了思想上、干部上的准备，为新的革命力量、革命文化、革命斗争登上历史舞台创造了条件，是中国旧民主主义革命走向新民主主义革命的转折点，在近代以来中华民族追求民族

---

① 中共中央文献研究室、中央档案馆：《建党以来重要文献选编（1921~1949）》（第 20 册），中央文献出版社 2011 年版，第 177~178 页。

独立和发展进步的历史进程中具有里程碑意义。

第一，五四运动以全民族的力量高举起爱国主义的伟大旗帜。第二，五四运动以全民族的行动激发了追求真理、追求进步的伟大觉醒。第三，五四运动以全民族的搏击培育了永久奋斗的伟大传统。

（二）如何认识马克思主义在中国得以广泛传播的原因

第一，新文化运动大大解放了中国人的思想，将辛亥革命以后中国的思想解放推向了另一个高潮。第二，第一次世界大战的残酷以及战后分赃会议的丑陋使得中国先进分子从学习西方的迷梦中彻底清醒。第三，对俄国十月革命的了解、研究的深入，以及苏俄对华友好外交姿态的影响。第四，中国工人阶级队伍的壮大，以及早期马克思主义知识分子的出现。第五，早期受马克思主义影响的知识分子的努力研究与宣传。

五、学习测试

（一）单项选择题（备选答案中只有1个是正确的）

1. 袁世凯窃取辛亥革命果实以后，统治中国的是(　　)

A. 北洋政府　　B. 清政府　　C. 南京临时政府　D. 伪国民政府

2. 新文化运动开始的标志是，1915年9月陈独秀在上海创办(　　)

A. 《青年》杂志　　B. 《新青年》杂志

C. 《新潮》杂志　　D. 《共产党》月刊

3. 对封建旧礼教进行有力揭露和控诉，使反对“吃人的礼教”成为许多人的共同呼声的著作是(　　)

A. 《狂人日记》　B. 《药》　C. 《孔乙己》　D. 《敬告青年》

4. 新文化运动是近代中国的第一次思想大解放，其“新”表现在(　　)

A. 宣传“尊孔读经”　　B. 宣传民主和科学

C. 宣传变法维新　　D. 宣传暴力推翻清王朝

5. 在中国率先举起马克思主义大旗的是(　　)

A. 李提摩太　　B. 梁启超　　C. 孙中山　　D. 李大钊

6. 李大钊在《庶民的胜利》中写道：“须知这种潮流，是只能迎，不能拒的。我们应该准备怎么能适应这个潮流，不可抗拒这个潮流。”文中的“潮流”指(　　)

A. 民主革命　　B. 社会主义运动

C. 五四运动　　D. 辛亥革命

7. “多研究些问题，少谈些主义”错误的要害在于(　　)

A. 把冒牌“社会主义”同马克思主义相提并论

B. 宣传空想社会主义方案

C. 用资产阶级改良主义抵制马克思主义

D. 把社会主义污蔑为“过激主义”

8. 19世纪末20世纪初的中国，外国传教士、资产阶级、先进知识分子、无政府主义者都在积极宣传各种社会思潮，包括马克思主义。这种现象的出现表明（　　）

A. 十月革命对中国影响深远

B. 中国急需改造社会的药方

C. 马克思主义理论被知识分子普遍掌握

D. 新文化运动推动了人们思想的解放

9. 有材料说：“《凡尔赛和约》（对德‘合约’）最终没有中国的签名，他们，中国人，竟拒绝了我们，世界的统治者——西方世界的决定”。这主要是因为中国(　　)

A. 国际地位的提高　　B. 与会代表的积极努力

C. 五四爱国运动的推动　　D. 政府维护主权的强硬政策

10. 青年学生总是用他们满腔的热血与辛勤汗水书写着永不褪色的青春传奇。1919年，就是这样一群学生揭开了一个新时代的序幕。这个新时代是(　　)

A. 旧民主主义革命时代　　B. 资产阶级革命时代

C. 新民主主义革命时代　　D. 社会主义建设新时代

11. “学生罢课半月，政府不闻不问，且对待日益严厉。乃商界罢市不及一日，而北京被逮学生释，工界罢工不及五日，而曹、章、陆去。”这段材料说明五四运动中(　　)

A. 青年学生成为运动的主力　　B. 共产党的领导成为获胜的关键

C. 北洋军阀政府已经土崩瓦解　　D. 工人阶级显示了巨大的力量

12. 中共一大在讨论实际工作计划时，决定首先集中精力从事的工作是(　　)

A. 发展党的组织　　B. 组织工人运动

C. 解决农民问题　　D. 开展军事斗争

13. 标志着中国第一次工人运动暂时转入低潮的惨案是(　　)

A. 沙基惨案　　B. 二七惨案　　C. 沙面惨案　　D. 沙田惨案

14. 与中共一大相比较，中共二大最重要的贡献是确立了(　　)

A. 以工人运动为中心的任务　　B. 在民主革命阶段的纲领

C. 民主集中制的原则　　D. 为共产主义奋斗的目标

15. 新三民主义标志着孙中山晚年政治主张的新发展，这主要是因为他(　　)

A. 开始彻底否定封建土地制度

B. 提出了国家主权属于全体国民的主张

C. 强调反对满族的民族压迫

D. 号召反对西方列强的侵略

16. 第一次国共合作正式形成的标志是(　　)

A. 中国共产党一大　　B. 国民党一大

C. 中国共产党二大　　D. 国民党二大

17. 第一次国共合作时期创办的黄埔军校同旧式军校的根本区别在于(　　)

A. 注重培养爱国思想和革命精神　B. 注重文化学习

C. 注重军事训练　　D. 聘请外国军事顾问

18. 1925 年掀起全国范围的大革命高潮的历史事件是(　　)

A. 五四运动　　B. 五卅运动　　C. 新文化运动　　D. 整风运动

19. 北伐战争中，有“铁军”称号的是(　　)

A. 蒋介石的国民革命军第 1 军

B. 张灵甫的第 74 军

C. 叶挺的国民革命军第 4 军独立团

D. 李福林的国民革命军第 5 军

20. 1927 年大革命的失败，主要是指(　　)

A. 右倾投降主义在共产党内占据上风

B. 蒋介石、汪精卫相继背叛革命

C. 工农运动开始转入低潮

D. 没有完成反帝反封建的革命任务

（二）多项选择题（备选答案中至少有2个是正确的）

1. 下列属于新文化运动阵营的是(　　)

A. 陈独秀　　B. 李大钊　　C. 刘半农　　D. 宋教仁

E. 黄兴

2. 《新青年》提出的基本口号是(　　)

A. 民主　　B. 科学　　C. 自由　　D. 平等

E. 进步

3. 十月革命之后，李大钊发表的一系列马克思主义著作有(　　)

A. 《庶民的胜利》　　B. 《Bolshevism 的胜利》

C. 《我的马克思主义观》　　D. 《民众大联合》

E. 《敬告青年》

4. 早期信仰马克思主义的人物中，属于原中国同盟会会员、辛亥革命时期的活动家的是(　　)

A. 董必武　　B. 吴玉章　　C. 林伯渠　　D. 梁启超

E. 孙中山

5. 毛泽东曾说：“有三本书特别深地铭刻在我的心中，建立起我对马克思主义的信仰”，这三本书是(　　)

A. 马克思、恩格斯的《共产党宣言》

B. 考茨基的《阶级斗争》

C. 列宁的《国家与革命》

D. 柯卡普的《社会主义史》

E. 孙中山的《建国方略》

6. 1921 年，中共一大选举产生的中央局成员有(　　)

A. 李大钊　　B. 陈独秀　　C. 张国焘　　D. 毛泽东

E. 李达

7. 出席中共一大的共产国际代表有(　　)

A. 维经斯基　　B. 鲍罗廷　　C. 马林　　D. 尼克尔斯基

E. 越飞

8. 1922 年至 1923 年间共同构成第一个工人运动高潮的罢工运动有(　　)

A. 香港海员大罢工　　B. 安源路矿工人罢工
C. 开滦五矿工人罢工　　D. 京汉铁路工人罢工
E. 五卅运动

9. 孙中山晚年确定的三大政策是(　　)
A. 联俄　　B. 联共　　C. 扶助农工　　D. 兴修铁路
E. 改组国民党

10. 中共二大的历史意义是(　　)
A. 明确提出中国革命的性质、对象和动力
B. 规定了党的中心工作是开展工人运动
C. 提出了中国共产党的最高纲领和最低纲领
D. 确定了党的名称和纲领
E. 提出依靠群众的路线方法

(三) 论述题

1. 中国的先进分子为什么和怎么样选择了马克思主义？
2. 中国共产党成立后，中国革命呈现了哪些新面貌？

◎ 参考答案

(一) 单项选择题

1. A　2. A　3. A　4. B　5. D　6. B　7. C　8. B　9. C　10. C
11. D　12. B　13. B　14. B　15. D　16B　17. A　18. B　19. C　20. B

(二) 多项选择题

1. ABC　2. AB　3. ABC　4. ABC　5. ABD
6. BCD　7. CD　8. ABCD　9. ABC　10. ACD

(三) 论述题

1. 中国的先进分子为什么和怎么样选择了马克思主义？
第一，历经第一次世界大战，资本主义制度的内在矛盾已经暴露出来，先进分子

中的一些人在宣传西方资产阶级民主主义时，就已经开始对它有所怀疑和保留。

第二，先进分子在民主科学思想传播中经常遭遇挫折，联想到过去中国人学习西方的各种努力屡遭失败的事实，他们对资产阶级共和国方案在中国的可行性遂产生了极大的疑问。

第三，十月革命改变了人类历史的发展进程，使中国的先进分子从中看到了民族解放的新希望：经济文化落后的国家也可以用社会主义思想指引自己走向解放之路；苏俄号召反对帝国主义，并以新的平等的态度对待中国，赢得了先进分子的好感，有力地推动了社会主义思想在中国的传播；十月革命中，俄国工人、农民和士兵群众的广泛发动并由此赢得胜利的事实，给予中国先进分子以新的革命方法的启示，推动他们去研究这个革命所遵循的主义。

第四，五四运动中，中国工人阶级登上历史舞台，显示了比资产阶级知识分子更加强大的力量，使中国先进知识分子对马克思主义运用于中国革命的前景产生了极大的希望。

这样五四运动后中国的先进分子选择了马克思主义的思想旗帜。率先举起马克思主义大旗的是李大钊，他在五四运动前就已经成为一个马克思主义者。五四运动后，陈独秀、毛泽东、董必武等更多的先进知识分子加入到马克思主义者的队伍中。

2. 中国共产党成立后，中国革命呈现了哪些新面貌？

第一，制定新的革命纲领；第二，提出新的革命理念；第三，采取新的革命方式；第四，促成新的革命高潮。

六、阅读文献

1. 习近平：《在纪念五四运动100周年大会上的讲话》（2019年4月30日）
2. 李大钊：《我的马克思主义观》（上）（1919年9月）
3. 《中国共产党宣言》（1921年11月）
4. 陈独秀：《敬告青年》（1915年9月）
5. 《中国共产党第二次全国代表大会宣言》（1922年7月）

第五章
中国革命的新道路

一、教学目的与要求

1. 认识国民党政权的阶级性质、内外政策及其统治下的社会政治经济状况，理解开展革命斗争、推翻国民党反动统治的必要性、正义性和进步性。

2. 了解中国共产党开辟中国革命新道路的艰难历程，理解中国革命为什么必须走农村包围城市、武装夺取政权的道路，进而领会将马克思主义普遍原理同中国革命具体实践相结合的极端重要性。

3. 了解中国共产党人和红军将士在长征中表现出来的英雄气概，理解长征在中国革命中的重要意义，把握长征精神的深刻内涵。

二、基本教学内容

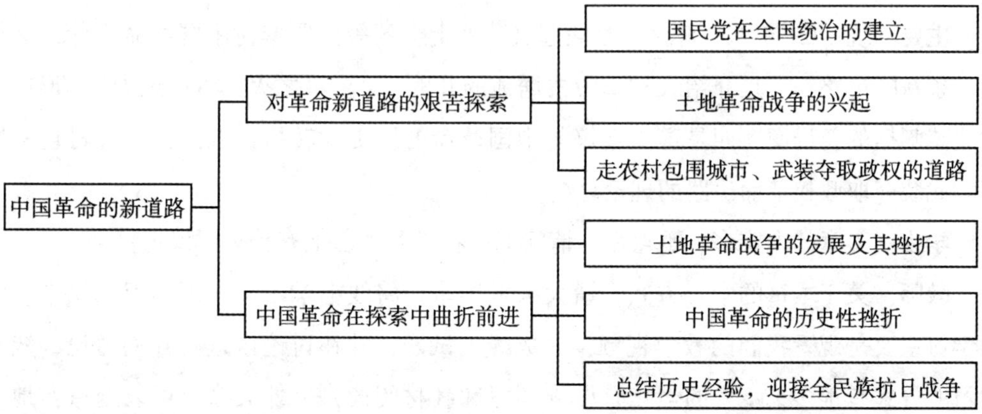

三、讨论式教学教案

（一）导学

教师： 今天我们一起学习的内容是第五章“中国革命的新道路”。这条革命新道路是一条怎样的道路呢？这条新道路就是中国共产党坚持将马克思主义基本原理与中国实际相结合，探索出来的一条符合中国国情的农村包围城市、武装夺取政权的道路。本章主要介绍从1927年国民革命失败后直到1937年全面抗战爆发前这段时间的历史，即土地革命战争时期，也被称为十年内战时期。在这段时间里，中国共产党面对新建立的国民党专制独裁政权，坚持继续革命，在艰难中奋起，战胜各种困难，探索出一条农村包围城市、武装夺取政权的革命新道路。

学生： 请问老师，我们需要积累、掌握哪些方面的知识点，才能学好本章内容呢？

教师： 学好本章内容，大家需要了解和掌握以下五个方面。一是要了解国民党政权的阶级性质、内外政策及其统治下的社会政治经济状况，进而懂得进行土地革命战争的必要性、正义性和进步性。二是要了解中国共产党开辟中国革命新道路的艰难历程，学习毛泽东关于农村包围城市、武装夺取政权的革命道路理论，进而领会将马克思主义普遍原理同中国革命具体实践相结合的极端重要性。三是了解中国共产党人和红军将士在长征中表现出来的英雄气概，以及这一史诗般的远征留下的生生不息的精神，这也就是我们今天所说的长征精神。在这些内容中，我们通过线上学习五个知识点，第一个问题是对国民党一党专政的独裁统治的认识；二是关于中国革命的战略转折，主要围绕1927年八一起义、秋收起义、八七会议等问题探讨中国革命为什么必须走一条新的道路；三是介绍农村革命根据地的开辟，“星星之火，可以燎原”，形成工农武装割据的新局面；四是遵义会议与中国革命的历史性转折；五是关于农村包围城市、武装夺取政权革命道路的理论总结。

学生： 本章的内容多、重点多，请问老师在学习方法上有什么建议吗？

教师： 关于本章的学习方式，请大家继续坚持将线上学习和线下学习相结合。线上学习主要是观看我们的教学视频，完成线上试题，并在讨论区进行互动讨论；线下学习的方式有很多，主要的当然是课堂学习和教材阅读；另外大家也可以通过实地考察、社会实践等方式拓展本章内容的学习。和我们本章相关的革命资源有很多，比如武汉的中共五大旧址、八七会议旧址，还有江西的井冈山、瑞金、福建的古田会议旧址、贵州的遵义会议纪念馆等，大家可以在条件许可的情况下，有意识地去这些地方参观学习。

学生：老师能推荐一些相关的学习参考资料吗?

教师：首先我给大家推荐的文献资料和著作有毛泽东在井冈山时期写作的一系列文章，比如《中国的红色政权为什么能够存在?》《井冈山的斗争》《星星之火，可以燎原》，以及《反对本本主义》等，这些文章都收录在《毛泽东选集》里。还有叶永烈写作的《红色的起点》《历史选择了毛泽东》。另外大家还可以阅读费正清的《剑桥中华民国史》。给大家推荐的视频资料有纪录片《复兴之路》第二集《峥嵘岁月》，纪录片《旗帜》第二集《浴血奋斗》，纪录片《筑梦路上》第三集《井冈星火》、第四集《万里长征》。大家还可以观看一些电视剧如《井冈山》《长征》等。

（二）国民党一党专政的独裁统治

教师：同学们好！现在我们接着学习“中国革命的新道路”的第一个问题：“国民党一党专政的独裁统治”。

上一章我们讲到了国民革命的失败，随着蒋介石“四一二”反革命政变、汪精卫“七一五”反革命政变的发动，国共两党决裂，轰轰烈烈的大革命宣告失败了。同时，此后一段时间内，国民党也陷入分裂和对峙之中，国民党的南京国民政府和武汉国民政府仍然互相对峙，后来又几经周折最终实现了“宁汉合流”。1928 年 2 月南京国民政府改组，武汉国民政府不复存在，其后国民党政府的军队继续北伐，并于 1928 年 6 月进驻北京天津一带，奉系首领张作霖被迫退回关外，在退回的途中被日本人预埋的炸药炸死，他的儿子张学良背负国耻家仇，于同年 12 月 19 日从东北发出通告宣布：遵守三民主义，服从国民政府改易旗帜。这样北洋军阀不再作为独立的政治力量继续存在，国民党在全国范围内建立了自己的统治。

学生：老师，如何认识此时的国民党，国民党和国民党建立的这个政权和以前相比，有什么变化吗?

教师：首先，就国民党而言，它的变化表现在，自 1927 年大革命失败以后，国民党已经不再是工人、农民、城市小资产阶级和民族资产阶级的革命联盟，而是变成了一个由代表地主阶级、买办性的大资产阶级利益的反动集团所控制的政党，不过这个时候的国民党依然是一个复杂的政党，国民党统治集团内部也不是严密的统一体，而是派系林立，不断进行着明争暗斗甚至兵戎相见，比如1929年、1930年相继爆发的蒋桂战争、蒋冯战争、中原大战等。因此它只是完成了表面上的“统一”，这个“统一”也是不稳定的。其次，从国民党的政权性质看，国民党政府的统治依然是地主阶级和买办性的大资产阶级的统治，同北洋军阀的统治没有本质的区别。

学生：老师，这样一个政权是否改变了中国半殖民地半封建的社会性质呢？

教师：国民党政权的建立，没有改变中国半殖民地半封建社会的性质。这一点我们可以从三个角度分析。一是从外交上看，尽管在政权建立之初帝国主义列强一度对它作出过一两项表面上的让步，比如承认中国关税自主、允诺取消领事裁判权，但在更多方面，这个政权对帝国主义的依赖性很强，为了换取列强的支持并不能维护国家的主权独立，比如1928年上半年“二次北伐”期间发生的济南惨案，日本以保护侨民为借口，出兵占领山东首府济南，屠杀中国居民，南京政府最终以屈辱的态度处理了济南惨案，最终协定的结果是：日本两个月内从山东撤出军队，由中国政府对日本臣民在中国的生命财产负全责保护；再比如1931年的“九一八事变”，事件不了了之，最终造成日本占领了东北全境。二是从经济上看，由于它在形式上暂时地统一了中国，因此这个政权曾经在一个时期之内，使一些人尤其是民族工商业者产生过幻想，以为中国可能由此走上独立发展资本主义的道路，当然在1928年至1929年间，中国民族工业有过短暂的繁荣，1928年注册厂家就有250户，资本额达1亿多元。商业、交通运输业、服务业以至文化教育事业等也在这段时间内有所发展。不过，在1927年反革命政变时附和过蒋介石的民族资产阶级，并没有成为中国的统治阶级，民族工商业也并没有得到自由的发展。同时在农村把持着政权的是少数地主、富农，他们霸占着大量的土地，广大的农民则没有土地或只有少量的土地。我们来看这样一份资料，据国民党中央研究院社会科学研究所1929年对江苏无锡20个村庄、1035户土地占有状况所作的统计，占户数5.7%的地主占有47.3%的土地，占户数5.6%的富农占有17.7%的土地，而占户数88.7%的贫雇农、中农仅占有35%的土地。毛泽东在《兴国调查》中也得出了与上述调查大致相同的结论。这表明在南京国民政府统治下，全国土地状况极不合理，而南京国民政府极力维护这种封建土地所有制，从根本上否认中国存在土地问题。三是从政治上看，国民党所实行的是代表地主阶级买办性的大资产阶级利益的一党专政和军事独裁统治。1928年10月，国民党中央常务委员会通过《训政纲领》，规定“由中国国民党全国代表大会代表国民大会领导国民行使政权”；其全国代表大会闭会时，“以政权付托中国国民党中央执行委员会执行之”。国民党以党权代替政权，进一步强化一党专政，使得北洋政府时期还在形式上存在的议会制度也被彻底废除了。

学生：国民党政权的建立没有改变中国半殖民地半封建社会的性质，国民党政权同北洋军阀的统治也没有本质区别，那么，这样一个反动的政权是怎样维护自己的统治的呢？

教师：国民党为了实现一党专政的军事独裁统治，采取了多种手段。首先，为了镇压人民和消灭异己力量，国民党建立了庞大的军队，据 1929 年 3 月的官方材料，“全国军额达二百万”，实际兵员数远不止此，国民党还大力加强地方反动武装——各县民团，统称保安队，广大人民被置于国民党武装的严密控制和监视之下。其次，为了镇压人民和消灭异己力量，国民党还建立了庞大的全国性特务系统，如隶属于国民党中央组织部的调查统计局，也即“中统”，以及隶属于国民党军事委员会的调查统计局，也即“军统”，其主要任务就是反对共产党、破坏革命运动、绑架或暗杀革命者和异己分子。再次，为了控制人民、禁止革命活动，国民党还大力推行保甲制度，规定十户为甲，十甲为保，分设甲长、保长，保甲内各户要互相监视、互相告发，“共具联保连坐切结”，并从事“碉楼堡塞或其他工事之筹设”和交通干线之“保护”等，国民党政府的征税、摊派等，许多也通过保甲来进行。自 1934 年 11 月起，保甲制度在全国普遍推行。广大人民被禁锢在保甲制度之内。最后，为了控制舆论，剥夺人民的言论和出版自由，国民党还厉行文化专制主义，大批进步书刊被查禁，许多进步作家被监视、拘捕乃至枪杀，从镇压革命到控制人民，甚至剥夺舆论自由，国民党的独裁统治可谓是变本加厉。

学生：老师，可不可以这样认为，国民党这样的统治方式，既是中国共产党继续开展革命斗争的原因，也是这个政权无法长久的原因。

教师：是的。后来研究这一时期历史的美国中华民国史专家拉蒙·迈尔斯也这样评价：1927—1937 年国民党政权和国民党政府的低效，他们对国家重建的任务缺乏理解，他们未能将在政治上日益活跃的越来越广泛的大众阶层融进政治进程，以及农村问题的持续存在，这诸种因素并不意味着国民党的被推翻已成天数，但的确预示着这个政权的持续存在不稳定性。民主人士宋庆龄在当时也说过：只有以群众为基础并为群众服务的革命才能粉碎军阀、政客的权力，才能摆脱帝国主义的枷锁，才能真正实行社会主义。

（三）中国革命的战略转折

教师：同学们好！我们这一节学习“中国革命的新道路”的第二个问题：“中国革

命的战略转折”。我们着重来看看国民革命失败后共产党的应对。

学生： 国民革命失败后中国革命转入低潮，在这样的情况下，中国共产党遭遇了怎样的挫折呢？

教师： 大革命失败后，“白色恐怖”笼罩着全国城乡，统治集团将捕杀的罗网张遍了全中国，中国共产党及其领导的革命运动遭到严厉镇压，共产党被宣布为“非法”，加入共产党成为最大的“犯罪”，共产党的组织不断遭到破坏，党的活动被迫转入地下，许多共产党员和党的领导干部被捕、被杀。我们来看这样一则资料，据中共六大时的不完全统计，从 1927 年 3 月到 1928 年上半年，被杀害的共产党员和革命群众达 31 万多人，其中共产党员为 26000 多人。早期党的一些重要活动家如汪寿华、萧楚女、熊雄、陈延年、赵世炎、夏明翰、郭亮、罗亦农、向警予、陈乔年、周文雍等先后牺牲。最困难的时候也对党员提出了严峻的考验，在“白色恐怖”的统治下，一些不坚定分子动摇了，他们纷纷声明脱离共产党、共青团，有的甚至公开“忏悔”，攻击共产主义和共产党，出卖党的组织和共产党员。据 1927 年 11 月统计，全党党员人数由 1927 年 5 月中共五大时的 57900 多人锐减到 10000 多人，多处革命工会、农民协会等也被查禁或解散，工农运动走向低落，反革命力量大大超过了有组织的革命力量。

学生： 那么在这样严峻的形势下，中国共产党该怎样应对呢，又是如何应对的呢？

教师： 在这种严峻的形势下，敢不敢坚持革命、怎样坚持革命，这是中国共产党人和革命群众必须回答的两个根本性的问题。在严峻考验面前，中国共产党人表现出坚定的革命立场和大无畏的英雄气概，正如毛泽东指出的，他们“并没有被吓倒、被征服、被杀绝。他们从地下爬起来，揩干净身上的血迹，掩埋好同伴的尸首，他们又继续战斗了”。① 也是在这一时期，一些追求进步、向往真理的人士在革命的危急时刻加入了共产党的队伍，年逾半百的教育家徐特立、文学家郭沫若，在国民革命军中担任过领导职务的贺龙、叶剑英、彭德怀等都在这时加入了中国共产党。1937 年 1 月 31 日是徐特立六十大寿，毛泽东在写信祝贺徐老生日时就提到了此事，毛泽东在信中说：“当革命失败的时候，许多共产党员离开了共产党，有些甚至跑到敌人那边去了，你却在一九二七年的秋天加入共产党，而且采取的态度是十分积极的。”② 徐特立本人是怎样想的呢？李维汉，也就是徐特立的入党介绍人曾讲过这样一个故事，他说：“徐特立

① 中共中央文献研究室、中央档案馆：《建党以来重要文献选编（1921～1949）》（第 22 册），中央文献出版社 2011 年版，第 137 页。

② 《毛泽东书信选集》，中央文献出版社 2003 年版，第 86 页。

在汉口的时候碰到一个过去的朋友，那个人对他说：现在革命失败了，你还来干什么？给你一点钱你快走吧。徐特立听了很生气地说：革命成功的时候多一人少一人无所谓，正是因为革命失败了我们才得干，逃跑算什么？”所谓“疾风知劲草，板荡识诚臣”，正是有了这样的共产党人，正是有了这样的革命立场和大无畏的革命气概，受尽压迫的工农群众才重新在中国共产党的周围逐步聚集起来，在黑暗的中国继续独立举起反帝反封建的革命旗帜。

学生：革命先辈们的英勇事迹实在让人感动。我也知道革命斗争之所以能取得成功，除了中国共产党人拥有大无畏的牺牲精神之外，还和他们选择的革命道路息息相关，老师能详细介绍一下这条革命道路吗？

教师：是的，怎样坚持革命即坚持革命应当走什么道路，仅有革命的勇气是不够的，寻找到一条正确的道路同样重要，对此，中国共产党进行了大胆的探索。这其中，中国共产党首先确立了开展武装反抗国民党反动统治的总方针。在革命的危急关头，1927 年 7 月中旬，中共中央临时政治局常委会决定了三件大事：一是将党所掌握和影响的部队向南昌集中准备起义；二是组织湘、鄂、赣、粤四省的农民，在秋收季节举行暴动；三是召集中央会议讨论和决定新时期的方针和政策。同年 8 月 7 日，中共中央在汉口秘密召开紧急会议，即八七会议，彻底清算了大革命后期陈独秀的右倾机会主义错误，确定了土地革命和武装反抗国民党反动统治的总方针，并选出了以瞿秋白为首的中央临时政治局，正是在这次会议上毛泽东提出了“枪杆子里出政权”的思想，他在会上阐述了党必须依靠农民和掌握枪杆子的思想，强调党“以后要非常注意军事，须知政权是由枪杆子中取得的”。① 会议还提出了“整顿改编自己的队伍，纠正过去严重的错误，而找着新的道路”的任务。八七会议使中国共产党在政治上大大前进了一步，开始了从大革命失败到土地革命战争兴起的转折。

1927 年 8 月 1 日，以周恩来为书记的前敌委员会及贺龙、叶挺、朱德、刘伯承等人，率领共产党掌握或影响下的北伐军 2 万多人在南昌举行起义，打响了武装反抗国民党反动统治的第一枪，这是中国共产党独立领导革命战争，创建人民军队和武装夺取政权的开端。9 月 9 日，毛泽东等领导的湘赣边界秋收起义爆发，起义军公开打出了“工农革命军”的旗帜；在攻打长沙遭遇严重挫折后，起义部队决定南下向敌人控制比较薄弱的农村区域转移，并于 10 月 7 日抵达江西省宁冈县茅坪，开始了创建井冈山农

① 中共中央文献研究室、中央档案馆：《建党以来重要文献选编（1921～1949）》（第 4 册），中央文献出版社 2011 年版，第 393 页。

村革命根据地的斗争。12 月 11 日，中共广东省委书记张太雷和叶挺、叶剑英等领导了广州起义，对国民党的屠杀政策发动了又一次英勇的反击。从 1927 年大革命失败到 1928 年年初，中国共产党还先后在海陆丰、琼崖、鄂豫边、赣西南、赣东北、湘南、湘鄂西、闽西、陕西等地区领导了近百次武装起义。

学生：看来革命失败并非只能带来惨痛的教训，它也反过来促进了中国共产党人的觉醒，使他们认清了蒋介石集团的真实面目，促成了中国共产党人的武装反抗和多次重要的起义。

教师：是的。南昌起义、秋收起义和广州起义标志着中国共产党进入了创造红军的新时期，中国革命由此发展到了一个新的阶段，即土地革命战争时期，或称十年内战时期，这种局面的出现主要是蒋介石及其集团造成的。蒋介石是靠国共合作、北伐战争上台的，但是，他上台后，反而把人民推入了十年内战的血海，正是他的屠杀政策教育了中国共产党人和革命人民，促使他们拿起武器去进行战斗，对此，毛泽东后来回顾他的革命生涯时这样谈道：“我是一个知识分子，当一个小学教员，也没学过军事，怎么知道打仗呢？就是由于国民党搞白色恐怖，把工会、农会都打掉了，把五万共产党员杀了一大批，抓了一大批，我们才拿起枪来，上山打游击。”① 由此武装反抗国民党反动派的方针确定后，中国共产党探索革命新道路的历程也就开始了。

（四）星星之火，可以燎原——工农武装割据的新局面

教师：同学们好！今天我们学习第五章“中国革命新道路”的第三个问题：“星星之火，可以燎原——工农武装割据的新局面”。

上课之前，我们先看看毛泽东的一首词，这是毛泽东在 1927 年写的词《西江月 秋收起义》，它勾勒的是湖南秋收起义的情景，词是这样写的：“军叫工农革命，旗号镰刀斧头。匡庐一带不停留，要向潇湘直进。地主重重压迫，农民个个同仇。秋收时节暮云愁，霹雳一声暴动。”对于毛泽东来说，秋收起义是他第一次实践他提出的“枪杆子里出政权”理论，也是中国共产党开展工农武装割据的开端。正是秋收起义后，毛泽东率领秋收起义部队进军井冈山，经过一年艰苦卓绝的斗争，创建了以宁冈为中心的湘赣边界工农武装割据，并且使割据地区一天一天扩大，土地革命一天一天深入，民众政权的组织一天一天推广，红军和赤卫队一天一天壮大，影响也越来越广，这就在实践上解决了大革命失败后如何继续革命、如何开展武装斗争的问题。中国共产党

---

① 中共中央文献研究室：《毛泽东文集》（第 8 卷），人民出版社 1999 年版，第 378 页。

能在革命事业的关键时刻提出这样的理论并进行实践，可以说是开创性的壮举了。

学生：但在没有经验的情况下，这样的实践也并非易事吧？

教师：是的。我们必须看到，当时建立工农武装割据是没有经验可循的开创性事业，在党内的认识不尽一致，在其发展过程中也不是一帆风顺的，有胜利也有挫折。在困难和危急的时候，党内有些同志怀疑这样的红色政权能否存在下去，提出了红旗能打多久的问题，也产生了悲观的情绪。所有这些表明：现实斗争的发展，要求党及时总结经验教训，从理论上回答红色政权的存在问题，统一认识，坚定斗争方向。1930 年 1 月，毛泽东在给林彪的信中提出了他对未来革命发展的一个基本观点：星星之火，可以燎原。毛泽东认为中国革命的星星之火最后必能成燎原之势。毛泽东之所以得出这样一种判断，之所以认为工农武装割据在当时的中国是正确的、行得通的，当然不仅是由强烈的革命愿望和高昂的革命热情决定的，而主要是由当时中国革命发展的独特原因和相当的条件决定的。

学生：老师，都有哪些独特原因和条件推动了中国革命向前发展呢？

教师：关于中国革命发展的独特原因和条件，毛泽东分别在他的几篇文章中进行过分析，这就是他在 1928 年 10 月写的《中国的红色政权为什么能够存在？》，同年 11 月写的《井冈山的斗争》，以及 1930 年 1 月写的《星星之火，可以燎原》等。在这些文章中，毛泽东总结了共产党领导武装起义和开辟农村革命根据地的经验，分析了中国社会的特点，提出了“工农武装割据”的理论。毛泽东开宗明义地提出“工农武装割据”的概念，他说在一国之内，在四围白色政权的包围中，有一小块或若干小块红色政权的区域长期地存在，这是世界各国从来没有的事。毛泽东这里所说的“红色政权区域”和在其他地方所说的“红色割据”“群众割据”等是和“工农武装割据”含义相同的概念，其内容包括共产党领导下的武装斗争、土地革命、根据地建设及其密切结合。

学生：老师，能不能再详细讲讲“工农武装割据”思想，为什么必须坚持武装斗争、土地革命和根据地建设，它们之间又有着怎样的联系呢？

教师：“工农武装割据”，指的就是中国共产党领导下的武装斗争、土地革命和根据地建设。武装斗争是中国革命的主要斗争形式，没有一支相当力量的红军和红军战争的胜利，就不能创建革命根据地和进行土地革命；土地革命是中国革命的中心内容，是广大农民的要求，没有土地革命，红军战争就得不到群众的支持，根据地也就不能巩固和发展；根据地是革命和革命战争胜利发展的立足点和出发点，不建设革命根据地，武装斗争就没有后方的依托，土地革命的成果就无法保持，这是湘赣边界斗争的主要经验。

另外，毛泽东详细分析了红色政权能够发生、存在和发展的独特的原因和相当的条件，他分析了五个方面的原因和条件。第一，中国是一个帝国主义间接统治的经济落后的半殖民地。毛泽东认为，中国的这种特殊国情导致了两个红色政权能够产生的原因，一是地方的农业经济，农村可以不依赖城市而存在；二是帝国主义划分势力范围的分裂剥削政策，造成白色政权间长期的分裂和战争，这就造成了一种条件，使一小块或若干小块共产党领导的红色区域，能够在四围白色政权的包围中产生和坚持下来。第二，有很好的群众基础。中国红色政权首先产生和能够长期地存在的地方，是在1926和1927两年资产阶级民主革命过程中，工农兵士群众曾经奋起抗争过的地方，例如湖南、广东、湖北、江西等省，这些省份的许多地方曾经有过很广大的工会和农民协会的组织，工农阶级对地主豪绅阶级和资产阶级开展过许多经济的、政治的斗争，总之，这些经过大革命洗礼的地方有很好的群众基础。第三，全国革命形势是向前发展的。红色政权的存在与发展同全国的革命形势的发展密切相连，国内买办豪绅阶级内部矛盾重重，分裂和战争不断，使革命形势也得以继续发展，全国革命形势是向前发展的，则小块红色政权的长期存在不但没有疑义，而且必然地要作为取得全国政权的许多力量中间的一种力量。第四，有相当力量的正式红军。毛泽东指出，所谓割据必须是武装的，哪一处没有武装或者武装不够或者对付敌人的策略错了，地方就立即被敌人占去了，没有相当力量的正式武装，是不能粉碎国民党正规军对根据地的反复进剿的，是不能造成长期的和日益发展的割据局面的。第五，共产党组织的有力量和它的政策的不错误。在复杂艰苦的斗争中，共产党的领导对于红色政权的存在和发展具有决定意义，也正是由于这样独特的原因和条件，中国革命的发展必然在工农武装割据的基础上发展起来，最后必能成燎原之势。

学生：从老师的讲解可以看出，实行工农武装割据不是凭空想象出来的一个东西，而是在对当时中国革命发展的原因和条件的科学分析上得出的正确结论，这一实践的发展也验证了毛泽东提出的“星星之火，可以燎原”的论断的正确性。

教师：是的，这些都是革命能够发生的前提，正是有了这些前提，以毛泽东为代表的共产党人才对革命充满了信心，《星星之火，可以燎原》一文的结尾，毛泽东以这样一段话描述了他对革命高潮必然到来的认识，我们也以这段话作为我们本节内容的结束。他写道：“我所说的中国革命高潮快要到来，决不是如有些人所谓‘有到来之可能’那样完全没有行动意义的、可望而不可即的一种空的东西。它是站在海岸遥望海中已经看得见桅杆尖头了的一只航船，它是立于高山之巅远看东方已见光芒四射喷薄欲出的一轮朝日，它是躁动于母腹中的快要成熟了的一个婴儿。”①

（五）遵义会议——中国革命的历史性转折

教师：同学们好！今天我们接着来讲第五章的第四个问题：“遵义会议——中国革命的历史性转折”。

上一节我们介绍了工农武装割据的发展使红军和根据地不断扩大，那么红军和根据地的存在和发展使国民党统治当局感到震惊和恐慌，为了剿灭红军，从 1930 年 10 月起，蒋介石集中重兵向南方各根据地的红军发动了大规模的围剿。

学生：老师，国民党的围剿来势汹汹，面对残酷的围剿，红军是怎样抵御的，是如何从中保持有生力量的呢？

教师：从 1930 年 10 月到 1931 年 7 月，红一方面军在毛泽东、朱德等指挥下贯彻积极防御的方针，他们实行了“诱敌深入，避敌主力，打其虚弱”等一整套行之有效的战术，连续粉碎了国民党军队的三次围剿。1932 年年底又取得了第四次反围剿战争的胜利。另外两个根据地“鄂豫皖”“湘鄂西”的反围剿战争也取得了重大胜利。但是在同一时期，中国共产党内接连出现严重的“左”倾错误，从 1927 年 11 月的“左”倾盲动主义到 1930 年李立三的“左”倾冒险主义，再到 1931 年后持续时间较长的王明的“左”倾教条主义，这几次的“左”倾错误尤其是 1931 年六届四中全会后的出现的王明“左”倾错误对党的事业、对革命根据地建设产生了较大影响并造成了严重损失。

学生：对于这一持续时间较长的“左”倾错误，党内就没有反对的声音吗？

教师：当然有。对于王明等人的“左”倾错误，毛泽东、刘少奇等都进行过坚决的抵制和斗争，但是王明等人破坏党的民主集中制，压制党内民主，大搞宗派主义，对坚持正确意见的或不对他们随声附和的同志，进行“残酷斗争”“无情打击”。这段时间里，毛泽东多次受到无端的指责，在 1931 年 11 月召开的中央苏区党组织第一次代表大会也即赣南会议上，毛泽东的正确主张被指责为“狭隘的经验论”“富农路线”“极严重的一贯右倾机会主义”。会议根据中共临时中央政治局的指示，设立中央革命

---

① 中共中央文献研究室、中央档案馆：《建党以来重要文献选编（1921~1949）》（第 7 册），中央文献出版社 2011 年版，第 10 页。

军事委员会，取消红一方面军总司令和总政治委员、总前敌委员会书记的名义，这就剥夺了毛泽东对中央根据地红军的领导权。1932年10月，中共苏区中央局全体会议也就是宁都会议对毛泽东和他在红军中实行的战略战术原则进行错误的批评和指责。中共临时中央决定毛泽东回后方主持临时中央政府工作。1933年年初，由于白区党的工作遭到严重破坏，临时中央政治局无法在上海立足，被迫迁到中央根据地。为了全面推行“左”倾教条主义的方针政策，他们在福建开展了反对“罗明路线”的斗争，接着又在江西开展反对邓小平、毛泽覃、谢唯俊、古柏的斗争，其矛头实际上都是对着毛泽东的正确主张的。

学生：在反围剿的重要时刻出现了这样严重的“左”的错误，对革命产生了怎样的影响呢？

教师：王明等人的“左”倾教条主义错误对中国革命造成了极其严重的危害，其最大的恶果就是使红军在第五次反围剿作战中遭到失败，不得不退出南方根据地实行战略转移，这次错误使红军和根据地损失了90%，白区党的力量几乎损失了100%，其教训是极其惨痛而又深刻的。1934年10月中旬，中共中央机关和中央红军8.6万人撤离根据地向西突围转移，开始长征。

学生：“左”倾的错误确实带来了惨痛而深刻的教训。我们知道长征途中召开了一次极为重要的会议，就是遵义会议，这次会议又是在什么情况下召开的呢？

教师：长征初期，中共中央领导人博古依靠与共产国际有关系的军事顾问、德国人李德，犯了退却中的逃跑主义错误。在强渡湘江之后，红军和中央机关人员锐减到3万多人。严酷的事实教育了广大的共产党员和红军指战员，他们开始产生对错误领导的怀疑、不满，一些支持过“左”倾错误的中央领导人张闻天、王稼祥等，也改变态度，转而支持毛泽东的正确主张。当中央红军根据毛泽东的提议，改向敌人力量薄弱的贵州挺进。在占领黔北重镇遵义之后，中共中央政治局于1935年1月15日至17日在这里召开了扩大会议，史称遵义会议。

学生：遵义会议被称为革命历史上一次生死攸关的转折点，遵义会议到底解决了什么问题，对后来的革命又有什么意义呢？

教师：遵义会议集中解决了当时具有决定意义的军事问题和组织问题。经过激烈的争论，多数人同意了以毛泽东为代表的正确意见，批评了博古、李德在第五次反围剿中的错误。会议增选毛泽东为中央政治局常务委员，并委托张闻天起草《中共中央关于反对敌人五次“围剿”的总结的决议》，即遵义会议决议。会后不久，中共中央政治局常委进行分工，根据毛泽东的提议，决定由张闻天代替博古负总责；博古任红军总政治部代理主任；并成立了由周恩来、毛泽东、王稼祥组成的新的“三人团”，全权负责红军的军事行动。这次会议的一个突出特点，就是会议所作出的一系列重大决策，都是在中国共产党同共产国际的联系中断的情况下独立自主地作出的。由此，遵义会议开始确立以毛泽东为代表的马克思主义的正确路线在中共中央的领导地位，从而在极其危急的情况下挽救了中国共产党、挽救了中国工农红军、挽救了中国革命，成为中国共产党历史上一个生死攸关的转折点。遵义会议表明：作为一个严肃的、对人民负责任的马克思主义政党，中国共产党是敢于正视自己的错误，并注意从自己所犯的错误中学习并汲取教训的。我们说在领导中国革命全过程的某一个时期内，由于经验不足以及其他原因，党和党的领导人难免会犯这样那样的错误，甚至是严重的错误。但是，这些错误都有两重性，它一方面损害了党的事业，损害了人民利益；另一方面又很好地教育了党，教育了人民。在大革命失败以后到遵义会议的这个时期内，中国共产党正是通过总结成功的经验和犯错误的教训，一方面反对右倾机会主义，又一方面反对“左”倾机会主义，使自己从两条战线斗争中巩固和壮大起来，从而把党领导的革命事业坚持下来，并推向前进的。

学生：是的，能从错误中总结和吸取经验才能让犯下的错误显示出意义，中国共产党能从这个转折点开始巩固并壮大力量，也可以说是“塞翁失马，焉知非福”吧。

教师：可以这么理解。遵义会议后在毛泽东等的领导下，中央红军采取灵活机动的战略战术，四渡赤水河，巧渡金沙江，抢渡大渡河，翻越人迹罕至的夹金山，摆脱了数十万国民党军队的围追堵截，赢得了战争的主动权。1935 年 6 月，中央红军抵达四川懋功地区，同 5 月初离开川陕根据地实行转移的红四方面军会师之后，中共中央又同红四方面军领导人张国焘分裂中央、分裂红军的严重错误进行了坚决的斗争。为了贯彻北上方针，红军经过了茫茫草地，历经了艰险。随后中共中央决定将北上红军改称陕甘支队，先行北上，于 10 月 19 日到达陕北吴起镇；11 月初，同红十五军团会合，中国共产党所领导的革命力量有了新的落脚点和战略基地。至此，中央红军的二万五千里长征胜利结束。1936 年 10 月红二、四方面军先后同红一方面军在甘肃会宁、静宁将台堡会师，至此，三大主力红军的长征胜利结束。红军长征是一部伟大的历史史诗，在这里我们重温毛泽东在 1934 至 1935 年所写的《十六字令三首》，或许能领会长征的悲壮与豪迈，十六字令是这样写的：“山，快马加鞭未下鞍。惊回首，离天三尺三。山，翻江倒海卷巨澜。奔腾急，万马战犹酣。山，刺破青天锷未残。天欲堕，赖以拄其间。”长征一结束，中国革命的新局面就开始了。

（六）农村包围城市、武装夺取政权道路的理论总结

教师：同学们好！这一讲我们对中国共产党所开辟的农村包围城市、武装夺取政权这条革命道路从理论上进行一个总结。首先，探索出农村包围城市、武装夺取政权的道路是中国共产党的一个伟大创举。我们知道，为了坚持中国革命，在当时的条件下必须进行武装斗争，但是中国共产党领导的武装斗争的主攻方向究竟应当指向城市还是农村呢？中国共产党在探索中给出的最终答案是：到农村去开展工农武装割据，走出一条新的革命道路。

学生：从农村开始从无到有地走出一条新的革命道路，哪些因素推动了这条革命新道路的形成和向前发展？

教师：应该说，在当时走出这样一条道路是着实不易的。中国革命新道路的形成首先是实践探索的结果。从古今中外的历史来看，从国际共产主义运动的历史来看，都找不到农村包围城市的经验。革命工作应当以城市为中心，这是一个时期内全党的共同认识。大革命失败后中共中央也是继续留在大城市，上海党的工作重心仍然放在中心城市。但是我们看到的是，所有以占领中心城市为目标的起义很快就失败了，同时这些起义失败后保留下来的部队，大多经过摸索逐步转移到了远离国民党统治中心的农村区域，在那里发动农民群众开展游击战争、进行土地革命和创建工农政权的斗争。除毛泽东率领的秋收起义部队到井冈山地区创建农村革命根据地以外，南昌起义余部也是如此，一部分转移到海丰、陆丰地区与当地农民会合，主要部分由朱德、陈毅率领转移到湘南农村，在那里开始探索上山打游击、开展农村革命的新的途径，后来也上了井冈山。广州起义余部一部分也转移到海丰、陆丰地区与农民会合，一部分后来随朱德上了井冈山，另一部分则从广州西北郊转入农村，后来参加了广西“左右江起义”。客观环境迫使一批又一批的中国革命者深入到农村区域去坚持革命斗争。这从革命实践发展的角度说明在敌强我弱的形势下，到农村去走出一条新的革命道路是符合中国革命实际的正确选择，实践充分证明农村包围城市、武装夺取政权的道路是符合中国革命实际的、唯一正确道路。

其次，中国革命新道路的开辟是在同各种错误思想进行斗争的过程中逐渐形成的。大革命失败后，在纠正陈独秀右倾机会主义错误的同时，由于对中国情况的复杂性和中国革命的长期性缺乏认识，中国共产党党内开始滋长一种“左”的急躁情绪，从

1927 年 7 月大革命失败到 1935 年 1 月遵义会议召开之前，“左”倾错误先后三次在党中央的领导机关取得了统治地位。第一次是 1927 年 11 月至 1928 年 4 月的“左”倾盲动错误，其认为革命形势在不断高涨，盲目要求创造总暴动的局面。第二次是 1930 年 6 月至 9 月以李立三为代表的“左”倾冒险主义，其错误地认为中国革命乃至世界革命进入高潮，盲目要求举行全国暴动和集中红军力量攻打武汉等中心城市。第三次是 1931 年 1 月至 1935 年 1 月以陈绍禹，也就是王明为代表的“左”倾教条主义。其错误思想有很多，其中在革命道路问题上也是继续坚持以城市为中心，将准备城市工人的总同盟罢工和武装起义作为中国共产党最主要的任务，指示根据地的红军采取积极进攻的策略，配合攻打中心城市。那么这几次“左”倾错误，尤其是以王明为代表的“左”倾教条主义错误，使中国革命受到了严重挫折。

学生：老师，您认为在 20 世纪 30 年代前期、中期，中国共产党内屡次出现严重的“左”倾错误最主要的原因是什么？

教师：原因是多方面的，其中主要的原因还在于全党的马克思主义理论准备不足，理论素养不高，实践经验也很缺乏，对于中国革命的规律不了解，对于马克思列宁主义的理论和中国革命的实践没有统一的理解，中国革命新道路的开辟就是在同这些错误思想进行斗争的过程中逐渐形成的。

接前所述，最后，中国革命新道路的开辟也是中国共产党不断将马克思主义基本原理与中国革命实际相结合的产物。农村包围城市、武装夺取政权的理论是对 1927 年革命失败后中国共产党领导的红军和根据地斗争经验的科学概括，它是在以毛泽东为主要代表的中国共产党人同当时党内盛行的把马克思主义教条化、把共产国际决议和苏联经验神圣化的错误倾向作坚决斗争的基础上逐步形成的。1930 年 5 月，毛泽东在《反对本本主义》一文中明确提出“没有调查没有发言权”和“中国革命斗争的胜利要靠中国同志了解中国情况”的思想，突出表现了毛泽东这种实事求是的革命首创精神。

学生：老师，这条农村包围城市、武装夺取政权的道路对于中国革命而言，有什么样的重要意义呢？

教师：它具有重大的理论意义和实践意义，标志着中国化的马克思主义即毛泽东思想的初步形成，这是马克思主义在中国的创造性运用和发展，表明中国共产党在探索中国革命道路的过程中不是照搬照抄俄国十月革命的经验，而是从中国的实际出发，开辟了引导中国革命走向胜利的正确道路。

在革命新道路的开辟中，毛泽东是其中的杰出代表。农村包围城市、武装夺取政权这条革命新道路的开辟，是党和人民的集体智慧的结果，而毛泽东是其中的杰出代表，毛泽东不仅在实践中首先把革命的进攻方向指向了农村，而且从理论上阐明了武装斗争的极端重要性和农村应当成为党的工作中心的思想。在土地革命战争中，毛泽东、朱德领导的红军第一方面军和中央革命根据地起了最重要的作用。1930 年 1 月，中共中央军委主办的《军事通讯》在刊登介绍红四军历史及其情况的报告时指出：在瑞金独立政权中可以见到许多宝贵的经验，这在中国是独一无二的，在世界是未之前见或未之前闻的，大家应向这些经验学习。这些都表现了毛泽东开辟新道路、创造新理论的革命首创精神，表明了毛泽东对革命新道路所作的杰出贡献。

四、释疑解惑

20 世纪 20 年代后期至 30 年代前期，中国共产党为什么会连续出现“左”倾错误

从 1927 年 7 月大革命失败到 1935 年 1 月遵义会议召开之前，“左”倾错误先后三次在党中央的领导机关取得了统治地位。第一次是 1927 年 11 月至 1928 年 4 月的“左”倾盲动错误，认为革命形势在不断高涨，盲目要求“创造总暴动的局面”。第二次是 1930 年 6 月至 9 月以李立三为代表的“左”倾冒险主义，错误地认为中国革命乃至世界革命进入高潮，盲目要求举行全国暴动和集中红军力量攻打武汉等中心城市。第三次是 1931 年 1 月至 1935 年 1 月以陈绍禹（王明）为代表的“左”倾教条主义。其主要错误是：在革命性质和统一战线问题上，混淆民主革命与社会主义革命的界限，将反帝反封建与反资产阶级并列，将民族资产阶级视为中国革命最危险的敌人，一味排斥和打击中间势力。在革命道路问题上，继续坚持以城市为中心，将准备城市工人的总同盟罢工和武装起义作为中国共产党最主要的任务。在土地革命问题上，提出坚决打击富农和“地主不分田，富农分坏田”的主张。在军事斗争问题上，实行进攻中的冒险主义、防御中的保守主义、退却中的逃跑主义。在党内斗争和组织问题上，推行宗派主义和“残酷斗争，无情打击”的方针。

在 20 世纪 30 年代前期、中期，中国共产党内屡次出现严重的“左”倾错误，其原因是多方面的。一是八七会议以后党内一直存在的浓厚的“左”倾情绪始终没有得到认真的清理；二是共产国际对中国共产党内部事务的错误干预和瞎指挥；三是全党的马克思主义理论准备不足，理论素养不高，实践经验也很缺乏，对于中国的历史状况和社会状况、中国革命的特点、中国革命的规律不了解，对于马克思列宁主义的理论和中国革命的实践没有统一的理解。一句话来说，即不善于将马克思列宁主义与中国实际全面地、正确地结合起来。

五、学习测试

（一）单项选择题（备选答案中只有1个是正确的）

1. 国民党在全国统治建立以后，官僚资本的垄断活动首先和主要是(　　)

A. 从金融业方面开始的　　B. 从重工业方面开始的

C. 从商业方面开始的　　D. 从农业方面开始的

2. 1928年10月，国民党中央常务委员会通过了废除议会制度的(　　)

A.《中华民国临时约法》　　B.《中华民国约法》

C.《军政纲领》　　D.《训政纲领》

3. 国民党在全国统治建立以后，急剧地膨胀起来并控制国家经济命脉的是(　　)

A. 外国资本　B. 私营资本　C. 民族资本　D. 官僚资本

4. 1930年8月成立的中国国民党临时行动委员会的主要领导人是(　　)

A. 梁漱溟　B. 邓演达　C. 黄炎培　D. 左舜生

5. 邓演达在1930年8月领导成立的中间党派是(　　)

A. 中国国民党临时行动委员会　　B. 乡村建设派

C. 中国青年党　　D. 中华职业教育社

6. 在大革命失败的危急时刻，中国共产党召开了确定土地革命和武装斗争方针的(　　)

A. 八七会议　B. 古田会议　C. 遵义会议　D. 洛川会议

7. 毛泽东在1927年中共八七会议上提出的著名论断是(　　)

A. 须知政权是由枪杆子中取得的　　B. 没有调查就没有发言权

C. 兵民是胜利之本　　D. 一切反动派都是纸老虎

8. 中国共产党实行党对军队的绝对领导、建设新型人民军队的重要开端是(　　)

A. 八七会议　B. 南昌起义　C. 三湾改编　D. 古田会议

9. 1927 年 10 月，毛泽东率领秋收起义部队开辟的农村革命根据地是(　　)

A. 井冈山革命根据地　　B. 湘鄂西革命根据地

C. 闽浙赣革命根据地　　D. 左右江革命根据地

10. 在半殖民地半封建的中国，红色政权能够存在和发展的根本原因是(　　)

A. 国民革命的影响　　B. 政治经济发展极端不平衡

C. 相当力量的正式红军的存在　　D. 共产党组织的坚强有力和正确的政策

11. 毛泽东明确提出“中国革命斗争的胜利要靠中国同志了解中国情况”论断的著作是(　　)

A.《中国的红色政权为什么能够存在?》

B.《井冈山的斗争》

C.《星星之火，可以燎原》

D.《反对本本主义》

12. 毛泽东在《反对本本主义》一文中提出的著名论断是(　　)

A. 须知政权是由枪杆子中取得的

B. 中国革命斗争的胜利要靠中国同志了解中国情况

C. 兵民是胜利之本

D. 一切反动派都是纸老虎

13. 1929 年，毛泽东主持制定了“没收一切公共土地及地主阶级的土地”的(　　)

A.《井冈山土地法》

B.《兴国土地法》

C.《关于清算、减租及土地问题的指示》

D.《中国土地法大纲》

14. 1931 年 11 月在江西瑞金召开的重要会议是(　　)

A. 中共六届四中全会

B. 红四军第九次党代表大会

C. 中华苏维埃第一次全国代表大会

D. 中共六届六中全会

15. 在土地革命战争时期，中华苏维埃共和国实行的政权组织制度是(　　)

A. 国民参议院制度　　B. 工农兵代表大会制度

C. 国民参政会制度　　D. 人民代表大会制度

16. 在 1931 年 1 月至 1935 年 1 月期间，在中国共产党内出现的主要错误是(　　)

A. “左”倾盲动主义　　B. 右倾机会主义

C. “左”倾教条主义　　D. 右倾投降主义

17. 中国共产党领导工农红军开始实施战略大转移的万里长征是在(　　)

A. 1934 年 1 月　B. 1934 年 10 月　C. 1935 年 1 月　D. 1935 年 10 月

18. 1935 年 1 月，中国共产党在红军长征途中召开了具有历史转折意义的(　　)

A. 古田会议　B. 遵义会议　C. 毛儿盖会议　D. 瓦窑堡会议

19. 中国共产党在遵义会议上集中全力解决的主要问题是(　　)

A. 政治和军事问题　　B. 思想和作风问题

C. 军事和组织问题　　D. 政治和组织问题

20. 1936 年 10 月，红二、四方面军同红一方面军三大主力胜利会师于(　　)

A. 四川懋功地区　　B. 陕北吴起镇

C. 西康甘孜地区　　D. 甘肃会宁、静宁将台堡

(二) 多项选择题 (备选答案中至少有 2 个是正确的)

1. 中国新民主主义革命的重要任务是反对(　　)

A. 帝国主义　B. 封建主义　C. 民族资本主义　D. 官僚资本主义

2. 在国民党统治下，中国民族资本主义经济受到了(　　)

A. 外国资本的压迫　　B. 本国官僚资本的排挤

C. 封建生产关系的束缚　　D. 军阀官僚政府的压榨

3. 20 世纪二三十年代，活跃在中国政治舞台上的中间党派的社会基础主要是(　　)

A. 民族资产阶级　　B. 上层小资产阶级及其知识分子

C. 买办资产阶级　　D. 下层小资产阶级及其知识分子

4. 中国共产党发动南昌起义的历史意义主要体现在(　　)

A. 打响了武装反抗国民党反动派的第一枪

B. 开始了独立领导革命战争和创建人民军队

C. 走上了农村包围城市的革命道路

D. 揭开了土地革命战争的序幕

5. 在半殖民地半封建的中国，红色政权存在和发展的客观条件是(　　)

A. 政治经济发展极端不平衡　　B. 相当力量的正式红军的存在

C. 国民革命的影响　　D. 全国革命形势的继续向前发展

6. 在半殖民地半封建的中国，红色政权存在和发展的主观条件是(　　)

A. 政治经济发展极端不平衡　　B. 相当力量的正式红军的存在

C. 全国革命形势的继续向前发展　　D. 共产党组织的坚强有力和正确的政策

7. 在开辟农村革命根据地的斗争中，毛泽东制定的土地革命中的阶级路线是(　　)

A. 坚定地依靠贫农、雇农　　B. 联合中农，限制富农

C. 保护中小工商业者　　D. 消灭地主阶级

8. 毛泽东提出的“工农武装割据”思想的基本内容是(　　)

A. 土地革命　　B. 武装斗争　　C. 统一战线　　D. 农村根据地建设

9. 在土地革命战争前中期，先后在中共中央领导机关取得统治地位的“左”倾错误包括(　　)

A. “左”倾盲动主义　　B. “左”倾冒险主义

C. “左”倾经验主义　　D. “左”倾教条主义

10. 在1931年1月至1935年1月期间出现的王明“左”倾错误主要体现在(　　)

A. 继续坚持以城市为中心　　B. 提出坚决打击富农的主张

C. 实行消极防御的军事战略　　D. 推行“残酷斗争，无情打击”的方针

(三) 论述题

1. 以毛泽东为代表的中国共产党人是如何探索和开辟中国革命新道路的？

2. 怎样认识和理解长征的意义及伟大的长征精神？

◎ 参考答案

(一) 单选题

1. A　2. D　3. D　4. B　5. A　6. A　7. A　8. C　9. A　10. B

11. C　12. B　13. B　14. C　15. B　16. C　17. B　18. B　19. C　20. D

（二）多选题

1. ABD　2. ABCD　3. AB　4. ABD　5. ACD

6. BD　7. ABCD　8. ABD　9. ABD　10. ABCD

（三）论述题

1. 以毛泽东为代表的中国共产党人是如何探索和开辟中国革命新道路的？

（1）大革命失败后，1927年8月7日，中共中央在汉口秘密召开紧急会议（即八七会议），彻底清算了大革命后期的陈独秀右倾机会主义错误，确定了土地革命和武装反抗国民党反动统治的总方针，并选出了以瞿秋白为首的中央临时政治局。毛泽东在会上着重阐述了党必须依靠农民和掌握枪杆子的思想，强调党“以后要非常注意军事，须知政权是由枪杆子中取得的”。会议还提出了“整顿改编自己的队伍，纠正过去严重的错误，而找着新的道路”的任务。八七会议使中国共产党在政治上大大前进了一步，开始了从大革命失败到土地革命战争兴起的转折。

（2）1927年8月1日，中国共产党领导发动南昌起义，打响了武装反抗国民党反动统治的第一枪。这是中国共产党独立领导革命战争、创建人民军队和武装夺取政权的开端。此后，毛泽东领导发动秋收起义。张太雷、叶挺、叶剑英等领导了广州起义。从1927年大革命失败到1928年初，中国共产党还先后在海陆丰、琼崖、鄂豫边、赣西南、赣东北、湘南、湘鄂西、闽西、陕西等地区领导了近百次武装起义。

（3）但所有以占领中心城市为目标的起义很快就失败了。这些起义失败后保留下来的部队，大多经过摸索，逐步转移到了远离国民党统治中心的农村区域，在那里发动农民群众，开展游击战争，进行土地革命和创建工农政权。1929年9月，中共中央给红四军前委的指示信指出：先有农村红军，后有城市政权，这是中国革命的特征，这是中国经济基础的产物。这些革命斗争的实践说明：以农村为工作重点，到农村去发动农民，进行土地革命，开展武装斗争，建设根据地，这是1927年以后中国革命发展的客观规律所要求的。

（4）农村包围城市、武装夺取政权这条革命新道路的开辟，依靠了党和人民的集体奋斗，凝聚了党和人民的集体智慧。而毛泽东则是其中的杰出代表。毛泽东不仅在实践中首先把革命的进攻方向指向了农村，而且从理论上阐明了武装斗争的极端重要性和农村应当成为党的工作中心的思想。1928年10月和11月，毛泽东写了《中国的红色政权为什么能够存在?》和《井冈山的斗争》两篇文章，明确地指出以农业为主要经济的中国革命，以军事发展暴动，是一种特征；同时还科学地阐述了共产党领导的土地革命、武装斗争与根据地建设这三者之间的辩证统一关系，强调工农武装割据的思想，是共产党和割据地方的工农群众必须具备的一个重要思想。1930 年 1 月，毛泽东在《星星之火，可以燎原》一文中进一步指出：红军、游击队和红色区域的建立和发展，是半殖民地中国在无产阶级领导之下的农民斗争的最高形式，和半殖民地农民斗争发展的必然结果，并且无疑义地是促进全国革命高潮的最重要因素。以毛泽东为书记的红四军前敌委员会还明确地提出了“农村工作是第一步，城市工作是第二步”的思想。

(5) 农村包围城市、武装夺取政权的理论，是对 1927 年革命失败后中国共产党领导的红军和根据地斗争经验的科学概括。它是在以毛泽东为主要代表的中国共产党人同当时党内盛行的把马克思主义教条化、把共产国际决议和苏联经验神圣化的错误倾向作坚决斗争的基础上逐步形成的。1930 年 5 月，毛泽东在《反对本本主义》一文中，阐明了坚持辩证唯物主义的思想路线即坚持理论与实际相结合的原则的极端重要性，提出了“没有调查，没有发言权”和“中国革命斗争的胜利要靠中国同志了解中国情况”的重要思想，表现了毛泽东开辟新道路、创造新理论的革命首创精神。农村包围城市、武装夺取政权理论的提出，标志着中国化的马克思主义即毛泽东思想的初步形成。这是马克思主义在中国的创造性的运用和发展。

2. 怎样认识和理解长征的意义及伟大的长征精神?

(1) 长征的意义。红军的长征宣告了国民党反动派消灭中国共产党和红军的图谋彻底失败，宣告了中国共产党和红军肩负着民族希望胜利实现了北上抗日的战略转移，实现了中国共产党和中国革命事业从挫折走向胜利的伟大转折。

(2) 中国工农红军的长征是一部伟大的革命英雄主义的史诗。它向全中国和全世界宣告，中国共产党及其领导的人民军队，是一支不可战胜的力量。中国共产党人和红军将士用生命和热血铸就了伟大的长征精神，这就是：把全国人民和中华民族的根本利益看得高于一切，坚定革命的理想和信念，坚信正义事业必然胜利的精神；就是为了救国救民，不怕任何艰难险阻，不惜付出一切牺牲的精神；就是坚持独立自主、实事求是，一切从实际出发的精神；就是顾全大局、严守纪律、紧密团结的精神；就是紧紧依靠人民群众，同人民群众生死相依、患难与共、艰苦奋斗的精神。伟大长征精神，是中国共产党人及其领导的人民军队革命风范的生动反映，是中华民族自强不息的民族品格的集中展示，是以爱国主义为核心的民族精神的最高体现。长征精神为中国革命不断从胜利走向胜利提供了强大精神动力。

六、阅读文献

1. 毛泽东：《中国的红色政权为什么能够存在?》（1928 年 10 月）
2. 毛泽东：《井冈山的斗争》（1928 年 11 月）
3. 毛泽东：《星星之火，可以燎原》（1930 年 1 月）
4. 毛泽东：《反对本本主义》（1930 年 5 月）
5. 毛泽东：《中国革命战争的战略问题》（1936 年 12 月）
6. 毛泽东：《中国革命与中国共产党》（1939 年 12 月）
7. 习近平：《在纪念红军长征胜利 80 周年大会上的讲话》（2016 年 10 月）

第六章
中华民族的抗日战争

一、教学目的与要求

1. 了解日本帝国主义的侵华罪行，认识帝国主义侵略的本质。

2. 正确认识抗日民族统一战线的必要性和重要性，正确理解国共两党的抗日主张及其各自在抗战中的地位和作用，懂得中国共产党及其领导下的人民革命力量是抗日战争的中流砥柱。

3. 认识抗战胜利原因、重要意义和经验，增强大学生的民族自尊心、自信心、自豪感。

二、基本教学内容

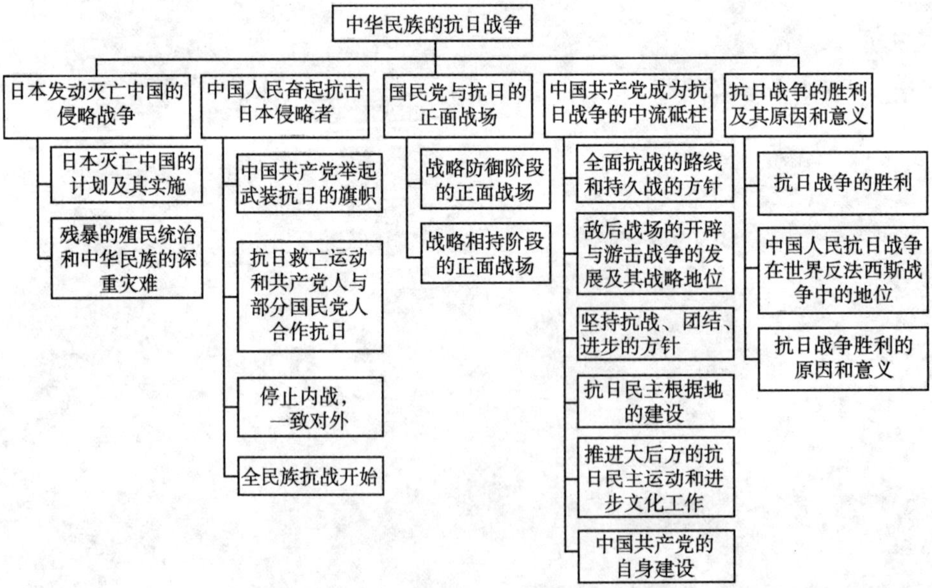

三、讨论式教学教案

（一）导学

教师：同学们好！我们开始学习“第六章　中华民族的抗日战争”。

学生：关于抗日战争，习近平总书记在纪念中国人民抗日战争暨世界反法西斯战争胜利70周年大会上阐发过许多重要思想和观点，他是如何整体评价这场战争的呢？

教师：习近平总书记在纪念抗战胜利70周年大会上指出，中国人民抗日战争和世界反法西斯战争，是正义和邪恶、光明和黑暗、进步和反动的大决战。在那场惨烈的战争中，中国人民抗日战争开始时间最早、持续时间最长。面对侵略者，中华儿女不屈不挠、浴血奋战，彻底打败了日本军国主义侵略者，捍卫了中华民族5000多年发展的文明成果，捍卫了人类和平事业，铸就了战争史上的奇观、中华民族的壮举。

学生：关于抗日战争，我们以前有“八年抗战”之说，现在有“十四年抗战”之说。对此，您是如何看待这一问题的呢？

教师：诚然，“八年抗战”之说由来已久，如歌曲《没有共产党就没有新中国》中的歌词——“他坚持抗战八年多”。“八年抗战”是指从1937年“七七事变”中日战争全面爆发算起，至1945年8月15日日本天皇宣布无条件投降的8年时间。人们惯称的“八年抗战”，实际上是指全国抗战、全民族抗战。“十四年抗战”的说法，是指从1931年“九一八事变”算起至日本无条件投降，共计14年。在“九一八事变”后，全国人民反对蒋介石的不抵抗政策，要求停止内战，抵抗日本的侵略。东北人民和未撤走的东北军部队，组织起抗日义勇军来抵抗日军的侵略。中国共产党派杨靖宇等在东北组织游击队，开展抗日游击战争。也就是说，“九一八事变”后中国人民的局部抗战就开始了。我们把抗日战争开端定位到“九一八事变”，关系到对“九一八事变”后中国社会主要矛盾的认识，关系到“九一八事变”后中国抗日战争的特点和南京国民政府作用的评价。而且，确认抗战从“九一八事变”开始，不仅是尊重历史事实，也符合国际认知。即便是作为侵略国的日本，在描述侵华战争时，也是将“九一八事变”作为时间起点的。

学生：那么，是否可以认为，“八年抗战”和“十四年抗战”，是与抗日战争从局部抗战到全国性抗战的过程相联系的两个概念？

教师：是的，可以这么理解。从1931年的“九一八事变”到1945年8月日本宣布投降，中国人民进行了14年艰苦卓绝的抗日战争。从局部抗战到全国性抗战，从中国孤军奋战到成为世界反法西斯战争的东方主战场，中国人民在抗日民族统一战线的旗帜下，坚持持久抗战，打败了日本帝国主义，取得了近代以来反对帝国主义侵略战争的第一次完全胜利，也为世界反法西斯战争的胜利作出了重大贡献。

学生：“九一八事变”爆发后，包括中国共产党在内的中国境内各派力量，以及中国人民的反应如何？

教师：中国共产党在“九一八事变”后的第三天，即发表抗日宣言，揭露日本帝国主义侵占东北的目的是使中国完全变成它的殖民地。随即发布一系列文告，号召全国工农武装起来，进行民族的自卫战争。1935年“华北事变”期间，中国共产党驻共产国际代表团发表“八一宣言”，呼吁全国各党派、各界同胞、各方军队应有“兄弟阋于墙，外御其侮”的真诚觉悟，捐弃前嫌，停止内战，集中国力，为抗日救国的神圣事业而奋斗。同年年底，中国共产党召开瓦窑堡会议，提出在抗日的条件下与民族资产阶级重建统一战线的新政策，批评了党内长期存在的“左”倾冒险主义、关门主义的错误倾向，确定了建立抗日民族统一战线的方针。

日本侵占中国东北后，由部分原东北军、农民暴动武装、义勇军等组成东北抗日联军，在中国共产党的领导下，同日本侵略者进行了长达14年的艰苦斗争，牵制日军达数十万人。关内人民的抗日救亡热忱也在高涨，工人罢工、募捐；爱国工商业者帝制日货；爱国学生掀起“一二·九运动”，深入工厂、农村、军队进行抗日宣传，抗日救亡运动扩展为全国规模的群众运动。海外华侨也捐献大量物资，纷纷回国参军抗战。

学生：“九一八事变”后，国民党政府的表现如何呢？

教师：“九一八事变”后很长一段时间里，国民党政府还是把主要精力用于“剿共”和镇压其他民主力量上，对日本的侵略却一再容忍、退让，把解决中日之间争端的希望寄托于国际社会的干预，而没有积极动员民众抵抗日本的入侵。国民党政府的不抵抗政策导致了侵华日军气焰更加嚣张，大片国土沦丧，生灵涂炭。随着日本帝国主义扩大对华北的政治和军事侵略，中华民族危机进一步加深，同时也严重威胁到英美在华北地区的利益，英美和日本之间的矛盾不可避免，由此影响了中国亲英美派和亲日派力量的变动。国民党对日态度及内外政策于是发生了某些变化，并开始着手整军备战工作。国民党还开始试探政治解决共产党和红军问题的途径。国共两党通过国外、国内两个渠道开始接触，就合作抗日问题进行初步磋商。

学生：“西安事变”在这个过程中起到了什么作用，为什么说它的和平解决，成为时局转换的枢纽？

教师：中国共产党对驻扎在西北地区的以张学良为首的东北军和以杨虎城为首的国民党第十七路军的统一战线工作，取得了突破性进展。1936 年上半年，红军和东北军、第十七路军之间实际上已停止敌对行动。12 月 12 日，张学良、杨虎城发动“西安事变”，要求蒋介石停止内战、联共抗日。在“西安事变”的和平谈判中，蒋介石被迫做出停止“剿共”、联合红军抗日等六项承诺。至此，十年内战的局面基本结束。因此，“西安事变”的和平解决，为国共两党合作创造了条件，也成为时局转换的枢纽。

学生：在国难当头的历史背景下，第二次国共合作逐步形成。在这个形成过程中，有哪些关键之处呢？

教师：国难当头，中国共产党秉持民族大义，付出了巨大的努力。为了促进国共两党合作的实现，中共中央致电国民党五届三中全会，提出停止内战、一致对外、保障国人民主权利、迅速完成对日作战的一切准备工作、改善民生五项要求。这五项要求是积极的、合理的，真诚地反映了凝聚全民族一切抗日力量，共同反对日本帝国主义的侵略，争取中华民族的独立和解放的美好愿望。为了敦促国民党早日实行联共抗日政策，中国共产党先后派周恩来、叶剑英、林伯渠等，同国民党领导人在西安、杭州、庐山、南京举行多次谈判。

学生：可以说，国难当头，国共两党实行第二次合作已经成为不可抗拒的历史潮流。

教师：的确如此，1937 年 7 月，“卢沟桥事变”爆发，中国军人奋起抵抗日军的进攻。抗日战争进入全面抗战时期。就在事变发生的第二天，中国共产党就通电全国，号召全中国同胞团结起来，筑成民族统一战线的坚固长城，抵抗日本的侵略。1937 年 8 月，国共两党达成将红军主力改编为国民革命军第八路军（简称八路军，不久改称第十八集团军）等协议。1937 年 9 月 22 日，国民党中央通讯社发表《中共中央为公布国共合作宣言》；23 日，蒋介石发表实际承认共产党合法地位的谈话。至此，以国共两党第二次合作为基础的抗日民族统一战线正式形成。

学生：在抗日战争中，中国国民党和中国共产党领导的抗日军队，分别担负着正面战场和敌后战场的作战任务，形成共同抗击日本侵略者的战略态势。对此，我们应该如何基于史实予以正确评价呢？

教师：抗日战争是中华民族全民族的反侵略战争。全国各界民众以不同形式参加抗日民族统一战线，投入了全民族抗战。

在抗战初期，国民党正面战场是抗击日军战略进攻的主战场，国民党爱国将士表现了空前的民族义愤和抗战热情；国民党政府也一度实行有利于抗战的政策，对人民抗日活动给予较多的自由，但是，由于实行片面抗战的政策，正面战场的抵抗基本上以失败结束。进入相持阶段以后，随着日本对国民党政府政策的改变，国民党逐渐转变到消极抗战的立场上，不但不利于中国人民的抗战，也使国民党政府自身陷入深刻的危机。

全面开战一开始，中国共产党在陕北洛川召开了中央政治局扩大会议，通过了《抗日救国十大纲领》，制定了全面抗战路线。毛泽东在《论持久战》中科学预见了中国人民抗日战争的历史进程，指出了抗战最后的前途。抗日战争的发展进程也证实了毛泽东的科学预见。八路军、新四军深入敌后，独立自主地开展游击战，大规模地、长期地开展游击战，抗击了60%以上的侵华日军和95%以上的伪军，发挥了战略作用。开辟了19块抗日根据地，开展民主政权建设、经济建设和文化建设，成为认真贯彻和实现全面抗战路线、坚持抗战和争取胜利的坚强阵地。中国共产党是全民族抗战局面形成的推动者。早在局部抗战时期，党就和国民党抗战官兵进行合作抗日。"华北事变"后，党及时提出了抗日民族统一战线的政策，并推动"西安事变"的和平解决，在中国共产党的推动下，全民族抗战局面得以形成，这是中华民族抗日战争取得胜利的关键因素，也是抗日战争的主要特点之一。

中国人民抗日战争胜利，是近代以来中国抗击外敌入侵的第一次完全胜利，具有重大意义。

关于抗日战争的总体认知，我们就讲到这里。接下来我们探讨抗日战争是如何发生的，以及如何认识日本军国主义和侵华政策等问题。

（二）日本侵华政策及其历史演变

学生：长期以来，日本右翼势力有所谓对华战争偶发论，对此，我们该如何回应这一不实之词呢?

教师：这就需要我们回溯和梳理一下日本由来已久的侵华政策。为什么我们要强调由来已久，就是要用确凿的史实回应日本右翼势力的这个所谓对华战争偶发论。历史是一个不间断的过程，透过这些确凿的史实，我们可以看到，日本发动"九一八事变"、制造"华北事变"和"卢沟桥事件"，绝不是个别中下级军官的心血来潮或擦枪走火，而是蓄谋已久、步步推进、精心策划的国策。

学生： 有史料表明，早在19世纪上半叶，佐藤信渊、吉田松阴等日本好战分子就狂热鼓吹先吞并中国，继而将中国版图划归日本。

教师： 对，19世纪60年代，日本受到西方资本主义工业文明的冲击，自上而下地开展了具有资本主义性质的西化运动和现代化改革运动，即明治维新。这次改革使日本成为亚洲第一个走上工业化道路的国家，逐渐跻身于世界强国之列。这次改革虽然推翻了幕府封建统治，建立以明治天皇为实质掌权者的君主立宪政体，但存留了大量封建残余。在政治方面，权力集中在中下级武士和一些大名手中。我们虽然不能轻言日本军国主义是明治维新的产物，但明治维新后掌握统治大权的多是封建武士出身者，武士道精神得到继承和发展。在经济方面，日本开始了资本主义工业革命，但由于地税改革和士族授产等改革，使农村土地制度（寄生地主制）留有浓厚封建残余，农村成为"国内殖民地"，因而国内市场狭小；改革又使大批士族无法生存而对明治政权不满，统治阶级则以对外侵略扩张将心怀不满的农民、士族的不满情绪引向海外征战，致使日本被纳入军事、战争轨道。而且，资本逻辑追求利润最大化，其对外扩张的可能性在遭遇经济危机的情势下更宜放大，进入从战争走向更大战争的恶性循环。

学生： 三县有朋被认为是日本军国主义的始祖，在这期间他起了什么作用?

教师： 早年参加"尊王攘夷"活动的三县有朋，目睹备受欺凌的清朝政府迫于国际环境的压力不得不着手加强军备，便抓住这一点大做文章，鼓吹"清国威胁论"，把当时的清朝视为假想敌，以此来加强海军的建设。三县有朋派出数十名将校军官考察中国军事，最后得出了这样一个结论：强兵是富国的根本，增强军备优于一切。把日本国疆域称为"主权线"，把朝鲜、中国等邻国的疆土视为日本的"利益线"。1882年，在山县有朋的操纵下，《军人敕谕》以天皇的名义发布，并成为日本军队的行为准则和思想信条。这实际上就是以天皇的名义，通过各级军官把士兵牢牢地控制住。这样，日本在近代逐渐发展成为一个军国主义国家。

学生： 从这些军国主义分子的所作所为来看，日本的大陆政策可谓处心积虑，日本近代以来发动的侵华战争都不是偶然的。

教师： 日本在这个过程中形成的大陆政策也称大陆经略政策，是日本自明治维新后，"不甘处岛国之境"，立足于用战争手段侵略和吞并中国、朝鲜等周边大陆国家的对外扩张政策，是日本近代军国主义的主要特征和表现。日本大陆政策于19世纪80年代趋于成熟，并在中日甲午战争中得以实施。因此中日甲午战争是日本明治政府精心谋划、准备和实施的一场非正义的侵略中国的战争，本质上绝不是一个孤立的事件，而是日本近代走上军国主义道路的必然产物。这场战争在日本崛起的过程中具有重要地位，也是日本从此走上军国主义道路的起点。

第一次世界大战结束后，日本军国主义势力进一步控制本国政权，对内镇压人民，对外侵略扩张。1927 年，日本首相田中义一主持召开东方会议，宣示了《对华政策纲要》，企图把满蒙从中国本土彻底分离出去，并决心为之诉诸武力。至此，日本大陆政策进一步发展和具体化，日本成为亚洲的战争策源地。

学生：1929 年资本主义世界经济危机对日本也有影响，是不是也促使它加快了侵华步伐？

教师：1929 年 10 月，由美国开始的经济危机席卷整个资本主义世界。日本在危机中遭受沉重打击，为了摆脱困境，日本军国主义者加紧实施其既定的侵华政策。1931 年 9 月 18 日，日本发动“九一八事变”，武装侵占中国东北。1932 年 2 月，中国东北全境沦陷。日本侵占了山海关至黑龙江之间的 110 万平方公里的中国领土，相当于日本领土的 3 倍。

学生：日本的侵华计划为何能够步步得逞呢？就没有外部力量对其加以有效制约吗？

教师：面对日本的侵略，国民党政府一再妥协退让，并寄望于国际联盟出面调停裁决。这种态度使日本侵略者变本加厉地用武力大规模进攻中国。国际联盟和英、美等国政府则采取对日姑息、纵容的绥靖主义政策。这就使日本对中国的侵略计划步步得逞。

教师：日本占领中国东北以后，随即开始入侵中国华北地区。1935 年，日本在华北制造一系列事端，向中国政府提出使华北政权“特殊化”的要求，致使中国政府在河北、察哈尔两省的主权大部分丧失。接着，日方又策动华北五省（河北、察哈尔、绥远、山西、山东）两市（北平、天津）“防共自治运动”，扶持傀儡政权。这就是“华北事变”。“华北事变”充分暴露了日本帝国主义要灭亡中国，把中国变成它的殖民地，作为其独霸亚洲，征服世界的战略基地的野心，使中日民族矛盾上升到主导地位。“华北事变”使中国抗日救亡运动进一步高涨，成为国共两党由对峙到联合的重要契机，为国共两党第二次合作的实现提供了可能。“华北事变”促使国民党统治集团内部急剧分化，在对日政策上发生分歧，形成了以蒋介石为首的亲美英派和以汪精卫为首的亲日派。

学生：看来，“华北事变”是发生在“九一八事变”和“七七事变”之间，一个十分重要的事变。

教师：“华北事变”后，日本加紧发动全面侵华战争的部署。1936 年 8 月，以广田弘毅上台组阁为标志，以天皇和军部为核心的法西斯体制在日本建立起来。广田新内阁制定了“南攻南洋群岛，北攻西伯利亚”“先打中国”的《国策基准》。为向中国扩张和准备南进，日本全面扩军备战。陆军、海军分别制订了扩军五年计划和庞大的造舰计划，在言论、产业等各方面加强了统制，并已开始了总动员体制的工作，自此日本进入“准战时体制”。11 月，日本与德国签订反共产国际协定，在防共的名义下与德国结成政治同盟。这一协定使日本向建立国际法西斯同盟迈出了一大步。

学生：日本法西斯集团经过充分准备后，悍然发动了“七七事变”，把 6 年前在中国东北挑起的局部战争，升级为全面侵华战争。由此可见，对华战争“偶发论”可以休矣。

教师：“七七事变”以后，日本动员几乎全部军事力量，采取速战速决的战略，向华北、华东、华中地区发起战略进攻，相继占领了北平、天津、太原、上海、南京、广州、武汉等一大批城市。由于遭到中国军民的顽强抵抗，日军在 1938 年 10 月占领广州、武汉以后，被迫停止对正面战场的战略性进攻。在坚持灭亡中国的总方针下，日本调整侵华政策，实施以华制华和以战养战的策略，对国民党政府采取政治诱降为主、军事打击为辅的方针。在占领区加紧扶植傀儡政权，建立和发展汉奸组织，逐步将主要兵力用于对共产党领导的敌后抗日根据地进行扫荡。

由此可见，在半个多世纪里，日本的侵华政策有着清晰的发展脉络，每一次侵略行为，都是蓄谋已久、精心策划的结果。

（三）日本军国主义的侵华暴行

教师：对于日本军国主义的侵华暴行，我们可以结合史实，辅之以图片，以更真切地感受中华民族这段悲惨、屈辱的受难史，认清日本军国主义的罪恶本质，揭露日本法西斯所犯下的反人类罪行，激发爱国主义情感。

学生：老师，我在南京大屠杀纪念馆看到 6 周内有 30 万中国人被杀，即 12 秒就有一个生命消逝。

教师：是的，这是一场惨绝人寰的大屠杀。从 1874 年日军第一次侵略中国领土台湾，大肆屠杀当地高山族同胞开始，侵华日军对中国人民的血腥屠杀的历史便拉开了序幕。此后至1937年“七七事变”发生、中华民族的抗日战争爆发，侵华日军在中国的宝岛台湾、东北三省、华北大地制造了数十起大规模屠杀中国民众的暴行血案。1937年12月13日至1938年2月间，侵华日军对沦陷后的南京城内中国居民和放下武器的中国军人进行有计划、有组织的大屠杀。1948年11月东京审判判决书的最后写道：根据日后估计得知，在日军占领的最初6周期间，在南京及其周围地区，被杀害的普通中国人及俘虏的总数，在20万人以上。这些估计不是夸张，这是根据埋葬队和其他团队所埋葬的尸体达15.5万具的事实所证明了的。

学生：确凿的史实表明，在南京大屠杀这一震惊当时东西方世界的极端暴行发生、日军残暴行径受到世界舆论的强烈谴责之后，侵华日军对中国无辜民众的大屠杀，并未因此停止，而仍然在随时随地地发生着。

教师：在其全面侵华的8年之间，日军在中国制造了数以万计的杀害中国和平居民的血案。清风屠城、温县暴行、博爱惨祸、长治屠杀、枣林村屠村、冀中大扫荡，日军挥舞着罪恶的战刀，在中国辽阔的国土上狼奔豕突，横冲直撞，对中国人民展开了人类史上最凶残的大屠杀，对中华文明进行了旷古罕见的劫掠和破坏。他们杀人、放火、奸淫、抢劫，无恶不作，把侵略者所独有的兽性本能发挥得淋漓尽致，企图以此威逼中国政府和中国人民屈服投降。

可以说，侵略者铁蹄所至，血汇成海；炮口所向，尽成焦土。在中国广大的华北、华中、华东、华南地区，几乎每一处村镇，都遭到日本的烧杀；几乎每一条河流，都漂浮着中国死难者同胞的尸首。时至今日，遍布于全国各地的万人坑、千人坟、血泪井、英魂碑，就是这段惨痛历史的见证。枪击炮轰、空袭炸弹、杀人比赛、活体实验、生化作战、饮血食肉、水淹电击，250余种杀人手法折射出日军惨绝人寰的程度，出乎人类理性所能想象，较禽兽等而下之，与恶魔难分伯仲，堪称人类文明发展史上最卑污的一页。

学生：在抗战期间，日本军国主义除了惨绝人寰的大屠杀，还有哪些令人发指的罪行？

教师：一是违反国际公约的大轰炸。重庆大轰炸指中国抗日战争期间，从1938年2月至1944年12月，侵华日军对重庆及其周边城市商业区、平民聚居区实施了6年零10个月的狂轰滥炸，造成重庆32000余人直接伤亡，市区大部分繁华地区被破坏。1938年6月5日，日军动用飞机、大炮对开封市狂轰滥炸，城内化作一片焦土，居民伤亡逾千。1939年8月19日，铭记着四川乐山人永远的伤痛。36架日机轰炸乐山，炸毁半个城，在乐山城外，因为躲避炸弹，许多逃生的人惊慌失措地跳入江水中，日机发现后沿着江面一阵疯狂扫射，一条江水被血染红。当时西迁至此的国立武汉大学有5位教职员工在这次大轰炸中遇难，这一天也成为其校史上难以抹去的伤痛。

二是悍然实行细菌战、化学战，对中国军民进行惨无人道的人体活体实验。从1940年下半年起，日军的731部队等开始将带有霍乱、伤寒、鼠疫等细菌的投掷器投放到中国许多地区，造成大量中国居民死亡。

三是日军还在其占领区掳掠和残害中国劳工，强迫一些中国妇女充当“慰安妇”。2012年12月6日，中国历史学者在举行的《南京大屠杀全史》出版发布会上郑重提出，应将日军在侵华战争中强征的中国、朝鲜等国“慰安妇”改称为“性奴隶”。日军慰安所遍及中国20多个省，使得中国成为日军慰安妇制度的最大受害国。

四是疯狂掠夺中国的财富与资源。在东北，在日满经济一体化的口号下，日本的垄断资本独占了全部重工业和铁路交通，控制了东北的经济命脉，肆意掠夺矿产资源。在关内，按照日本“工业日本，农业中国”的原则，被毁的中国工厂约占当时工厂总数的37%，其余除少数内迁外，大多为日本所占。日本还大肆掠夺占领区的土地及农产品，并对农产品实行严格的统制和垄断，强迫农民将粮食等农产品廉价出卖给伪政府。

五是强制推行奴化教育，企图以此达到泯灭中国人民的民族意识和反抗精神、维护其殖民统治的目的。这一政策在《马关条约》签订后，日本占领台湾期间就开始实施，被称为“皇民化运动”。奴化教育辅之以宗教式的礼仪制度、军国主义的阶级服从、军事化的生活管理、法西斯的军事训练、提倡武士道精神。可以认为，它具有欺骗性，在毒害占领区人民的心灵方面危害严重。

日本侵略者在中国犯下的罪行罄竹难书，据不完全统计，战争期间中国军民伤亡3500万人，按1937年的比价，中国直接经济损失1000亿美元，间接经济损失达5000多亿美元。

学生：近代以来，日本军国主义在历次侵华军事行动中的暴行，给中华民族和中国人民带来了深重的灾难，我们要铭记这段历史。

教师：是的，“忘记过去意味着背叛”。我们不能忘记80年前日本军国主义侵略者强加给中华民族的空前耻辱和灾难，不能忘记日本侵略者用战刀、用枪炮、用细菌战、用毒气战、用一切违反人类道义的最为凶残的手段，对中国人民所实施的惨无人道的屠戮，不能忘记当年侵华日军在中国大地上对中国人民犯下的累累暴行，不能忘记中国人民为了维护民族生存、国家和人类的尊严而与日本这一凶残敌人所做的 14 年苦战，所付出的巨大的牺牲。这是一段用中国人民的鲜血和泪水凝铸而成的历史，充满着苦难的耻辱，蕴含着觉醒和抗争，它残酷而悲壮、历久而弥新。所以，习近平总书记在纪念抗战胜利 70 周年大会上指出，绝不让历史悲剧重演，是我们对当年为维护人类自由、正义、和平而牺牲的英灵、对惨遭屠杀的无辜亡灵的最好纪念。

好，这一节的内容，我们就谈到这里。

（四）抗日战争胜利的原因

教师：这一节，我们将对中国人民取得抗战胜利的原因进行分析。

抗日战争胜利之际，在重庆召开的庆祝会上，有人出了这样一个灯谜：谜面叫作“抗战胜利”，谜底是中国史书上的一个著名人物。结果出现了四种答案：一曰屈原，二曰苏武，三曰蒋干，四曰共工。屈原大家都熟悉，是战国时期楚国伟大的爱国主义和最早的浪漫主义诗人。苏武是西汉人，出使匈奴被拘 19 年，始终不屈，后归汉。蒋干是历史小说《三国演义》中的人物，企图盗窃情报反而中计。共工是一个神话人物，怒触不周山使天崩地裂。

学生：这四个历史人物与抗战争胜利的原因有什么关系？它隐含了猜谜者对抗战胜利的不同理解吗？

教师：是四种不同的理解。第一种理解把抗战胜利归因为日本屈服于美国的原子弹，这就把问题简单化了。美国是同盟国中最强大的国家，美国通过《租借法案》向中国抗战提供经济、军事、外交和道义上的援助，派遣“飞虎队”来华参加对日作战。在太平洋战争中消灭了日军的有生力量，与中、英先后发表《开罗宣言》和《波茨坦公告》，敦促日本投降，向日本投放两颗原子弹，摧毁了日本法西斯的军心，仅从日本昭和天皇的投降诏书看，是导致日本投降的直接因素，但不是中国人民取得抗战胜利的本质原因。

第二种理解把抗战胜利归因为苏联的武力。苏联是同盟国中的强国，最早为中国抗日战争提供援助。苏联为了防止日军北进，避免在欧、亚两线同时作战，向中国提供贷款、军火，并派遣飞行员到中国参加空战，派遣军事顾问为中国参谋等。但要看到，苏联的援助是小心翼翼的、有限的、有时间性的，即尽量不触怒日本。1941 年苏、日两国签订了损伤中国主权的《苏日中立条约》。1944 年，苏联又一度支持新疆“东突”分裂政权，陷国民政府于前所未有的艰难局面。1945 年 8 月，苏军出兵中国东北，迅速摧毁了日本的精锐部队关东军，加速了日本的投降。

学生：我明白了，第三个答案是蒋干，是不是把抗战胜利的归因为蒋介石政府了啊？

教师：是的，第三种理解就是把抗战胜利归因为蒋介石为代表的国民政府。国民政府统帅了中国军队，抗战初期，以国民党军队为主体的正面战场，担负了抗击日军战略进攻的主要任务。正面战场大规模的战略性防御战役，对于打破日本帝国主义"三个月灭亡中国"的"速战速决"战略企图、消耗日军兵力和战争资财、迫使日军由战略进攻转为战略防御起了决定性的作用，提高了中国抗战的国际声誉和地位。从战略态势上，正面战场客观上掩护了敌后战场的开辟，也为转移文教科卫、文物、工业设施等赢得了时间，鼓舞了全民族抗战的民气和斗志。国民政府与英美先后发表《开罗宣言》和《波茨坦公告》，从国际法方面维护中国领土的完整。

学生：第四种理解，是说抗战胜利是全民族共同努力的结果，还是共产党的功劳呢？

教师："共工"有共同功劳的意思，能够体现全民族的同仇敌忾、共赴国难、团结对敌。"共工"同时也包含不能抹杀共产党历史功绩的含义，没有单方面地把抗战说成是纯粹共产党或者是国民党的功劳。

我们认为第四种理解是正解，符合抗日战争的历史进程和客观事实，即抗日战争是全中华民族的共同大事，抗日战争的胜利首先是全民族抗战的胜利。同时，我们也要认识到，中国共产党在全民族抗战中起到了中流砥柱的作用。以毛泽东同志为杰出代表的中国共产党人，把马克思列宁主义同中国革命具体实际相结合，创立和发展了毛泽东思想的科学理论，对抗日战争发挥了重要的思想和战略指导作用。中国共产党坚持抗战、反对妥协，坚持团结、反对分裂，坚持进步、反对倒退，成为引导全民族抗战走向胜利的一面旗帜。中国共产党领导的敌后战场，广泛发动群众，独立自主地开展游击战争，八路军、新四军、华南游击队、东北抗日联军和其他人民抗日武装力量奋勇作战。平型关大捷打破了"日军不可战胜"的神话，百团大战振奋了全国军民争取抗战胜利的信心。敌后战场钳制和歼灭了日军大量兵力，歼灭了大部分伪军。随着日军打击重心的转移，敌后战场上升为中国抗战的主战场。中国共产党领导的抗日武装，在犬牙交错、战线多变的游击战场，以灵活巧妙的伏击战、袭击战、破击战、地雷战、地道战，粉碎了日军的"清乡""扫荡""蚕食"等对敌后战场的疯狂进攻，彻底挫败了日本的"治安战"。仅 1940 年，就与日军华北方面军交战 2 万余次。可以说，共产党领导的敌后战场与国民党担负的正面战场，形成了共同抗击日本侵略者的战略态势。

学生：老师，我看到日本历史学家井上清说：“日本在第二次世界大战中不仅败于美国，而且更惨地败给了中国。正确地说，败给了中国人民。”我们该如何理解他的这一论断呢？

教师：中国人民巨大的民族觉醒、空前的民族团结和英勇的民族抗争，万众一心、众志成城，各党派、各阶层同仇敌忾、共赴国难，是中国人民抗日战争胜利的决定性因素。广大港澳同胞、台湾同胞、海外侨胞和海外华人，与祖国同呼吸、共命运，以各种方式参加和支援祖国人民抗战，不少同胞为国捐躯。在空前惨烈的抗日战争中，中国军民前仆后继、浴血奋战，面对敌人的炮火勇往直前，面对死亡的威胁义无反顾，以血肉之躯筑起了捍卫祖国的钢铁长城，用气吞山河的英雄气概谱写了惊天地、泣鬼神的壮丽史诗。杨靖宇、赵尚志、左权、彭雪枫、佟麟阁、赵登禹、张自忠、戴安澜等一批抗日将领，八路军“狼牙山五壮士”、新四军“刘老庄连”、东北抗联八位女战士、国民党军“八百壮士”等众多英雄群体，就是中国人民不畏强暴、英勇抗争的杰出代表。经过艰苦卓绝的长期抗战，中国人民从战略防御到战略相持，进而发展到战略反攻，终于在世界反法西斯战争走向胜利的进程中彻底打败了日本侵略者。此外，中国人民抗日战争的胜利，同世界所有爱好和平和正义的国家和人民、国际组织以及各种反法西斯力量的同情和支持也是分不开的。

（五）中国抗战在世界法西斯战争中的地位

学生：老师，中国在世界反法西斯战争中发挥了怎样的作用？为什么在国际社会长久得不到广泛认同？

教师：好的，探讨中国抗战的国际地位，需要我们纠正第二次世界大战“西方中心论”，明确中国在世界反法西斯战争中发挥重大作用的历史定位。

我国在世界反法西斯战争中付出了巨大代价，但战后70年来，并没有获得国际社会广泛认可。从持续时间上，相比英国6年、苏联4年2个月、美国3年9个月，中国人民抗日战争最早打响，最晚结束，持续长达14年。从伤亡人数来看，中美苏英四国军民伤亡中，美国100余万、英国120余万、苏联2700余万，而中国则3500余万。全世界61个参战国中，中国抗击反法西斯军队兵力最多。中国本身就是世界反法西斯战争胜利纪念的主角，但受冷战和意识形态等多方面因素的羁绊，中国这一身份并没有获得国际社会的认同。翻看世界各国二战历史教科书和研究专著，大多在叙述欧洲战场，东方战场被忽略，基本上没有中国的身影，这是“欧洲中心论”的历史观的一种反映。对此，我们需要用史实予以澄清。

中国抗日战争揭开了世界反法西斯战争的序幕。第二次世界大战是德、意、日法西斯集团为称霸世界而发动的侵略战争。在日本侵略扩张的总构想中，发动侵华战争是必不可少的前提和关键。正如毛泽东指出的，日本“为了南攻南洋群岛，北攻西伯利亚起见，采取中间突破的方针，先打中国”。① 日本悍然发动九一八事变，在世界东方形成了第一个战争策源地，成为法西斯全球扩张的开端。面对高度军事化和侵略成性的日本法西斯，中国抗日军民不畏强暴，在东北的白山黑水之间，在淞沪、察哈尔和绥远等地，持续不断地开展英勇顽强的抗日斗争。在当时法西斯肆虐、绥靖主义盛行的国际环境中，在世界主要国家长期置身于反法西斯斗争之外的情况下，中国的局部抗战打响了反法西斯战争的第一枪，在世界范围内树起了反法西斯侵略的旗帜。美国总统罗斯福称赞中国人民在这次战争中是首先站起来同侵略者战斗的，说美国忘不了中国人民在此前 7 年多的时间里顶住了日本人的野蛮进攻和在亚洲大陆广大地区牵制住大量的敌军。

学生：世界反法西斯战场是个什么概念？中国抗日战争在其中占据什么位置？它是怎样牵制住日本陆军主力的？

教师：世界反法西斯战场形成东、西两大部分，即欧洲北非战场和亚太地区战场。我们说中国战场是世界反法西斯战争的东方主战场，是因为在亚太地区，中国战场始终牵制着日本陆军的主力。太平洋战争时期，日本仍有 110 万左右的军队用于中国战场，这一数目超过了日军在东南亚和太平洋各岛的兵力总和。此外，还有 70 多万关东军驻守在东北地区。由于中国战场牵制了日军主力，日军无法向太平洋战场转移更多兵力，这就有力地支持了盟军在太平洋战场的作战。日本学者所著的《太平洋战争史》承认，太平洋战争爆发后，日本陆军的主力仍然被死死钉在中国战场上，寸步难移。中国的抗战不仅支持了美英贯彻其“先欧后亚”的军事战略，而且是东亚和太平洋战场转入战略反攻的重要因素。在力量悬殊的条件下，中国战场毙、伤、俘日军 150 多万人，对日本法西斯的覆灭起到了决定性作用。此外，中国坚定支持亚洲被压迫国家和民族的抗日斗争，以扶助弱小的实际行动，不但极大地促进了亚洲被压迫民族的独立和解放事业，而且使中国当之无愧地成为亚洲反法西斯战争的坚强阵地。

---

① 《毛泽东选集》(第 2 卷)，人民出版社 1991 年版，第 509 页。

学生：中国抗战打破了日本的“速战速决”图谋，那么，它是怎样从战略上有力地支持了世界反法西斯战争并影响了战争进程的？

教师：是的，第二次世界大战是反法西斯力量与法西斯国家在全球范围的殊死较量，每一场局部战争都是世界反法西斯战争的有机组成部分。中国的抗日战争打乱了德日法西斯的全球战略部署，有力地牵制了日本法西斯的全球战略步伐，铸成世界反法西斯战争胜利的坚固支撑；按住了日本兵力有限这个“死穴”，长期牵制日本陆军主力，使其兵力运用始终处于捉襟见肘的窘境；不断干扰日本既定的战争节奏，使其陷入无解的战争困局，不但使法西斯集团未能在侵略扩张上“密切合作”，而且促成了世界反法西斯力量的团结与联合。中国抗战以自身的力量影响着战争的发展变化，正如毛泽东所说，“在全世界反法西斯阵线中尽了它的伟大责任”。① 中国的持久抗战是牵制日本战略决策的首要因素，不但遏止了日本北进，还延迟了其南进。

斯大林说，“只有当日本侵略者的手脚被捆住的时候，我们才能在德国侵略者一旦进攻我国的时候避免两线作战”。②

中国还两度派军出国入缅作战，有效支援了印缅战场和太平洋战场盟军的作战。更为难得的是，中国在承担对日作战重任的同时，还多次为其他反法西斯战场作出牺牲。英国历史学家拉纳·米特在《中国，被遗忘的盟友》一书中指出，中国曾一再把自己的军队按照有利于盟军地缘战略利益，却有损于中国自身目标的方式投入战场，成为支撑欧洲和太平洋战场的战略枢纽。

学生：听到这些评价我也感到很自豪，我觉得中国战场具有如此重要的地位是当之无愧的，是中国人民用14年的不屈奋斗赢得的。这表明，中国人民为取得世界反法西斯战争的胜利作出了巨大贡献。

教师：是啊，正如习近平主席所指出的：“伟大的中国人民抗日战争，开辟了世界反法西斯战争的东方主战场，为挽救民族危亡、实现民族独立和人民解放，为争取世界和平的伟大事业，作出了彪炳史册的贡献。”③

（六）抗战胜利的伟大意义

教师：习近平总书记在纪念中国人民抗日战争暨世界反法西斯战争胜利70周年大

① 《毛泽东选集》（第2卷），人民出版社1991年版，第375页。
② 转引自［苏］瓦·崔可夫：《在华使命》，万成才译，新华出版社1980年版，第36页。
③ 《在纪念全民族抗战爆发七十七周年仪式上的讲话》，载《人民日报》2014年7月8日。

会上的讲话指出，中国人民抗日战争胜利，是近代以来中国抗击外敌入侵的第一次完全胜利。“这一伟大胜利，洗刷了近代以来中国抗击外来侵略屡战屡败的民族耻辱。这一伟大胜利，重新确立了中国在世界上的大国地位，使中国人民赢得了世界爱好和平人民的尊敬。这一伟大胜利，开辟了中华民族伟大复兴的光明前景，开启了古老中国凤凰涅槃、浴火重生的新征程。”① 这段话有助于我们充分理解抗日战争的伟大意义。

学生：习近平总书记说抗战胜利是“中国抗击外敌入侵的第一次完全胜利”。我的理解是，应从比较的视角来总结近代以来中国人民历次抵御外侮的抗争史。

教师：你的理解没错，近代以来中国人民奋起抗击外敌入侵，一次次遭到失败。中国人民抗日战争的胜利，彻底打败了日本侵略者，捍卫了中国的国家主权和领土完整，使中华民族避免了遭受殖民奴役的厄运，彻底改变了中国近代以来饱受外来侵略的屈辱历史，捍卫了中华民族数千年发展的文明成果。抗日战争的胜利，还结束了日本在台湾50年的殖民统治，使台湾回到祖国怀抱。中国人民抗日战争胜利的历史表明，中华民族有同自己的敌人血战到底的气概，有在自力更生的基础上光复旧物的决心，有自立于世界民族之林的能力。

学生：抗日战争是一场民族解放战争，我们该如何理解它与民族复兴的历史性关联呢？

教师：民族解放是民族复兴的前提。而且，在进行民族解放战争的历史过程中，中国人民的抗战及其胜利，促进了中华民族的觉醒，增强了中华民族巨大的凝聚力，推动了中国社会结构的变化，加快了中国民主进步力量的发展，为中国共产党带领中国人民实现彻底的民族独立和人民解放奠定了重要基础。抗日战争烽火的洗礼，使中国人民在精神上、组织上的进步达到了前所未有的高度。近代以来，中国人民为寻求救国救民的道路进行了艰苦探索。日本军国主义的侵略使中华民族面临亡国灭种的危险，而生死存亡的考验使中国人民极大地觉醒起来，更加深入地思考中华民族的前途命运和实现民族振兴的正确道路。正是在中国人民抗日战争胜利的基础上，中国共产党领导中国人民取得了新民主主义革命的胜利，建立了中华人民共和国，实现了中国历史上最伟大、最深刻的社会变革。

学生：老师，抗日战争的胜利，与重新确立中国在世界上的大国地位之间有什么必然联系？

教师：近代以来，西方列强以其坚船利炮打开了中国大门，不平等条约体系将中

---

① 《在纪念全民族抗战爆发七十七周年仪式上的讲话》，载《人民日报》2014年7月8日。

华民族置于被宰割的地位，中国主权沦丧、国力孱弱，在世界上的地位一落千丈，这种状况到了抗战开始仍未改变。然而，正如毛泽东指出的那样，“伟大的中国抗战，不但是中国的事，东方的事，也是世界的事”。① 在世界反法西斯战争中，中华民族不仅为争取民族独立和解放坚持斗争，而且以巨大的牺牲承担国际责任，赢得了世界尊重和大国尊严。太平洋战争爆发后，中国战略地位的重要性得到美英等同盟国的承认，同盟国在废除对华不平等条约问题上的态度逐渐积极起来，在华享有特权的西方同盟国相继宣布放弃在华特权，标志着在法理上结束了西方列强在中国享有的百年特权，雪洗了中华民族的百年耻辱，使中国成为国际社会中的平等一员，从而在实现中华民族独立的征程中迈出了重要的一步。中国大力倡导和推动建立国际反法西斯同盟，为彻底打败法西斯和建立战后世界新秩序发挥了重大作用。中国参与发起成立联合国并成为联合国安理会常任理事国，推动形成维护国际和平与安全的新机制，成为国际社会进步的重要标志和世界和平的有力保证，也显著提高了中国的国际地位和国际影响。从根本上讲，正是中国人民在抗日战争中的英勇抗战和巨大的民族牺牲，才使得中国赢得了应有的国际地位。

学生：老师，抗日战争距离我们这代人已经渐去渐远了，除了铭记这段历史之外，我们还能从中汲取怎样的精神财富和力量之源？

教师：中国人民抗日战争的胜利，促进了中华民族的大团结，弘扬了中华民族的伟大精神。抗日战争使中国人民空前团结起来，使中华民族焕发出巨大凝聚力和旺盛生命力。抗日战争既是一场军事实力和经济实力的较量，更是一场意志和精神的较量。在这场空前壮阔的伟大斗争中，中华民族进一步弘扬了以爱国主义为核心的伟大民族精神，并表现出许多鲜明的特点，这就是：坚持国家和民族利益至上、誓死不当亡国奴的民族自尊品格，万众一心、共赴国难的民族团结意识，不畏强暴、敢于同敌人血战到底的民族英雄气概，百折不挠、勇于依靠自己的力量战胜侵略者的民族自强信念，开拓创新、善于在危难中开辟发展新路的民族创造精神，坚持正义、自觉为人类和平进步事业贡献力量的民族奉献精神。伟大的民族精神，不仅成为激励中国人民团结一心、血战到底的坚实思想基础和强大精神支柱，而且在抗战的烽火中得到了新的丰富和升华。这是伟大的抗日战争留给我们的最宝贵的精神财富，我们要结合新的时代条件大力继承和发扬。

总之，抗日战争是正义的胜利、和平的胜利、人民的胜利，充分展现了中华民

① 《毛泽东文集》（第2卷），人民出版社1993年版，第145页。

族强大的生命力、凝聚力和战斗力，极大地激发了中国人民的民族自尊心、自信心和自豪感，有力地推进了中国社会的进步，加快了中国革命的历史进程，为实现民族独立和人民解放、建立新中国奠定了重要基础，是中华民族走向复兴的伟大历史转折点。

四、释疑解惑

（一）如何看待中国共产党开辟的敌后战场的地位和作用？

在中华民族的抗日战争中，为了贯彻执行全面抗战路线，中国共产党作出了开辟敌后战场的战略决策，进行了长期艰苦的敌后抗战。1937 年，中共中央在洛川会议上确立了毛泽东提出的坚持独立自主的山地游击战的战略方针，强调中国共产党应该把工作重心放在敌后，放手发动群众建立敌后抗日根据地。会后，八路军开赴山西抗日前线，在完成正面战场的侧翼配合作战后，以山西为基地，实施战略展开，逐渐形成了以敌后抗日根据地为依托的敌后战场。先后开辟晋察冀、晋西北、晋冀豫、山东和大青山等抗日根据地，在华北，以国民党为主体的正规战争结束，以共产党为主体的游击战争上升到主要地位。新四军则挺进长江南北，开赴苏南、皖南、皖中地区，创建华中抗日根据地。

在抗日战争的战略防御阶段，从全局看，国民党正面战场的正规战争是主要的，敌后的游击战争是辅助的。但是，游击战争在敌后的广泛开展和敌后抗日根据地的开辟，迫使敌人不得不把用于进攻的兵力抽调回来保守其占领区，从而对阻止日军的进攻、减轻正面战场压力、使战争转入相持阶段起了关键性的作用。敌后战场对于正面战场的配合，分为战役配合和战略配合，即局部性和全局性的配合。从战略配合来看，这一阶段八路军、新四军共作战 1700 余次，歼敌 5.4 万余人，在华北和华中初步建立起 10 块根据地，吸引和牵制了约 20 万的日军于自己的周围，使日军不能把这些兵力用于正面进攻。

在抗日战争的战略相持阶段，敌后游击战争成为主要的抗日作战方式。日军逐步将主要兵力用于打击敌后战场的人民军队，以保持和巩固其占领地。在战略防御阶段的后期，日军就把八路军作为重点纳入战略考虑。1940 年以后，日本为准备“南进”，加强了对八路军的晋西北、晋察冀，以及西南各根据地以及敌后的国民党军队的进攻。

为了打击日军的嚣张气焰，八路军总部决定发起以交通总破袭为中心的“百团大战”。战争的胜利使根据地面积得到很大的恢复，减轻了正面战场的压力，显示了敌后战场对正面战场的战略配合作用。人民军队在大部分时间里所进行的，主要是游击战争。削弱敌人、壮大自己，逐步改变敌强我弱的态势、为实行战略反攻准备条件，这个任务主要是由人民军队进行的游击战争来完成的。

在抗日战争的战略反攻阶段，敌后战场虽然转入反攻，但仍然配合着正面战场，为正面战场的反攻创造了有利条件，而且成为夺取抗日战争最后胜利的主要力量。中国正面战场和敌后战场的反攻，与盟军的对日反攻一起，构成了彻底打败日本法西斯的强大攻势。

在全民族抗战的过程中，中国共产党发挥了中流砥柱的作用，领导全国人民，指挥八路军、新四军和华南抗日武装等全国各地的革命抗日武装力量，对敌作战 12.5 万余次，消灭日、伪军 171.4 万余人，其中日军 52.7 万余人，为坚持抗战、夺取抗战的最后胜利作出了永远辉耀史册的贡献。

（二）中华民族的抗日战争为什么能够最终取得胜利?

中国人民抗日战争的胜利，是近代以来中国抗击外敌入侵的第一次完全胜利。中国人民之所以能够战胜日本帝国主义侵略者，主要是因为：

第一，以爱国主义为核心的民族精神是中国人民抗日战争胜利的决定因素。近代以来，中国人民为争取民族独立和解放进行的一系列抗争，是中华民族觉醒和民族精神升华的历史进程。这种民族觉醒和民族精神升华，在抗日战争时期达到了全新的高度。

第二，中国共产党的中流砥柱作用是中国人民抗日战争胜利的关键。中国共产党自成立之日起就把实现中华民族伟大复兴作为自己的历史使命。中国共产党倡导和推动国共合作，建立、坚持和发展广泛的抗日民族统一战线。中国共产党坚持全面抗战路线，制定正确的战略策略，开辟广大敌后战场，成为坚持抗战的中坚力量。

第三，全民族抗战是中国人民抗日战争胜利的重要法宝。抗击侵略、救亡图存成为中国各党派、各民族、各阶级、各阶层、各团体以及海外华侨华人的共同意志。

第四，中国人民抗日战争的胜利，同世界所有爱好和平和正义的国家和人民、国际组织以及各种反法西斯力量的同情和支持也是分不开的。

五、学习测试

（一）单项选择题（备选答案中只有1个是正确的）

1. 日本变中国为其独占殖民地阶段由(　　)开始

A. 九一八事变　　B. 华北事变　　C. 七七事变　　D. 八一三事变

2. 1933年5月，原西北军将领冯玉祥在张家口成立(　　)

A. 察哈尔民众抗日同盟军　　B. 东北抗日联军

C. 全国各界救国联合会　　D. 保卫中国同盟

3. 标志着十年内战基本结束，国内和平基本实现的历史事件是(　　)

A. 西安事变　　B. 九一八事变　　C. 七七事变　　D. 重庆谈判

4. 抗日民族统一战线正式形成的标志是(　　)

A. 国民党公布国共合作宣言　　B. 西安事变的和平解决

C. 国民政府发表自卫宣言　　D. 八路军和新四军的建立

5. 标志着日本全面侵华战争开始的事件是(　　)

A. 七七事变　　B. 九一八事变　　C. 华北事变　　D. 八一三事变

6. 抗战初期，国民党正面战场的多次战役最重要意义在于(　　)

A. 消灭了日本大量有生力量

B. 粉碎了日军速战速决的侵略计划

C. 掌握了抗日战争的主动权

D. 取得了抗战以来的最大胜利

7. 抗日战争进入相持阶段后，日本对国民党政府采取了(　　)

A. 以政治诱降为主、军事打击为辅的策略

B. 以军事打击为主、政治诱降为辅的策略

C. 军事打击和政治诱降并重的策略

D. 速战速决、武力征服的策略

8. 中国共产党制定的《抗日救国十大纲领》的重要会议是(　　)

A. 瓦窑堡会议　　B. 洛川会议

C. 中共六届六中全会　　D. 中共六届七中全会

9. 1940年5月，在枣宜会战中牺牲的第三十三集团军总司令是(　　)

A. 张治中　B. 佟麟阁　C. 赵登禹　D. 张自忠

10. 全民族抗战以来，中国军队取得的第一次重大胜利的战役是(　　)

A. 平型关大捷　B. 台儿庄大捷　C. 百团大战　D. 昆仑关大捷

11. 1944年4月至1945年1月，日本发动打通中国大陆交通线的战役是(　　)

A. 忻口战役　B. 淞沪战役　C. 豫湘桂战役　D. 枣宜会战

12. 在抗日战争时期，国共两党两条不同的抗战路线的根本区别是(　　)

A. 要不要解决民生问题　B. 要不要给群众以民主

C. 要不要发动人民起来抗战　D. 要不要减租减息

13. 在抗日统一战线中，中国共产党必须坚持的原则是(　　)

A. 一切经过统一战线　B. 独立自主原则

C. 退让政策　D. 一切斗争，否认联合

14. “皖南事变”发生后，周恩来发表“千古奇冤，江南一叶，同室操戈，相煎何急?”的题词。这表明中共(　　)

A. 认为国共合作实际上已经破裂

B. 决定武装反抗国民党的屠杀政策

C. 要独立自主地担负起反抗日本侵略的责任

D. 揭露顽固派阴谋，坚持抗日民族统一战线

15. 抗日战争爆发后中共建立的第一个敌后抗日根据地是(　　)

A. 晋绥根据地　B. 冀鲁豫根据地

C. 苏南根据地　D. 晋察冀根据地

16. 抗战进入相持阶段后，中国人民在华北给日本侵略者沉重打击的一次军事行动是(　　)

A. 百团大战　B. 平型关战役　C. 淞沪会战　D. 台儿庄战役

17. 抗战时期，各抗日根据地实行的土地政策是(　　)

A. 减租减息　B. 没收地主的土地

C. 耕者有其田　D. 地主不分田，富农分坏田

18. 第一次整风运动的主要任务是(　　)

A. 反对主观主义　B. 反对宗派主义

C. 反对官僚主义　D. 反对党八股

19. 1945 年，将毛泽东思想确立为中国共产党指导思想的会议是(　　)

A. 中共七大　　B. 遵义会议　　C. 洛川会议　　D. 六届六中全会

20. 中国人民抗日战争胜利的纪念日是(　　)

A. 8 月 15 日　　B. 9 月 3 日　　C. 7 月 7 日　　D. 8 月 12 日

(二) 多项选择题（备选答案中至少有 2 个是正确的）

1. 日本侵华犯下了空前严重的罪行，主要有(　　)

A. 制造惨绝人寰的大屠杀　　B. 疯狂掠夺中国的资源和财富

C. 强制推行奴化教育　　D. 建立“大东亚共荣圈”

2. 抗日民族统一战线正式形成的标志是(　　)

A. 国民党中央通讯社发表《中国共产党为公布国共合作宣言》

B. 蒋介石发表实际承认共产党合法地位的谈话

C. 西安事变的和平解决

D. 国民党五届三中全会

3. 1938 年 10 月，抗日战争进入相持阶段后，日本侵华政策调整为(　　)

A. “以华制华”“以战养战”

B. 对国民党采取政治诱降为主、军事打击为辅的方针

C. 逐步将主力用于对共产党领导的敌后抗日根据地进行“扫荡”

D. 在占领区建立傀儡政权，建立和发展汉奸组织

4. 在抗日战争的战略防御阶段，国民党正面战场组织的大战役主要有(　　)

A. 淞沪会战　　B. 忻口会战　　C. 徐州会战　　D. 武汉会战

5. 中国共产党巩固抗日民族统一战线的策略总方针是(　　)

A. 发展进步势力　B. 争取中间势力　C. 孤立顽固势力　D. 打击敌对势力

6. 延安整风运动的最主要任务是反对主观主义，主观主义的最主要表现形式是(　　)

A. 教条主义　　B. 经验主义　　C. 形式主义　　D. 宗派主义

7. 党的七大把党在长期奋斗中形成的优良作风概括为(　　)

A. 理论和实践相结合的作风

B. 自我批评的作风

C. 和人民群众紧密联系在一起的作风

D. 艰苦奋斗的作风

8. 中国为世界反法西斯战争作出了巨大贡献，这主要表现在(　　)

A. 中国的抗战最早揭开了世界反法西斯战争的序幕

B. 中国的抗战持续时间最长，抗击和牵制着日本陆军主力

C. 中国是亚洲大陆上反对日本侵略者的主要国家

D. 中国是全世界参加反法西斯战争的五个最大的国家之一

E. 中国坚持持久抗战，为同盟国军队实施战略反攻创造了有利条件

9. 中国人民抗日战争胜利的原因，主要是(　　)

A. 以爱国主义为核心的民族精神是中国抗战胜利的决定因素

B. 中国共产党的中流砥柱作用是中国抗战胜利的关键

C. 全民族抗战是中国人民抗日战争胜利的法宝

D. 中国抗战的胜利，同世界反法西斯力量的同情和支持也是分不开的

10. 中国共产党在抗日战争中的中流砥柱作用，主要表现在(　　)

A. 倡导和推动国共合作，建立、坚持和发展广泛的抗日民族统一战线

B. 坚持全面抗战路线，制定正确的战略策略

C. 坚持开辟敌后战场，成为坚持抗战的中坚力量

D. 始终坚持抗战，维护团结抗战的大局，成为夺取抗战胜利的民族先锋

(三) 论述题

1. 应当怎样理解中国共产党领导的敌后战场在抗日战争中的中流砥柱作用？

2. 怎样评价国民党政府在抗日战争中执行的路线和正面战场的地位与作用？

◎ 参考答案

(一) 单项选择

1. A　2. A　3. A　4. A　5. A　6. B　7. A　8. B　9. D　10. A

11. C　12. C　13. B　14. D　15. D　16. A　17. A　18. A　19. A　20. B

(二) 多项选择题

1. ABC　2. AB　3. ABCD　4. ABCD　5. ABC

6. AB 7. ABC 8. ABCDE 9. ABCD 10. ABCD

（三）论述题

1. 应当怎样理解中国共产党领导的敌后战场在抗日战争中的中流砥柱作用？

中国共产党在全民族抗战中发挥了中流砥柱作用，这一论断由来已久。最早提出者是毛泽东，他在抗日战争期间就两次强调这一观点，一次是1941年5月25日在为中共中央起草的一份党内指示中说，“共产党领导的武力和民众已成了抗日战争中的中流砥柱”。一次是1945年4月在中共七大上所作的《论联合政府》的政治报告中指出：“没有中国共产党的努力，没有中国共产党人做中国人民的中流砥柱，中国的独立和解放是不可能的。”朱德总司令在中共七大作的《论解放区战场》中也指出：“八年来，我们伟大的中国人民军队——八路军、新四军、华南抗日纵队……成为中国抗战的中流砥柱。”

“中流砥柱”一词出自《晏子春秋·内篇谏下》：“吾尝从君济于河，鼋衔左骖，以入砥柱之中流。”它是指上古时代黄河三门峡河道狭窄处有一座山矗立在黄河的急流中，影响河水的通行，大禹治水时把两边的河道凿宽，而砥柱山便屹立于黄河的急流之中，无论狂风暴雨的侵袭，还是惊涛骇浪的冲刷，它一直巍然屹立于黄河之中，而不会被冲垮，自古被喻为中华民族精神的象征。用该词来形容中国共产党领导的敌后战场在艰苦卓绝的抗日战争中的坚持是非常准确的。没有中国共产党领导的敌后战场的顽强坚持，是不可能迎来抗日战争的最后胜利的。我们应当从这样的角度来理解“中流砥柱作用”。

2. 怎样评价国民党政府在抗日战争中执行的路线和正面战场的地位与作用？

首先，在战略防御阶段，以国民党军队为主体的正面战场，担负了抗击日军战略进攻的主要任务，组织了一系列大战役。从1937年7月卢沟桥事变，到1938年10月广州、武汉失守，中国抗战处于战略防御阶段。国民党军队组织了淞沪会战、忻口会战、徐州会战、武汉会战等一系列大战役。1938年3月，李宗仁等部在台儿庄战役中取得大捷，歼灭日军1万余人。国民党军队的爱国将士，表现出空前的民族义愤和抗战热情。在这段时期，国民党政府的对日作战是比较努力的，其政策的重点还是放在反对日本侵略者身上。但是，正面战场除了台儿庄战役取得大捷外，其他战役几乎都是以退却、失败而结束的。

其次，在战略相持阶段和战略反攻阶段，国民党正面战场的作用逐步下降，中国共产党领导的敌后战场逐步起到更重要的作用。抗日战争进入相持阶段后，日本对国民党政府采取以政治诱降为主、军事打击为辅的方针。国民党在重申坚持持久抗战的同时，其对内对外政策发生重大变化。1939 年 1 月，国民党五届五中全会决定成立“防共委员会”，确定了“防共、限共、溶共、反共”的方针。蒋介石还将抗战到底的含义解释为“恢复到卢沟桥事变以前的状态”。这标志着国民党政府逐步转变为消极抗战。在世界反法西斯战争胜利发展、敌后战场开始局部反攻的有利条件下，国民党军队的战斗力却日益下降。

究其根本而言，国民党政府执行的是片面抗战路线，不敢放手发动和武装民众，实行单纯的政府和正规军的抗战；在战略战术上，没有采取积极防御的方针，而是进行单纯的阵地防御战，这就使得大多数作战未能给敌人以更大的消耗，并在短时间内丧失了大片国土。

六、阅读文献

1. 毛泽东：《论持久战》（1938 年 5 月）

2. 毛泽东：《论联合政府》（1945 年 4 月 24 日）

3. 《中共中央关于目前形势与党的任务的决定》（1937 年 8 月 25 日）

4. 胡锦涛：《在中国人民抗日战争暨世界反法西斯战争胜利六十周年纪念大会上的讲话》（2005 年 9 月 3 日）

5. 习近平：《在纪念中国人民抗日战争暨世界反法西斯战争胜利 70 周年座谈会上的讲话》（2015 年 9 月 3 日）

第七章
为新中国而奋斗

一、教学目的与要求

1. 了解抗战胜利后中国的政局和各党派的主张。

2. 了解“第三条道路”的主张及幻灭。

3. 了解人民解放战争胜利发展的进程。

4. 了解人民政协的建立和《中国人民政治协商会议共同纲领》的制定。

5. 把握中国革命胜利的原因和基本经验。

二、基本教学内容

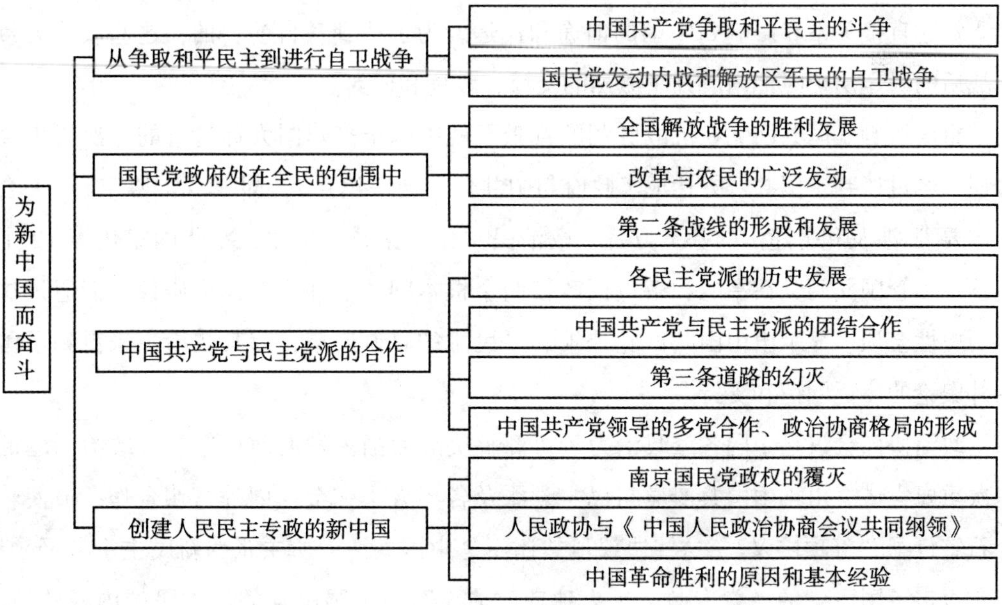

三、讨论式教学教案

（一）导学

教师：同学们好，今天我们学习“中国近现代史纲要”这门课程的第七章“为新中国而奋斗”。

学生：老师，在这一章的学习过程中，我们应该重点掌握哪些内容？

教师：通过本章学习，希望同学们着重掌握以下几个方面的问题：

一是了解重庆谈判和政治协商会议，认识中国共产党为争取和平民主所付出的巨大努力。抗战胜利后，随着中日民族矛盾的解决，国内阶级矛盾逐渐凸显出来。这一矛盾集中表现为要把中国建设成为一个什么样的国家。围绕这一问题，国内各阶级、各阶层、各党派分别提出了自己的建国方案：以国民党为代表的大地主大资产阶级，妄图在美国的支持下篡夺抗战的胜利果实，继续维持其一党专政，建立全国性的独裁统治；中国共产党作为工人、农民和城市小资产阶级的政治代表，主张废除国民党一党专政，建立独立、自由、民主、统一和富强的新中国；民主党派作为民族资产阶级和知识分子的政治代表，试图在中国建立一个英美式的资产阶级共和国。

怎样在上述三种建国方案中作出选择？如何化解国内各种政治势力之间的分歧和矛盾？这直接关系和影响到中国的前途和命运。为了达到各自的目的，这些政治力量在战后的一定历史时期内展开了激烈的交锋、较量和博弈。

重庆谈判是国共两党在抗战胜利的背景下就中国未来建国大计进行的一次历史性会谈。经过谈判，国共双方达成《政府与中共代表会谈纪要》，即《双十协定》。“会谈纪要”涉及和平建国的基本方针、政治民主化、党派合法化、军队国家化等12个问题。尽管国共两党在军队和解放区政权两个根本问题上并没有达成协议，但通过这一历史性会谈，显示出中国共产党追求和平民主的真诚愿望，使其政治主张得到了国内外舆论的广泛同情和支持。

政治协商会议是中国各派政治力量协商解决战后国家发展前途等重大政治问题的一次重要尝试。由于中国共产党与民主党派及各界人士在会议内外密切合作，迫使蒋介石签订了“五项协议”。这些协议虽然还不是中国共产党所主张的新民主主义纲领，但它否定了国民党的一党专政、个人独裁政体，否定了国民党的反人民的内战政策，迫使国民党承认党派存在的合法性和各党派的平等地位，并确定了民主改革的总方向。所有这些，是符合全国人民要求和平民主的愿望的，是人民民主势力的胜利。但是，政协会议闭幕仅仅一个多月，国民党六届二中全会便在宪法草案原则等根本问题上否定了政协协议。不久，全面内战爆发。1946 年 11 月 15 日，国民党置中共和民主同盟的意见于不顾，单方面召开所谓“国民大会”，标志着和平建国的希望破灭，也标志着短暂的政治协商进程终结。

二是了解“第三条道路”的主张，认识“第三条道路”失败的原因。“第三条道路”，也称“中间道路”，特指在抗战胜利后的特定历史阶段内，由一些民主党派的领导人物和若干无党派人士所持有的政治主张。他们既反对国民党的内战独裁政策，也不赞同中国共产党的新民主主义纲领，幻想在国民党的大地主、大资产阶级专政和共产党所领导的人民民主专政之外，寻找所谓的“第三条道路”。这种主张，对于国民党独裁统治的政治现实是一种批判，但在实际上却并不具备现实的可能性。随着民盟被解散，“第三条道路”宣告破灭。

三是了解人民政协的建立和《中国人民政治协商会议共同纲领》的内容，认识中国共产党领导的多党合作和政治协商制度是怎样形成的。

中国人民政治协商会议在当时又称“新政协”，以区别于 1946 年召开的“旧政协”。中国人民政治协商会议是在人民解放战争即将取得全国性胜利的背景下酝酿召开的。由于受到当时战争环境等因素的影响，还不能立即召开由普选产生的全国人民代表大会。在这种情况下，中国共产党邀请各民主党派、人民团体、人民解放军、各地区、各民族以及国外华侨等各方面的代表，组成中国人民政治协商会议。在普选的全国人民代表大会召开之前，由中国人民政治协商会议代行全国人民代表大会的职权。中国人民政治协商会议的建立，标志着 100 多年来中国人民争取民族独立和人民解放运动取得了历史性的伟大胜利，标志着爱国统一战线和全国人民大团结在组织上完全形成，标志着中国共产党领导的多党合作和政治协商制度正式确立。

革命胜利后将要建立一个什么样的国家？如何把革命胜利的成果用法律形式固定下来？这就迫切需要制定一部具有根本法性质的文件。《中国人民政治协商会议共同纲领》是由中国人民政治协商会议制定的，它规定了国家制度和社会制度的基本原则及各项基本政策，是“一部人民革命建国纲领”。尽管它还不是一部正式的宪法，但不管从内容上还是从法律效力上看，它都具有国家宪法的特征，在当时起到了临时宪法的作用。它所规定的许多基本原则在制定 1954 年宪法时得到了确认和进一步的发展。

四是了解人民解放战争胜利发展的过程，认识新民主主义革命的伟大意义。

全面内战爆发后，中国共产党领导解放区军民坚决以积极防御粉碎了国民党军队的全面进攻和重点进攻，并积极推动国民党统治区的人民民主运动和解放区的土地改革运动。随着战争形势的发展变化，党指挥人民解放军转入战略进攻，经过战略决战和战略追击，领导人民推翻了国民党的统治，夺取了新民主主义革命的胜利。新民主主义革命的胜利彻底结束了旧中国半殖民地半封建社会的历史，彻底结束了旧中国一盘散沙的局面，彻底废除了列强强加给中国的不平等条约和帝国主义在中国的一切特权，实现了几代中国人梦寐以求的民族独立和人民解放，实现了中国从几千年封建专制政治向人民民主的伟大飞跃。

五是了解中国革命胜利的原因和基本经验，理解“没有共产党就没有新中国”的历史结论。中国革命之所以能够赢得胜利，首先是由于中国共产党能够制定出适合中国情况的、符合中国人民利益的纲领、路线、方针和政策，为中国人民的斗争指明正确的方向。同时各民主党派和无党派民主人士、各少数民族、爱国的知识分子和华侨等，在这场斗争中发挥了积极的作用。另外，这场胜利也同国际无产阶级和人民群众的支持密不可分。

中国革命胜利的基本经验主要包括建立广泛的统一战线、坚持革命的武装斗争、加强共产党自身的建设。毛泽东形象地把这三者比作“三大法宝”，他说“统一战线，武装斗争，党的建设，是中国共产党在中国革命中战胜敌人的三个法宝，三个主要的法宝。这是中国共产党的伟大成绩，也是中国革命的伟大成绩”。①

学生：对于您所提到的上述内容，我们应该运用什么样的学习方法去掌握呢？

教师：在本章学习过程中，推荐大家线上与线下学习相结合。在线下学习时，推荐大家阅读：《论人民民主专政》（1949年6月30日）、《中国人民政治协商会议共同纲领》（1949年9月29日通过）、《中国民主同盟一届三中全会宣言》（1948年1月19日）、《近代中国对民主的追求》（安徽人民出版社1996年版）、《两种命运的决战》（河南人民出版社2000年版）。推荐大家观看电视剧《中国1945之重庆风云》、电影《大决战》等。

（二）重庆谈判和政治协商会议

学生：抗战胜利后，避免内战、和平建国是国内外舆论的一致呼声。为争取和平

① 《毛泽东选集》（第2卷），人民出版社1991年版，第606页。

民主，中国共产党付出了巨大努力。但是，为什么中国共产党的这些努力最终未能阻止全面内战的爆发？

教师：回答这一问题，需要弄清重庆谈判和政治协商会议的前因后果。

1945 年 8 月，蒋介石三次电邀毛泽东赴重庆，共商“国际国内各种重要问题”。为彰显中国共产党谋求和平的真诚愿望，8 月 28 日，毛泽东偕同周恩来、王若飞，在国民党政府代表张治中、美国驻华大使赫尔利的陪同下，从延安乘专机飞抵重庆，同国民党当局进行历史性会谈。毛泽东不顾个人安危，亲赴重庆，受到社会舆论的热烈赞誉。诗人柳亚子赋诗，称颂毛泽东的这一行动是“弥天大勇”。张治中也说，这是“中国历史上一件大事”。

在重庆期间，毛泽东就和平建国等重大问题直接同蒋介石进行多次商谈；有关问题的具体谈判，则主要由中共代表周恩来、王若飞与国民党政府代表王世杰、张群、张治中、邵力子进行磋商。经过 43 天的谈判，国共双方于 1945 年 10 月 10 日，正式签署《政府与中共代表会谈纪要》，即大家所熟知的“双十协定”。

“双十协定”确认了“和平建国的基本方针”，同意“长期合作，坚决避免内战”，但在军队和解放区政权问题上双方争执不下。尽管共产党方面作出撤出南方八个解放区的部队、大幅缩减人民军队等重大让步，但由于国民党当局执意要取消解放区的政权和军队，这两个实质性问题最终无法达成协议，只得作为悬而未决的问题，留待继续商谈。

在重庆谈判的推动下，国共两党于 1946 年 1 月 10 日签署了停战协定。在发布停战令的同一天，政治协商会议在重庆开幕。出席会议的有国民党、共产党、民主同盟、青年党和无党派人士的代表，共 38 人。会议期间，以周恩来为首的中共代表团与民主同盟等民主党派和无党派人士的代表密切合作，采取共同行动，推动政协会议达成政府组织案、国民大会案、和平建国纲领、军事问题案、宪法草案五项协议。

关于国家的政治体制，该政协协议规定，改组国民党一党政府，成立政府委员会作为最高国务机关，委员的一半由国民党以外的人士担任。改组后的政府是从结束“训政”到实施宪政的过渡时期政府，负有召集国民大会以制定宪法的任务。政协协议规定，立法院是最高立法机关，相当于西方的议会，由选民直接选举产生；行政院是最高行政机关，并对立法院负责；立法院对行政院全体不信任时，行政院或辞职或提请总统解散立法院。中央政权的这种体制相当于英国、法国的议会制和内阁制。这对蒋介石的独裁政体是一种限制。宪法草案又规定，中央同地方分权，省是地方自治的最高单位，省长民选，省可以制定省宪等。

政协各项协议的通过，是中国共产党同各民主党派、民主人士密切合作的结果。尽管政协协议的种种规定，还不是新民主主义性质的，但它有利于冲破蒋介石的独裁统治和实行民主政治，有利于和平建国，也给饱受战火摧残的中国人民带来了和平的希望和曙光。

中国共产党是决心严格履行政协协议的。政协会议召开时，毛泽东就指出，“中国和平民主新阶段，即将从此开始”。全党应为“巩固国内和平，实现民主改革”，建立新中国而奋斗。① 政协会议闭幕的第二天，中共中央发出党内指示，指出“从此中国即走上了和平民主建设的新阶段”，“中国革命的主要斗争形式，目前已由武装斗争转变到非武装的群众的与议会的斗争，国内问题由政治方式来解决。党的全部工作，必须适应这一新形势”。全党要“准备为坚决实现（政协的）这些决议而奋斗”。② 同时，中共中央也指出，英美和中国大资产阶级中还有许多阴谋，中国民主化的道路依然是曲折的。因此，必须提高警惕，注意“阵地的取得和保持”，做好进行自卫战争的准备。

但是，国民党统治集团的根本目标是让战后的中国回复到战前的状态，即坚持蒋介石的独裁统治，继续走半殖民地半封建社会的老路。这就决定了它既不能容忍，也难以接受任何形式的民主改革。后来担任美国国务卿的艾奇逊在其回忆录中承认，国民党存在着维护特殊利益的集团，它“愈来愈流露这样一种信念：追求统一和民主的中国，他们将丧失一切”。③ 正因为如此，国民党统治集团一开始就不准备去认真履行政协协议。当这些协议与其独裁统治发生矛盾时，国民党则甘冒不韪，肆意撕毁这些协议。在1946年3月召开的国民党六届二中全会上，蒋介石命令他的追随者对政协协议“就其荦荦大端，妥筹补救”。他以挑起内战的方式，使政协协议成为一纸空文。这样，抗战胜利后中国共产党和民主力量所付出的努力最终化为泡影。中国命运的抉择，只能诉诸武力。

尽管中国共产党争取和平民主的努力，最终未能阻止全面内战的爆发，但它增强了各界群众对中国共产党的了解，揭示了什么人应当对这场战争承担责任，这在政治上是一个重大胜利。当中共代表团返回延安时，代表团成员李维汉在当天的日记中写

① 《毛泽东文集》（第4卷），人民出版社1996年版，第88页。

② 中共中央文献研究室、中央档案馆：《建党以来重要文献选编（1921～1949）》（第23册），中央文献出版社2011年版，第105页。

③ ［美］迪安·艾奇逊：《我在国务院的年代》，美国纽约1969年版，第205页。

道："国共谈判破裂了，但我党满载人心归去。"

（三）"第三条道路"的主张及幻灭

学生：老师，所谓"第三条道路"究竟是一条什么样的道路？

教师："第三条道路"，也称"中间道路"，是指在抗战结束后的一段时间内，由一部分民主党派的领导人物和某些无党派民主人士所鼓吹的道路。他们幻想抓住战后"千载一时的机会"，并利用处于国共两党之间"第三者地位"，对内主张"调和国共"，对外主张"兼亲美苏"，把中国打造成为一个"十足道地的民主国家"，实际上就是英美式的资本主义道路。他们认为，"目前的政局是：国民党既不能用武力消灭共产党，共产党也不能用武力推翻国民党，而国际形势也不许可有一个完全右倾的国民党政权或完全左倾的共产党政权"。当时和平的症结是"国民党为右，共产党为左"，为挽救时局，中间派的责任就是"把他们偏右者稍稍拉到左转，偏左者稍稍拉到右转，这样右派向左，左派向右的情形，使中国得到一个和谐与团结并由团结得到统一"。他们呼吁形成一个"强大的中间派"，在国共之间，"取得一种举足轻重的地位"，号召"一切中间派的民主人士，必须从今天起挺身出来，加紧努力，以创造光明的明天"。①

周恩来曾说："民盟由于抗战特别由于政协的机缘，客观上一时造成了他在全国的第三党地位，使他中间许多领导人物代表着中产阶级的想法，企图在国共对立的纲领之外，寻找出第三条道路。"②

"第三条道路"鼓吹者的观点，概括起来主要有：

在政治上，"必须实现英美式的民主政治"。民盟《政治报告》说："拿苏联的经济民主来充实英美的政治民主，拿各种民主生活中最优良的传统及其可能发展的趋势，来创造一种中国型的民主，这就是中国目前需要的一种民主制度。"民盟中央常委张东荪提出，"在所谓资本主义与社会主义之间我们想求得一个折中方案"。"中国必须于内政上建立一个资本主义与共产主义中间的政治制度，在政治方面比较上多采取英美式的自由主义与民主主义；同时在经济方面比较上多采取苏联式的计划经济与社会主义。从消极方面来说，即采取民主主义而不要资本主义，同时采取社会主义而不要无产专

---

① 张东荪：《追述我们努力建立"联合政府"的用意》，载上海《观察》1947 年第三卷第六期。

② 《周恩来选集》（上卷），人民出版社 1980 年版，第 283~284 页。

政的革命。我们要自由而不要放任，要合作而不要斗争。”①

在经济上，“应当实行改良的资本主义”，但不容许官僚买办资本横行。强调尽量利用资本主义生产方式的各种优点，促进整个国民经济的迅速工业化，尽量革除资本主义生产方式的各种弊端；采用进步的社会政策以保障劳动大众的职业和生活；主张“耕者有其田”，但反对发动农民剥夺地主土地，提出由国家以“土地债券征购一切非自耕的土地，分配给农民耕种”；指出中国民主革命完成之后，“在经济上决不能马上实行社会主义，必然要经过一个中间阶段或过渡时期”，即新资本主义经济阶段。“这不仅是历史的必然和历史的要求，同时也是历史的进步。”

在行动上，强调“第三条道路”依靠和平的、非暴力的方式去实现。民主建国会的领导人施复亮强调，“在政治上反对任何形式的一党独裁或阶级独裁”，“中间派在行动上的态度应当是和平的，改良的，不赞成暴力的革命的行动”。

学生：那么，“第三条道路”在当时中国有没有出路呢？

教师：战后中国面临的是两种命运、两个前途的尖锐斗争，这种客观形势决定了走英美式资本主义道路没有出路。

正当中间派还在为自己的主张奔走呼号时，国民党当局决定首先拿民盟开刀，对民主党派的活动进行残酷迫害和镇压。1947 年 5 月，国民党中央社发表捏造的文件《中共地下斗争路线纲领》和某政治观察家谈话，声称：“民主同盟及其化身民主建国会、民主促进会、三民主义同志联合会等团体，其组织已为中共所实际控制，其行动亦均系循中共意旨而行。”这是打击民主党派的明确信号。继李公朴、闻一多在昆明遭暗杀之后，民盟中央常委杜斌丞又在西安被杀害。民盟地方组织的许多成员被逮捕、绑架、屠杀，所办的多家报社也被捣毁或遭袭击。10 月，国民党当局宣布民盟“为非法团体”，明令对该组织及其成员的一切活动“严加取缔”。11 月 6 日，民盟被迫以张澜的名义发表了《中国民主同盟总部解散公告》，宣布自即日起盟员一律停止政治活动，总部负责人总辞职，总部解散。

新华社在为民盟被解散而发表的评论中说：“民主同盟是一个赤手空拳的组织，他们连‘一支枪也没有’，并且不打算有，他们的凭借是言论、出版，而这样的武器也早已被蒋介石没收了。”蒋介石不允许民盟这样的组织存在，这就“使在蒋介石统治下进行任何和平运动、合法运动、改良运动的最后幻想归于破灭”。1947 年 12 月，毛泽东

① 张东荪：《一个中间性的政治路线》，载《再生》1946 年第 118 期。

在《目前形势和我们的任务》中说："如果说，在一九四六年，在蒋介石统治下的上层小资产阶级和中等资产阶级的知识分子中，还有一部分人怀着所谓第三条道路的想法，那末，在现在，这种想法已经破产了。"①

1948 年 1 月，民盟领导人沈钧儒等在香港召开民盟一届三中全会，宣布不接受解散民盟的任何决定，并恢复民盟总部。会议明确宣告，民盟绝不能够在是非曲直之间有中立的态度，指出独立的中间路线不符合中国的现实环境，是"行不通"的。民盟必须站在人民的、民主的、革命的立场，为彻底推翻国民党统治集团、消灭封建土地所有制、驱逐美帝国主义出中国、实现人民的民主而奋斗。会议确认中国共产党"值得每个爱国的中国人赞佩"，表示"今后要与他们携手合作"。这次会议，标志着民盟站到了新民主主义革命的立场上来。正如民盟领导人史良所说，这次会议"以民盟历史上的政治转折点而载入史册。从此，民盟走上与中国共产党全面合作的光明大道，在实际上接受了中国共产党的领导"。②

与此同时，其他民主党派如中国国民党革命委员会、中国民主建国会、中国民主促进会、中国农工民主党、中国致公党、九三学社、台湾民主自治同盟等，也明确表示拥护中国共产党的路线和政策。这些情况表明，中国人民民主统一战线得到了进一步的巩固和加强，国民党政权陷入众叛亲离、彻底孤立的境地。

（四）人民解放战争的胜利发展

学生：人民解放战争的胜利，推翻了国民党在中国大陆的统治，赢得了新民主主义革命的胜利。请问，这场战争经历了怎样的发展过程？

教师：好的，人民解放战争的发展过程大致经历了战略防御、战略反攻、战略决战和向全国进军 4 个阶段。

第一阶段是人民解放战争的战略防御阶段（从时间上讲，是从 1946 年 6 月至 1947 年 6 月）。

1946 年 6 月底，国民党当局撕毁政协协议，以进攻中原解放区为起点，挑起了全国性的内战。

全面内战爆发时，中国共产党面临的形势是极为严峻的。当时，国民党军的总兵

① 《毛泽东选集》（第 4 卷），人民出版社 1991 年版，第 1256~1257 页。

② 中央档案馆：《中共中央文件选集》（第 17 册），中共中央党校出版社 1992 年版，第 87 页。

力为430万人，它占有3.39亿以上人口、730万平方公里面积的地区，控制着几乎所有的大城市和绝大部分铁路交通线；它接收了100多万日军和数十万伪军的装备，还有美国为它训练和装备了50万军队。人民解放军的总兵力为127万人，装备基本上是从日军那里缴获的步兵武器；解放区的人口为1.36亿，面积约230万平方公里，而且处于被分割、包围的状态，在物质上得不到任何外援。正是凭着军军事实力和经济优势，蒋介石声称，这场战争“一定能速战速决”。国民党军队参谋总长陈诚扬言，“也许三个月，至多五个月，便能整个解决”中共领导的军队。

在敌我双方力量对比如此悬殊的情况下，中国共产党清醒地评估了国内外形势。1946年7月20日，毛泽东指出：“我党我军正准备一切，粉碎蒋介石的进攻，借此以争取和平。蒋介石虽有美国援助，但是人心不顺，士气不高，经济困难。我们虽无外国援助，但是人心归向，士气高涨，经济亦有办法。因此，我们是能够战胜蒋介石的。全党对此应当有充分的信心。”① 1946年8月，毛泽东在同美国记者安娜·路易斯·斯特朗的谈话中提出了“一切反动派都是纸老虎”的著名论断，极大地提振了中国人民打败敌人的决心和信心。

为了打退国民党对解放区的军事进攻，中共中央指出，在政治上，必须争取一切可以争取的人，在党的领导下建立最广泛的人民民主统一战线；在军事上，必须采取集中优势兵力、各个歼灭敌人的作战原则，实行积极防御的方针，以歼灭敌人有生力量为主要目标，而不以保守或夺取城市和地方为主要目标。从1946年6月到10月，国民党军队占领了解放区的153座城市，人民军队则歼敌29.8万人。从1946年11月至1947年2月，人民军队又经过4个月的作战，歼灭国民党军队共达41万人。从1947年3月开始，国民党军队在全面进攻受挫的情况下，被迫放弃对解放区的全面进攻，转而对陕北、山东两解放区实行重点进攻。

在山东战场，华东野战军在陈毅、粟裕等的指挥下，采用诱敌深入战术，在孟良崮战役中全歼美械装备的国民党精锐主力整编第七十四师，粉碎了国民党军队对山东解放区的重点进攻。

在陕北战场，面对国民党军队胡宗南等部25万人的突然袭击，中共中央决定主动撤离延安。解放军西北野战兵团，采取“蘑菇”战术，转战陕北，与敌人周旋，先后在青化砭、羊马河、蟠龙镇和沙家店接连取得大捷，粉碎了国民党军队对陕北的重点进攻。

---

① 《毛泽东选集》（第4卷），人民出版社1991年版，第1186~1187页。

第二阶段是人民解放军的战略进攻阶段（从时间上讲，是从 1947 年 6 月至 1948 年 9 月）。

经过一年的作战，战争形势发生重大变化。1947 年 7 月，国民党军队总兵力已从战争开始时的 430 万人下降为 373 万人，由于战线延长，大部分兵力用于守备，战略性的机动兵力已大为减少。与此相反，人民解放军的总兵力由 127 万人增加为 195 万人，其中正规军近 100 万人；部队的武器装备也因大量缴获而得到很大改善。

在此情形下，中共中央果断作出决定：立刻将主力打到外线去，举行全国性的反攻，将战争引向国民党统治区域。1947 年 6 月，根据中共中央的决策和部署，刘伯承、邓小平率领的晋冀鲁豫野战军主力，实施中央突破，千里跃进大别山；陈毅、粟裕指挥的华东野战军主力为东路，挺进苏鲁豫皖地区；陈赓、谢富治指挥的晋冀鲁豫野战军为西路，挺进豫西。三路大军相互策应，机动歼敌。人民解放战争战略进攻的序幕由此揭开。人民解放军转入战略进攻，具有伟大的历史意义。毛泽东指出："这是一个历史的转折点。这是蒋介石的二十年反革命统治由发展到消灭的转折点。这是一百多年以来帝国主义在中国的统治由发展到消灭的转折点。这是一个伟大的事变。""这个事变一经发生，它就将必然地走向全国的胜利。"①

第三阶段人民解放战争的战略决战阶段（从时间上讲，是从 1948 年 9 月至 1949 年 1 月）。

1948 年秋，人民解放战争进入夺取全国胜利的决定性阶段。此时，人民解放军已由战争开始时的 127 万人发展到 280 万人，解放区面积达到 235.5 万平方公里、拥有 1.68 亿人口，并且基本完成了土地改革，广大农民的革命和生产积极性空前高涨，解放军的后方进一步巩固。与此相反，国民党军队则由 430 万人下降为 365 万人，其中可用于第一线的兵力仅 174 万人，而且士气低落，战斗力不强；由于遭到各阶层人民的强烈反对，处境十分孤立。国民党政权濒临崩溃，它在军事上不得不放弃"全面防御"而实行"重点防御"。人民解放军同国民党军队进行战略决战的时机已经成熟。

在毛泽东和中共中央军委的领导和指挥下，中国人民解放军先后发动了辽沈、淮海、平津三大战役。

三大战役前后历时 4 个月零 19 天，一共歼灭国民党军队 154 万余人，加上 1948 年 7 月至 1949 年 1 月期间在济南战役和其他战役中的损失，国民党军队共丧失兵力 230 余万人。国民党赖以维持其反动统治的主要军事力量基本上被摧毁。

---

① 《毛泽东选集》（第 4 卷），人民出版社 1991 年版，第 1244 页。

第四阶段，人民解放军向全国进军阶段（从时间上讲，是从1949年1月至1949年10月）。

经过三大战役，国民党在长江以北的军事力量已全线崩溃，在长江以南也难以组织起系统地防御。1949年元旦，蒋介石发表“求和”声明，企图借“和平谈判”之机争取喘息时间，布置长江防线。1月21日，蒋介石宣布“引退”，其“总统”职务由“副总统”李宗仁代理。第二天，李宗仁表示，愿以中共所提出的八项条件为基础进行和平谈判。由于国民党政府拒绝在《国内和平协定》上签字，1949年4月21日，毛泽东、朱德发布《向全国进军的命令》。人民解放军第二、第三野战军在东起江阴，西至湖口的战线上强渡长江天险，一举摧毁国民党苦心经营了3个半月的长江防线。4月23日，人民解放军占领南京，宣告延续了22年之久的国民党反动统治的覆灭。随后，解放军第一、第二、第三、第四野战军继续向中南、西北、西南各地实施战略追击，分别以战斗方式或和平方式，迅速解决残余敌人，解放广大国土。国民党蒋介石集团败退台湾。

在1949年庆祝中国共产党成立28周年时，毛泽东说，在过去28年的长时期中，我们仅仅做了一件事，这就是取得了革命战争的基本胜利。这是值得庆祝的，因为这是人民的胜利，因为这是在中国这样一个大国的胜利。

（五）人民政协的建立和《中国人民政治协商会议共同纲领》的制定

学生：人民政协是具有中国特色的制度安排，这一制度是怎样建立起来的？

教师：随着解放战争的胜利发展，建立新中国的任务被提上了议事日程。筹备成立新中国的工作，是通过中国人民政治协商会议来完成的。

1948年4月30日，中共中央发出纪念“五一”劳动节口号，号召“各民主党派、各人民团体、各社会贤达迅速召开政治协商会议，讨论并实现召集人民代表大会，成立民主联合政府”。5月5日，各民主党派通电拥护召开新政协。中国民主促进会的创始人马叙伦看了中共“五一”口号后，异常兴奋，撰文指出：“被压迫到香港的我们，幸运地先听了，我们感觉到无限的兴奋……在企望着真正的人民革命的领导者——中国共产党，给一个鼓励和安慰的启示。”①

8月1日，毛泽东复电李济深、何香凝、沈钧儒、章伯钧等人说，对诸先生赞同召

① 马叙伦：《读了中共“五一”口号以后》，中国民主促进会官网，https：//www. mj. org. cn/mjzt/content/2018-04/08/content_287097..htm。

开新的政治协商会议、建立民主联合政府的主张极为钦佩。毛泽东指出："现在革命形势日益开展，一切民主力量亟宜加强团结，共同奋斗，以期早日消灭中国反动势力，制止美帝国主义的侵略，建立独立、自由、富强和统一的中华人民民主共和国。为此目的，实有召集各民主党派、各人民团体及各无党派民主人士的代表们共同协商的必要。"①

从 1948 年 8 月开始，响应中共中央"五一"号召的各民主党派负责人和无党派民主人士先后进入东北、华北解放区。平津战役结束后，他们陆续到达北平，参加新政治协商会议的筹备工作，共同筹建新中国。

在 1948 年 9 月召开的中共中央政治局会议上，毛泽东论述了即将成立的新中国的国体，即国家政权的阶级性。他说："我们政权的阶级性是这样：无产阶级领导的，以工农联盟为基础，但是不仅仅工农，还有资产阶级民主分子参加的人民民主专政。"②关于新中国的政体，即国家政权的组织形式，他说，我们"不必搞资产阶级的议会制和三权鼎立等"，这套东西"袁世凯、曹锟都搞过，已经臭了"，我们应当"建立民主集中制的各级人民代表会议制度"。③

1949 年 6 月，在北平召开新政治协商会议筹备会第一次全体会议，成立以毛泽东为主任的新政协筹备会常务委员会，负责起草共同纲领、拟定政府方案等，全面展开筹建新中国的工作。毛泽东在新政协筹备会开幕式上激动地指出："中国人民将会看见，中国的命运一经操在人民自己的手里，中国就将如太阳升起在东方那样，以自己的辉煌的光焰普照大地，迅速地荡涤反动政府留下来的污泥浊水，治好战争的创伤，建设起一个崭新的强盛的名副其实的人民共和国。"④

1949 年 9 月 21 日，中国人民政治协商会议第一届全体会议在北平隆重开幕。参加会议的代表共 662 人，其中，中共党员约占 44%，各民主党派成员约占 30%，工农和各界无党派代表约占 26%。毛泽东在开幕词中向全世界豪迈地宣告："我们的工作将写在人类的历史上，它将表明：占人类总数四分之一的中国人从此站立起来了。""我们的民族将从此列入爱好和平自由的世界各民族大家庭，以勇敢而勤劳的姿态工作着，创造自己的文明和幸福，同时也促进世界的和平和自由。我们的民族将再也不是一个

---

① 《毛泽东文集》（第 5 卷），人民出版社 1996 年版，第 114 页。
② 《毛泽东文集》（第 5 卷），人民出版社 1996 年版，第 135 页。
③ 《毛泽东文集》（第 5 卷），人民出版社 1996 年版，第 136 页。
④ 《毛泽东文集》（第 4 卷），人民出版社 1996 年版，第 1467 页。

被人侮辱的民族了，我们已经站起来了。”①

会议通过了《中国人民政治协商会议共同纲领》《中华人民共和国中央人民政府组织法》《中国人民政治协商会议组织法》三个历史性文件，通过了中华人民共和国的国都、纪年、国歌、国旗四个议案。国都定于北平，自1949年9月21日起改名为北京。

9月30日，中国人民政治协商会议第一届全体会议进入最后一天。会议选举毛泽东为中央人民政府主席，朱德、刘少奇、宋庆龄、李济深、张澜、高岗为副主席，陈毅等56人为委员，组成中央人民政府委员会，宣告中华人民共和国的成立。

人民政协的召开，标志着中国的新型政党制度——中国共产党领导的多党合作和政治协商制度的确立。

学生：《中国人民政治协商会议共同纲领》包含哪些主要内容？它在当时起到了怎样的作用？

教师：1949年9月29日，政协全体会议一致通过《中国人民政治协商会议共同纲领》作为中国人民革命建国的基本纲领。

《中国人民政治协商会议共同纲领》分为序言和总纲、政权机关、军事制度、经济政策、文化教育政策、民族政策、外交政策，共7章60条、7000余字。主要内容有：

关于国体和政体，该纲领规定，“中华人民共和国为新民主主义即人民民主主义的国家，实行工人阶级领导的、以工农联盟为基础的、团结各民主阶级和国内各民族的人民民主专政”。“中华人民共和国的国家政权属于人民”，“人民行使国家政权的机关为各级人民代表大会和各级人民政府”；“各级政权机关一律实行民主集中制”。

关于人民军队和军事建设，该纲领规定，“中华人民共和国建立统一的军队，即人民解放军和人民公安部队”。“应加强现代化的陆军，并建设空军和海军，以巩固国防”；“实行民兵制度，保卫地方秩序”。

关于经济建设的根本方针，该纲领规定，“以公私兼顾、劳资两利、城乡互助、内外交流的政策，达到发展生产、繁荣经济之目的”。国家应多方面“调剂国营经济、合作社经济、农民和手工业者的个体经济、私人资本主义经济和国家资本主义经济，使各种社会经济成分在国营经济领导之下，分工合作，各得其所，以促进整个社会经济

① 《毛泽东文集》（第5卷），人民出版社1996年版，第343~344页。

的发展”。

关于文化教育，该纲领规定，“中华人民共和国的文化教育为新民主主义的，即民族的、科学的、大众的文化教育”。人民政府的文化教育工作，应以“提高人民文化水平，培养国家建设人才”和“发展为人民服务的思想”为主要任务。

关于民族政策，该纲领规定，“中华人民共和国境内各民族一律平等，实行团结互助，反对帝国主义和各民族内部的人民公敌，使中华人民共和国成为各民族友爱合作的大家庭”。“各少数民族聚居的地区，应实行民族的区域自治。”

关于外交政策，该纲领规定，它的原则是“保障本国独立、自由和领土主权的完整，拥护国际的持久和平和各国人民间的友好合作，反对帝国主义的侵略政策和战争政策”。

《中国人民政治协商会议共同纲领》是对中国革命斗争经验的深刻总结，集中反映了全国人民的意志和利益。作为新中国成立之初的根本大法，《中国人民政治协商会议共同纲领》在1954年宪法颁布前起到了临时宪法的作用。刘少奇在中国人民政治协商会议第一届全体会议上指出：“我们认为这个共同纲领是中国历史上一个极端重要的文献……这是总结了中国人民在近一百多年来特别是最近二十多年来反对帝国主义、封建主义和官僚资本主义的革命斗争的经验，而制订出来的一部人民革命建国纲领。这是目前时期全国人民的大宪章。”① 毛泽东也指出：“我们现时的根本大法即共同纲领。”②

（六）中国革命胜利的原因和基本经验

学生：中国革命是在敌强我弱的不利态势下进行的，但经过中国革命经过长期艰苦曲折的斗争，最终以弱胜强取得了胜利，其中的原因何在？

教师：这些原因主要有以下几个方面：

首先是因为有了中国共产党的领导。

中国共产党作为工人阶级的政党，不仅代表着中国工人阶级的利益，而且代表着整个中华民族和全中国人民的利益。中国共产党是用马克思主义的科学理论武装起来的，它以中国化的马克思主义即毛泽东思想作为一切工作的指针。因此，中国共产党能够制定出适合中国情况的、符合中国人民利益的纲领、路线、方针和政策，为中国

① 《刘少奇选集》（上卷），人民出版社1981年版，第434页。

② 《毛泽东文集》（第6卷），人民出版社1999年版，第81页。

人民的斗争指明正确的方向。“没有共产党，就没有新中国。”这是中国人民基于自己的切身体验所确认的客观真理。关于这一点，甚至也得到了国民党营垒的一些人士的肯定。1949年6月26日，留在北平的原国民党政府代表团团长张治中在他所发表的《对时局的声明》中说：“我居留北平已八十多天了，以我所见所闻的，觉得处处显露出一种新的转变、新的趋向，象征着我们国家民族的前途已显露出新的希望。”他说：“我以国民党党员一分子的立场只有感到无限的惭疚，但是站在国民一分子的立场说，又觉得极大的欣慰。我们中国人毕竟还有能力把国家危机挽转过来，还可希望把国家搞好，断不是一个没出息的民族，已可得到证明。”

其次，各民主党派和无党派民主人士、各少数民族、爱国的知识分子和华侨等，在中国革命斗争进程中发挥了积极的作用。伟大的爱国者宋庆龄、文化革命的主将鲁迅、国民党左派何香凝、救国会领导人邹韬奋等，即使在最艰苦的年代，也始终坚持革命的立场，与共产党站在一起。邓演达、李公朴、闻一多等，在反独裁、争民主的斗争中献出了自己的生命。民主党派领导人李济深、张澜、沈钧儒、黄炎培等，爱国华侨陈嘉庚、司徒美堂等，也先后成为共产党的亲密朋友。

再次，中国革命能够赢得胜利，同国际无产阶级和人民群众的支持是分不开的。毛泽东说过，假如没有苏联的存在和人民民主国家的出现，没有被压迫民族的斗争和资本主义国家人民的斗争，堆在中国人民头上的国际反动势力不知要大多少倍，在这种情况下，我们是不可能胜利的；胜利了，要巩固，也不可能。为了中国人民的解放事业，一些国际友人还直接参加了中国的革命斗争，有的已经长眠在中国的土地上。

学生：随着国民党反动统治的覆灭和中华人民共和国的创建，中国新民主主义革命赢得了基本的胜利。请问，中国共产党在领导人民革命的过程中，积累了哪些丰富的经验？

教师：关于这一问题，毛泽东在《论人民民主专政》一文中作了明确回答，他指出：“我们有许多宝贵的经验。一个有纪律的，有马克思列宁主义的理论武装的，采取自我批评方法的，联系人民群众的党。一个由这样的党领导的军队。一个由这样的党领导的各革命阶级各革命派别的统一战线。这三件是我们战胜敌人的主要武器。这些都是我们区别于前人的。依靠这三件，使我们取得了基本的胜利。”①

第一，建立广泛的统一战线。由于中国人民受到帝国主义、封建主义和官僚资本

① 《毛泽东选集》（第4卷），人民出版社1991年版，第1480页。

主义的严重压迫，在中国建立统一战线的群众基础是十分广泛的。建立广泛的统一战线，是坚持和发展革命的政治基础。

统一战线中存在着两个联盟：一个是工人阶级同农民和其他劳动人民的联盟，主要是工农联盟；一个是工人阶级同民族资产阶级和其他可以合作的非劳动人民的联盟，主要是同民族资产阶级的联盟，有时还包括与一部分大资产阶级的暂时的联盟。前者是基本的、主要的；后者是辅助的、又是重要的。必须坚决依靠第一个联盟，争取建立和扩大第二个联盟。

巩固和扩大统一战线的关键，是坚持工人阶级及其政党的领导权。为此，必须率领同盟者向共同的敌人作坚决的斗争并取得胜利；必须对被领导者给以物质福利，至少不损害其利益，同时对被领导者予以政治教育；必须对同工人阶级争夺领导权的资产阶级采取又联合、又斗争的政策。

第二，坚持革命的武装斗争。由于中国没有资产阶级民主，反动统治阶级凭借武装力量对人民实行独裁恐怖统治，革命只能以长期的武装斗争作为主要形式。离开了武装斗争，就没有共产党的地位，就不能完成任何革命任务。

中国的武装斗争实质上是工人阶级领导的农民战争。中国共产党只有深入农村，发动和武装农民，在农村建立革命根据地，以农村包围城市，才能逐步争取革命的胜利。

为了坚持和发展中国革命，必须建立一支在工人阶级政党绝对领导下的、具有严格纪律的、同人民群众保持亲密联系的新型人民军队。没有一支人民的军队，便没有人民的一切。这支军队必须实行一系列具有中国特点的人民战争的战略战术。

第三，加强共产党自身的建设。在农民和其他小资产阶级占人口大多数的中国，建设一个工人阶级先锋队的党，是极其艰巨的任务。毛泽东建党学说成功地解决了这个难题。

中国共产党的建设，是密切地联系着党的政治路线进行的，注重在端正思想路线的基础上，制定和贯彻执行党的正确的政治路线。

中国共产党首先着重党的思想建设，要求党员用工人阶级思想克服资产阶级、小资产阶级思想，解决思想上入党的问题；培育和发扬理论与实际相结合、密切联系群众和自我批评的作风；在党内斗争中实行“惩前毖后，治病救人”的方针；创造了整风等新的形式，在全党通过批评与自我批评进行马克思主义思想教育。

同最广大的人民群众取得最密切的联系，这是中国共产党区别于其他任何政党的显著标志。由于坚持一切从人民的利益出发，全心全意为人民服务的宗旨，坚持相信群众、依靠群众的方针，坚持从群众中来、到群众中去的工作路线，这就使得中国共产党能够受到人民真心的拥护和支持，能够使自己不断地从群众中汲取智慧和力量，从而克服前进道路上的各种困难和风险，进而赢得胜利。

中国共产党正是遵循毛泽东建党学说，在长期的斗争实践中，把自己锻造成掌握统一战线和武装斗争这两个武器以实行对敌冲锋陷阵的英勇战士，成为受全国各族人民拥戴的领导核心。

四、释疑解惑

“解放战争时期”和“解放战争”是不是一回事?

首先需要区别解放战争时期和解放战争两个不同的概念。在中国近现代史上，所谓解放战争时期，又称第三次国内革命战争时期，一般是指 1945 年 8 月抗日战争胜利至 1949 年 10 月中华人民共和国成立的 4 年多时间。而这一时期的历史，包括争取和平民主的斗争、解放区的自卫战争和人民解放战争，就是说，解放战争时期的历史并不等于解放战争的历史。

其次是要区别广义的解放战争和狭义的解放战争，广义的解放战争包括解放区的自卫战争和人民解放战争。通常，从 1946 年 6 月全面内战爆发到 1947 年 10 月《中国人民解放军宣言》发表，中国共产党正式提出“打倒蒋介石，解放全中国”的口号，这一段时期的战争称为解放区的自卫战争。狭义的解放战争是指 1947 年 10 月之后至解放战争的最后胜利这一段时期的战争。

再次，还需要了解全国解放战争的最后胜利。通常我们以 1949 年 10 月 1 日中华人民共和国成立为全国解放的标志，但实际上，中华人民共和国刚刚成立时，在南方和西南还有很多地区并没有解放。如广州解放是 1949 年 10 月，重庆、贵阳解放是 1949 年 11 月，成都解放是 1949 年 12 月，广西、云南、西康解放是 1949 年 12 月，海南解放是 1950 年 4 月，舟山群岛解放是 1950 年 5 月，西藏和平解放是 1951 年 5 月，一江山岛解放更到了 1955 年 1 月，而人民解放军炮击金门是 1958 年 8—10 月并一直延续至 1979 年，这些都属于人民解放战争的延续。

五、学习测试

（一）单项选择题（备选答案中只有1个是正确的）

1. 统一战线中存在两个联盟，其中处于基本和主要地位的是(　　)

A. 工人阶级同一部分大资产阶级的联盟

B. 工人阶级和可以合作的地主阶级的联盟

C. 工人阶级同民族资产阶级的联盟

D. 工人阶级同农民阶级和其他劳动人民的联盟

2. 抗战胜利后，经过重庆谈判国共双方为确认和平建国的基本方针而达成的协议是(　　)

A.《中国人民政治协商会议共同纲领》

B.《抗战胜利后的时局和我们的方针》

C.《双十协定》

D.《对目前时局的宣言》

3. 毛泽东指出："这是一个历史转折点，这是蒋介石二十年反革命统治由发展到消灭的转折点，这是一百多年来帝国主义在中国的统治由发展到消灭的转折点。"文中的"转折点"是指(　　)

A. 人民解放军的战略反攻　　B. 人民解放战争的战略防御

C. 人民解放军的战略决战　　D. 孟良崮战役的胜利

4. 1946年，毛泽东在和美国记者安娜·路易斯·斯特朗的谈话中，提出的一个著名论断是(　　)

A. 不但必须打败蒋介石，而且能够打败蒋介石

B. 一切反动派都是纸老虎

C. 战略上藐视敌人，战术上重要敌人

D. 集中优势兵力，各个歼灭敌人

5. 1947年6月底，刘伯承、邓小平率领的晋冀鲁豫野战军主力千里跃进大别山，揭开了(　　)

A. 战略相持的序幕　　B. 战略防御的序幕

C. 战略决战的序幕　　D. 战略进攻的序幕

6. 1947 年 10 月，被国民党当局宣布为“非法团体”的是(　　)

A. 中国民主同盟　　B. 中国国民党革命委员会

C. 中国民主建国会　　D. 中国民主促进会

7. 标志着民盟站到了新民主主义革命立场上来的会议是(　　)

A. 民盟一大　　B. 民盟一届二中全会

C. 民盟一届三中全会　　D. 民盟一届四中全会

8. 1949 年 3 月，中共七届二中全会提出全党工作重心的转变，这一转变是(　　)

A. 从武装斗争转向经济建设　　B. 从农村工作转向城市工作

C. 从革命政党转向执政党　　D. 从阶级斗争转向发展生产力

9. 被誉为中国人民的大宪章，起着临时宪法作用的是(　　)

A. 《新民主主义论》　　B. 《论人民民主专政》

C. 《中国人民政治协商会议组织法》D. 《中国人民政治协商会议共同纲领》

10. 1949 年 9 月，中国人民政治协商会议的召开，标志着(　　)

A. 中国的新型政党制度——中国共产党领导的多党合作和政治协商制度的确立

B. 新中国的成立

C. 新民主主义革命取得胜利

D. 联合政府的建立

11. 巩固和扩大统一战线的关键是(　　)

A. 走社会主义道路　　B. 建立统一战线

C. 开展武装斗争　　D. 坚持工人阶级及其政党的领导权

12. 1949 年 6 月，毛泽东发表的系统论述中国共产党建国主张的著作是(　　)

A. 《论人民民主专政》　　B. 《新民主主义论》

C. 《目前形势和我们的任务》　　D. 《论联合政府》

13. 1948 年 9 月，毛泽东曾指出：“我们政权的阶级性是这样：无产阶级领导的，以工农联盟为基础，但是不仅仅以工农，还有资产阶级民主分子参加的人民民主专政。”这段话谈的是(　　)

A. 新中国的政体　　B. 新中国的国体

C. 国家政权的组织形式　　D. 人民民主专政的组织形式

14. 宣告延续了 22 年的国民党反动统治覆灭的事件是(　　)

A. 国共北平和谈的破裂　　B. 人民解放军强渡长江

C. 人民解放军三大战役的胜利　　D. 人民解放军占领南京

15. 解放战争时期，国统区人民所进行的第二条战线的斗争是(　　)

A. 以学生运动为先导的人民民主运动

B. 以工人运动为先导的人民民主运动

C. 以商人罢市为先导的人民民主运动

D. 以农民运动为先导的人民民主运动

16. 决定将党在抗日战争时期实行的减租减息政策改变为现实“耕者有其田”的政策文件是(　　)

A.《井冈山土地法》

B.《中国土地法大纲》

C.《兴国土地法》

D.《关于清算、减租及土地问题的指示》

17. 1947 年 10 月 10 日，中国共产党公布了《中国人民解放军宣言》，提出了以下口号(　　)

A. 和平、民主、团结　　B. 抗议美军、美军退出中国

C. 打倒蒋介石、解放全中国　　D. 反饥饿、反内战

18. 1946 年 6 月，全面内战爆发，国民党军队首先进攻的地区是(　　)

A. 山东解放区　B. 中原解放区　C. 东北解放区　D. 陕甘宁解放区

19. 1945 年 8 月 25 日，中共中央在对时局的宣言中明确提出的口号是(　　)

A. 打倒蒋介石，解放全中国　　B. 抗战、团结、进步

C. 和平、民主、团结　　D. 反饥饿、反内战

20. 1949 年 1 月，各民主党派和无党派民主人士发表的自愿接受中国共产党的领导的文献是(　　)

A.《对时局的意见》

B.《目前形势和我们的任务》

C.《中国人民政治协商会议共同纲领》

D.《对时局的声明》

（二）多项选择题（备选答案中至少有 2 个是正确的）

1. 第三条道路主张包括(　　)

A. 实质是新民主主义的方案

B. 在经济上“应当实行改良的资本主义”

C. 实行的方法是走和平的改良的道路

D. 在政治上“必须实现英美式的民主政治”

2. 中国革命胜利的基本经验有(　　)

A. 建立广泛的统一战线　　B. 加强共产党自身的建设

C. 坚持革命的武装斗争　　D. 群众路线

3.《中国土地法大纲》明确规定(　　)

A. 实行减租减息的政策

B. 实现“耕者有其田”的土地制度

C. 乡村中一切地主的土地及公地，由乡村农会接收，分配给无地或者少地的农民

D. 废除封建性及半封建性剥削的土地制度

4. 1949年3月，中共召开的七届二中全会的主要贡献有(　　)

A. 决定了党的工作重心由乡村转移到城市

B. 规定了革命胜利后的各项基本政策

C. 确定毛泽东思想作为党的指导思想

D. 提出了“两个务必”

5. 在党的七届二中全会上，毛泽东提出了“两个务必”的思想，指的是(　　)

A. 务必使同志们继续地保持谦虚、谨慎、不骄、不躁的作风

B. 务必使同志们继续地保持艰苦奋斗的作风

C. 务必保持中国共产党在国家政权中的领导地位

D. 务必坚持走社会主义道路

6.《中国人民政治协商会议共同纲领》规定的新中国经济建设的方针是(　　)

A. 公私兼顾　　B. 劳资两利　　C. 城乡互助　　D. 内外交流

7. 1949年1月22日，李济深、沈钧儒等民主党派的领导人和著名的无党派人士55人联合发表《对时局的意见》，提出(　　)

A. 一切拥护中共提出的召开政治协商会议的主张

B. 一切拥护中共提出的成立联合政府的主张

C. 愿在中共领导下，献其绵薄，共策进行

D. 中国各民主党派和无党派民主人士自愿接受中国共产党的领导

8. 中国各民主党派形成时的社会基础主要是(　　)

A. 城市小资产阶级及同其联系的知识分子

B. 工人阶级

C. 民族资产阶级及同其联系的知识分子

D. 其他爱国分子

9. 全国解放战争时期，在国民党统治区爆发的爱国学生运动有(　　)

A. 一二·九运动　　B. 一二·一运动

C. 五·二〇运动　　D. 一二·三〇运动

10. 揭开人民解放战争战略进攻的序幕的有(　　)

A. 刘伯承、邓小平率晋冀鲁豫野战军主力千里跃进大别山

B. 中原解放军成功突围

C. 陈赓、谢富治指挥晋冀鲁豫野战军一部挺进豫西

D. 陈毅、粟裕指挥华东野战军挺进苏鲁豫皖地区

(三) 论述题

1. 中国共产党领导的多党合作、政治协商格局是怎样形成的?

2. 国民党政权为什么在大陆迅速崩溃?

◎ 参考答案

(一) 单项选择题

1. D　2. C　3. A　4. B　5. D　6. A　7. C　8. B　9. D　10. A

11. D　12. A　13. B　14. D　15. A　16. D　17. C　18. B　19. C　20. A

(二) 多项选择题

1. BCD　2. ABC　3. BCD　4. ABD　5. AB

6. ABCD　7. ABCD　8. ACD　9. BCD　10. ACD

(三) 论述题

1. 中国共产党领导的多党合作、政治协商格局是怎样形成的?

1948年4月30日，中共中央在纪念五一国际劳动节的口号中提出：“各民主党派、各人民团体、各社会贤达迅速召开政治协商会议，讨论并实现召集人民代表大会，成立民主联合政府。”这个号召得到各民主党派和社会各界的热烈响应。

1949年1月22日，李济深、沈钧儒等民主党派的领导人和著名的无党派民主人士55人联合发表《对时局的意见》，一致认定中共提出的关于召开政治协商会议、成立联合政府的主张“符合于全国人民大众的要求”，恳切表示“愿在中共领导下，献其绵薄，共策进行，以期中国人民民主革命之迅速成功，独立、自由、和平、幸福的新中国之早日实现”。这个政治声明表明，中国各民主党派和无党派民主人士自愿接受了中国共产党的领导，决心走人民革命的道路，拥护建立人民民主的新中国。

同年春，毛泽东在同有关人士谈话时提出，民主党派应“积极参政，共同建设新中国”。民主党派参加新政协会议并将在新中国参政，标志着民主党派地位的根本变化。它们不再是旧中国反动政权下的在野党，而成为中国人民民主专政的参加者，在中国共产党的领导下，和共产党一道担负起管理国家和建设国家的历史重任。从此，各民主党派走上了新的历史道路。

1949年9月30日，中国人民政治协商会议第一届全体会议闭幕，创建中华人民共和国的筹备工作胜利完成。人民政协的召开，标志着中国的新型政党制度——中国共产党领导的多党合作和政治协商制度的确立。

2. 国民党政权为什么在大陆迅速崩溃？

抗日战争胜利后国民党在大陆的政权迅速走向崩溃，是多方面因素作用的结果，而从根本上看是由于国民党失去人心。具体而言：

其一，国民党代表大地主、大资产阶级的利益，其建国主张是维护国民党的一党专政。按照这个方案，中国将继续走半殖民地半封建社会的老路，这与抗战胜利后中国人民建立和平民主国家的愿望背道而驰。

其二，国民党自身的腐败，使其严重丧失人心。在抗战胜利初曾经对国民党抱有很大希望的原沦陷区人民，也由于国民党政府派出的官员到原沦陷区接收时，把接收变成了“劫收”，大发胜利财，很快对它感到极度失望。

其三，国民党实行专制独裁统治，拒绝政治改革，执行反人民的内战政策。国民党背信弃义，撕毁政协协议，挑起与中国共产党的战争，试图武力消灭共产党。同时，国民党迫害民主党派和进步人士，制造一系列血案，镇压人民民主运动。

其四，国民党为了筹措内战经费，除了对人民征收苛重的捐税以外，还无限制地发行纸币，导致恶性通货膨胀，民族工商业倒闭，农村经济破产，人民生活恶化。

此外，国民党内部派系林立，矛盾重重，战场上的拥兵自重、见死不救，也是导致其败亡的因素之一。

六、阅读文献

1. 毛泽东：《抗日战争胜利后的时局和我们的方针》（1945 年 8 月 13 日）
2. 毛泽东：《在晋绥干部会议上的讲话》（1948 年 4 月 1 日）
3. 毛泽东：《在中国共产党第七届中央委员会第二次全体会议上的报告》（1949 年 3 月 5 日）
4. 毛泽东：《论人民民主专政》（1949 年 6 月 30 日）
5. 《中国土地法大纲》（1947 年 9 月 13 日）
6. 《中国人民政治协商会议共同纲领》（1949 年 9 月 29 日通过）
7. 《中国民主同盟一届三中全会宣言》（1948 年 1 月 19 日）
8. 习近平：《在庆祝中国共产党成立 95 周年大会上的讲话》（2016 年 7 月 1 日）

下　编

从新中国成立到社会主义现代化建设新时期（1949—　）

综述
辉煌的历史进程

一、教学目的与要求

1. 了解中华人民共和国成立以来的历史，认识这一历史是为实现中华民族伟大复兴而艰辛探索、不懈奋斗、建立新制度、走上新道路、开创新局面、走进新时代的历史。

2. 了解中华人民共和国成立以来取得的伟大历史成就，认识这些成就是中国各族人民在中国共产党领导下，坚定不移地走中国特色社会主义道路取得的。

3. 了解中华人民共和国成立以后中国共产党领导全国各族人民进行社会主义革命和建设、进行改革开放和现代化建设的历史进程，认识在这一奋斗历程中所取得的历史经验。

二、基本教学内容

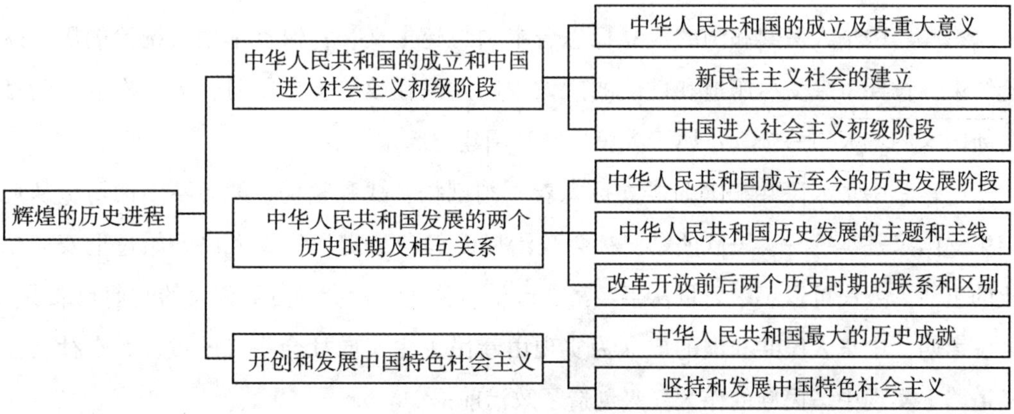

三、讨论式教学教案

(一) 中华人民共和国成立的意义

教师：各位同学，大家好！今天我们共同学习的内容是“中华人民共和国成立的意义”。首先，我们来共同看一段关于开国大典的视频。这段视频记载了开国大典的盛况。1949 年 10 月 1 日，首都军民 30 万人齐集北京天安门广场，举行盛大的开国大典，欢庆中华人民共和国的成立。

学生：老师，新成立的中华人民共和国是一个什么样的国家呢？

教师：新成立的中华人民共和国是一个工人阶级领导的以工农联盟为基础的人民民主专政的国家。它的国体是人民民主专政的国家制度，它的政体是人民代表大会制度，它的国家结构形式是统一的多民族国家和单一制国家中的民族区域自治制度，它的政党制度是中国共产党领导的多党合作和政治协商制度。

学生：请问老师，中华人民共和国的成立有什么重大意义呢？

教师：中华人民共和国的成立宣告了中国人民当家作主的时代已经到来，具有五千多年悠久文明历史的中华民族，从此进入发展进步的历史新纪元。关于中华人民共和国成立的重大意义，我们可以从以下五个方面来认识：

第一，中华人民共和国的成立标志着帝国主义列强压迫中国、奴役中国人民的历史从此结束，中华民族一洗一百多年来所蒙受的屈辱，开始以崭新的姿态屹立于世界的民族之林。占人类总数四分之一的中国人从此站立起来了。

第二，中华人民共和国的成立标志着本国封建主义、官僚资本主义统治的历史从此结束，长期以来受尽压迫和欺凌的广大中国人民在政治上翻了身，第一次成为新社会新国家的主人。一个真正属于人民的共和国建立起来了。

第三，中华人民共和国的成立标志着军阀割据、战乱频仍、匪患不断的历史从此结束，国家基本统一，民族团结，社会政治局面趋向稳定，各族人民开始过上安居乐业的生活。人民可以集中力量从事经济、政治、文化、社会等方面建设的时期到来了。

第四，中华人民共和国的成立为实现由新民主主义向社会主义的过渡，在社会主义道路上实现中华民族的伟大复兴创造了政治前提。

第五，中华人民共和国的成立标志着中国共产党成为全国范围内的执政党。它可以运用国家政权凝聚和调集全国力量，巩固民族独立和人民解放的成果，解放并发展社会生产力，以造福于各族人民、造福于整个中华民族。

总之，中华人民共和国的成立，标志着中国共产党领导的新民主主义革命在全国范围内取得胜利，标志着半殖民地半封建社会的结束和新民主主义社会的开始。这是马克思主义与中国革命具体实际相结合取得的伟大胜利。它说明近代以来中国所面临的第一个历史任务，也就是求得民族独立和人民解放的任务已经基本完成。这就为实现第二项历史任务，也就是实现国家的繁荣富强和人民的共同富裕，创造了根本的政治前提，开辟了广阔的道路。

学生：那么请问老师，在中华人民共和国成立初期一定也面临着许多严峻的困难和一系列紧迫的问题吧？

教师：的确是这样。在中华人民共和国成立初期，我们的确面临着许多严峻的困难和一系列十分紧迫的问题。在政治上，我们能不能保卫住人民的胜利果实，巩固新生的人民民主政权？在经济上，我们能不能克服严峻的困难，迅速恢复和发展国民经济？在对外关系上，我们能不能有效地巩固民族独立，维护国家的主权和安全？在党的建设上，我们能不能经受住执政的考验，能不能继续地保持谦虚、谨慎、不骄、不躁的作风？继续地保持艰苦奋斗的作风。这一系列严重的困难和紧迫的问题摆在刚刚执掌全国政权的中国共产党面前，对中国共产党来说，确实是新的严峻的考验。

当时，解放全中国的任务还没有完成，国民党从大陆撤退时遗留下的100余万军队、200多万政治土匪及60多万特务分子还有待肃清。在广大城乡，反动会道门和传统黑恶势力还危害着人民的生命财产安全。在广大的新解放区，还没有进行封建土地制度的改革。当时中国的经济不仅远远落后于欧美发达国家，就是与亚洲许多国家相比也有一定的差距。1949年人均国民收入只有27美元，相当于亚洲国家平均值的2/3。新中国从旧中国接收过来的是一副烂摊子，许多工厂倒闭，大批工人失业，通货膨胀、物价飞涨，人民生活遇到极大的困难。同历史上的最高水平相比，1949年工业总产值减少一半，粮食产量减少约1/4。

中华人民共和国的成立，打破了帝国主义在东方划定的势力范围，这是以美国为首的西方资本主义阵营不愿意看到的，它们企图通过实行强硬的对华政策，即政治上孤立、经济上封锁、军事上威胁的政策，从根本上搞垮新中国。中华人民共和国成立前夕，毛泽东在中共七届二中全会上指出："敌人的武力是不能征服我们的，这点已经得到证明了，资产阶级的捧场则可能征服我们队伍中的意志薄弱者，我们必须预防这种情况。”①

刚才谈到的这些困难和问题，是前进中的问题。毛泽东对当时的情况有概括，他说：“有困难、有办法、有希望。”毛泽东充满信心地指出：“中国人民将会看见，中国的命运一经操在人民自己的手里，中国就将如太阳升起在东方那样，以自己的辉煌的光焰普照大地，迅速地荡涤反动政府留下来的污泥浊水，治好战争的创伤，建设起一个崭新的强盛的名副其实的人民共和国。”②

中国共产党就是以这样的豪迈气概，带领全国各族人民开始为实现国家财政经济的根本好转而奋斗，为建设新中国而奋斗。显然，中国共产党克服了中华人民共和国成立初期所面临的许多严重困难，回答和解决了一系列紧迫的问题，经受住了中华人民共和国成立初期的严峻考验。不仅如此，中华人民共和国成立以来，中国各族人民在中国共产党领导下，团结奋斗、奋发图强、艰辛开拓、不断进取，正在把我们国家建设成一个富强民主文明和谐美丽的社会主义现代化国家，正在为中华民族伟大复兴的中国梦而共同奋斗。我们青年人一定要为实现中华民族伟大复兴的中国梦而奋斗。

（二）如何认识新民主主义社会

教师：各位同学，大家好！今天我们共同探讨的问题是“如何认识新民主主义社会”。

学生：老师，什么是新民主主义社会呢？我们应当如何认识新民主主义社会？

教师：新民主主义社会是一个属于社会主义体系的和向社会主义过渡的过渡性质的社会。关于新民主主义社会的性质，我们可以从多个角度去分析。我们既可以从中国革命分两步走这一历史特点来分析，也可以从新民主主义政治、经济、文化中的社会主义因素来分析，还可以从中国新民主主义社会经历的两个发展阶段来分析。我们知道，中国共产党领导的中国革命，包括民主主义革命和社会主义革命这样两个阶段。中国革命的历史特点就是分两步走，第一步是新民主主义革命，第二步是社会主义革命。党领导人民进行新民主主义革命的目的，就是要建立工人阶级领导的中国各个革命阶级联合专政的新民主主义社会，然后再使中国革命发展到第二阶段，即建立社会主义社会。

我们也知道，在新民主主义革命中形成和发展起来的新民主主义政治、新民主主

---

① 《毛泽东选集》（第4卷），人民出版社1991年版，第1438页。

② 《毛泽东选集》（第4卷），人民出版社1991年版，第1467页。

义经济、新民主主义文化，都是由工人阶级领导的，因而都具有社会主义因素。比如说，中国共产党的政治领导地位、社会主义国营经济的领导地位、马克思主义在思想文化领域中的指导地位，等等，这些显然都是社会主义因素。这些因素的增长，必然为新民主主义革命胜利以后向社会主义转变创造必要的条件。

我们还知道，由于中国革命的长期性和不平衡性，所以中国革命走的是一条农村包围城市武装夺取政权的道路。也就是说，中国共产党作为中国工人阶级的先锋队，深入农村发动群众，积蓄革命力量，开展革命战争建立和建设农村革命根据地，最终实现了农村包围城市并夺取政权，当时农村革命根据地的社会性质就是新民主主义社会。这个新民主主义社会是在局部地区建立起来的，也就是在当时的各个解放区建立起来。在解放区半殖民地半封建的社会制度被废除，地主土地所有制被废除，人民翻身做了主人。所以，有一首歌就这样唱道："解放区的天是明朗的天，解放区的人民好喜欢。"我想提醒大家注意的是，在 1949 年中华人民共和国成立之前，由于中国民主革命的任务还没有完成，所以，这时的新民主主义社会还不具备向社会主义过渡的条件。

学生：老师，那新民主主义的革命任务到什么时候才算完成呢？

教师：新民主主义革命任务的完成有一个标志性的事件，这就是 1949 年中华人民共和国的成立。1949 年中华人民共和国的成立，标志着我国新民主主义革命阶段的基本结束和社会主义革命阶段的开始，这时中国的新民主主义社会就进入向社会主义过渡的时期。这时候的新民主主义社会就已经是一个属于社会主义体系的和逐步过渡到社会主义的过渡性质的社会了。

学生：老师，我们应当如何认识这个过渡性质社会的经济状况和基本矛盾呢？

教师：对于这个过渡性质社会的经济状况和基本矛盾，1949 年 3 月召开的党的七届二中全会通过的决议做了分析，其基本内容如下：全国胜利并解决了土地问题以后，中国社会经济中存在着五种经济成分，即社会主义性质的国营经济、半社会主义性质的合作社经济、农民和手工业者的个体经济、私人资本主义经济和国家资本主义经济。其中，半社会主义性质的合作社经济是个体经济向社会主义集体经济过渡的形式，国家资本主义经济是私人资本主义经济向社会主义国营经济过渡的形式。所以，主要的经济成分有三种，即社会主义经济、个体经济和私人资本主义经济。其中，个体经济是处于十字路口的经济，它既可以被引导着走向社会主义，也可以自发地走向资本主义。这样，三种基本的经济成分及与之相应的三种基本的阶级力量（工人阶级、农民及其他小资产阶级、资产阶级）之间的矛盾就集中表现为无产阶级与资产阶级的矛盾、社会主义道路与资本主义道路的矛盾。显然，中共七届二中全会决议告诉我们，新民主主义社会的中国还存在着两种基本矛盾：国际上是新中国与帝国主义的矛盾，国内是工人阶级与资产阶级的矛盾。

学生：请问老师？这又意味着什么呢？

教师：党的七届二中全会对新民主主义社会做这样的认定，实际上就是把进行社会主义革命（社会主义改造）的任务提了出来。正因为如此，七届二中全会提出了“两个转变”的历史任务：一个是从农业国向工业国的转变，另一个是从新民主主义向社会主义的转变。中共七届二中全会决议的主要精神，在1949年召开的中国人民政治协商会议制定的《中国人民政治协商会议共同纲领》中得到了体现。

学生：老师，过渡时期是从什么时候开始的？又是到什么时候结束的呢？

教师：从1949年中华人民共和国成立开始，到1956年社会主义改造基本结束，这是从新民主主义过渡到社会主义的时期。

学生：老师，在过渡时期我们又是怎样实现向社会主义社会过渡的呢？

教师：在过渡时期，我们党制定了过渡时期的总路线，在领导各族人民推进社会主义工业化的同时，进行了对农业、手工业和资本主义工商业的社会主义改造；确立了社会主义基本制度，完成了中华民族有史以来最为广泛而深刻的社会变革，为当代中国一切发展进步奠定了根本的政治前提和制度基础，实现了中华民族由近代以来不断衰落到根本扭转命运持续走向繁荣富强的伟大飞跃。

学生：老师，我感到“如何认识新民主主义社会”这个问题还是非常重要的，这个问题也是很有难度的。

教师：确实这样。希望大家认真学习，逐步加深对这个问题的理解。

（三）如何正确认识改革开放前后两个历史时期

教师：各位同学，大家好！今天我们共同学习的内容是“如何正确认识改革开放前后两个历史时期”。

我们知道，中华人民共和国成立以来，我国历史经历了以下几个发展阶段：从1949年10月1日中华人民共和国成立到1956年，是基本完成社会主义改造的七年。

从1956年社会主义改造基本完成到1966年“文化大革命”前夕，是开始全面建设社会主义的十年。

从 1966 年 5 月到 1976 年 10 月，是“文化大革命”的十年。

从 1976 年 10 月“文化大革命”结束到 1978 年 12 月党的十一届三中全会召开之前，是在徘徊中前进的两年。

从 1978 年 12 月党的十一届三中全会召开以来至今，是改革开放和社会主义现代化建设的新时期。

2012 年党的十八大以来，中国特色社会主义进入新时代，这是我国发展新的历史方位。

学生：老师，中华人民共和国成立以来经历了这么多的发展阶段呀？

教师：中华人民共和国成立以来，我国历史确实经过了多个发展阶段，但是主题和主线却是一以贯之的。中国各族人民在中国共产党领导下探索、开创、坚持和发展中国特色社会主义，为实现国家富强、民族复兴、人民幸福而不懈奋斗，这就是中华人民共和国成立以来的历史主题和主线。

学生：请问老师，党的十一届三中全会之前的社会主义建设和之后的社会主义建设有什么显著的区别吗？

教师：以党的十一届三中全会为标志，中华人民共和国成立以来的历史可以分为改革开放前和改革开放后两个历史时期，这两个历史时期互相联系而又有重大区别，但本质上都是中国共产党领导各族人民进行社会主义建设的实践探索。

学生：老师，为什么说改革开放前和改革开放后两个历史时期，是相互联系又有重大区别的时期，但本质上都是中国共产党领导人民进行社会主义建设的实践探索呢？

教师：关于这个问题我们可以从以下三个方面来认识：

第一，中国特色社会主义是在改革开放历史新时期开创的，但也是在新中国已经建立起社会主义基本制度，并进行了 20 多年建设的基础上开创的。

第二，虽然这两个历史时期在进行社会主义建设的思想指导、方针政策、实际工作上有很大差别，但两者不是彼此割裂的，更不是根本对立的。

第三，改革开放前的社会主义实践探索为改革开放后的社会主义实践探索积累了条件，改革开放后的社会主义实践探索是对前一个时期的坚持、改革、发展。

学生：老师说的这三个方面很有道理，如果没有 1978 年我们党果断决定实行改革开放，并坚定不移推进改革开放、坚定不移把握改革开放的正确方向，社会主义中国就不可能有今天这样的大好局面，就可能面临严重危机。同时，如果没有 1949 年建立新中国，并进行社会主义革命和建设，积累了重要的思想条件、物质条件、制度条件，积累了正反两方面的经验，改革开放也很难顺利推进。

中国共产党在社会主义建设实践中提出的许多正确主张，当时没有得到真正的落实。改革开放后得到了真正贯彻，将来也还是要坚持和发展的。马克思早就说过：“人们自己创造自己的历史，但是他们并不是随心所欲地创造，并不是在他们自己选定的条件下创造，而是在直接碰到的、既定的、从过去承继下来的条件下创造。”① 我们不能用今天的时代条件、发展水平、认识水平去衡量和要求前人，不能苛求前人干出只有后人才能干出的业绩来，这是一个基本的道理。

教师：的确是这样。我们不能用改革开放前的社会主义实践探索否定改革开放后的探索，同样也不能用改革开放后的实践探索否定改革开放前的实践探索。因为改革开放前的社会主义实践探索，为改革开放后社会主义建设实践探索积累了条件；而改革开放后的社会主义实践探索，是对改革开放前社会主义实践探索的坚持、改革和发展。

学生：老师，正确认识和处理改革开放前后的社会主义实践探索的关系，这个问题应该是很重要的一个问题吧？

教师：这个问题确实非常重要。正确认识和处理改革开放前后两个历史时期的关系，不只是一个历史问题，更是一个政治问题。

学生：老师，为什么说正确认识和处理改革开放前后的社会主义实践探索的关系，不只是一个历史问题，更是一个政治问题？

教师：因为这个问题如果处理不好就会造成严重的政治后果，古人说：“灭人之国，必先去其史。”国内外敌对势力往往就是拿中国革命史、新中国历史做文章，竭尽污蔑、歪曲、丑化之能事，目的就是要推翻中国共产党的领导、推翻社会主义制度。苏联为什么解体？苏共为什么垮台？一个重要的原因就是意识形态领域斗争十分激烈，历史虚无主义搞乱了人们的思想，党组织几乎不起任何作用了，军队也不在党的领导之下，偌大的一个党就轰然倒下了，偌大的一个社会主义苏联也分崩离析。这是一个严重的教训，这就是前车之鉴。这样看来，正确认识和处理改革开放前后的社会主义实践探索的关系，还真的不只是一个历史问题，更是一个政治问题。

学生：老师，听长辈们说，改革开放前的社会主义实践探索中既有伟大成绩，又犯了不少错误，有的错误还十分严重。那我们应当怎样看待对改革开放前的社会主义实践探索呢？

---

① 《马克思恩格斯文集》（第2卷），人民出版社2009年版，第470~471页。

教师：我们对改革开放前的社会主义实践探索要坚持实事求是的思想路线，分清主流和支流，坚持真理，修正错误，发扬成绩与经验，克服不足，吸取教训，把党和人民的事业不断推向前进。我们要看到改革开放前的社会主义探索成绩是主要的，是第一位的，因为巩固和发展了我国的社会主义制度，为开创中国特色社会主义提供了宝贵经验、理论准备、物质基础，丰富了科学社会主义的理论和实践。我们要认识到改革开放之前的探索中不论是正面经验还是负面教训，只要科学地加以总结，都是宝贵财富。事实上，我们党正是科学地总结了这些经验教训，才为实现马克思主义中国化第二次历史性飞跃奠定了基础，为开创中国特色社会主义创造了前提和条件。习近平总书记《在纪念毛泽东同志诞辰120周年座谈会上的讲话》中指出："历史就是历史，历史不能任意选择，一个民族的历史是一个民族安身立命的基础。不论发生过什么波折和曲折，不论出现过什么苦难和困难，中华民族五千多年的文明史，中国人民近代以来一百七十多年的斗争史，中国共产党九十多年的奋斗史，中华人民共和国六十多年的发展史，都是人民书写的历史。历史总是向前发展的，我们总结和吸取历史教训，目的是以史为鉴、更好前进。"① 我们一定要牢固树立正确历史观，既不能割断历史，也不能虚无化历史。坚持做到新民主主义革命的胜利成果绝不能丢失，社会主义革命和建设的成就绝不能否定，改革开放和社会主义现代化建设的方向绝不能动摇。坚持不忘初心、继续前进，为实现中国梦而努力奋斗。

（四）中国特色社会主义是怎样开创和发展的？

教师：各位同学，大家好！今天，我们共同探讨的内容是"中国特色社会主义是怎样开创和发展的"。

大家知道，在几千年的历史发展中中华民族创造了辉煌灿烂的中华文明，为人类作出了卓越的贡献，成为世界上伟大的民族。但是，近代以来，由于西方列强的入侵，由于封建统治的腐败，中国逐步沦为半殖民地半封建社会，中华民族遭受了前所未有的苦难。面对苦难，中国人民没有屈服，而是挺起脊梁奋起抗争，以百折不挠的精神，进行了一场场气壮山河的斗争，谱写了一曲曲可歌可泣的史诗。但是，历史事实说明，不触动封建根基的自强运动和改良主义、旧式的农民战争、资产阶级革命派领导的革命，照搬西方资本主义的其他种种方案都不能完成中华民族救亡图存的民族使命和反

---

① 中共中央文献研究室：《十八大以来重要文献选编》（上），中央文献出版社2014年版，第694页。

帝反封建的历史任务。1921年中国共产党成立以后，经过几代共产党人团结带领全国各族人民持续奋斗，开创和发展了中国特色社会主义，找到了实现中华民族伟大复兴的必由之路。可以说，中国特色社会主义是几代共产党人团结依靠人民共同奋斗、持续奋斗的结果。现在，我想请大家谈一谈几代共产党人是怎样接续奋斗的。首先，请大家谈一谈以毛泽东为主要代表的中国共产党人是怎样奋斗的。

学生：以毛泽东为主要代表的中国共产党人，把马克思列宁主义的基本原理同中国革命的具体实践结合起来，创立了毛泽东思想。毛泽东思想是马克思列宁主义在中国的运用和发展，是被实践证明了的关于中国革命和建设的正确的理论原则和经验总结，是中国共产党集体智慧的结晶。在毛泽东思想的指引下，中国共产党领导全国各族人民，经过长期的反对帝国主义、封建主义、官僚资本主义的革命斗争，取得了新民主主义革命的胜利，建立了人民民主专政的中华人民共和国；中华人民共和国成立以后，顺利地进行了社会主义改造，完成了从新民主主义到社会主义的过渡，确立了社会主义基本制度，发展了社会主义的经济、政治和文化。

教师：那么以邓小平为主要代表的中国共产党人又是怎样奋斗的呢？

学生：十一届三中全会以来，以邓小平为主要代表的中国共产党人，总结中华人民共和国成立以来正反两方面的经验，解放思想，实事求是，实现全党工作中心向经济建设的转移，实行改革开放、开辟了社会主义事业发展的新时期，逐步形成了建设中国特色社会主义的路线、方针、政策，阐明了在中国建设社会主义、巩固和发展社会主义的基本问题，创立了邓小平理论。邓小平理论是马克思列宁主义的基本原理同当代中国实践和时代特征相结合的产物，是毛泽东思想在新的历史条件下的继承和发展，是马克思主义在中国发展的新阶段，是当代中国的马克思主义，是中国共产党集体智慧的结晶，引导着我国社会主义现代化事业不断前进。

教师：那么，在毛泽东、邓小平之后，中国共产党人又是怎样接续奋斗的呢？

学生：十三届四中全会以来，以江泽民为主要代表的中国共产党人在建设中国特色社会主义的实践中，加深了对什么是社会主义、怎样建设社会主义和建设什么样的党、怎样建设党的认识，积累了治党治国新的宝贵经验，形成了“三个代表”重要思想。“三个代表”重要思想是对马克思列宁主义、毛泽东思想、邓小平理论的继承和发展，反映了当代世界和中国的发展变化对党和国家工作的新要求，是加强和改进党的建设、推进我国社会主义自我完善和发展的强大理论武器，是中国共产党集体智慧的结晶，是党必须长期坚持的指导思想。始终做到“三个代表”是我们党的立党之本、执政之基、力量之源。

党的十六大以来，以胡锦涛为主要代表的中国共产党人坚持以邓小平理论和“三个代表”重要思想为指导，根据新的发展要求，深刻认识和回答了新形势下实现什么样的发展、怎样发展等重大问题，形成了以人为本、全面协调可持续发展的科学发展观。科学发展观是同马克思列宁主义、毛泽东思想、邓小平理论、“三个代表”重要思想既一脉相承又与时俱进的科学理论，是马克思主义关于发展的世界观和方法论的集中体现，是马克思主义中国化的重大成果，是中国共产党集体智慧的结晶，是发展中国特色社会主义必须长期坚持的指导思想。

党的十八大以来，以习近平为主要代表的中国共产党人顺应时代发展，从理论和实际的结合上系统回答了新时代坚持和发展什么样的中国特色社会主义、怎样坚持和发展中国特色社会主义这个重大时代课题，形成了习近平新时代中国特色社会主义思想。习近平新时代中国特色社会主义思想是对马克思列宁主义、毛泽东思想、邓小平理论、“三个代表”重要思想、科学发展观的继承和发展，是马克思主义中国化最新成果，是党和人民实践经验和集体智慧的结晶，是中国特色社会主义理论体系的重要组成部分，是全党全国人民为实现中华民族伟大复兴而奋斗的行动指南，必须长期坚持并不断发展。在习近平新时代中国特色社会主义思想指导下，中国共产党团结带领全国各族人民，统揽伟大斗争、伟大工程、伟大事业、伟大梦想，推动中国特色社会主义事业进入了新时代。事实证明，中国特色社会主义是几代人接续奋斗的结果。

学生：请问老师，现在我们中国共产党人应该还需要继续奋斗吧？

教师：那当然。坚持和发展中国特色社会主义是一篇大文章，当代中国共产党人的历史任务就是团结依靠各族人民，继续把这篇文章写下去，因为中国特色社会主义是实现中华民族伟大复兴的必由之路。

（五）中国特色社会主义进入新时代

教师：各位同学，大家好！今天我们共同学习的内容是“中国特色社会主义进入新时代”。

我们知道，党的十九大报告做出了一个重大政治判断，这就是：经过长期努力，中国特色社会主义进入新时代，这是改革开放以来特别是党的十八大以来我国社会所取得的历史性成就和发生的历史性变革的必然结果，是我国社会主要矛盾运动的必然结果，也是我们党领导各族人民开创光明未来的必然要求。

学生：老师，中国特色社会主义进入新时代，对于这个新时代我们应当如何认识呢？

教师：这个新时代既与改革开放以来的发展一脉相承，又有很大的不同，面临着许多新情况新变化，这些新情况新变化集中表现在以下几个方面：

第一，党的十八大以来，在中华人民共和国成立特别是改革开放以来，我国发展取得重大成就的基础上，党和国家事业发生历史性变革，我国发展站在新的历史起点上，新起点需要新气象新作为；第二，世界进入大变革大调整时期，面临千年未有之大变局，如何在乱局中保持定力、在变局中抓住机遇，对我们统筹国际国内两个大局提出了更高要求；第三，中国共产党执政面临的社会环境和现实条件发生深刻变化，发展理念和方式有重大转变，发展水平和要求更高；第四，我国社会的主要矛盾已经转化为人民日益增长的美好生活需要和不平衡不充分的发展之间的矛盾，经济建设仍然是中心任务，但需要更加注重全面协调可持续发展，需要着力解决好发展不平衡不充分问题；第五，从党的十九大到二十大，是“两个一百年”奋斗目标的历史交汇期，我们要在全面建成小康社会、实现第一个百年目标之后，开启全面建设社会主义现代化国家新征程，向第二个百年目标进军。

这个新时代，是承前启后、继往开来、在新的历史条件下继续夺取中国特色社会主义伟大胜利的时代，是决胜全面建成小康社会进而全面建设社会主义现代化强国的时代，是全国各族人民团结奋斗、不断创造美好生活、逐步实现全体人民共同富裕的时代，是全体中华儿女勠力同心、奋力实现中华民族伟大复兴中国梦的时代，是我国日益走近世界舞台中央、不断为人类作出更大贡献的时代。

中国特色社会主义进入新时代，在中华人民共和国发展史上、中华民族发展史上具有重大意义，在世界社会主义发展史上、人类社会发展史上也具有重大意义。

首先，我们从中华民族发展史维度来看，中国特色社会主义进入新时代，意味着近代以来久经磨难的中华民族迎来了从站起来、富起来到强起来的伟大飞跃，迎来了实现中华民族伟大复兴的光明前景。

中国共产党诞生后，中国共产党人把马克思主义基本原理同中国革命和建设的具体实际结合起来，团结带领人民经过长期奋斗，完成新民主主义革命和社会主义革命，建立起中华人民共和国和社会主义基本制度，进行了社会主义建设的艰辛探索，实现了中华民族从东亚病夫到站起来的伟大飞跃。

改革开放以来，中国共产党人把马克思主义基本原理同中国改革开放的具体实际结合起来，团结带领人民进行建设中国特色社会主义新的伟大实践，使中国大踏步赶上了时代，实现了中华民族从站起来到富起来的伟大飞跃。

在新时代，中国共产党人把马克思主义基本原理同新时代中国具体实际结合起来，团结带领人民进行伟大斗争、建设伟大工程、推进伟大事业、实现伟大梦想，推动党和国家事业取得全方位开创性历史成就，发生深层次、根本性历史变革，中华民族迎来了从富起来到强起来的伟大飞跃。

其次，我们从科学社会主义发展史维度来看，中国特色社会主义进入新时代，意味着科学社会主义在21世纪的中国焕发出勃勃的生机活力，在世界上高高举起中国特色社会主义伟大旗帜。

20世纪80年代末、90年代初，苏联发生剧变并解体，其他东欧社会主义国家也随之改弦易辙，科学社会主义实践遭受严重曲折，社会主义失败论、历史终结论等论调不绝于耳。而中国特色社会主义进入新时代，正彰显出中国特色社会主义的勃勃生机，有力地证明了科学社会主义所具有的强大生命力。

再次，从人类社会发展维度看，中国特色社会主义进入新时代，意味着中国特色社会主义道路、理论、制度、文化不断发展，拓展了发展中国家走向现代化的途径，给世界上那些既希望加快发展、又希望保持民族独立这样一些发展中国家和民族提供了全新选择，贡献了中国智慧和中国方案。

中国特色社会主义的成功实践，打破了以往西方现代化道路对世界发展的垄断地位，证明了在实现现代化进程中不只有一条道路而是多种选择。无论哪个国家，都必须探索既符合现代化发展一般规律又能与本国历史文化传统和经济发展水平相适应的发展道路，才能既摆脱西方现代化的弊端又实现本国现代化的目标。中国特色社会主义建设的不断发展，在现代化和民族特色之间找到了相容相济的发展方式，在融入世界全局和维护国家主权之间架起了互补互济的共赢桥梁，不仅顺应了现代化发展的潮流，而且还弘扬了民族传统和本国优势，破解了困扰发展中国家在走向现代化与保持独立性之间的难题。

中国特色社会主义既大力推进国家治理体系和治理能力现代化，又努力维护世界和平发展，推进全球治理，在国际事务中发挥负责任大国的积极作用。既坚持中国是现行国际体系的参与者、建设者、贡献者，是国际合作的倡导者和国际多边主义的积极参与者，又积极推进全球治理理念的创新发展，倡导建立由各国共建共享的全球治理体系，为解决当今世界的全球性问题贡献了智慧。

在党的十九大报告中，习近平总书记用“三个意味着”概括了新时代的重大意义。中国特色社会主义进入了新时代，这是我国发展新的历史方位。中国特色社会主义进入新时代，意味着近代以来久经磨难的中华民族迎来了从站起来、富起来到强起来的伟大飞跃，迎来了实现中华民族伟大复兴的光明前景；意味着科学社会主义在二十一世纪的中国焕发出强大生机活力，在世界上高高举起中国特色社会主义伟大旗帜；意味着中国特色社会主义道路、理论、制度、文化不断发展，拓展了发展中国家走向现代化的途径，给世界上那些既希望加快发展又希望保持自身独立性的国家和民族提供了全新选择，为解决人类问题贡献了中国智慧和中国方案。

中国特色社会主义进入新时代具有重大意义，也对我们提出了新的更高要求：新时代要有新气象新作为，落实新时代的新要求，创造无愧于新时代的新成果；要求我们统揽伟大斗争、伟大工程、伟大事业伟大梦想的伟大实践，以新的理念举措和新的精神风貌，不断把中国特色社会主义事业推向前进。

四、释疑解惑

中华人民共和国成立初期中国共产党面临的主要问题和考验有哪些?

1949年中华人民共和国的成立，为中国的进步和发展创造了最重要的政治前提。毛泽东满怀信心地宣告：“中国人民将会看见，中国的命运一经操在人民自己的手里，中国就将如太阳升起在东方那样，以自己的辉煌的光焰普照大地，迅速地荡涤反动政府留下来的污泥浊水，治好战争的创伤，建设起一个崭新的强盛的名副其实的人民共和国。”①

不过，在中华人民共和国成立初期，也面临着许多严重的困难和一些紧迫的问题。这对于刚刚执掌全国政权的中国共产党来说，是新的严峻的考验。

第一，能不能保卫住人民胜利的成果，巩固新生的人民政权。当时，解放全中国的任务还没有完成；国民党从大陆撤退时遗留下的100余万军队、200多万政治土匪及60多万特务分子还有待肃清；在广大城乡，反动会道门和传统黑恶势力还危害着人民的生命财产安全；在广大的新解放区还没有进行封建土地制度的改革。

第二，能不能战胜严重的经济困难，迅速恢复和发展国民经济。当时中国的经济

① 《毛泽东选集》（第4卷），人民出版社1991年版，第1467页。

不仅远远落后于欧美发达国家，就是与亚洲许多国家相比也有一定的差距。1949 年，人均国民收入只有 27 美元，相当于亚洲国家平均值的 2/3。新中国从旧中国接收过来的是一副烂摊子。许多工厂倒闭，大批工人失业，通货膨胀，物价飞涨，人民生活遇到极大的困难。同历史上的最高水平相比，1949 年，工业总产值减少一半，粮食产量减少约 1/4。

第三，能不能巩固民族独立，维护国家主权和安全。新中国的诞生，打破了帝国主义在东方划定的势力范围，这是以美国为首的西方资本主义阵营不愿意看到的。它们企图通过实行强硬的对华政策，即政治上孤立、经济上封锁、军事上威胁的政策，从根本上搞垮新中国。

第四，能不能经受住执政的考验，继续保持谦虚、谨慎、不骄、不躁的作风和艰苦奋斗的作风。中华人民共和国成立后，中国共产党成为在全国范围执掌政权的党，党的工作重心从农村转向城市，广大干部和党员面临着执政的考验、接管城市的考验和生活环境变化的考验。诚如毛泽东在中共七届二中全会上指出："敌人的武力是不能征服我们的，这点已经得到证明了。资产阶级的捧场则可能征服我们队伍中的意志薄弱者。""我们必须预防这种情况。"①

五、学习测试

（一）单项选择题（备选答案中只有 1 个是正确的）

1. 新中国的国体是(　　)

A. 工人阶级领导　　B. 工农联盟

C. 人民民主专政　　D. 无产阶级专政

2. 新中国的政体是(　　)

A. 人民代表大会制度　　B. 多党合作制度

C. 民族区域自治制度　　D. 基层群众自治制度

3. 中华人民共和国是工人阶级领导的、以工农联盟为基础的(　　)

A. 民族国家　　B. 民主国家

C. 共和制国家　　D. 人民民主专政的国家

---

① 《毛泽东选集》（第 4 卷），人民出版社 1991 年版，第 1438 页。

4. 新民主主义政治、经济、文化都是由工人阶级领导的，因而都具有(　　)

A. 民主主义因素　　B. 社会主义因素

C. 资本主义因素　　D. 民族主义因素

5. 新民主主义社会是(　　)

A. 属于社会主义体系的和逐步过渡到社会主义的过渡性质的社会

B. 社会主义社会

C. 民族主义社会

D. 民主主义社会

6. 中华人民共和国成立后国民经济得到全面恢复和初步发展是在(　　)

A. 1953 年年底　B. 1956 年　C. 1979 年　D. 1952 年年底

7. 1951—1952 年开展的“三反”运动的内容是(　　)

A. 反贪污、反浪费、反官僚主义

B. 反行贿、反偷税漏税、反盗骗国家财产

C. 反贪污、反偷工减料、反盗窃国家经济情报

D. 反主观主义、反宗派主义、反官僚主义

8. 正确认识改革开放前后两个历史时期更主要是一个(　　)

A. 政治问题　B. 理论问题　C. 历史问题　D. 现实问题

9. 中国特色社会主义是(　　)

A. 以毛泽东为核心的第一代中央领导集体开创的

B. 以邓小平为核心的第二代中央领导集体发展的

C. 以习近平为核心的党中央开创的

D. 几代中国共产党人接续奋斗的结果

10. 中华人民共和国成立以来最大的历史成就是(　　)

A. 巩固了新中国

B. 建立了独立的比较完整的工业体系和国民经济体系

C. 走中国工业化道路

D. 探索、开创、坚持和发展了中国特色社会主义

(二) 多项选择题（备选答案中至少有 2 个是正确的）

1. 中国新民主主义革命在全国胜利并解决了土地问题之后，中国社会经济存在的

经济成分包括(　　)

A. 国营经济　　B. 合作社经济

C. 个体经济　　D. 私人资本主义经济

2. 中华人民共和国的成立，标志着(　　)

A. 中国的新民主主义革命取得了基本的胜利

B. 半殖民地半封建社会的结束

C. 新民主主义社会在全国范围的建立

D. 社会主义初级阶段的开始

3. 中华人民共和国成立初期，中国共产党面临的严重困难和紧迫问题有(　　)

A. 能不能保卫住人民胜利的成果，巩固新生的人民政权

B. 能不能战胜严重的经济困难，迅速恢复和发展国民经济

C. 中苏关系出现危机

D. 能不能巩固民族独立，维护国家主权和安全

4. 针对美国等国封锁、遏制新中国的情况，毛泽东提出的外交方针是(　　)

A. “另起炉灶”　　B. “打扫干净屋子再请客”

C. “一边倒”　　D. “求同存异”

5. 三大改造基本完成后，我国国内的主要矛盾是(　　)

A. 人民对于经济文化迅速发展的需要同当前经济文化不能满足人民需要的状况之间的矛盾

B. 人民对于建立先进的工业国的要求同落后的农业国现实之间的矛盾

C. 社会主义与资本主义的矛盾

D. 中国人民与国际敌对势力的矛盾

(三) 论述题

如何认识中华人民共和国成立的重大意义?

◎ 参考答案

(一) 单项选择题

1. C　2. A　3. D　4. B　5. A　6. D　7. A　8. A　9. D　10. D

（二）多项选择题

1. ABCD 2. ABC 3. ABD 4. ABC 5. AB

（三）论述题

如何认识中华人民共和国成立的重大意义？

中华人民共和国的成立，宣告中国人民当家作主的时代已经到来，具有五千多年文明历史的中华民族从此进入了发展进步的历史新纪元。

第一，帝国主义列强压迫中国、奴役中国人民的历史从此结束，中华民族一洗一百多年来蒙受的屈辱，开始以崭新的姿态自立于世界的民族之林。占人类总数四分之一的中国人从此站立起来了。第二，本国封建主义、官僚资本主义统治的历史从此结束，长期以来受尽压迫和欺凌的广大中国人民在政治上翻了身，第一次成为新社会、新国家的主人。一个真正属于人民的共和国建立起来了。第三，军阀割据、战乱频仍、匪患不断的历史从此结束，国家基本统一，民族团结，社会政治局面趋向稳定，各族人民开始过上安居乐业的生活。人民可以集中力量从事经济、政治、文化、社会等方面建设的时期开始到来了。第四，为实现由新民主主义向社会主义的过渡，并在社会主义道路上实现中华民族的伟大复兴，创造了政治前提。第五，中国共产党成为全国范围内的执政党。它可以运用国家政权凝聚和调集全国力量，巩固民族独立和人民解放的成果，解放并发展社会生产力，以造福于各族人民，造福于整个中华民族。

总之，中华人民共和国的成立，标志着中国的新民主主义革命取得了基本的胜利，标志着半殖民地半封建社会的结束和新民主主义社会在全国范围内的建立。这是马克思主义同中国实际相结合的伟大胜利。近代以来中国面临的第一项历史任务，即求得民族独立和人民解放的任务基本上完成了。这就为实现第二项历史任务，即实现国家的繁荣富强和人民的共同富裕，创造了前提，开辟了道路。

六、阅读文献

1. 习近平：《在庆祝中国共产党成立95周年大会上的讲话》（2016年7月1日）
2. 习近平：《决胜全面建成小康社会 夺取新时代中国特色社会主义伟大胜利——

在中国共产党第十九次全国代表大会上的报告》（2017 年 10 月 18 日）

3. 习近平：《在庆祝改革开放 40 周年大会上的讲话》（2018 年 12 月 18 日）

4. 习近平：《在庆祝中华人民共和国成立 70 周年大会上的讲话》（2019 年 10 月 1 日）

第八章
社会主义基本制度在中国的确立

一、教学目的与要求

1. 认识新民主主义社会是属于社会主义体系的、向社会主义过渡的社会，懂得中国共产党提出过渡时期总路线的必要性和正确性。

2. 认识中国要实行国家工业化就必须走社会主义道路的原因，懂得社会主义是历史和人民的正确选择。

3. 了解有中国特点的社会主义改造的基本经验，认识社会主义基本制度的确立为中国以后的一切进步和发展奠定了政治前提和制度基础。

二、基本教学内容

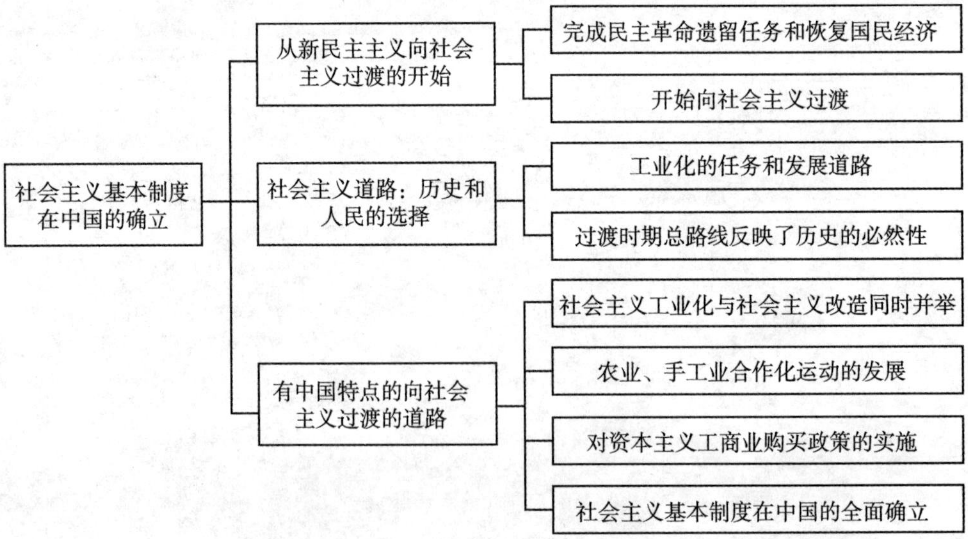

三、讨论式教学教案

（一）导学

教师：同学们好！今天我们学习本课程的第八章。

学生：老师，我们这章要学习哪些内容呢？

教师：我们知道，1949 年 10 月 1 日，毛泽东在天安门城楼宣布中华人民共和国正式成立了，这是 20 世纪中国和世界最伟大的历史事件之一；然而，新的政权建立了，再造中国新的社会制度和社会格局却不像举行开国大典那样让人感到兴奋与喜悦。中国共产党获得的是一个什么样的天下呢？当时一个美联社记者从香港发出电讯说，这个国家太大了，又穷又乱，不会被一个集团统治太久，不管是天使、猴子，还是共产党人。

那么，本章我们要了解，中国共产党是如何在废墟上恢复国民经济、稳定社会秩序？如何对农业、手工业、资本主义工商业进行改造？如何开始工业化建设？社会主义的经济制度、政治制度是如何确立？它的确立又有什么重要意义？这些都是这次课要回答的问题，也就是这一章学习的主要内容。

第八章内容是从 1949 年中华人民共和国成立到 1956 年三大改造完成，分为两个阶段。

第一阶段是 1949—1952 年，人民政府采取措施巩固新政权，恢复发展国民经济。这一时期，新中国面临着种种困难，工农业生产大幅下降，交通运输能力受到严重摧残，城市物资极度匮乏，市场混乱，通货膨胀，物价飞涨。1949 年 4 月到 1950 年 2 月，不到一年的时间，全国发生四次大规模的物价暴涨。1937 年到 1948 年的 11 年里，单是上海市的物价就上涨了 492. 7 万倍。新上海的第一任市长陈毅走马上任时，他所看到的上海早已不是昔日奢华的“东方巴黎”。而在农村，约有 700 万灾民亟待救济。

学生：我看到书上面说，当时帝国主义和国民党幸灾乐祸，断言新中国的财经困难是没法克服的。国民党特务说：“只要控制了‘两白一黑’（大米、棉花和煤炭），就能置上海于死地。”

教师：是的。民族资产阶级中的一些人，也看不起共产党，认为这些“土包子”只会打仗，不懂经济；即使能够治理农村，也绝对管不好城市，尤其是大城市。有人说共产党军事 100 分，政治 80 分，经济 0 分。共产党马上得天下，不能马上治天下。

学生：看来面对中华人民共和国成立初期困难重重的局面，党和政府经受着严峻考验。

教师：的确，中国共产党能不能迅速恢复国民经济？能不能使人心稳定、社会安定，巩固新生的人民政权？这直接考验着中国共产党的执政能力。毛泽东曾在新政协会议筹备会上满怀信心地宣布："中国人民将会看见，中国的命运一经操在人民自己的手里，中国就将如太阳升起在东方那样，以自己的辉煌的光焰普照大地，迅速地荡涤反动政府留下来的污泥浊水，治好战争的创伤，建设起一个崭新的强盛的名副其实的人民共和国。"① 毛泽东用一句话总结当时的形势——“有困难，有办法，有希望”。

学生：党和政府主要完成哪些任务呢？

教师：党和政府主要完成以下四个方面的任务：第一，没收官僚资本，建立国营经济，为恢复国民经济打下基础；第二，统一财政经济管理，统一全国的物资调度；第三，集中力量，消灭封建地主经济；第四，有限度地打击资产阶级的不法活动，开展“三反”和“五反”运动。

学生：也就是说，从 1949 年 10 月到 1952 年年底这第一阶段内，党和政府仅用了三年时间，就使国民经济基础得到恢复，并在某些方面超过了 1937 年抗战全面爆发前的最高水平。

教师：是的，这三年在中国共产党的历史上具有重要的地位，因为这三年是彻底完成新民主主义革命和开始转向社会主义革命的重要转折关头。社会主义革命的任务实际上也开始实行了。

第二阶段是 1953—1956 年。主要内容是三大改造完成，工业化建设起步，社会主义基本制度建立。1952 年年底党中央按照毛泽东的建议，提出了党在过渡时期的总路线。党在过渡时期有着两项互相联系的基本任务，就是逐步实现国家的社会主义工业化，并逐步实现国家对农业、手工业和资本主义工商业的社会主义改造，使社会主义建设与改造同时并举。到 1956 年年底，国家基本上完成了对农业、手工业和资本主义工商业的社会主义改造，完成了把生产资料私有制转变为社会主义公有制的任务，初步建立起社会主义的基本制度。这就为当代中国一切发展进步奠定了根本政治前提和制度基础。

学生：这一章我们需要掌握哪些重要知识点呢？

---

① 《毛泽东选集》(第 4 卷)，人民出版社 1991 年版，第 1467 页。

教师：重点是5个知识点：一是过渡时期总路线的提出；二是工业化的发展道路和战略；三是对个体农业和手工业的社会主义改造；四是对资本主义工商业的社会主义改造；五是社会主义基本制度在中国的全面确立。

学生：老师，您给我们指导一下学习方法吧。

教师：第一，线下学习，拓展阅读。这一章可以阅读由中共党史出版社出版的《中国共产党历史（第二卷）》《中国共产党的九十年》。还可以阅读周而复写作的《上海的早晨》，我们还可以观看纪录片《社会主义改造胜利大联欢》、电影《不夜城》。第二，实地参观。我们可以实地考察社会主义改造的历史遗迹和调研"一五"期间工业化建设的重点项目，从中去感悟历史，以增强对本章历史知识的认知。第三，线下学习与线上学习结合，注意有些内容课堂上不讲，需要线上学习。

（二）过渡时期总路线的提出

教师：现在我们开始学习本章第一个知识点："过渡时期总路线的提出。"

首先要了解什么是过渡及过渡时期。过渡是指事情或事物由一个阶段逐渐发展而转入另一个阶段，其作用是"承上启下"。过渡时期这个特定的概念是马克思首先在《哥达纲领批判》中提出来的，列宁继承和发展了马克思主义过渡时期的学说。列宁指出，"无产阶级的目的是建成社会主义，这个目的不是一下子可以实现的，这需要一个相当长的从资本主义到社会主义的过渡时期"。①

学生：为什么说需要经历一个相当长的过渡时期呢？

教师：因为改变生产资料私有制为社会主义公有制是一个相当长的过程。社会主义革命以前的革命都是以一种私有制代替另一种私有制，而社会主义社会是以生产资料公有制为基础的，生产资料公有制不可能建立在旧有的生产资料私有制基础之上，只有在无产阶级夺取政权后，在改变了生产资料所有制的基础上才能建立起来。因此，改造旧经济，建立社会主义公有制，这是一段特殊的历史时期，也就是过渡时期，它成为一切走向社会主义的国家不可逾越的历史阶段。

学生：新中国也不例外吧。我国的过渡时期是不是指1949年中华人民共和国成立到1956年社会主义改造基本完成这一段时期呢？

教师：是的。毛泽东在全国解放前夕提出："我国在经济上完成民族独立，还要一

---

① 《列宁选集》（第3卷），人民出版社2012年版，第835页。

二十年时间。我们要努力发展经济，由发展新民主主义经济过渡到社会主义。”①

学生：是不是当时有党外人士向毛泽东询问，要多久才能够过渡到社会主义？

教师：是的，毛泽东回答说，二三十年吧。刘少奇在1951年5月7日指出：“现在有人就讲社会主义，我说，这是讲早了，至少是早讲了十多年。”② 1952年9月，毛泽东在致黄炎培的信中说，“要求资产阶级接受社会主义现在言之过早，至少在第一个五年计划时期不宜如此宣传”。当时，中央的基本设想是经过新民主主义社会的大力发展，“在国家经济事业和文化事业大为兴盛了以后，在各种条件具备了以后，在全国人民考虑成熟并在大家同意了以后，就可以从容地、妥善地、走进社会主义的新时期”。③

学生：那为什么中国共产党在1952年年底会提出过渡时期总路线呢？

教师：因为到1952年年底，随着国民经济恢复任务的基本完成，国际国内形势发生了很大变化。

学生：国际国内形势发生了哪些变化呢？

教师：一是抗美援朝的战局已经基本稳定下来，这就为确立“边打、边稳、边建”的方针提供了前提。二是民主革命的遗留任务尤其是大规模的土地改革任务，基本完成，人民政权得到进一步巩固，社会基本稳定。三是在党和人民政府的领导下，原来设想经济工作三至五年恢复，结果只用了三年就实现并超过预定目标。强大的国营经济已经成为整个国民经济社会主义改造的重要力量。四是在中华人民共和国成立的头三年，已经积累了土改完成后，在农村开展农业互助合作，利用、限制私营工商业的许多经验，对社会主义改造有借鉴作用。五是从国际环境看，一方面，当时帝国主义对我国实施军事上侵略威胁、经济上严密封锁，只有苏联援助中国；另一方面，苏联的巨大成就，显示了社会主义制度的优越性，对我国具有巨大的榜样作用。对社会主义也就是苏联模式的向往，已成为党内和国内一种强大的心理定势。当时，在很多人的心目中，“苏联的今天就是我们的明天”已成为共识。

学生：除了以上变化外，与我国社会生活中出现了一些新的矛盾有没有关系呢？

教师：有，因为这些矛盾影响着有计划的经济建设。

---

① 《毛泽东文集》（第5卷），人民出版社1996年版，第146页。

② 中共中央文献研究室：《刘少奇年谱：一八九八——一九六九》（上卷），中央文献出版社1996年版，第277页。

③ 《毛泽东文集》（第6卷），人民出版社1999年版，第80页。

学生：具体有哪些矛盾呢？

教师：在农村，土地改革后，农民分散落后的个体经济，难以满足城市和工业化发展对粮食与农产品原料不断增长的需求；少数农民因无力抵抗天灾人祸及其他困难，而丧失土地等生产资料，出现了少量土地集中和雇工的现象，农村面临着产生贫富分化的危险，这种状况势必危及工农联盟。

在城市，资产阶级唯利是图、损人利己的本性逐渐暴露出来，一些不法分子在加工订货中，偷工减料，以次充好，以假乱真，通过向国家干部行贿获得高额利润。例如上海大康药店经理王康年专门设立了一个“外勤部”，并把它叫做“干部思想改造所”，用金钱、美女等手段勾引、腐蚀国家干部，先后把25个国家机关的65名干部拉下水。令人发指的是，解放军攻打舟山群岛，需要白棕绳，不法资本家把旧麻绳裹在白棕绳里卖给解放军，结果战斗中绳索崩断，致使11条船沉没，80多人牺牲。这表明工人阶级同资产阶级之间的限制与反限制的斗争还没有结束。

学生：农村与城市出现的这些新矛盾，使党和政府不能不考虑加紧和扩大农村的互助合作运动，并采取限制城市资本主义的措施，在这种情况下，对生产资料私有制的改造就提上了日程。这样理解可以吗？

教师：可以这样理解。正是在上述背景与条件下，中国共产党制定了过渡时期的总路线。1952年12月，在经毛泽东亲自修改、审定的中宣部关于过渡时期总路线的学习和宣传提纲中，对过渡时期总路线做了最完整的表述：“从中华人民共和国成立，到社会主义改造基本完成。这是一个过渡时期。党在这个过渡时期的总路线和总任务，是要在一个相当长的时期内，逐步实现国家的社会主义工业化，并逐步实现国家对农业、手工业和对资本主义工商业的社会主义改造。”①

学生：在1954年9月召开的第一届全国人民代表大会第一次会议上以法律形式把这条总路线作为国家过渡时期的总任务确定下来，并载入宪法。那过渡时期总路线的基本精神是什么呢？

教师：过渡时期的总路线基本精神体现在“一化三改”上。当时，对这条总路线的内容有一种通俗的解释：“好比一只鸟，它要有一个主体，这就是发展社会主义工业；它又要有一双翅膀，这就是对农业、手工业和私营工商业的社会主义改造。”简单地说，就是“一化三改，一体两翼”。“一化”就是逐步实现国家的社会主义工业化，建立一套基本上独立的比较完整的工业体系，这是总路线的主体；“三改”就是逐步实

① 《毛泽东文集》（第6卷），人民出版社1999年版，第316页。

现对农业、手工业和资本主义工商业的社会主义改造，把农业、手工业者的个体所有制改造成为社会主义集体所有制，把私营工商业的资本主义所有制改造成为社会主义全民所有制，这是总路线的“两翼”。

学生：我们要怎么认识“一化”与“三改”之间的关系呢？

教师：“一化”与“三改”是互相联系、互相促进、互相制约的，没有主体，不能带动两翼，没有两翼，主体不能腾飞。总路线体现了发展生产力、解放生产力与变革生产关系的有机统一，是一条社会主义建设和社会主义改造同时并举的路线。

过渡时期总路线的提出，反映了中国人民要求走社会主义道路，迅速发展国民经济，尽快变农业国为工业国，摆脱贫困，消灭剥削制度的强烈愿望。过渡时期总路线提出以后，党和国家的工作全面转向动员一切力量开始工业化建设。

（三）中国工业化的发展道路和战略

教师：现在我们开始学习第二个知识点：“中国工业化的发展道路和战略。”

学生：为什么要实现国家工业化呢？

教师：工业化是传统农业社会向现代工业社会转变的过程，是现代化的核心内容。列宁指出，建立社会主义社会的真正的唯一的基础只有一个，那就是大工业。“没有高度发达的大工业，那就根本谈不上社会主义，而对于一个农民国家来说就更是如此。”① 工业化是实现中华民族伟大复兴的必由之路，从历史上看，把中国从一个落后的农业国变为一个先进的工业国，是近代以来中国无数仁人志士梦寐以求的理想。到中华人民共和国成立前夕，党的七届二中全会提出，在民主革命的任务完成后，要“解决建立独立的完整的工业体系问题”，使中国稳步地由农业国转变为工业国，把中国建设成一个伟大的社会主义国家。

学生：当时中国的工业化水平如何呢？

教师：中国的工农业生产在国民经济恢复任务完成后，虽然已经达到并超过历史水平，但仍然十分落后。1952 年我国的工农业生产技术不仅落后于苏联 1928 年的水平，而且落后于东欧一些人民民主国家的第一个五年计划的水平。毛泽东在中华人民共和国成立初曾说：“现在我们能造什么？能造桌子椅子，能造茶碗茶壶，能种粮食，还能磨成面粉，还能造纸，但是，一辆汽车、一架飞机、一辆坦克、一辆拖拉机都不

---

① 《列宁全集》（第 41 卷），人民出版社 2017 年版，第 301~302 页。

能造。”① 这样的基础必然制约我国经济的发展速度。

学生： 哦，我明白了，所以在 1952 年的时候，随着民主革命遗留任务的完成和国民经济的恢复，工业化的任务被提上了党和国家的议事日程。我想继续了解的是关于工业化发展道路问题，中国是走西方资本主义工业化道路还是走社会主义工业化道路呢？

教师： 纵观人类现代化的发展历程，不同国家选择了不同的发展道路。从世界历史上看，主要有两条道路：一条是资本主义工业化的道路，这是欧洲各国、美国和日本走过的，而且走通了；一条是社会主义工业化的道路，这是苏联走过的，而且也走通了。十月革命前，俄国是欧洲比较落后的国家，由于实现了社会主义的工业化，苏联成了欧洲的第一强国、世界上最强大的两个国家之一。社会主义制度可以集中力量办大事的优越性，对于中国这样一个经济文化落后的国家来说，通过社会主义道路实现国家工业化，这是最好的选择。

学生： 为什么说是最好的选择呢？

教师： 这主要是有以下几个方面的原因：第一，近代以来的历史表明，资本主义工业化的道路在中国是走不通的，到 1949 年，整个民族工业资本没有建立起独立、完整的工业体系。

第二，中国实现工业化，是在工人阶级领导的以工农联盟为基础的人民民主专政的条件下进行的，只能走社会主义的道路；中国共产党领导的新中国，不可能走靠压榨本国人民和掠夺海外殖民地进行原始积累的资本主义工业化道路。中国这样一个大国，企图主要靠外国提供资金和机器设备来求得发展，特别是要想成为世界强国，是不可想象的。而且，如果在经济上依赖外国，在政治上就挺不起腰杆，甚至已经争得的政治独立也可能丧失。

第三，独立后的中国只有在社会主义制度下，发挥集中力量办大事的优越性，依靠内部积累，发展强大的重工业，制造各种必要的工业装备，使现代工业能够完全领导整个国民经济，在工农业生产总值中占绝对优势，进而使社会主义工业成为全部工业的主要基础，才能加快推进国家工业化。因此，为了实现国家的工业化，中国必须走社会主义道路。

学生： 那么，关于工业化发展的战略，中国是优先发展轻工业还是优先发展重工

---

① 《毛泽东文集》（第 6 卷），人民出版社 1999 年版，第 329 页。

业呢？我了解到当时有一种说法是“中国穷，要与民休息，不宜搞重工业，应多发展轻工业”，如何分析这个问题呢？

教师：一般来说，大多数国家，尤其是发达国家，工业化遵循着从轻工业到重工业、再到第三产业的发展轨迹。

学生：那中国工业化没有沿用早期发达资本主义国家的发展模式，而是选择了“优先发展重工业”的发展战略，这是为什么呢？

教师：这一选择，一是因为中国共产党没有建设社会主义的经验，苏联的成功模式成为中国唯一效仿的楷模，加上当时苏联向中国提供贷款、技术和设备，这无疑在很大程度上对中国工业化战略的选择产生了直接影响；二是因为中华人民共和国成立初期，中国的工业化建设更多的是从军事、政治战略上，而不是主要从经济发展的需要上来考虑和谋划的。这是自近代以来，中国现代化的重要特点之一。从一开始，中国就走上了一条与西方发达国家不同的现代化道路。

在中华人民共和国成立前后，中国共产党领导层开始考虑国家工业化战略问题。基于我国经济基础薄弱、资金匮乏等情况，曾设想先发展农业和轻工业来为工业提供足够的原料和粮食，并为工业的发展扩大市场和积累资金，同时提高劳动人民的生活水平，然后再集中资金和力量去建设重工业。可是，不久，朝鲜战争爆发，中国同美国在朝鲜战场上进行力量悬殊的较量，凸显出工业实力不强、武器装备落后的问题，给稳定战局造成影响。面对美帝国主义的战争威胁、西方资本主义国家的经济封锁和禁运，以毛泽东为代表的中国最高决策层权衡再三，放弃了最初曾考虑首先发展农业和轻工业的想法，不得不选择了“重工业优先发展”的战略。1953 年 6 月，毛泽东在全国财经会议上听取编制五年计划情况汇报时指出：“为了保证国家的独立，我们在编制五年计划时要把建设重点放在重工业上，以增强国防力量，向社会主义前进。”①

学生：实践证明，我国的工业化发展道路和发展战略是正确的。

教师：是的。我国的社会主义工业化由实施第一个五年计划起步，到 1957 年已超额完成了所有的经济建设指标，奠定了我国社会主义工业化的初步基础。美国学者梅斯纳在《毛泽东的中国及其发展——中华人民共和国史》一书中说，“第一个五年计划使中国奠定了重要和稳固的现代化工业基础”，“用任何标准评价，50 年代的工业化都

---

① 逄先知、金冲及主编，中共中央文献研究室编：《毛泽东传（1949—1976）》（上），中央文献出版社 2003 年版，第 273 页。

是一个显著的经济成就”。①

（四）对个体农业和手工业的社会主义改造

教师：现在学习本章第三个知识点：“对个体农业和手工业的社会主义改造。”对私有制的三大改造中，对农业的改造居于首要地位，它涉及面最广泛、影响最深远，是继农村土地改革后又一次牵涉亿万农民切身利益的农村社会变革。农业的社会主义改造就是要把过渡时期以生产资料私有制为基础的非社会主义经济，改造为以生产资料公有制为基础的社会主义经济。

学生：老师，为什么要对农业进行社会主义改造呢？

教师：这有以下几个方面的原因：第一，这是进一步发展农业生产力、改变农村落后面貌的客观要求。个体农业是以小块土地的个体占有和个体劳动为基础的小私有制经济。它规模狭小，经营分散，无力使用先进技术和新式农具；无法改良和合理使用土地，无法抵御自然灾害。这些都使得农村生产力长期处于低下的状态，劳动生产率和商品率都很低。

第二，这是社会主义工业化对农业的客观要求。随着工业化的进展，细小、分散的个体农业与现代化的大工业之间的矛盾越来越明显地暴露出来。它的大量存在不能为社会主义工业化提供日益增多的粮食和工业原料，以及广阔的销售市场；也就是说，小农业的“沙滩上”难以建设大工业。

第三，这是避免出现两极分化和提高农村生产力的要求。土改后农村出现了一些新情况、新问题，农村中出现了新的分化现象。部分农民依靠资金、农具、劳力等方面的优势，经济实力的增长比较快，其中少数人通过雇工或放高利贷发展为新富农。有一些农户因缺乏劳动力，缺乏牲畜和农具等各种原因出现生产和生活上的困难，甚至出现了典让、出卖土地的现象。这样一来，一些刚刚分到土地的农民重新丧失土地，或者面临失去土地的危险。与此同时，一些带有社会主义萌芽性质的集体劳动组织，在中国农村出现了。

学生：为了发展生产，兴修水利，抗御自然灾害，采用农业机械和其他新技术，这些是个体的小生产很难解决的。也就是说，当时农民确实有走互助合作道路的要求。

教师：是的，在土地改革以后，逐步把农业个体经济改造成社会主义的集体经济，

---

① ［美］莫里斯·梅斯纳：《毛泽东的中国及其发展——中华人民共和国史》，张瑛等译，社会科学文献出版社 1992 年版，第 142 页。

是十分必要的。

学生：那如何在土改的基础上把五亿农民组织起来逐步走向集体化呢？

教师：恩格斯指出：“我们对于小农的任务，首先是把他们的私人生产和私人占有变为合作社的生产和占有，但不是采用暴力，而是通过示范和为此提供社会帮助。”① 十月革命后，列宁针对当时苏俄的情况，提出了改造小农经济的合作社计划，并且指出在无产阶级专政条件下，合作社是千百万农民容易了解并接受的过渡到社会主义的最好形式。斯大林继承了列宁的遗志，领导苏联人民在1929到1934年基本上完成了农业集体化。

中国共产党以马克思列宁主义关于农业合作化的理论为指导，对农业的社会主义改造是通过互助合作的道路进行的。1953年12月，中央发布了《关于发展农业生产合作社的决议》，总结互助合作运动的经验，提出引导农民走向社会主义的几种过渡性的经济组织形式。第一是互助组，这种形式具有社主主义萌芽的性质。第二是初级农业生产合作社，在土地及牲畜、大农具私有的基础上土地入股、统一经营，有较多的公共财产，实行土地分红和按劳分配相结合的原则。这种形式具有半社会主义性质。第三是高级农业生产合作社，将土地及其他生产资料归集体所有，统一经营、集体劳动，实行各尽所能、按劳分配原则。这种形式具有社会主义的性质。

学生：那中国农业社会主义改造的发展过程大体分为几个阶段？

教师：分为三个阶段：第一个阶段，从1949年10月到1953年。这一段以办互助组为中心，同时试办初级社。到1953年年底，参加互助合作组织的农户占全国总农户的39.5%，其中初级社占总农户的0.2%。第二阶段，从1954年到1955年上半年，以办初级社为主，个别试办高级社。第三阶段，从1955年下半年到1956年年底，形成以办高级社为主的农业合作化高潮。

学生：农业社会主义改造应该如何评价呢？

教师：中国农业社会主义改造的方向是正确的，中国共产党所确定的积极发展、稳步前进、逐步过渡的方针，以及自愿互利、典型示范和国家帮助的原则也是正确的，通过互助组、初级社等过渡形式，把小农经济改造为社会主义的集体经济，避免了两极分化，解决了小农经济与社会主义工业化的矛盾，巩固了工农联盟，促进了农村生产力的发展。这是中国农村最深刻的一次社会变革。

纵观合作化的全过程，有成功的经验，也有失误的教训。

---

① 《马克思恩格斯选集》（第4卷），人民出版社2012年版，第370页。

学生：那有哪些教训呢？

教师：1955年夏季以后，合作化速度不断加快，在全国掀起了合作化高潮，要求过急、工作过粗、形式也过于简单划一，社会主义改造过程中出现的缺点和偏差，给农业生产力的发展造成了不少损失。邓小平在总结合作化经验教训时说："有人说，过去搞社会主义改造，速度太快了。我看这个意见不能说一点道理也没有。比如农业合作社，一两年一个高潮，一种组织形式还没来得及巩固，很快又变了。从初级合作社到普遍办高级社就是如此。如果稳步前进，巩固一段时间再发展，就可能搞得更好一些。"①

学生：那么，如何引导个体手工业者走合作化道路呢？

教师：对个体手工业的社会主义改造是过渡时期总路线提出的三大改造任务之一。手工业历来在我国国民经济和社会生活中占有重要地位，手工业的行业和品种很多，如陶瓷器、小五金、竹木器具、刺绣、文具、民族乐器、雕刻等几乎包括人民日常生活的各个方面。我国个体手工业的特点是分散、落后、保守而且规模很小，这个特点限制了手工业生产力的发展。

学生：由此可见，必须引导他们走社会主义道路。

教师：是的。与对个体农业进行社会主义改造一样，对手工业的社会主义改造也是经过合作化的道路，把手工业劳动者的个人所有制改变为集体所有制。1953年11月，中华全国合作社联合总社召开第三次全国手工业生产合作会议，提出手工业合作化要坚持自愿互利原则和积极引导、稳步前进的方针，采取由手工业生产合作小组到手工业供销合作社再到手工业生产合作社的组织形式。1955年下半年农业合作化的浪潮波及手工业改造，各地快马加鞭、改变过去按行业分期分批分片的改造办法，采取手工业全行业一起合作化的办法。

学生：到1956年年底，全国手工业生产合作社发展情况如何？

教师：到1956年年底，全国手工业生产合作社发展到10万多个，入社的手工业者达470万人，占全部手工业人员的91.7%，基本上完成了对手工业的社会主义改造。

总体说来，这一时期手工业合作化的发展是积极的、稳步的、健康的。但发展中也存在一些问题，存在要求过急、工作过粗、改变过快、形式过于简单划一等缺点，导致某些手工业产品质量下降、品种减少，结果是给人民生活造成了不便。

---

① 《邓小平文选》（第2卷），人民出版社1994年版，第316页。

（五）对资本主义工商业的社会主义改造

教师：现在我们学习本章第四个知识点：“对资本主义工商业的社会主义改造。”

在农业合作化运动迅速发展的同时，对资本主义工商业的社会主义改造也开始积极推进。

学生：如何使生产资料的公有制代替资本家的私人所有制呢？

教师：马克思和恩格斯曾经设想，无产阶级在夺取政权以后，通过赎买的办法把资本主义经济改造成为社会主义经济，并且认为，如果对资产阶级的剥夺能用赎买来实行，那对无产阶级是最便宜不过的事情了。列宁曾两次提出在俄国实行国家资本主义的问题，但由于俄国资本家的反抗，加上外国势力的武装干涉而没有实现。

中国共产党根据中国的实际情况，采取了和平赎买的办法，把资本主义经济变为社会主义经济，第一次在实践上成功解决了这个重大问题。

学生：为什么在我国必须对资本主义工商业实行和平改造呢？

教师：第一，对资本主义工商业实行和平改造，在政治上有利于争取和稳定民族资产阶级，有利于团结各民主党派和各界爱国民主人士，巩固和发展爱国统一战线，顺利实现向社会主义过渡。

第二，在经济上，私营工商业还有有利于国计民生的积极作用。可以利用私营工商业者增加生产和社会财富，活跃城乡物质交流，满足社会需要。在经营管理上，民族资产阶级中的大多数人具有不同程度的现代科学文化知识，有一定的技术专长和管理经验，实行和平改造，有利于发挥他们的知识才能为社会主义建设服务。刘少奇指出：资产阶级积极分子能起到共产党员起不到的作用，有了他们，改造就能更顺利，每个城市都应该培训几十个或几百个这样的不怕共产的红色资本家。

学生：那为什么在我国对资本主义工商业能够采取和平改造的方式呢？

教师：一是因为工人阶级掌握国家政权，将全体劳动者团结在自己的周围，形成了巩固的工农联盟，使民族资产阶级彻底孤立。正如毛泽东所说：“人民手里有强大的国家机器，不怕民族资产阶级造反。”①

二是因为国家掌握了全国的经济命脉，确立了国营经济在国民经济中的领导地位，使对资产阶级的改造有了坚实的物质基础。我们通过实现农业合作化，就割断了资本主义经济同农村的联系。

---

① 《毛泽东选集》（第4卷），人民出版社1991年版，第1477页。

三是因为中国的民族资产阶级存在两面性。毛泽东认为：在我们国家里，民族资产阶级具有两面性。“在资产阶级民主革命时期，它有革命性的一面，又有妥协性的一面。在社会主义革命时期，它有剥削工人阶级取得利润的一面，又有拥护宪法、愿意接受社会主义改造的一面。”① 周恩来指出，民族资产阶级在“全国解放后，在三年来的合作中，是和我们共过患难的，特别是在维持生产、医治战争的创伤、改造旧的社会经济方面，尽过一定的力量，对国家建设也有过一份贡献”。② 例如，天津的资本家在抗美援朝中捐钱、购买公债，捐献飞机 38 架；在土改中也有自愿捐献土地的。经过各种斗争和教育，大多数资本家认识到只有接受改造才是唯一的出路。

四是因为党和政府制定了正确的政策，使民族资产阶级逐步丢掉幻想，同时，在工作上、生活上给资本家以适当安排和一定的照顾，从思想上加以教育。因此，是在大势所趋的情况下，敲锣打鼓地接受改造。“挂红旗五心（星）不定，扭秧歌进退两难。”“早归公，晚归公，早晚要归公，不如早归公；迟共产，早共产，迟早要共产，不如早共产。”这是中华人民共和国成立初期民族资产阶级惶惶不安心态的真实写照。

学生：我国对资本主义工商业社会主义改造是如何开展的呢？

教师：我国对资本主义工商业社会主义改造实行了和平赎买的政策，通过国家资本主义的形式，把资本主义私有制变为社会主义公有制。

国家资本主义就是在无产阶级专政条件下，在人民政府管理下用各种形式和社会主义国营经济联系着并受工人监督的资本主义经济。这是一种特殊的资本主义经济，它主要不是为了资本家的利润而存在，而是为了供应人民和国家的需要而存在。国家资本主义的低级形式是加工订货、统购包销、经销代销等；高级形式是公私合营，公私合营分为个别企业公私合营和全行业公私合营。

学生：改造分为几个阶段呢？

教师：改造分为三个阶段：第一阶段，以实行加工订货、统购包销、经销代销等初级形式的国家资本主义为主。实现这种形式，国家就在一定程度上从原料、价格、市场等方面限制了资本家的剥削，并且在一定程度上把资本主义纳入国家计划的轨道。第二阶段，主要实行个别行业的公私合营。第一阶段后生产资料仍归资本家所有，生产经营还是由资本家指挥，这就不能从根本上解决公私矛盾和劳资矛盾，因此还要向高级的国家资本主义发展。在公私合营企业中，国家对企业投资入股，派出公方代表

---

① 《毛泽东文集》（第 7 卷），人民出版社 1999 年版，第 208 页。

② 《周恩来经济文选》，中央文献出版社 1993 年版，第 123 页。

进入企业，同资本家共同经营管理，使企业的生产资料由私有变为公私共有，这就部分改变了企业的所有制，使企业具有了半社会主义性质。第三阶段，实行全行业公私合营。

学生：对私营企业改造的方针传开后，资本家有什么反应？

教师：资本家当然会感到震动和不安，如同自己使用多年的一样东西现在不归自己所有了，在情绪上都要发生波动；何况自己甚至几代人苦心经营的企业要改名换姓了，在感情上肯定会产生一些痛苦和不安。资本家内心苦闷，像十五个吊桶打水，七上八下。一部分人产生了严重抵触情绪，有的资本家迫于形势，宁愿拿出一个企业抵债，也不想公私合营，用他们的话说就是“宁砍一指，勿伤九指”。

学生：资本家有什么顾虑呢？

教师：当时大部分资本家有四个顾虑：一是公私合营后股东红利能否照发；二是本人能否继续担任总经理；三是是自己的工资会不会降到同工人一样；四是与公方代表能否合得来。

学生：党和政府采取了什么措施呢？

教师：党和政府对他们的顾虑早就有所考虑。中共中央在《关于资本家工商业改造问题的决议》中指出：我们对于资产阶级第一是用赎买和国家资本主义的方法，有偿地而不是无偿地，逐步地而不是突然地改变资产阶级的所有制；第二是在改造他们的同时，给予他们必要的工作安排；第三是不剥夺资产阶级的选举权，并且对于他们中间积极拥护社会主义改造，在改造事业中作出了贡献的代表人物，给予恰当的政治安排。在资产阶级没有别的出路的条件下，这是他们能够接受的方案。

学生：那对资本主义改造采取的是什么方式？

教师：改造采取的是赎买方式，赎买方式不同于购买，它不是指国家从自己的积累中另外支付赎金来购买资本家的生产资料，而是工人在为国家和人民的需要进行生产的同时也为资本家生产一部分利润，作为赎买的代价。赎买的形式是采取“四马分肥”方法，分配国家资本主义企业的利润，也就是对企业所得税、企业公积金、工人福利费和资本家股息红利四个方面进行分配。

学生：老师，我想了解改造的第三阶段的具体情况。

教师：好的。第三阶段指从1955年下半年到1956年，实行全行业公私合营。到全行业公私合营阶段，企业的生产关系发生了根本性的变化，资本家的生产资料已转归国家所有，由国家统一使用、管理和支配，资本家丧失了对企业生产资料的支配权、企业的管理权和人事调配权；企业转归国家手中，使企业基本上具有社会主义性质，实现了对资本主义工商业的社会主义改造。在 1956 年前实行“四马分肥”阶段，以及从 1956 年到 1966 年付定息阶段，共计付出 30 多亿元赎金。毛泽东说，我们“出这么一点钱，就买了这样一个阶级”。

学生：老师，我之前了解过一点荣氏家族的历史，毛泽东曾这样评价说：“荣家是中国民族资本家的首户，中国在世界上真正称得上是财团的，就只有他们一家。”那荣氏家族的代表荣毅仁对改造的认识是怎样的？

教师：荣毅仁在回答作为资本家为什么接受社会主义道路的时候说：“是的，我是一个资本家，但是我首先是一个中国人。”全国工商联会议后，荣毅仁表示，“我一定要把所得的利润投资企业，购买公债，来支持国家建设”。他看到五年计划开始了，各地进行了大规模的建设，感慨地说：一切实现得比梦想还要快，多么令人鼓舞！没有共产党，不走社会主义的道路，哪能有今天？

学生：从这一席话，我们可以看到党对民族资本家采取团结和改造政策的根据和实际效果。

教师：是的。和平改造解决了实现社会变革与经济发展、和平过渡与消灭剥削制度这类通常难以解决的问题。

学生：那在对资本主义工商业的改造中有没有失误和偏差呢？

教师：由于中国共产党当时对什么是社会主义，以及在中国怎样建设社会主义的问题，认识还不成熟，所以存在一定的失误和偏差。如对合营企业不适当地进行了合并或减裁，把不同类型的行业合在一起，把一些不应该合并的合并了，合并以后使一些名牌产品如狗头牌手电筒、固齿牙膏、金星墨水没有了。对一些名牌企业的经验继承和利用不够，如 1956 年毛泽东曾问陈云，为什么东来顺的羊肉变得不好吃了？改造后商品花色大大减少，造成了人民生活和生产的不方便。

尽管存在一定的失误和偏差，我国对资本主义工商业的社会主义改造是成功的，不仅把私人资本主义工商业改造成社会主义国营经济，实现了所有制的变革；同时，对民族资本家实行团结、教育和改造的政策，把企业的改造和人的改造结合起来，教育他们接受工人阶级的领导，鼓励他们利用自己的科学技术知识和经营管理经验来为社会主义建设服务。

（六）社会主义基本制度在中国的全面确立。

教师：现在开始学习本章的最后一个知识点：“社会主义基本制度在中国的全面确

立。”

到1956年，生产资料私有制的社会主义改造在中国取得了决定性的胜利。

学生：从哪些方面可以说明社会主义改造取得了决定性的胜利？

教师：到1956年，所有制发生了转变。农民、手工业者劳动群众个体所有的私有制，基本上转变为劳动群众集体所有的公有制，资本家所有的资本主义私有制基本上转变为国家所有即全民所有的公有制。全行业公私合营以后，资本家不再是原来企业的所有者，而是按照他们的能力被接受为企业的职员，国家对公司合营企业可以按照社会主义的原则进行管理。原来私人企业的工人摆脱了雇佣者的地位，成为企业的主人，加入工人阶级的队伍。

学生：也就是说，在中国的国民经济中，全民所有制和劳动群众集体所有制这两种形式的公有制经济，已经占据了主体地位。

教师：是的。反映到国民收入的结构上，1956年同1952年相比，国营经济的比重由19.1%上升到32.2%，合作社经济由1.5%上升到53.4%，公私合营经济由0.7%上升到7.3%，个体经济由71.8%下降到7.1%，资本主义经济由6.9%下降到接近于0。

学生：那么，可以看出，社会主义性质的国营经济、合作社经济和基本上属于社会主义性质的公私合营经济加起来是92.9%，已经占到国民收入的绝大多数。

教师：是的。这是在城市，那么在中国农村，已基本上实现土地公有，全国1.1亿农户中，有96.3%加入农业生产合作社，社会主义集体经济基本建立。绝大多数手工业者也加入手工业集体经济组织。

以上讲的这些，说明社会主义公有制基本上取代了生产资料私有制，社会主义的基本经济制度在中国建立起来，这是中国进入社会主义社会的最主要标志。

学生：除了经济领域的改造，中国的社会主义制度在其他方面又是如何建立的呢？

教师：在有系统地进行社会主义改造的同时，人民民主政治建设也在有步骤地推进。

1954年9月，第一届全国人民代表大会召开。毛泽东致开幕词，刘少奇作关于中华人民共和国宪法草案的报告，周恩来作政府工作报告。一届人大会议的召开和《中华人民共和国宪法》的颁布，结束了由中国人民政治协商会议代行全国人民代表大会职权、由《中国人民政治协商会议共同纲领》代替《中华人民共和国宪法》的过渡状态。宪法及其所确立的人民民主专政的国家制度和人民代表大会的政治制度，成为中国逐步过渡到社会主义的法律和政治保证，也从此成为中国社会主义的根本政治制度。

在新民主主义革命时期就已基本形成的中国共产党领导的多党合作和政治协商格局，在1954年一届人大会议后，逐步发展成为我国的一项基本政治制度。

《中国人民政治协商会议共同纲领》确立的民族区域自治制度在新民主主义向社会主义过渡时期得到了发展，也成为我国的一项基本政治制度。在中国漫长的历史上经历过无数风雨的民族问题，终于找到了一条和平、民主的解决之路。

学生：那么在思想文化领域，又有什么新的因素？

教师：在思想文化领域，马克思列宁主义、毛泽东思想在全国的指导思想地位进一步加强，民族的、科学的、大众的文化建设工作逐渐开展，社会主义意识、爱国主义、集体主义、为人民服务等共同价值观在人民群众中受到推崇。

学生：从经济领域、政治领域以及思想文化领域，我们可以看到，一个新国家、新制度、新社会的新面貌。

教师：确实如此。1956年年底，随着三大改造的完成，社会主义基本制度在中国全面确立，我国开始进入社会主义初级阶段，这是20世纪中国的第二次历史性巨变。

学生：社会主义基本制度的建立在中国有什么重要的意义呢？

教师：社会主义基本制度的全面确立，为推进中国的工业化、现代化事业，为中国以后所有的进步和发展、奠定了基础。胡锦涛在十七大报告中指出："新民主主义革命的胜利，社会主义基本制度的建立，为当代中国一切发展进步奠定了根本政治前提和制度基础。"① 习近平总书记在十九大报告中进一步强调："我们党团结带领人民完成社会主义革命，确立社会主义基本制度，推进社会主义建设，完成了中华民族有史以来最为广泛而深刻的社会变革，为当代中国一切发展进步奠定了根本政治前提和制度基础，实现了中华民族由近代不断衰落到根本扭转命运、持续走向繁荣富强的伟大飞跃。"②

四、释疑解惑

（一）20世纪50年代的中国应该选择怎样的工业化道路

工业化是实现中华民族伟大复兴的必由之路，中国的工业化应当选择怎样的道路？

---

① 《胡锦涛文选》（第2卷），人民出版社2016年版，第617页。

② 《习近平谈治国理政》（第3卷），外文出版社2020年版，第11~12页。

这是摆在中国共产党和中国人民面前的一个重大问题。

从世界历史看，主要有过两条道路，一条是资本主义工业化道路，这条路是欧洲各国、美国和日本走过的；另一条是社会主义工业化道路，这条路是苏联走过的。

那么，中国有没有可能走欧美式的资本主义工业化道路呢？

中国近代以来的历史其实已经证明，这条路是走不通的。中国民族工业从19世纪60年代末、70年代初产生，经过80多年的发展，到1949年中华人民共和国成立时，整个民族工业的资本不过区区20亿人民币（还不到“一五”计划期间国家总投资额的1/38)，重工业基础尤其薄弱，没有建立起独立、完整的工业体系。

诚然，新民主主义革命的胜利，客观上为中国民族资本主义工业的发展创造了条件。然而，如果选择走资本主义工业化道路的话，从当时的情况看，中国就可能成为外国垄断资本的加工厂和单纯的廉价原料、廉价劳动力的供应地，就像亚洲、非洲、拉丁美洲的许多国家和地区那样。中国这样一个大国，企图主要靠外国提供资金和机器设备等来求得发展，是不可想象的。其结果是，不仅难以取得真正意义上的经济独立，而且由于经济上依赖外国，在政治上就挺不起腰杆，甚至已经争得的政治独立也可能丧失，最终沦为西方资本主义大国的附庸。这样的道路是当时绝大多数中国人所不愿意选择的。

相反，苏联所走过的工业化道路对新中国来说却有着极强的示范性：十月革命前，俄国也是欧洲一个比较落后的国家，其开始工业化的起点也比较低，由于实现了社会主义工业化，在较短的时间内，苏联成为当时欧洲的第一强国和世界上最强大的两个国家之一。

由于社会主义制度具有可以集中力量办大事的优越性，对于中国这样一个经济文化落后的国家来说，通过社会主义道路实现国家工业化，无疑是最优选择。因此，中国共产党明确提出，中国要实行的是“社会主义工业化”，并指出社会主义工业化有两个重要特点：一是将发展重工业作为工业化的中心环节；二是优先发展国营经济并逐步实现对其他经济成分的改造，保证国民经济中的社会主义比重不断增长。

（二）为什么说过渡时期总路线反映了历史的必然性？

1953年9月，中共中央正式公布了党在过渡时期的总路线，提出：从中华人民共和国成立，到社会主义改造完成，这是一个过渡时期。党在这个过渡时期的总路线和总任务，是要在一个相当长的时期内，逐步实现国家的社会主义工业化，并逐步实现国家对农业、对手工业和对资本主义工商业的社会主义改造。

过渡时期总路线包括两个方面，即工业化建设和社会主义改造，过渡时期的中心任务是实现国家工业化，发展生产力。而为了实现国家工业化，就必须进行社会主义改造，变革生产关系。

过渡时期总路线的提出反映了历史的必然性：

第一，实现社会主义工业化是国家独立和富强的当然要求和必要条件。

工业落后是旧中国国弱民穷、落后挨打的重要原因，实现工业化是近代以来中国人民的强烈愿望，也是中国走向国强民富，实现民族复兴的必由之路。中华人民共和国成立后，经过三年努力，国民经济得到了恢复和初步发展，工农业主要产品的产量达到或超过了历史最好水平。但是，但从总体上来说，我国仍是一个落后的农业国，现代工业在工农业总产值中仅占 26.6%，而且工业布局极不合理，发展很不平衡，与发达国家相比差距甚大。只有加速实现工业化，才能从根本上改变我国经济落后的状况，才能使广大人民群众的物质文化生活水平不断提高。

第二，对资本主义工商业的改造，是实现国家工业化、建设强大的社会主义国家，并解决无产阶级与资产阶级矛盾的必然要求。在新民主主义社会中，中国的资本主义经济存在两面性：既有增加社会产品、促进商品流通等有利于国计民生的一面，又有唯利是图、投机取巧、破坏统一的国民经济和有计划的经济建设的一面。因此，中华人民共和国成立后，国家对资本主义工商业采取了利用和限制的政策。

应当说，资本主义工业企业也是新中国工业建设的一支力量，但是，由于其经济力量弱小，劳动生产率低，资金不足，扩大再生产的能力十分有限，它们不可能成为中国工业起飞的基础。而且，它们对国家和国营经济有很强的依赖性，不可避免地要向国家资本主义的方向发展。在当时帝国主义对华封锁禁运的情况下，它们向外发展的渠道被阻断，更加重了对国家和国营经济的依赖性。事实上，它们在依靠国家和国营经济的帮助解决困难，发展生产的过程中，已经不同程度地被纳入各种形式的国家资本主义。

随着国民经济的恢复和国家大规模经济建设的开展，资本主义经济不利于国计民生的一面变得日益突出，社会主义经济与资本主义经济的矛盾日趋尖锐，已经影响到国家工业化的进程。因此，为了有计划地实现国家社会主义工业化，并从根本上解决无产阶级与资产阶级的矛盾，必须及时地对资本主义工商业进行社会主义改造。

第三，对个体农业进行社会主义改造，是保证工业发展、实现国家工业化的一个必要条件，也是发展农业生产、使广大农民走向共同富裕的必然要求。

土地改革以后，农业生产摆脱了封建生产关系的束缚，一段时期内有相当大的发展；但由于分散的个体经营，使得这种发展受到很大限制。这种个体农业经营规模狭小，生产力水平很低，基本上是靠天吃饭。在这种情况下，许多农户不仅无力进行扩大再生产，就连简单再生产也难以维持，也缺少抵御自然灾害的能力。这样一种农业生产水平，是不可能为工业的发展提供必要的商品粮食、轻工业原料、工业品市场，并积累工业发展的资金的，必然成为工业发展的严重制约因素。同时，这种分散的、落后的小农经济是不稳固的，它不可避免地会产生两极分化。在土改后，农村中已经出现了这种趋势，这显然是有悖于中国共产党要使广大农民共同富裕的目标的。因此，对个体农业进行社会主义改造，引导他们走互助合作道路，是土地改革完成后农村工作的中心任务。

第四，当时的国际环境也促使中国必然选择社会主义道路。中华人民共和国成立后，长期受到美国等西方资本主义国家经济上、外交上和军事上的严密封锁和遏制。当时只有社会主义国家和第二次世界大战后为独立而斗争的国家同情中国，只有苏联能够援助中国。因此，中华人民共和国成立之初，实行了“一边倒”，即倒向社会主义阵营一边的外交政策。这种国际环境，促使中国必然选择社会主义。

总之，过渡时期总路线反映了当时中国人民要求迅速发展国民经济，实现工业化，摆脱贫困，实现民族复兴的强烈愿望。

五、学习测试

（一）单项选择题（备选答案中只有1个是正确的）

1. 毛泽东首次使用“新民主主义的社会”的科学概念是在(　　)

A.《中国革命和中国共产党》　　B.《新民主主义论》

C.《论联合政府》　　D.《论人民民主专政》

2. 毛泽东指出，新民主主义国家内部的主要矛盾是(　　)

A. 人民大众与封建主义的矛盾

B. 中华民族与帝国主义的矛盾

C. 无产阶级与资产阶级的矛盾

D. 人民对于经济文化迅速发展的需要同当前经济文化不能满足人民需要的状况之间的矛盾

3. 新民主主义经济中有决定意义的因素是(　　)

A. 国营经济　　B. 个体经济

C. 合作社会经济　　D. 国家资本主义经济

4. 中华人民共和国成立初期，社会主义国营经济的主要来源是(　　)

A. 解放区的公营经济　　B. 没收的官僚资本

C. 征收、代管的外国资本　　D. 国家资本主义经济

5. 中国由新民主主义向社会主义转变的政治条件是(　　)

A. 马克思主义、毛泽东思想的指导地位

B. 中国共产党的领导和人民民主专政国家制度的建立

C. 新民主主义经济制度的建立和国民经济的恢复

D. 社会主义国营经济成为多种经济成分中的领导力量

6. 党在过渡时期的总路线的主体是(　　)

A. 对农业的社会主义改造

B. 对手工业的社会主义改造

C. 对资本主义工商业的社会主义改造

D. 实现国家的社会主义工业化

7. 新中国发展国民经济的第一个五年计划期间是指(　　)

A. 1952—1956　　B. 1949—1954

C. 1953—1957　　D. 1950—1955

8. 第一个五年计划的中心环节是(　　)

A. 优先发展重工业　　B. 进行社会主义改造

C. 优先发展农业　　D. 恢复国民经济

9. 我国对农业社会主义改造的方针是(　　)

A. 自愿互利、典型示范、国家帮助

B. 积极发展、稳步前进、逐步过渡

C. 先合作化，后机械化

D. 积极领导，稳步前进

10. 我国对农业社会主义改造的原则是(　　)

A. 自愿互利、典型示范、国家帮助

B. 积极发展、稳步前进、逐步过渡

C. 说服教育、典型示范、国家援助

D. 先合作化，后机械化

11. 我国对资本主义工商业实行社会主义改造的方针是(　　)

A. 利用、团结、教育　　B. 利用、团结、改造

C. 利用、限制、教育　　D. 利用、限制、改造

12. 资本主义工商业社会主义改造中的高级形式的国家资本主义是(　　)

A. 计划订货　　B. 统购包销

C. 委托加工　　D. 公私合营

13. 中国历史上最伟大、最深刻的社会变革是指(　　)

A. 中华人民共和国的建立　　B. 新民主主义革命的胜利

C. 社会主义改造的基本完成　　D. 土地改革的完成

14. 在社会主义改造基本完成后，中国人民面临的主要任务是(　　)

A. 全面确立社会主义制度　　B. 进一步推进工业化、现代化建设

C. 实现四个现代化　　D. 正确处理人民内部矛盾

15. 中国进入社会主义社会的最主要的标志是(　　)

A. 中国共产党领导地位的确立

B. 社会主义基本政治制度的建立

C. 社会主义基本经济制度的建立

D. 《中华人民共和国宪法》的颁布

16. 中华人民共和国成立初期建立社会主义国营经济的途径是(　　)

A. 废除帝国主义在华特权　　B. 没收官僚资本

C. 剥夺地主阶级财产　　D. 没收民族资产阶的财产

17. 我国对农业社会主义改造采取的第一步骤是(　　)

A. 互助组　　B. 初级合作社

C. 高级合作社　　D. 人民公社

18. 社会主义制度在中国确立的主要标志是(　　)

A. 社会主义改造胜利完成

B. 中华人民共和国的成立

C. 国民经济恢复与调整

D.《中华人民共和国宪法》的颁布

19. 中华人民共和国成立之初的“过渡时期”是指(　　)

A. 从中华人民共和国成立到民主革命遗留任务完成

B. 从中华人民共和国成立到国民经济恢复

C. 从中华人民共和国成立到三大改造完成

D. 从中华人民共和国成立到国家财政管理体制初步建立

20. 在对资本主义工商业实行改造中，当个别企业公私合营后，企业的利润实行(　　)

A. 四马分肥　　B. 归国家所有　C. 归企业所有　D. 用于工人的工资

(二) 多项选择题 (备选答案中至少有 2 个是正确的)

1. 中国由新民主主义向社会主义转变的条件主要包括(　　)

A. 中国共产党的领导和人民民主专政的国家制度建立

B. 国家财政经济状况的根本好转

C. 新民主主义经济制度的建立和国民经济的恢复

D. 马克思主义、毛泽东思想的指导地位

E. 土地改革的完成

2. 新民主主义的经济形态包括(　　)

A. 社会主义经济　　B. 合作社经济

C. 国家资本主义经济　　D. 个体经济

E. 私人资本主义经济

3. 新民主主义社会的三种主要经济成分是(　　)

A. 社会主义经济　　B. 合作社经济

C. 国家资本主义经济　　D. 个体经济

E. 私人资本主义经济

4. 新民主主义的三种基本阶级力量是(　　)

A. 工人阶级　　B. 资产阶级

C. 地主阶级　　D. 农民和其他小资产阶级

E. 官僚资产阶级

5. 对资本主义工商业进行和平改造的主要依据有(　　)

A. 中国的民族资产阶级存在着两面性

B. 中国工人阶级与资产阶级长期保持着统一战线的关系

C. 建立了人民民主专政的国家政权和社会主义国营经济

D. 国家对资本主义工商业逐步实施了利用、限制、改造的政策

E. 马克思、列宁关于“革命转变”与过渡时期的理论

6. 社会主义改造时期对资产阶级的“和平赎买”政策主要包括(　　)

A. 委托加工、计划订货的加工费和货价

B. “四马分肥”中的资方红利

C. 公私合营后资本家拿取的定息

D. 国家支付给资本家的发展基金

E. 给资本家以必要的工作安排和恰当的政治安排

7. 对资本主义工商业进行社会主义改造中采取的初级形式的国家资本主义有(　　)

A. 计划订货　　B. 统购包销　　C. 委托加工　　D. 公私合营

E. 全行业公私合营

8. 我国农业合作化运动的基本原则和方针包括(　　)

A. 先合作化、后机械化的道路

B. 积极发展、稳步前进、逐步过渡的方针

C. 坚持自愿和互利的原则

D. 始终把是否增产作为衡量合作社是否办好的标准

E. 社会改造同技术改造相结合

9. 我国在对个体进行农业社会主义改造中存在的主要问题有(　　)

A. 要求过急　　B. 工作过粗

C. 改变过快　　D. 侵犯了中农的利益

E. 形式过于简单划一

10. 中国特色的社会主义改造的主要经验有(　　)

A. 坚持快速发展

B. 采取和平的方式

C. 由低级到高级逐步过渡的形式

D. 对所有制和改造和对人的改造相结合

E. 一切从实际出发

（三）论述题

1. 试述由新民主主义向社会主义转变的历史必然性。
2. 试述对资产阶级实行“和平赎买”政策的可能性。

◎ 参考答案

（一）单项选择题

1. B　2. C　3. A　4. B　5. B　6. D　7. C　8. A　9. B　10. A

11. D　12. D　13. C　14. B　15. C　16. B　17. A　18. A　19. C　20. A

（二）多项选择题

1. ACD　2. ABCDE　3. ADE　4. ABD　5. ABCD

6. ABCE　7. ABC　8. ABCDE　9. ABCE　10. BCDE

（三）论述题

1. 试述由新民主主义向社会主义转变的历史必然性。

新民主主义革命的胜利是近代中国历史发展的必然结果。中华人民共和国的成立把中国由半殖民地半封建社会推进到了新民主主义社会，随着新民主主义政治、经济制度的建立，中国社会由新民主主义向社会主义转变成为历史的必然。

第一，中国共产党的领导和人民民主专政的国家制度的建立，为进行社会主义革命奠定了所必需的优越的政治基础，也保证了新民主主义社会的发展前途必然是社会主义。

第二，新民主主义经济制度的建立、社会主义国营经济领导地位的确立保证了新民主主义社会的发展前途必然是社会主义。

第三，马克思主义、毛泽东思想的指导地位为新民主主义向社会主义的转变提供了充分的思想文化条件。

总之，新民主主义革命的胜利，虽然在客观上为资本主义的发展扫除了障碍，同时，它也为社会主义的发展开辟了更为广阔的道路。随着新民主主义的政治、经济制度的建立和国民经济的恢复，社会主义的因素在整个国家的政治、经济、文化生活中占有越来越大的比重，很快就超过资本主义因素。这就使中国新民主主义革命的最后结果，既可以避免资本主义的前途，又不会长时期地停留在新民主主义时期而会较快地向社会主义转变。新民主主义发展过程中社会主义经济条件、政治条件与思想文化条件的积累和增长，是新民主主义向社会主义转变的内在驱动力，它从根本上决定了中国新民主主义向社会主义转变的历史必须性。

2. 试述对资产阶级实行“和平赎买”政策的可能性。

无产阶级掌握政权以后，用“和平赎买”的方法改造私人资本主义经济，这是马克思、恩格斯和列宁曾经提出但未能实现的设想。在中国社会主义改造中，对资产阶级实行“和平赎买”政策的可能性主要在于：

第一，中国的民族资产阶级是一个具有两面性的阶级，它不仅在民主革命阶段具有两面性，曾经是中国共产党的同盟者；在社会主义革命阶段仍然具有两面性，“它有剥削工人阶级取得利润的一面，又有拥护宪法、愿意接受社会主义改造的一面”。毛泽东正是根据中国民族资产阶级这一基本特点，制定了利用、限制、改造的政策，实行“和平赎买”，把马克思、恩格斯、列宁的设想变成了现实。

第二，中国工人阶级与民族资产阶级长期保持着统一战线的关系。在民主革命时期，中国共产党就将民族资产阶级作为革命团结的对象和统一战线的重要力量。中华人民共和国成立后，党仍然同民族资产阶级保持着统一战线关系。在新民主主义国家里，工人阶级同民族资产阶级的矛盾属于人民内部矛盾，这就为和平改造创造了有利条件。

第三，建立了人民民主专政的国家政权和社会主义国营经济。新民主主义革命胜利后，我国已建立了强大的人民民主专政的国家政权，有了巩固的工农联盟，国家对主要农产品实行统购统销政策，割断了资本主义经济同集体经济的主要联系，使其逐步丧失了独立经营的地位。同时，强大的社会主义国营经济已经掌握了国家的经济命脉。这就使民族资产阶级在政治上和经济上都陷于孤立地位，不得不接受社会主义改造。

因此，在中国社会主义改造中，对资产阶级实行“和平赎买”的政策具有了现实的可能性。

六、阅读文献

1. 毛泽东：《在中国共产党第七届中央委员会第二次全体会议上的报告》（1949年3月5日）

2. 毛泽东：《社会主义革命的目的是解放生产力》（1956年1月25日）

3. 周恩来：《过渡时期的总路线》（1953年9月8日）

4. 刘少奇：《在中国共产党第八次全国代表大会上的政治报告》（1956年9月15日）

5. 中共中央宣传部：《为动员一切力量把我国建设成为一个伟大的社会主义国家而斗争——关于党在过渡时期总路线的学习和宣传提纲》（1953年12月）

第九章
社会主义建设在探索中曲折发展

一、教学目的与要求

1. 了解中共八大前后探索社会主义建设取得的初步成果。

2. 了解探索社会主义建设的曲折历程及其经验教训。

3. 了解这一时期中国社会主义建设事业所取得的重大成就。

4. 深刻认识建设社会主义必须从中国实际出发，走适合自己的道路。

二、基本教学内容

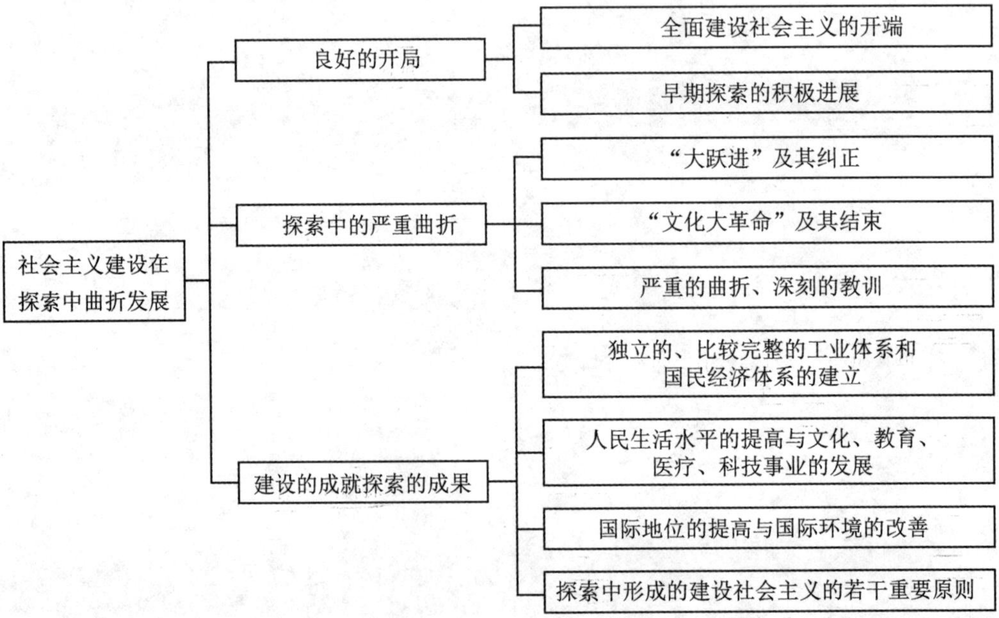

三、讨论式教学教案

（一）导学

教师：同学们好！现在开始学习第九章："社会主义建设在探索中曲折发展。"本章线上的学习涉及六个方面的内容：（1）导学；（2）全面建设社会主义良好的开局；（3）探索中的严重曲折及教训；（4）社会主义建设的巨大成就；（5）国际地位的提高与国际环境的改善；（6）探索中形成的建设社会主义的若干重要原则。

现在我们学习导学。说说你们对这段历史有什么大致印象？

学生：感觉这20年历史挺复杂，探索挺艰难，道路挺曲折。

教师：的确，这段历史相当复杂。所以我们要抓住主要内容、基本线索以及主题和主线来进行学习。

这一章主要讲的是我国在社会主义基本制度确立后，在探索中开展社会主义建设的基本历程、成果与曲折、成就经验。时间跨度是20年，即1956年到1976年。这20年可以分两个十年，第一个十年是从1956年到1966年，也就是社会主义改造基本完成到"文化大革命"发动的前夕；第二个十年是"文化大革命"的十年。

这一章的基本线索是这样的：1956年，社会主义基本制度全面确立，我国开始转入全面的大规模的社会主义建设。我们党提出以苏联为鉴，实行马克思主义同中国实际的"第二次结合"，开始了对如何建设社会主义进行艰辛探索的时期。以《论十大关系》和党的八大为标志，党对中国社会主义建设道路的探索有了良好的开局。1957年反右派斗争的严重扩大化，使得党探索中国建设社会主义道路的良好开局遭受挫折。此后，党的指导思想上"左"的错误由政治领域扩展到经济工作，出现了"大跃进"和人民公社化运动，这是党在探索中国自己的建设社会主义道路过程中的一次严重失误。60年代初，党实行了调整国民经济的"八字方针"，到1965年年底，调整任务全面完成。但在经济工作指导思想中尚未彻底纠正的"左"倾错误，在政治和思想文化方面再度发展，最后导致"文化大革命"的爆发，对社会主义建设道路的探索偏离正确方向愈来愈远。

从总体上看，这20多年社会主义建设的艰辛探索，我们虽然曾经犯过错误，经历了严重曲折，但社会主义事业取得了无可否认的巨大成就。它是党和人民在历史新时期把握现实、创造未来的出发阵地。由此，党在社会主义建设中取得的独创性理论成果和巨大成就，为新的历史时期开创中国特色社会主义提供了宝贵经验、理论准备、物质基础 。正如1981年中共中央《关于建国以来党的若干历史问题的决议》所概括的那样：“中国共产党在中华人民共和国成立以后的历史，总的说来，是我们党在马克思列宁主义、毛泽东思想指导下，领导全国各族人民进行社会主义革命和社会主义建设并取得巨大成就的历史。”这是这20年历史发展的主题和主线。

学生：我们学习这一章要注意些什么？

教师：这20年历史的过程本身非常复杂，涉及很多重要人物、重大事件。在现实生活中，对其评说可谓众说纷纭。这就要求我们在学习这段历史时，不仅要对基本的史实有比较清楚的了解，而且一定要用历史唯物主义、辩证唯物主义的基本观点和方法，对相关历史进程、事件和人物进行分析评价，抓住主流和本质，避免历史虚无主义，尤其要正确认识这段历史与改革开放后的社会主义现代化建设的关系。

学生：那老师，我们要重点掌握哪些学习内容呢？

教师：希望大家通过线上和线下的学习，对这20年历史能够形成以下认识：一是全面建设社会主义有良好的开局；二是社会主义建设在探索中发生了严重曲折，其原因是多方面的；三是尽管有曲折，但探索社会主义建设在理论和实践上仍取得了成就，为进一步探索中国特色社会主义奠定了基础、积累了经验。

学生：老师，能不能给我们介绍学习方法及与本章相关的一些学习资源？

教师：这一章的学习方式除了在线学习重点问题和课堂学习两种方式外，还有一些学习环节需要大家自主完成。一是拓展阅读。除系统学习本章教材和教学大纲指定的阅读文献外，还希望大家拓展阅读一些相关的研究论著。二是观看一些有代表性的音像资料。三是参加社会实践，实地考察当年的历史遗迹，到纪念馆参观学习。还可以做些走访、调查，走近历史，加深对这段历史的理解。

为了配合这一章内容的学习，这里向大家推荐一些与本章相关的学习资源。一是书籍。大家可以去看逄先知、金冲及主编，中共中央文献研究室编的《毛泽东传：1949—1976》，中共中央党史研究室著的《中国共产党的九十年 社会主义革命和建设时期》。二是影视片。大家可以去看《铁人王进喜》《焦裕禄》和中国第一部歌舞史诗巨片《东方红》，还有大型电视纪录片《新中国》的第六、七、八集。

（二）全面建设社会主义良好的开局

教师：同学们好！现在我们进入第二个问题的学习：“全面建设社会主义良好的开

局。”1956年，社会主义基本制度的全面确立，标志着中国进入开始全面建设社会主义的历史阶段。

学生：老师，那当时我们是在什么样的背景下开始全面建设社会主义的呢？

教师：当时我国虽然已经进入社会主义社会，但生产力水平十分低下，起点很低。1949年，整个社会生产力尚未达到1800年英、法等国在资本主义幼年时期的水平。1957年，我国现代工业在工农业总产值中所占的比重不到1/4，农业劳动者在社会劳动者总数中所占的比重高达86.7%，人均国民收入仅142元，科技文化水平也很低。这就决定了中国的社会主义建设既不能按照马克思、恩格斯根据资本主义发达国家的情况提出的某些原则或设想，也不能完全套用苏联的经验。中华人民共和国成立初期，我们“对于建设懵懵懂懂，只能基本照抄苏联的办法”。1956年，国际国内的形势发生了重大变化：在国内，社会主义改造已基本完成，党和国家的工作重心开始转移到发展生产力方面；“一五”计划建设期间也积累了某些经验。在国际上，苏共二十大进一步暴露了苏联在社会主义建设中存在的缺点和错误。这对各国马克思主义政党破除对苏联社会主义建设经验的迷信，根据本国情况决定自己的社会主义建设道路，起了重大推动作用。正是在这种背景下，党开始探索中国自己的社会主义建设道路。

学生：探索总是艰难的，我们是怎样开始的？

教师：探索中国的社会主义建设道路，首先有一个如何把马克思列宁主义基本原理同中国具体实际相结合的问题。1956年4月初，毛泽东明确提出，我们要进行第二次结合，找出在中国进行社会主义革命和建设的正确道路。后来他又明确指出：“在社会主义改造和社会主义建设的过程中也带有自己的许多特点，而且在将来建成社会主义社会以后还会继续存在自己的许多特点。”① 马克思主义同中国实际的“第二次结合”的思想，为探索适合中国情况的社会主义建设道路，提供了基本的指导原则。

学生：原来如此！在这一基本原则的指导下，我们的探索有一个良好的开端。那么，早期探索取得了哪些积极进展呢？

教师：探索开始的标志是毛泽东同志《论十大关系》的发表。在1956年4月25日中央政治局扩大会议和5月2日的最高国务会议上，毛泽东作了《论十大关系》的报告并加以阐释。报告论述的十个问题即十大关系，一部分是从对我国经济建设问题的总结中提出来的，另一部分是从对苏联经验的鉴戒中提出来的。

学生：我们知道，“十大关系”主要讨论经济问题。前五条初步提出了中国社会主

---

① 中共中央文献研究室：《毛泽东年谱（一九四九——一九七六）》（第二卷），中央文献出版社2013年版，第603页。

义经济建设的若干新方针，后五条初步提出了中国社会主义政治建设的若干新方针。这十大关系围绕一个基本方针，即：调动一切积极因素，把我国建设成为一个强大的社会主义国家。

教师：这个基本方针是毛泽东关于怎样建设社会主义的根本指导思想，也是中共八大的指导思想。《论十大关系》提出的一系列正确方针，反映了经济发展的客观规律和社会政治稳定的需要，对当时和以后的社会主义建设都有很强的针对性和理论指导作用，为中共八大的召开做了理论准备。正如毛泽东后来所说，从1956年提出十大关系起，我们党开始找到一条适合中国自身发展的路线。

1956年9月召开的中共八大，为探索我国社会主义建设道路作出了可贵的贡献。大会提出了我国社会主要矛盾的变化，指出，国内的主要矛盾，已经是人民对于经济文化迅速发展的需要同当前经济文化不能满足人民需要的状况之间的矛盾；全国人民的主要任务是集中力量发展生产力，把我国由落后的农业国变成先进的工业国。

学生：党的八大在经济建设有哪些针对性的方针呢？

教师：在经济建设上，提出了既反保守又反冒进，即在综合平衡中稳步前进的经济建设的指导方针。大会还决定按照陈云在大会发言中提出的“三个主体三个补充”的新思路，即：国家经营和集体经营、计划生产、国家市场三者为主体，而以个体经营、自由生产、自由市场三者作为补充，指导国民经济结构的调整。这是在理论上突破苏联计划经济模式、探索经济体制改革的重要尝试。大会还在政治方面提出了要扩大社会主义民主，健全社会主义法制。尤其是在执政党建设上，强调健全党内民主集中制，坚持集体领导制度，反对个人崇拜。

中共八大的路线是正确的，所提出的许多新的方针政策富有创造性，表明党力图创造一种符合我国实际的社会主义模式，进而为社会主义事业的发展和党的建设指明了方向。由此，中国社会主义建设道路的探索取得了初步成果。

学生：老师，党的八大以后，1957年毛泽东提出关于正确处理人民内部矛盾的理论也是一种探索吧？

教师：是的。党的八大以后的探索，最主要表现在毛泽东提出了正确处理人民内部矛盾的理论。你们说说《关于正确处理人民内部矛盾的问题》的主要内容。

学生：毛泽东提出严格区分和正确处理两类不同性质的矛盾，同时还把正确处理人民内部矛盾提升到国家政治生活主题的高度。毛泽东还对社会主义社会的基本矛盾作了科学分析。他指出：社会主义社会的基本矛盾仍然是生产力和生产关系、经济基础和上层建筑之间的矛盾。这些矛盾一般并不表现为对抗的性质，可以通过社会主义制度本身的自我调整和自我完善不断得到解决。

教师：社会主义社会基本矛盾的论断，第一次科学地揭示了社会主义社会发展的动力，实际上为后来进行社会主义改革，使社会主义制度得到完善和发展奠定了理论基石。

关于正确处理人民内部矛盾的理论，把《论十大关系》和党的八大所强调的正确处理人民内部各种关系的思想升华到了一个新的高度，丰富发展了党的八大的正确路线，创造性地发展了马克思主义的科学社会主义学说，并为全党提供了观察、思考、处理问题的全新理论和方法，对中国社会主义事业具有长远的指导意义，是党在探索社会主义建设道路中所取得的丰硕成果。

（三）探索中的严重曲折及教训

教师：同学们好！现在我们进入第三个问题的学习："探索中的严重曲折及教训。"1956 年后，全面的社会主义建设本来有着良好的开局，探索取得了积极的进展；但是，从 1957 年开始，探索开始偏离正确的方向进而出现曲折，突出表现为"大跃进"和人民公社化运动，以及"文化大革命"。

学生：老师，大跃进原意是指超出常规的高速度。当时好像有种流行的说法：工业每年增产 20%以上就是跃进，增产 25%以上就是大跃进，增产 30%以上就是特大跃进；农业每年增产 20%以上就是特大跃进。总之，"大跃进"意味着高速度。那么，"大跃进"和人民公社化运动有哪些主要标志呢？

教师：1958 年 5 月八大二次会议通过"鼓足干劲、力争上游、多快好省地建设社会主义"的社会主义建设总路线。会后，大跃进运动在全国范围内从各方面开展起来。其主要标志是片面追求工农业生产和建设的高速度，不断地大幅度提高计划指标和缩短完成时间。农业提出"以粮为纲"口号，要求 5 年、3 年甚至一两年达到原计划 12 年完成的指标。工业提出"以钢为纲"、要求 7 年、5 年甚至 3 年内完成原计划 15 年目标，并发动全民大炼钢铁运动。高指标带来高估产，各地竞放高产"卫星"。"浮夸风"遍地刮，"卫星"满天飞。粮食部根据这些虚假的数据估计 1958 年全国粮食总产量为 1 万亿斤，但实际只有 4000 亿斤。生产发展上的高指标和浮夸风，推动着生产关系方面急于向所谓更高级的形式过渡，人民公社开始在农村建立。人民公社实行"政社合一"体制，其基本特点是"一大二公"，即规模大、公有化程度高，严重脱离了当时农村的生产力水平。1958 年 8 月北戴河会议后，全国农村出现人民公社化运动高潮，以高指标、瞎指挥、浮夸风和“共产风”为主要标志的“左”倾错误严重地泛滥开来。

学生：真是可惜，对全面建设社会主义的探索本来有一个良好的开局的。

教师：1958年提出“大跃进”是有当时历史发展背景的。一是反右派斗争的影响。党认为这个斗争的胜利，大大提高了人民群众建设社会主义的积极性，使经济的快速发展成为可能。二是1957年“一五”计划提前完成，助长了中央和地方不少领导干部骄傲自满的情绪和夸大主观意志、主观努力的想法。三是1957年年底，受苏联影响，提出十五年钢产量赶上或超过英国的目标。三个因素相互结合，成为党轻率地发动“大跃进”和人民公社化运动的历史背景。

学生：这一运动对探索建设社会主义有什么影响呢？

教师：“大跃进”运动共三年。从1958年年底第一次郑州会议到1959年7月庐山会议前期，毛泽东领导全党对已经察觉到的错误进行了初步纠正。庐山会议后期“反右倾”斗争，在经济建设上打断了纠“左”的进程，此后的继续跃进持续到1960年冬，使国民经济在1959年到1961年发生严重困难。原本希望快些让人民过上较好的日子，结果欲速不达。党从1961年中共八届九中全会开始，决定对国民经济实行“调整、巩固、充实、提高”的八字方针，调整持续到1965年。“大跃进”和人民公社化运动带来的严重困难局面，终于得到改变。

“大跃进”运动是党在建设社会主义道路过程中的一次严重挫折。“大跃进”的发动表明，党力图在中国社会主义现代化建设上开创一个跨越式发展的局面。但是，大跃进运动最大的失误是急于求成，在建设速度上盲目求快；人民公社化运动最大的失误是片面追求提高公有化程度。两者的共同教训是，违背了党的实事求是原则，脱离了中国社会生产力的发展水平，违背了经济和社会发展的客观规律。

学生：毛泽东发动“文化大革命”的初衷是什么呢？

教师：1966年5月至1976年10月的“文化大革命”，是毛泽东发动和领导的。毛泽东发动“文化大革命”的出发点是要反对修正主义、防止资本主义复辟、维护党的纯洁性和寻求中国自己的社会主义建设道路。但在“以阶级斗争为纲”的指导思想支配下，他错误估计了当时党和国家的政治状况，甚至认为中央都出现了修正主义，整个国家都面临着资本主义复辟的危险，非得采取非常手段也就是全国性的群众运动的手段，进行“无产阶级专政下继续革命”，才能把被“走资本主义道路的当权派”篡夺的权力重新夺回来。

学生：文化大革命对探索建设社会主义有什么影响，我们应该吸取怎样的经验和教训呢？

教师：“文化大革命”是中国在探求自己的社会主义道路的进程中走入歧途的结果。长达十年的动乱，使党、国家和人民遭到中华人民共和国成立以来最严重的挫折和损失。“文化大革命”是一场由领导者错误发动，被反革命集团利用，给党、国家和各族人民带来严重灾难的内乱。这一全局性的、长时间的“左”倾严重错误，留下了极其惨痛的教训，值得我们从多方面进行反思和总结。一是必须科学对待马列主义，准确把握中国基本国情，从实际出发认识“什么是社会主义”和“如何建设社会主义”的问题，探索中国自己的建设社会主义道路。二是必须正确认识社会主义社会的主要矛盾和党的主要任务，集中力量发展生产力，而不能“以阶级斗争为纲”。三是必须改革和完善党和国家的领导制度，健全民主集中制和集体领导原则，反对任何形式的个人崇拜和个人专断。四是必须发扬社会主义民主，加强社会主义法制，而不能实行“大民主”和“造反有理”。五是必须制定正确的党的建设的方针和政策，不断加强执政党建设，而不能把阶级斗争、路线斗争作为加强党的建设的主要内容和方法。

（四）社会主义建设的巨大成就

教师：同学们好！现在我们进入第四个问题的学习：“社会主义建设的巨大成就。”党在探索社会主义建设道路的过程中，虽然历经曲折甚至遭受过严重挫折，但是从总体上来说，这一时期我们所取得的成就是巨大的，国家经济实力显著增强，是社会主义现代化事业打基础的重要发展时期。这一时期最大的建设成就，是基本建立了独立的、比较完整的工业体系和国民经济体系。

学生：老师，我们知道，中华人民共和国成立之初，我国几乎没有工业，很多东西不能自己生产，人们把火柴称“洋火”，棉布称“洋布”，更不用说工业体系和国民经济体系了。我们的工业体系和国民经济体系是如何建立的，体现在哪些方面呢？

教师：早在1945年，毛泽东在党的七大政治报告《论联合政府》中就指出：“没有工业，便没有巩固的国防，便没有人民的福利，便没有国家的富强。”① 在随后的国民经济恢复后期，我国开始学习苏联进行有计划的经济建设，以制定分阶段又相互衔接的五年计划为标志，从“一五”计划开始，国家进行了大规模投资，社会主义工业化的初步基础建立了起来。党的八大确定，用3个五年计划或再多一点的时间（包括“一五”计划的5年）建立起基本完整的工业体系。从“一五”到“四五”时期，国

---

① 《毛泽东选集》（第3卷），人民出版社1991年版，第1080页。

家基本建设投资，累计达4956.43亿元。经过20年的努力，1979年叶剑英在庆祝中华人民共和国成立30周年大会的讲话中宣布，我们建立了独立的、比较完整的工业体系和国民经济体系。

具体表现在，建成了一批门类较为齐全的基础工业项目，涉及冶金、汽车、机械、煤炭、石油、电力、通信、化学、国防等领域，为国民经济的进一步发展打下了坚实的基础。主要工业品的生产能力有了飞跃式发展。比如钢产量从1949年的16万吨发展到1976年的2046万吨。铁路、交通运输等基础设施建设也有明显的进展，初步形成了全国的路网骨架。1964年开始开展的大规模的“三线”建设，极大地增强了国防力量，也改善了工业布局和城市布局。农业机械化、化学化及基础建设取得很大成绩，至今我们基础水利设施的近80%还是20世纪70年代及以前完成的。

独立的、比较完整的工业体系和国民经济体系的建立，使中国在赢得政治上的独立之后赢得了经济上的独立，也为以后中国经济独立自主地、持续地发展奠定了牢固的物质技术基础，还为中国同世界各国在平等互利的原则下发展对外贸易和经济往来创建了前提。

学生：老师，这一时期的建设成就还有哪些？

教师：先来讲讲人民生活水平的提高吧！1949年总人口约有5.4亿多，1976年近9.4亿；1949年粮食的人均占有量是418斤，1976年增加到615斤，同期增产的粮食不仅多养活了4亿人口，而且使全国人均占有的粮食增加近200斤。“民以食为天”，通过20多年的努力，初步满足了占世界1/4人口的基本生活需求，这在当时被世界公认是一个奇迹。

教育事业得到长足发展。旧中国文盲率高达80%以上，中华人民共和国成立后，扫除文盲、推广普通话，并加大对基础教育和高等教育的投资。在20年内，学校数量、在校生人数有了显著的增加，学龄儿童入学率达90%以上。劳动者的整体素质得到很大提高，全国经济文化建设等方面的骨干力量大部分是在这个时期培养起来的。

学生：老师，我们知道，旧中国遗留的卫生工作基础非常薄弱，广大农村缺医少药，卫生状况十分恶劣。全民族体质虚弱，被讥讽为“东亚病夫”。这方面我们有哪些重要成就呢？

教师：在1956年后的20年内，医疗事业得到蓬勃发展。我国相继在农村建立了县、区（社）、队三级医疗卫生机构，开展农村巡回医疗，培养了大批农村卫生员；建立了面向国有企业职工的劳保医疗制度和面向国家公职人员的公费医疗制度，在农村推广农村合作医疗制度，该制度曾被世界卫生组织誉为“发展中国家群体解决卫生经费的唯一范例”，并作为“中国模式”在发展中国家推广；医疗技术队伍发展壮大，医院设备与技术条件大为改善；国民健康状况大幅度跃升。很多中华人民共和国成立前得不到有效控制的流行性疾病，如天花、霍乱、性病、血吸虫病和疟疾等得到彻底消除或大幅度削减，人口的死亡率大大下降，人均预期寿命从中华人民共和国成立之前的35岁提高到1975年的68.8岁，达到当时中等发达国家的水平，中国人不再被讥讽为“东亚病夫”了。

学生：记得陈毅说过，当了裤子也要把原子弹搞出来。张爱萍也说，再穷也要有一根“打狗棍”。科学技术方面最突出的成果，是不是以“两弹一星”为代表的国防尖端科技在中国的问世？

教师：是的。1964年10月16日15时，中国成功地爆炸了第一颗原子弹。核试验的爆炸成功，集中地标志着我国科技当时所达到的新水平，表明中国在尖端科技领域的某些方面正接近世界先进水平，打破了超级大国的核垄断和核讹诈，这对国防实力的增强和国家地位的提升具有战略意义。邓小平指出：“如果六十年代以来中国没有原子弹、氢弹，没有发射卫星，中国就不能叫有重要影响的大国，就没有现在这样的国际地位。”① 从20世纪50年代以来中国领导人和广大科技人员经过不懈努力取得的，那时开始形成的“两弹一星”精神，至今仍给人们勇攀科学高峰的强大动力。

正如邓小平所说，我们“在三十年间取得了旧中国几百年、几千年所没有取得过的进步”。② 这些进步，是在党的领导下全国各族人民共同奋斗的成果，是社会主义制度具有巨大优越性的初步而有力的显示，这些成就是全党和全国人民继续前进的基础。

（五）国际地位的提高与国际环境的改善

教师：同学们好！现在我们进入第五个问题的学习：“国际地位的提高与国际环境的改善。”这两张著名的新闻照片，你们见过吗？

学生：见过。第一张是曾获当年新闻摄影类普利策奖的照片“乔的笑”：它是1971年11月15日乔冠华率中国代表团首次参加第26届联合国代表大会，被在场的摄影记者抓拍的，他那自豪的、酣畅的笑容感染了在场的每一个人，也迅速传遍世界各地。第二张名为“越过太平洋的握手”：它是1972年2月21日，美国总统尼克松访华，周

① 《邓小平文选》（第3卷），人民出版社1993年版，第279页。

② 《邓小平文选》（第2卷），人民出版社1992年版，第167页。

恩来总理在机场迎接瞬间的定格。

1971 年，在第 26 界联合国代表大会，中国恢复了联合国的合法席位，乔冠华在会场情不自禁地仰天大笑。这是中国人前所未有的豪迈之笑，同时也是让全世界震撼的笑。

1972 年 2 月 21 日，美国总统尼克松的专机到达北京。周恩来等中国领导人前往机场欢迎。尼克松走下舷梯，主动与周恩来热烈握手。

教师：可以说这是我国改革开放前最有代表性的外交成就。

学生：我们知道，中华人民共和国成立初期，美国等国对新中国不承认，并实行封锁、遏制政策，新中国只能争取苏联和其他社会主义国家的支持、援助，在这20多年的探索中，中国是怎样逐步使国际地位得到提高、国际环境得以改善的？

教师：这是一个艰难的过程，以毛泽东为代表的中国共产党人为此付出了极大努力，也展现出高超的智慧。

中华人民共和国成立初期，一面奉行独立自主基础上的“一边倒”政策，一面发展同西方国家的民间外交，同这些国家进行贸易往来。而抗美援朝战争、日内瓦国际会议和万隆会议，极大地提高了新中国的国际地位。中国同印度、缅甸等国共同倡导的和平共处五项原则，也成为处理国与国关系的公认的国际准则。1955年年底，同中国建交的国家达23个。

50年代中期以来，中国在外交上取得的成果，表现在三个方面：一是以和平共处五项原则和反对帝国主义、殖民主义为指针，积极发展同亚非拉地区民族主义国家的友好合作关系。1960年到1964年，中国同14个亚非国家建立正式外交关系。中国领导人还多次出访亚非国家。其中1963年年底到1964年年初，周恩来总理出访亚非欧14国，揭开了我国外交工作的新篇章，增进了中国与亚非国家的相互了解和友谊，大大改善了中国在国际上的处境。二是改变同周边国家的关系、妥善处理边界遗留问题。从1960年到1965年，中国分别与缅甸、尼泊尔、蒙古、巴基斯坦、阿富汗等国签订边界协定，建立友好关系，同印度尼西亚解决了华侨双重国籍问题。三是同某些发达资本主义国家改善关系。

学生：记得法国是第一个同中国建交的西方发达国家，1964年1月中法建交是影响国际关系和世界格局的重大事件。

教师：是的，中法建交扩大了中国与西欧国家的联系，有利于打破美国的封锁，增强中国的国际地位。到1965年年底，同中国建交的国家达49个。新建交的26国中，除法国外，其他都是亚非拉国家。对亚非拉美和西方国家这两方面外交工作局面的打开，使中国获得了同美苏两个超级大国抗衡的战略支撑。这些国家积极争取恢复新中国在联合国的合法席位，并在1971年10月获得成功。毛泽东曾生动地说，“是非洲的穷朋友们把我们抬进联合国的”。你们对中美关系的改善有所了解吧？

学生：知道，70年代初，根据国际形势的新变化，中国抓住时机，通过外交史上赫赫有名的“乒乓外交”，“小球转动了大球”。1972年2月，美国总统尼克松访华，中美双方在上海发表联合公报。从此，中美两国关系朝着正常化方向发展。

教师：中美关系的缓和直接促进了1972年的中日建交，这对于两国关系的发展和亚洲与世界的和平都有重要意义。随着中国在联合国合法席位的恢复和中美关系的解冻，一个遍及世界各大洲的与中国建交的高潮出现了。70年代，我们同西方发达国家的广泛建交有了重大突破。1969年以前，与中国建交的发达国家仅有西欧的法国等六个国家。到1973年，我国已基本上完成同美国以外的资本主义发达国家的建交过程，同欧洲共同体也建立了正式关系。同西方国家的关系从此出现重大转机。中国同东欧各国的关系也有了不同程度的恢复、改善和发展。同中国建交的国家，从1965年的49个增加到1976年的111个，仅1970年以后的新建交国就有62个，可谓“我们的朋友遍天下”。

学生：那这些成就肯定离不开正确的外交战略、政策吧？

教师：是的！这20年中国外交的大发展，与国际形势的变动有关，更是毛泽东、周恩来等领导人高瞻远瞩，适时对外交政策进行重大调整的结果。

从60年代初开始，苏联逐渐走上与美国争霸的道路，两大国同时采取了敌视中国的政策。中国为适应国际形势的重大变化，外交战略由原来的“一边倒”调整为“两个拳头打人”，即反对美苏的霸权主义。毛泽东的“两个中间地带”的战略思想更加明确，争取“中间地带”成为中国外交工作的一项重要战略任务。70年代针对美苏争霸全球升级，特别是苏联霸权主义的猖獗，毛泽东提出了划分三个世界的思想；中国外交战略又一次作了重大调整，实施了联合反对苏联霸权主义“一条线”的战略，努力改善中美及与西方国家的关系。

总之，这20多年中国外交的大发展，拓展了中国外交活动的舞台，使中国的外交环境得到了整体改善，中国的国际地位得到极大的提高，在世界政治格局中形成了影响全局的美苏中大三角关系，为中国更积极参与国际事务及后来逐步实行对外开放政策打下了基础、创造了有利条件。中国进入改革开放的新时期后，邓小平曾指出：“我们能在今天的国际环境中着手进行四个现代化建设，不能不铭记毛泽东同志的功绩。”①

（六）探索中形成的建设社会主义的若干重要原则

教师：同学们好！现在我们进入第六个问题的学习：“探索中形成的建设社会主义

① 《邓小平文选》（第2卷），人民出版社1994年版，第172页。

的若干重要原则。"

通过前面的学习，我们知道，社会主义建设取得巨大的成就是这一时期历史发展的主题和主线，而这些成就与党正确的理论思想的指导是分不开的。

学生：记得在这20年探索的理论成果里，探索一开始，毛泽东就论述了中国的社会主义建设必须具有中国特点的思想和必须实行马克思主义与中国实际"第二次结合"的基本原则，提出了社会主义社会矛盾的学说，阐明了调动一切积极因素建设社会主义的基本方针。

教师：此后，在上述基本原则和基本方针的指导之下，毛泽东等又进一步总结经验，对社会主义的发展阶段问题初步作出了正确的论述，提出了中国实现现代化的目标、步骤，并且阐述了社会主义建设的若干重要原则。

学生：具体说来，有哪些呢？

教师：第一，关于社会主义的发展阶段。毛泽东指出，社会主义这个阶段，又可能分为两个阶段，第一个阶段是不发达的社会主义，第二个阶段是比较发达的社会主义。后一阶段可能比前一阶段需要更长的时间。这表明毛泽东对社会主义阶段的长期性、社会主义建设的艰巨性和复杂性是有认识的。

第二，关于社会主义现代化建设的战略目标和步骤。他提出把中国建设成为一个具有现代农业、现代工业、现代国防和现代科学技术的社会主义强国。为实现这个目标，需要采取"两步走"的战略步骤：第一步，建立一个独立的比较完整的工业体系和国民经济体系；第二步，全面实现农业、工业、国防和科学技术的现代化，使中国的经济走在世界前列。

学生：改革开放后我党提出初级阶段理论、"三步走"发展战略，都是以此为基础的吧？

教师：是的。也是第三点，在社会主义经济建设方面。毛泽东提出"以农业为基础、以工业为主导"的发展国民经济的方针，正确处理重工业、轻工业和农业的关系，以农、轻、重为序发展国民经济；提出在优先发展重工业的条件下，坚持工业和农业并举、重工业和轻工业并举、中央工业和地方工业并举、大中小企业并举等"两条腿"走路的方针。在经济体制改革方面，陈云提出"三个主体，三个补充"的思想。关于管理体制改革方面，党中央提出了要有中央和地方两个积极性，在企业管理方面，提出"两参一改三结合"（即工人参加管理，干部参加劳动，改革不合理的规章制度，干部、工人、技术人员三结合）的方针；在发展社会主义商品生产上，党中央提出要利用价值规律，发展社会主义商品生产。

第四，在社会主义民主政治建设方面，毛泽东提出的目标，“是想造成一个又有集中又有民主，又有纪律又有自由，又有统一意志、又有个人心情舒畅、生动活泼，那样一种政治局面”；① 把正确处理人民内部矛盾作为国家政治生活的主题；提出坚持长期共存、互相监督的方针，处理好中国共产党同各民主党派的关系；切实保障人民当家作主的各项权利，健全社会主义法制等。

学生：老师，记得在社会主义文化思想建设方面，毛泽东提出，要坚持马克思主义的指导地位，实行“百花齐放、百家争鸣”的方针；思想政治工作是经济工作和其他一切工作的生命线；知识分子在革命和建设中具有重要作用，工人阶级必须有自己宏大的技术干部队伍；要向科学进军，努力赶超世界先进水平。

教师：没错！这就是我要说的第五方面。下面来谈谈第六、第七两个方面。第六，在国防建设和军队建设方面，毛泽东提出必须加强国防、建设现代化正规化国防军和发展现代化国防技术的重要指导思想，还提出国防建设要服从国家经济建设大局的方针，并为巩固国防制定了积极防御的战略思想，积累了军事斗争同政治斗争、外交斗争相结合的独创性经验。

第七，在执政条件下加强共产党自身建设方面，毛泽东提出警惕帝国主义的“和平演变”战略，警惕党在执政以后可能产生的种种消极现象，等等。

学生：毛泽东关于社会主义建设的理论真是丰富啊，处处充满真知灼见！

教师：是啊，以毛泽东同志为主要代表的中国共产党人在艰辛探索中形成的这些重要的思想成果，积累了在中国这样一个社会生产力水平十分落后的东方大国进行社会主义建设的重要经验，以创造性的内容为马克思主义宝库增添了新的财富。由于历史的局限，这些理论观点并不都是成熟和完善的，有的并没有得到贯彻落实，有的没有长期坚持下去。这些经验和原则所包含的真知灼见，具有长远的指导作用和借鉴意义，为党继续进行探索并系统形成中国特色社会主义理论体系奠定了重要的基础。

学生：我觉得在这些思想和原则的创造过程中，毛泽东发挥了巨大的作用。

教师：是的。毛泽东作为真理的坚定探索者，对社会主义建设的理论作出了重大贡献。著名党史专家胡绳认为毛泽东一生做了两件大事，其第二件就是在以带有中国

---

① 中共中央文献研究室：《建国以来重要文献选编》（第十五册），中央文献出版社 1997 年版，第 50 页。

特色的方法完成了社会主义改造以后，努力探索中国的社会主义建设的道路，为后人做了开创性的工作。正如习近平同志所指出的：“毛泽东同志带领我们党在艰辛探索中形成的重要思想成果，是我们党的宝贵财富，也是中国特色社会主义理论体系的重要思想来源。”① 以毛泽东为代表的老一代革命家作为中国社会主义建设道路开创者的历史功绩，将永远载入党和国家的史册。

四、释疑解惑

（一）为什么建设社会主义的良好的开局没能坚持下来

首先，客观上由于复杂的国内国际社会历史原因，探索在中国如何建设社会主义，是史无前例的，面对的情况十分复杂，常常有许多未知数或变数，不容易做出准确的判断，一切只能在实践中摸索前进。在这种情况下，探索过程中出现错误甚至全局性的错误并不奇怪。当时封闭的国际环境放大了缺乏社会主义建设经验的局限，而社会主义阵营内的超英赶美浪潮及苏联向共产主义过渡的战略也对中国共产党产生了影响。

其次，从主观方面来讲，1957 年下半年以后，由于对国际、国内阶级斗争的形势和影响作了过分严重的估计，加之在一系列的巨大胜利面前滋长了骄傲自满情绪，党对经济文化落后的大国建设社会主义的长期性、艰巨性估计不足，对掌握经济规律和科学知识的必要性认识不足，导致在社会主义建设中的规模速度问题上，急于求成、急于过渡的心态难以遏制。加上党内领导层的民主生活不正常，未经调查研究和科学求证，凭主观愿望和意志办事，在经济社会发展、党和国家的政治生活等方面的指导思想，都发生了“左”的转向。

再次，在实际工作中照搬了以往战争年代的经验。党过于相信革命战争年代行之有效的群众运动和阶级斗争的方法，把这种经验简单地应用到社会主义建设中，只用政治方法来动员群众，实行“以阶级斗争为纲”的方针，就造成了反右斗争扩大化、“大跃进”和人民公社，乃至“文化大革命”这些错误，使我们在社会主义建设中走了许多弯路，受到许多损失，良好的开局没能坚持下来。

---

① 中共中央文献研究室：《十七大以来重要文献选编》（上），中央文献出版社 2009 年版，第 254 页。

（二）如何正确认识以毛泽东为代表的中国共产党人对中国社会主义建设的探索

第一，探索的起步是正确的，提出了许多具有长远指导意义的重要思想，有良好的开局。集中的探索是在1956年全年和1957年上半年。早期的探索取得了积极进展，有一系列成果，如《论十大关系》的发表、中共八大的正确决策、《关于正确处理人民内部矛盾的问题》的发表。1957年下半年以后，探索向着正确和错误两个趋向发展，最终陷入了“文化大革命”的十年动乱。在我们这样一个贫穷落后的东方大国建设社会主义，是没有先例的。在探索中出现失误，是可以理解的，也是令人十分惋惜的。

第二，以毛泽东为代表的中国共产党人对中国社会主义建设进行了艰辛的探索，尽管经历过严重的曲折，但我国社会发生了翻天覆地的变化，社会主义建设取得了巨大成就，这是这一时期历史发展的主题和主线。

第三，党在社会主义建设中取得的独创性理论成果和巨大成就，为新的历史时期开创中国特色社会主义提供了宝贵经验、理论准备、物质基础。党对社会主义建设道路的探索，积累了丰富的经验，也留下了深刻的教训。成功的经验和失败的教训，对后人都是精神财富。探索中形成的建设社会主义的若干重要原则，丰富和发展了马列主义、毛泽东思想，是中国特色社会主义理论体系的重要思想来源；社会主义建设取得的基础性成就，在建设中培养的经济、文化等方面的骨干力量和他们的工作经验，这为后来的改革开放、开创中国特色社会主义奠定了重要的物资技术基础。

第四，改革开放前和改革开放后两个历史时期，本质上都是党领导人民进行社会主义建设的实践探索。这是两个相互联系又有重大区别的时期，不能彼此割裂，更不能对立起来。不能用改革开放后的历史时期否定改革开放前的历史时期，也不能用改革开放前的历史时期否定改革开放后的历史时期。

五、学习测试

（一）单项选择题（备选答案中只有1个是正确的）

1. 中国开始进入全面建设社会主义历史阶段的起点是(　　)

A. 社会主义基本制度的全面确立　　B. 中华人民共和国的建立

C. 社会主义改造的开始　　D. 改革开放的起步

2. 探索中国的社会主义建设道路，有一个如何把马列主义基本原理同中国具体实际相结合的问题。毛泽东首次提出要进行“第二次结合”是在(　　)

A.《论十大关系》讲话

B. 1956 年 4 月中共中央书记处会议

C. 1956 年 9 月中共八大

D.《关于正确处理人民内部矛盾的问题》讲话

3. 1956 年年初中共中央召开关于知识分子问题会议，周恩来代表中央作了报告。报告最重要的论断是(　　)

A. 知识分子中间的绝大部分已经是工人阶级的一部分

B. 社会主义时代更加需要充分地提高生产技术

C. 社会主义时代更加需要充分地发展科学和利用科学知识

D. 党和国家要有计划地帮助知识分子在政治上和业务上不断进步

4. 以毛泽东为主要代表的中国共产党人开始探索中国自己的社会主义建设道路的标志性成果是(　　)

A. 中共八大的召开

B. 社会主义改造的完成

C.《论十大关系》讲话

D.《关于正确处理人民内部矛盾的问题》的发表

5. 中共八大正确分析了社会主义改造完成后中国社会的主要矛盾和主要任务。关于中国社会的主要矛盾，中共八大认为(　　)

A. 是社会主义道路与资本主义道路的矛盾

B. 是工人阶级和资产阶级的矛盾

C. 是社会主义中国与帝国主义国家之间的矛盾

D. 是人民对于经济文化迅速发展的需要同当前经济文化不能满足人民需要的状况之间的矛盾

6. 中共八大关于经济建设确立的方针是(　　)

A. 既反保守又反冒进，即在综合平衡中稳步前进

B. 鼓足干劲，力争上游，多快好省地建设社会主义

C. 调整、巩固、充实、提高

D. 发展生产，保障供给

7. 1957年2月，毛泽东在扩大的最高国务会议上发表《关于正确处理人民内部矛盾的问题》讲话，指出国家政治生活的主题应该是(　　)

A. 正确处理人民内部矛盾　　B. 全面确立党对国家的一元化领导

C. 阶级斗争是纲，其他都是目　　D. 迅速反击右派分子的猖狂进攻

8. 整风是中国共产党加强自身建设的一种创造。1957年4月中共中央下发《关于整风运动的指示》，指出此次整风的重点是(　　)

A. 反对主观主义、机会主义和教条主义

B. 反对官僚主义、宗派主义和主观主义

C. 反对官僚主义、宗派主义和经验主义

D. 反对官僚主义、主观主义和修正主义

9. 通过“鼓足干劲、力争上游、多快好省地建设社会主义”的社会主义建设总路线的会议是(　　)

A. 1958年5月中共八大二次会议

B. 1958年1月南宁中央工作会议

C. 1958年3月成都中央工作会议

D. 1958年8月中共中央政治局扩大的北戴河会议

10. “大跃进”和人民公社化运动期间，人民公社的基本特点被概括为(　　)

A. “一平二调”　　B. “多快好省”

C. “一大二公”　　D. “三级所有，队为基础”

11. 1961年年初，中共八届九中全会针对国民经济的严峻形势制定了新的方针，这一方针是(　　)

A. 调整、巩固、充实、提高

B. 既反保守又反冒进，在综合平衡中稳步前进

C. 调整、改革、充实、提高

D. 治理整顿

12. 实现“四个现代化”，是党和国家在上世纪提出的宏伟目标。正式向全国人民提出这一目标的会议是(　　)

A. 三届人大一次会议　　B. 一届人大一次会议

C. 二届人大一次会议　　　　D. 四届人大一次会议

13. “文化大革命”是一场由领导者错误发动，被反革命集团利用，给党、国家和各族人民带来严重灾难的内乱。其发动的导火线是(　　)

A. 中共中央政治局扩大会议通过《中国共产党中央委员会通知》(《五·一六通知》)

B. 姚文元《评新编历史剧〈海瑞罢官〉》的发表

C. 中共八届十一中全会通过《关于无产阶级文化大革命的决定》

D. 毛泽东《炮灯司令部——我的一张大字报》的印发

14. 系统阐述发动“文化大革命”的主要论点的文献是(　　)

A. 毛泽东《给江青的信》

B. 《中国共产党中央委员会通知》(《五·一六通知》)

C. 毛泽东《炮打司令部——我的一张大字报》

D. 《关于无产阶级文化大革命的决定》

15. 进入 1967 年，全国掀起“打倒一切、全面内战”的狂潮。这种局面肇始于(　　)

A. “文攻武卫”口号的提出　　　　B. “8·18 大会”的召开

C. 上海“一月革命”　　　　D. 北京“二月抗争”

16. 使“文化大革命”的错误理论和实践合法化并加强了林彪、江青、康生等人在中央地位的会议是(　　)

A. 中共九大　　　　B. 中共八届十一中全会

C. 中共八届十二中全会　　　　D. 中共九届二中全会

17. 客观上宣告了“文化大革命”理论和实践失败的事件是(　　)

A. “四人帮”被逮捕　　　　B. 天安门事件

C. 毛泽东逝世　　　　D. “九·一三”事件

18. 从中华人民共和国成立到 1978 年的 30 年间，我们取得了许多成绩，也有许多经验教训。其中最重要的经验教训是(　　)

A. 要搞清什么是社会主义，怎样建设社会主义

B. 不能迷信计划体制，要建立社会主义市场经济体制

C. 不能高度集权，要发扬社会主义民主

D. 要把党和国家的工作中心放在经济建设上

19. 在全面建设社会主义时期，我们取得的最大建设成就是(　　)

A. 社会主义制度得到根本性巩固

B. 基本上解决了老百姓的吃饭问题

C. 人民的文化素质和健康水平得到极大提升

D. 基本建立起独立的、比较完整的工业体系和国民经济体系

20. 邓小平在改革开放新时期曾指出：“我们能在今天的国际环境中着手进行四个现代化建设，不能不铭记毛泽东同志的功绩。”这主要是指毛泽东(　　)

A. 打开中美关系正常化的大门

B. 决策出兵抗美援朝

C. 积极争取恢复新中国在联合国的合法地位

D. 粉碎帝国主义的“和平演变”战略

(二) 多项选择题（备选答案中至少有2个是正确的）

1. 20世纪50年代中期，中国共产党人决心走自己的路，开始探索适合中国情况的社会主义建设道路。这种探索的历史条件有(　　)

A. 中国已经是一个社会主义国家

B. 党和政府已经积累了进行建设的初步经验

C. 苏共二十大的召开

D. 已经完成了新民主主义革命任务

2. 毛泽东指出：“最近苏联方面暴露了他们在建设社会主义过程中的一些缺点和错误，他们走过的弯路，你还想走？过去我们就是鉴于他们的经验教训，少走了一些弯路，现在当然更要引以为戒。”毛泽东说这段话的背景和用意是(　　)

A. 苏共二十大的召开

B. 中国已经进入社会主义社会

C. 反对盲目照抄照搬苏联经验

D. 强调从中国国情出发，走自己的路

3. 毛泽东在《关于正确处理人民内部矛盾的问题》中认为矛盾是普遍存在的。在社会主义社会中，基本的矛盾是(　　)

A. 生产力和生产关系之间的矛盾

B. 上层建筑和经济基础之间的矛盾

C. 人民日益增长的物质文化生活的需要同落后的社会生产力之间的矛盾

D. 无产阶级同资产阶级之间的矛盾

4.《论十大关系》是以毛泽东为主要代表的中国共产党人开始探索中国自己的社会主义建设道路的标志。其主要内容和历史作用有(　　)

A. 在经济方面提出了新的指导方针

B. 在政治方面提出了新的指导方针

C. 为全面进行社会主义建设奠定了坚实的理论基础

D. 为中共八大的召开做了理论准备

5. 中共八大提出的多方面的看法和主张都是正确的。其中在执政党建设方面，中共八大提出的主张有(　　)

A. 提高全党的马克思列宁主义思想水平

B. 健全党内民主集中制，坚持集体领导，反对个人崇拜

C. 发展党内民主和人民民主，加强党和群众的联系

D. 坚持依法执政，依法治国

6. “大跃进”和人民公社化运动的开展有一个过程，在这一过程中不断给运动添加助力的会议有(　　)

A. 1958 年 1 月南宁会议　　B. 1958 年 3 月成都会议

C. 中共八大二次会议　　D. 1958 年 8 月北戴河会议

7. “三个主体”“三个补充”的内容是(　　)

A. 重工业是国民经济主体，轻工业是补充

B. 国家经营和集体经营是主体，一定数量的个体经营为补充

C. 计划生产是主体，一定范围的自由生产为补充

D. 国家市场是主体，一定范围的自由市场为补充

8. 毛泽东是“大跃进”和人民公社化运动的积极倡导者和推动者，又是较早地觉察并实际纠正“左”倾错误的领导人。1958 年 11 月之后，毛泽东主持召开的纠“左”会议有(　　)

A. 第一次郑州会议　　B. 武昌会议

C. 中共八届六中全会　　D. 第二次郑州会议

9. “文化大革命”是由领导者错误发动的，毛泽东发动“文化大革命”的主观愿望是为了(　　)

A. 抵御帝国主义“和平演变”的图谋

B. 消除官僚主义和特权思想

C. 防止国内资本主义复辟

D. 探寻人民群众参与对国家事务的监督和管理的途径

10. 1976年清明节前后，爆发了以“天安门事件”为代表的悼念周总理、反对“四人帮”的运动。这场运动的实质和作用是(　　)

A. 拥护以邓小平为代表的中国共产党的正确领导

B. 为粉碎“四人帮”奠定了群众基础

C. 彻底否定“文化大革命”

D. 为邓小平的再次复出铺平了道路

(三) 论述题

1. 以毛泽东为代表的中国共产党第一代领导集体是在怎样的社会历史条件下开始进行社会主义建设道路的探索的？

2. 怎样认识建立独立的、比较完整的工业体系和国民经济体系的重大意义？

◎ 参考答案

(一) 单项选择题

1. A　2. B　3. A　4. C　5. D　6. A　7. A　8. B　9. A　10. C

11. A　12. A　13. B　14. B　15. C　16. A　17. D　18. A　19. D　20. A

(二) 多项选择题

1. ABC　2. ABCD　3. AB　4. ABD　5. ABC

6. ABCD　7. BCD　8. ABCD　9. ABCD　10. AB

(三) 论述题

1. 以毛泽东为代表的中国共产党第一代领导集体是在怎样的社会历史条件下开始进行社会主义建设道路的探索的？

探索的国内背景是：生产资料私有制的社会主义改造已基本完成，社会主义制度已经确立，中国进入社会主义初级阶段，党的工作重心开始转移到经济建设上来，中国共产党和政府领导全国人民开始转入全面的大规模的社会主义建设。但同时，社会主义制度刚刚建立还不完善，尤其是生产力水平还比较低，中华人民共和国成立以来，经济文化建设虽然取得巨大成就，但中国仍然是一个贫穷落后的国家，还没有建成完整的工业体系，农业生产的落后状况基本上还没有改变，现代科学技术的发展才刚刚起步，整个民族的文化水准还很低。在这样一个落后的东方大国建设社会主义，既不同于马克思主义创始人设想的在资本主义高度发展的基础上建设社会主义，也不同于其他社会主义国家已有的实践。这就要求中国共产党人必须从本国的国情出发，把马克思主义基本原理同本国的实际结合起来，在实践中找出一条有中国特色的社会主义建设道路。

探索的国际背景是：国际上社会主义国家政治经济改革的尝试，苏共二十大后对斯大林个人崇拜的批判，冲击了教条主义的严重束缚，而苏联和东欧社会主义国家中所暴露出来的问题，也促使中国共产党人通过对斯大林错误的思考，重新认识苏联的经验，摆脱中华人民共和国成立初期把苏联模式当作唯一的社会主义模式、基本上照抄苏联的做法，从而把探索适合中国国情的社会主义建设道路的任务提到了突出的位置。

2. 怎样认识建立独立的、比较完整的工业体系和国民经济体系的重大意义？

第一，建立独立的、比较完整的工业体系和国民经济体系的表现。

从根本上解决“从无到有”的问题：建成一批门类较为齐全的基础工业项目。中华人民共和国成立初期，没有自己独立的工业体系，主要工业产品全部依赖进口。从“一五”时期起到“四五”时期，国家基本建设投资累计达 4956. 3 亿元，建成了一批门类比较齐全的基础工业项目，涉及冶金、汽车、机械、煤炭、石油、电力、通信、化学、国防等领域，为国民经济的进一步发展打下了坚实的基础。

主要工业产品生产能力有了飞跃：钢、原油、原煤产量、发电量及汽车产量等有了很大发展。铁路、交通运输等基础设施建设得到较快发展，初步形成了全国的路网骨架。

“三线”建设大规模的开展，从 1964 年“三五”时期开始到 1980 年“五五”时期结束，共投资 2052 亿元。这不仅极大地增强了国防力量，而且对改善工业布局和城市布局起了重要的促进作用。

第二，建立独立的、比较完整的工业体系和国民经济体系的作用。独立的、比较完整的工业体系和国民经济体系的建立，使中国在赢得政治上的独立之后赢得了经济上的独立，为中国以后的发展奠定了牢固的物质技术基础，而且也为中国同包括西方发达国家在内的世界各国在平等互利的原则下发展对外贸易和经济往来创建了前提条件。

六、阅读文献

1. 毛泽东:《论十大关系》(1956 年 4 月 25 日)

2. 毛泽东:《关于正确处理人民内部矛盾的问题》(1957 年 2 月 27 日)

3. 《中国共产党中央委员会关于建国以来党的若干历史问题的决议》(1981 年 6 月 27 日)

4. 习近平:《在纪念毛泽东同志诞辰一百二十周年座谈会上的讲话》(2013 年 12 月 26 日)

5. 毛泽东:《在扩大的中央工作会议上的讲话》(1962 年 1 月 30 日)

6. 邓小平:《答意大利记者奥琳埃娜·法拉奇问》(1980 年 8 月 21 日)

7. 逄先知、金冲及主编，中共中央文献研究室编:《毛泽东传 1949—1976》，中央文献出版社 2003 年版

第十章
中国特色社会主义的开创与接续发展

一、教学目的与要求

1. 了解十一届三中全会在中国共产党历史上所具有的深远意义。

2. 了解中国改革开放的历史进程、主要经验和成就。

3. 深刻认识改革开放是决定当代中国命运的关键抉择，中国特色社会主义是实现“三步走”发展战略、开创社会主义建设新局面的必由之路。

二、基本教学内容

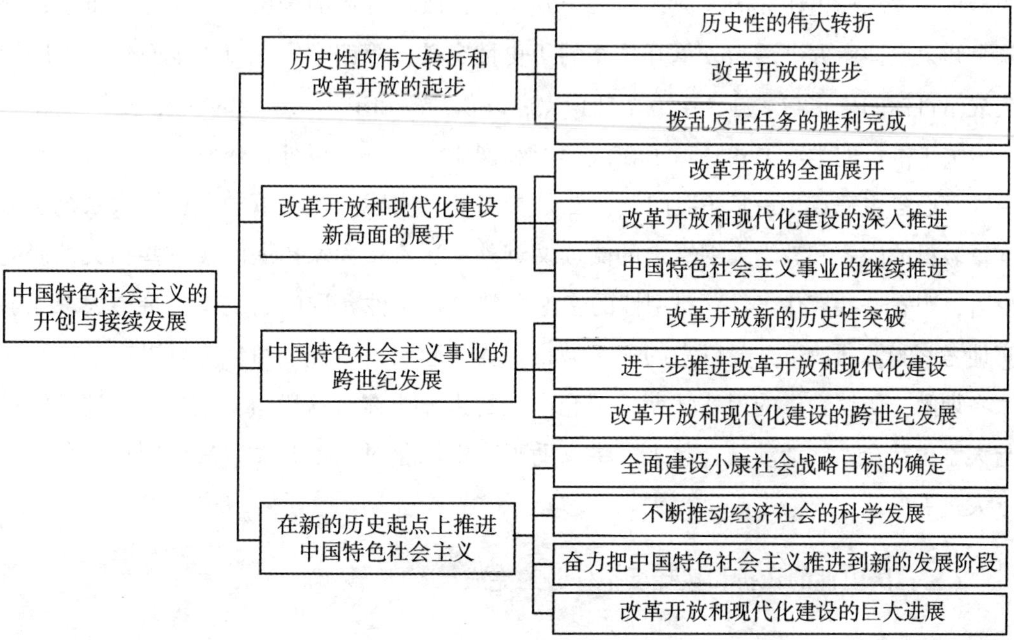

三、讨论式教学教案

（一）导学

本章讲述从“文化大革命”结束至中共十八大召开前的35年历史，这段历史是各位同学的父辈祖辈亲身经历的历史时期。大家的童年也正处在这一历史阶段，但这些回忆与经历更多的只是一种个人式的、片段式的历史记忆，要从宏观上整体把握这段波澜壮阔的历史进程，还需要借助本章的学习。具体来讲，这段历史包括“文化大革命”结束以后的两年徘徊和中共十一届三中全会以来的改革开放与现代化建设新时期。本章共分为四节，这四节分别按历史顺序介绍这一时期的历史，并在最后总结新时期改革开放和现代化建设的巨大进展。

本章主要有四个方面的学习内容：一是历史性的伟大转折和改革开放的起步；二是改革开放和现代化建设新局面的展开；三是中国特色社会主义事业的跨世纪发展；四是在新的历史起点上推进中国特色社会主义。

我们在线上的学习将围绕十一届三中全会的历史意义以及改革开放以来中国现代化建设的巨大进展等重要问题展开，着重讲以下5个知识点：第一个知识点，历史性的转折和拨乱反正任务的完成；第二个知识点，改革开放的全面展开与深入推进；第三个知识点，南方讲话和改革开放新的历史性突破；第四个知识点，全面建设小康社会战略目标的确定与实施；第五个知识点，改革开放和现代化建设的巨大进展。

关于本章的学习方式，除了在线学习和课堂讨论两种以外，还有两个学习环节需要同学们自主完成。一是拓展阅读；二是参加社会实践。在线下学习中，除系统学习本章教材的内容和教学大纲指定的阅读文献外，还希望大家拓展阅读一些相关的研究论著，观看一些有代表性、典型性的音像资料。在条件允许的情况下，希望大家能够实地考察和调研改革开放以来的所在城市工业化建设的重点项目，还可以在节假日回家乡期间，访谈自己的祖辈父辈，结合个人的生命史体会这段历史的变迁。这种活动与大学生社会实践活动结合起来，将有助于我们深化对改革开放以来中国现代化建设巨大进展的认识。

（二）历史性的转折和拨乱反正任务的完成

1978年是新中国历史上的重要转折点，党和国家的工作重心发生了根本性的转变，而要了解这一伟大的历史转折，就要从当时的历史背景，即“两个凡是”的提出讲起。

什么是“两个凡是”呢？1977 年 2 月 7 日“两报一刊”在联合社论《学好文件抓住纲》中提出：“凡是毛主席作出的决策，我们都坚决拥护，凡是毛主席的指示，我们都始终不渝地遵循。”这种观点对毛泽东生前的决策和指示拒绝作任何分析，说明长期以来“左”的指导思想还未从根本上改变。人们急切地期待着中国迅速摆脱困境，迈开大步前进。但是，实践发展却步履维艰。揭批“四人帮”运动受到“两个凡是”方针的限制；平反冤假错案，一遇到毛泽东批准的、定了的案子，便不准触动；在科学、教育、文化领域进行拨乱反正，也有人拿出毛泽东批过的文件进行阻挠。在生产上，混乱状况有所好转，国民经济得到比较快的恢复，人民生活水平也有所提高，但又发生急于求成的冒进倾向，加剧了国民经济的比例失调。

在邓小平等一批老同志的倡导和支持下，关于真理标准问题的讨论开展起来。5 月 10 日，中共中央党校主办的内部刊物《理论动态》刊载署名文章《实践是检验真理的唯一标准》。1978 年 11 月 10 日至 12 月 15 日，中共中央在北京召开工作会议。闭幕会上，邓小平作了题为《解放思想，实事求是，团结一致向前看》的讲话，实际上成为随后召开的党的十一届三中全会的主题报告。1978 年 12 月 18—22 日，中共十一届三中全会在北京召开。这次会议冲破了长期“左”的错误的严重束缚，彻底否定了“两个凡是”错误方针，高度评价真理标准问题的讨论，重新确立解放思想、实事求是的指导思想，实现了思想路线的拨乱反正；停止使用“以阶级斗争为纲”的口号，做出了把党和国家的工作重点转移到社会主义现代化建设上来和实行改革开放的战略决策，实现了政治路线的拨乱反正；形成了以邓小平为核心的党中央领导集体，取得了组织路线拨乱反正的重要成果。

中共十一届三中全会后，党中央主要从三个方面展开工作：首先，按照实事求是、有错必纠的原则，开始平凡冤假错案，调整社会关系，并针对 1977—1978 年出现的国民经济比例失调的情况进行国民经济的调整。其次，经济体制改革开始起步，农村改革取得突破性进展，城市经济体制改革开始探索。最后，起步政治体制改革，调整对外政策。

其中，经济体制改革改革是关键，而又以农村改革为先锋。当时的中国农业和农村经济发展面临两大问题：一是“政社合一”的人民公社体制亟待改革；二是有两亿多农民的温饱问题尚未解决。二者都涉及农村生产关系的调整。1978 年 11 月，安徽凤阳县梨园公社小岗村 18 户农民搞起农业生产责任制，揭开了中国农村改革的序幕。他们秘密协定：“我们分田到户，每户户主签字盖章，每户保证完成每户的全年上交和公粮，不再向国家伸手要钱要粮，如不成，我们干部坐牢杀头也甘心，大家社员也保证把我们的小孩养活到十八岁。”这一创举调动了村民的生产积极性，第二年该村就实现了温饱。1980 年 9 月，中央颁发了《关于进一步加强和改善农业生产责任制的几个问题》，肯定了包产到户、包干到户是社会主义集体经济的生产责任制，是合作经济的一种经营层次。在中共中央的支持推动下，以包产到户、包干到户为主要形式的家庭联产承包责任制，在全国各地逐渐推广开来。1983 年 10 月，中共中央、国务院发出通知，实行政社分开，建立乡（镇）政府作为基层政权，同时成立村民委员会作为村民的自治组织。

在拨乱反正的过程中，也有极少数人打着“解放思想”的幌子，企图从根本上否定毛泽东思想、中国共产党的领导、人民民主专政和社会主义道路。1979 年 3 月 30 日，邓小平在理论工作务虚会议上讲话，强调四项基本原则是实现四个现代化的前提：“如果动摇了这四项基本原则中的任何一项，那就动摇了整个社会主义事业，整个现代化建设事业。”①

为了统一全党和全国人民的思想，必须对中华人民共和国成立以来的重大历史问题作出结论。1979 年 11 月起，在邓小平主持下，中共中央着手起草《关于建国以来党的若干历史问题的决议》，经过一年半时间的讨论修改，1981 年 6 月，党的十一届六中全会通过了这个决议。该决议的主要内容有三：第一，科学总结了新中国 32 年的历史。第二，科学评价了毛泽东和毛泽东思想的历史地位。第三，从根本上否定了“文化大革命”的理论和实践。该决议对中华人民共和国成立以来的重大历史事件做出了基本结论，其起草和通过表明，中国共产党是在政治上、理论上成熟的坚强的马克思主义政党。这一历史决议的通过，标志着党和国家在指导思想上拨乱反正的胜利完成。

（三）改革开放的全面展开与深入推进

党的十二大明确提出建设有中国特色社会主义的重大命题和“小康”战略目标。改革开放由此全面展开，社会主义现代化建设出现新的局面。

1982 年 9 月 1—11 日，中国共产党第十二次全国代表大会在北京举行。这次大会的使命是，通过对过去 6 年历史性胜利的总结，进一步肃清“文化大革命”遗留的消极后果，全面开创社会主义现代化建设新局面，确定继续前进的正确道路、战略步骤

---

① 《邓小平文选》（第 2 卷），人民出版社 1994 年版，第 173 页。

和方针政策。邓小平在开幕词中指出："把马克思主义的普遍真理同我国的具体实际结合起来，走自己的道路，建设有中国特色的社会主义，这就是我们总结长期历史经验得出的基本结论。"① "建设有中国特色的社会主义"重大命题的提出，回答了进入改革开放新时期后中国走什么样的道路这一人们最为关心的重大问题，成为指引新时期改革开放和社会主义现代化建设的伟大旗帜。

党的十二大以后，经济体制改革全面展开。其特点是，农村改革进一步深入；改革的重点逐步转向城市；城市经济体制改革由试点发展到全面铺开；其他领域也随之迈出改革步伐。

农村改革以稳定和完善家庭联产承包责任制为主要任务，取消人民公社制度，调动了亿万农民的生产积极性，解放了农村生产力，使农业生产迅速扭转了长期徘徊不前的局面。1979—1984 年，农业总产值以年均 7.3%的速度增长，平均每年增产粮食 171 亿公斤。1985 年 1 月，中共中央、国务院发布《关于进一步活跃农村经济的十项政策》，改变了实行 30 多年的统购派购政策，把农村经济纳入有计划的商品经济的轨道，促使传统农业向专业化、商品化、现代化方向发展。

农村改革取得的一个人民未曾预料到的收获，就是乡镇企业的崛起。随着家庭联产承包责任制的推行，一大批农村劳动力从土地上解放出来，从事工业、商业和服务业。农村中集体的、个体的及私营的企业如雨后春笋般成长起来。到 1987 年，全国乡镇企业从业人数 8805 万人，产值 4764 亿元，占当年农村社会总产值的 50.51%，第一次超过农业总产值。这是农村经济的一个历史性变化。随着乡镇企业的发展，兴起了一大批小城镇。这是在建设中国特色社会主义进程中产生的新事物，在我国经济社会发展中具有重要的战略地位。

在农村改革的推动下，城市改革向新的广度和深度扩展。1984 年 3 月 23 日，福建省 55 位厂长、经理以"请给我们'松绑'"为题，联名向省委书记和省长发出一封公开信，希望给予企业必要的人事权、财权和自主经营权。这表明要求改革的呼声日益强烈，加快改革成为城市经济进一步发展的内在要求。1984 年 10 月，党的十二届三中全会通过《关于经济体制改革的决定》，突破把计划经济同商品经济对立起来的传统观念，提出我国社会主义经济是"公有制基础上的有计划的商品经济"；突破把全民所有同国家机构直接经营企业混为一谈的传统观念，提出"所有权同经营权可以适当分开"。这是党在计划与市场关系问题上得出的全新认识。1984 年 7 月，北京市天桥百货

---

① 《邓小平文选》（第 3 卷），人民出版社 1993 年版，第 3 页。

股份有限公司成立，在全国国营商业中率先迈出股份制改革步伐。11月，上海飞乐音响公司向本企业和社会公开发行股票，成为改革开放后上海第一家试行股份制经营的股份有限公司。1986年11月，纽约证券交易所董事长约翰·范尔霖访华，邓小平把一张刚刚发行上市、面值50元的股票赠送给他。这一颇具象征意义的赠送表明股票和股份制并不为资本主义所专有，社会主义国家也可以利用。

随着城乡经济体制改革的逐步展开，科学技术体制和教育体制的改革也提上日程。1985年3月，中共中央做出《关于科学技术体制改革的决定》，提出经济建设必须依靠科学技术、科学技术工作必须面向经济建设的战略方针。1986年3月，王大珩、王淦昌、杨嘉墀、陈芳允等科学家向中共中央提出跟踪世界先进水平、发展高技术的建议。11月，中共中央、国务院转发《高技术研究发展计划纲要》，提出了生物技术、航天技术、信息技术、先进防御技术、自动化技术、能源技术和新材料7个领域中的15个主题项目，作为我国发展高科技的重点。该计划后被称为“863计划”，其实施后有力地推动了我国科技事业的发展。20世纪80年代中后期，每秒一亿次的“银河”计算机系统、我国第一座高能加速器、多种运载火箭和卫星等一批具有世界先进水平的高科技成果相继诞生。

党的十二大以后，对外开放迈出新步伐，对外经济技术交流的规模和水平大幅度提升，对外开放的地域和领域不断扩大。经济特区呈现出强劲发展势头，但特区在发展中出现如走私贩私的情况，引起了一些责难和非议。在特区建设艰难推进之际，邓小平于1984年1月22日至2月17日，视察深圳、珠海、厦门等经济特区和广州、上海。在珠海提笔写下“珠海经济特区好”的题词，后又为深圳补写“深圳的发展和经验证明，我们建立经济特区的政策是正确的”题词。邓小平的南方之行和对特区的肯定，使对外开放迎来了新的机遇。1984年5月，中共中央决定进一步开放14个沿海港口城市，1985年2月又决定将长江三角洲、珠江三角洲和闽南厦漳泉三角地区开辟为沿海经济开放区。这些决策的实施，使我国对外开放初步形成了从经济特区到沿海开放城市再到沿海经济开放区这样一个多层次、有重点、点面结合的对外开放格局，在沿海形成了包括2个直辖市、25个省辖市、67个县，约1.5亿人口的对外开放前沿地带。

随着改革开放的实践、中国特色社会主义事业的不断推进，迫切需要党在深刻分析基本国情、总结实践经验基础上，对什么是社会主义、怎样建设社会主义，以及我国改革开放和社会主义现代化建设的基本路线从理论和实践上进一步作出明确回答。

1987 年 10 月，党的十三大第一次对社会主义初级阶段的科学内涵做出了系统阐述，指出这个论断包括两层含义；进而从新的认识出发，概括了社会主义初级阶段“一个中心，两个基本点”的基本路线，并对加快和深化改革作出全面部署，提出了经济体制改革和政治体制改革的任务和目标。

党的十三大的另一个重要贡献是确定了“三步走”的发展战略，即首先解决人民的温饱问题，其次使人民生活达到小康水平，并最终在 21 世纪中叶基本实现现代化。“三步走”的发展战略，对中华民族百年图强的宏伟目标作了积极而稳妥的规划，既体现了党和人民勇于进取的雄心壮志，又反映了从实际出发、遵循客观规律的科学精神，是中国共产党探索中国特色社会主义建设规律的重大成果。中共十一届三中全会以来的实践历程，正是“三步走”的现代化建设从宏伟蓝图逐步变为现实的过程。

（四）南方谈话和改革开放新的历史性突破

“1992 年，又是一个春天，有一位老人在中国的南海边写下诗篇，天地间荡起滚滚春潮，征途上扬起浩浩风帆。”这是歌曲《春天的故事》里面的一段歌词，歌词所述正是我们今天要学习的内容：以邓小平南方谈话和中共十四大为标志，改革开放和现代化建设事业进入从计划经济体制向社会主义市场经济体制转变的新阶段，由此打开了中国经济、政治、文化发展的崭新局面。

1992 年 1 月 18 日至 2 月 21 日，邓小平视察了武昌、深圳、珠海和上海等地，历时 35 天，行程 6000 千米。在视察的过程中，他分析当时的国际国内形势，总结中共十一届三中全会以来改革开放和现代化建设的基本经验，明确回答了实践中出现的束缚人们思想的许多重大认识问题：比如，“革命是解放生产力，改革也是解放生产力”。比如，“计划多一点还是市场多一点，不是社会主义与资本主义的本质区别”。比如，“中国要警惕右，但主要是防止‘左’”。

邓小平南方谈话，是一次解放思想的再讨论、基础路线的再教育、改革开放的再动员、加快建设的再推进。它在国际国内政治局面处于严峻考验的重大历史关头，为中国共产党十四届全国代表大会的召开做了充分的理论准备，是把改革开放和现代化建设推进到新阶段的又一个解放思想、实事求是的宣言书。

在邓小平南方谈话精神的指导下，1992 年 10 月 12—18 日，中国共产党第十四次全国代表大会在北京召开。党的十四大回顾和总结了改革开放以来在计划和市场问题上的认识和实践的发展历程，第一次明确提出了建立社会主义市场经济体制的目标模式，即公有制占主体地位，市场机制在资源配置中发挥基础性作用，同时实行有效的宏观调控。这种经济体制，“就是要使市场在社会主义国家宏观调控下对资源配置起基础性作用”的体制，是同社会主义基本制度结合在一起的；在所有制结构、分配制度、宏观调控等方面都有自己的特点。这些特点，决定了市场经济体制的社会主义性质，也使中国的市场经济体制有可能更好地发挥计划和市场两种手段的长处，更好地把人民的当前利益与长远利益、局部利益与整体利益结合起来，兼顾效率和公平，逐步实现共同富裕。

1993 年 11 月召开的中共十四届三中全会，通过了《关于建立社会主义市场经济体制若干问题的决定》，将十四大提出的社会主义市场经济体制改革的目标和基本原则具体化，成为 20 世纪 90 年代进行经济体制改革的行动纲领。随着改革的进一步深化，改革、发展、稳定三者之间的关系日益凸显。1995 年 9 月，江泽民在中共十四届五中全会发表讲话，深刻阐述了要正确处理好社会主义现代化建设中的十二个重大关系。他指出，改革、发展、稳定的关系是总揽全局的，“要善于统观全局，精心谋划，从整体上把握改革、发展、稳定之间的内在关系，做到相互协调、相互促进”。① 要把改革的力度、发展的速度和社会可承受的程度协调统一起来，“做到在政治和社会稳定中推进改革和发展，在改革和发展的推进中实现政治和社会的长期稳定”。②

1997 年 2 月 19 日，中国社会主义改革开放和现代化建设的总设计师邓小平逝世。全世界都关注：今后中国将举什么旗、走什么路？1997 年 9 月 12—18 日在北京召开的中共十五大回答了这个问题，提出了中国的跨世纪发展的宏伟战略。大会主题是：高举邓小平理论伟大旗帜，把建设有中国特色社会主义事业全面推向 21 世纪。大会把邓小平理论同马克思列宁主义、毛泽东思想一道确立为党的指导思想，并写入修改后的《中国共产党章程》；阐明了中国特色社会主义的经济、政治和文化的基本目标和基本政策，提出了党在社会主义初级阶段的基本纲领；确立了中国跨世纪发展的战略部署，并就社会主义初级阶段的所有制结构和公有制实现形式等问题提出了新论断；提出了依法治国是党领导人民治理国家的基本方略。

中共十五大后，改革开放和现代化建设事业，是在应对来自经济、政治和自然界等方面的一系列严峻考验中稳步推进的。1997 年爆发亚洲金融危机；1998 年发生罕见洪涝灾害；1999 年中国驻南斯拉夫大使馆遭轰炸，李登辉抛出“两国论”，“法轮功”

---

① 《江泽民文选》（第一卷），人民出版社 2006 年版，第 461 页。

② 《江泽民文选》（第一卷），人民出版社 2006 年版，第 461~462 页。

邪教组织非法聚众闹事。面对这些风险考验，中共中央、国务院冷静分析、果断决策，采取一系列措施积极应对；在战胜上述天灾人祸基础上，1998 年 10 月召开的中共十五届三中全会通过《关于农业和农村工作若干重大问题的决定》，进一步推动解决“三农”问题；1999 年 9 月召开的十五届四中全会通过《关于国有企业改革和发展若干重大问题的决定》，同时出台推进城镇住房制度改革、医疗保险制度改革和财政税收制度改革措施，并作出实施西部大开发战略部署。

1992 年海峡两岸达成“九二共识”。1997 年、1999 年香港、澳门回归，使邓小平在 70 年代末 80 年代初提出的“一国两制”从科学构想变为现实，标志着祖国统一大业的重要推进。1998 年 11 月，根据中共十五大部署，中央决定在县级以上党政领导班子、领导干部中开展讲学习、讲政治、讲正气为主要内容的三讲教育。该教育活动历时两年，各级领导干部受到了一次深刻的党性党风教育，党的思想、政治、组织、作风建设也得到了加强。2000 年 2 月，江泽民同志在广东考察工作时提出“三个代表”重要思想，这一完整概念的提出有力地推动了改革开放和现代化建设的跨世纪发展，也为中共十六大的召开奠定了思想基础。

（五）全面建设小康社会战略目标的确定与实施

2002 年 11 月，党的十六大召开，这次会议的一个重要历史意义，便是制定了全面建设小康社会的宏伟纲领。十六大报告指出，我国当时虽已实现了小康目标，人均 GDP 达到了 1000 美元，但这种小康还是低水平、不全面、发展也不平衡的小康，只能算是初步的小康。因此，党中央又进一步提出“全面建设小康社会”的具体目标，主要包括四个方面的内容：第一，国内生产总值到 2020 年力争比 2000 年翻两番；第二，社会主义民主更加完善，社会主义法制更加完备；第三，全民族的思想道德素质、科学文化素质和健康素质明显提高；第四，可持续发展能力不断增强，生态环境得到改善。

党中央强调，要实现全面建设小康社会的目标，就必须牢固树立和认真落实科学发展观。2003 年 10 月，党的十六届三中全会通过的《关于完善社会主义市场经济体制若干问题的决定》，第一次在党的正式文件中完整地提出了科学发展观，要求“坚持以人为本，树立全面、协调、可持续的发展观”，按照“五个统筹”的要求，完善社会主义市场经济体制。

区域、城乡发展不平衡，是制约我国经济社会发展的突出问题。党的十六大以后，党中央对统筹区域、城乡协调发展作出新的决策部署。西部大开发战略在世纪之交实施后，按照中央提出的重点先行、适当超前的方针，经过不懈努力，西部基础设施建设取得重要进展。其中，重点展开了青藏铁路、西电东送、西气东输等标志性工程建设。在西部大开发扎实推进过程中，党中央着眼于实现区域协调发展，相继作出振兴东北地区等老工业基地、促进中部地区崛起等重大决策，以解决东北地区和中部地区发展相对滞后的问题。

为推进现代农业和社会主义新农村建设，从2004年起，中央每年印发有关“三农”问题的“一号文件”。2005年12月29日，十届全国人大常委会第十九次会议决定废止《中华人民共和国农业税条例》。从此，中国农民告别绵延2600多年的“皇粮国税”。这一重大决策，让无数农民为之激动万分。2006年9月，河北省灵寿县青廉村农民王二妮拿出自己的钱，铸成一个“告别田赋鼎”，用这种特殊的方式表达了农民对取消农业税的喜悦心情。

世纪之交，世界上有一些人怀疑中国在经历20多年的快速发展之后还能否持续快速发展，有的人甚至预言中国经济即将崩溃。然而，在党中央、国务院的领导下，经过全国人民的努力，我国经济继续保持快速发展势头，用无可争辩的事实证明中国经济不仅没有崩溃，而且成为全球经济发展的重要支撑和引擎。“十五”计划的五年，是在风浪中奋勇前行的不平凡的五年。“十五”期间，我国在摆脱亚洲金融危机带来的冲击后，又成功战胜“非典”疫情和重大自然灾害，不失时机地推进改革开放、加强和改善宏观调控，保持了经济平稳较快发展，社会生产力、综合国力都迈上新台阶。2005年10月，党的十六届五中全会通过《关于制定国民经济和社会发展第十一个五年规划的建议》，“十一五”规划纲要确定的目标、任务和政策措施，既与全面建设小康社会的目标相衔接，又反映了经济社会发展的客观要求和阶段性特征。“十一五”规划还第一次将延续50多年的“计划”改为“规划”，这一字之差体现了社会主义市场经济条件下中长期规划的功能定位，反映了我国发展理念、经济体制、政府职能的重大变革。

2007年10月召开的党的十七大在新的历史起点上，提出了实现全面建设小康社会奋斗目标的新要求，从思想上、政治上、组织上为夺取全面建设小康社会新胜利、不断开创中国特色社会主义事业新局面提供了根本保证。例如，党的十七大提出要注意发展的质量问题，强调“实现经济又好又快发展”，把“好”字放到了“快”的前面。这就进一步丰富了全面建设小康社会的思想。

自2007年开始的美国次贷危机，到2008年演化成一场全球性的金融危机，并且迅速由金融领域扩散到实体经济领域，由美国扩散到世界主要经济体，其来势之猛、扩散之快、影响之深，实属罕见。受国际金融危机的严重冲击，我国经济社会发展遇到严重困难，党中央密切关注危机的发展态势，特别是可能对我国经济发展带来的风险和产生的冲击，一再强调树立忧患意识，做好应对危机的预案。经过艰苦努力，我国在世界上率先实现经济回升向好。从2009年第二季度起，我国经济止跌回升，全年经济增长9.2%。事实证明，我国应对国际金融危机冲击的方针、政策和举措总体上是有效的。

“十一五”期间，在党中央、国务院的坚强领导下，我国化解了难事、办好了喜事、办成了大事，充分发挥了社会主义制度的优越性。2008年5月12日，四川省汶川发生里氏8.0级特大地震，造成6.9万人遇难，1.8万人失踪，受灾群众达1510万多人。在党中央、国务院、中央军委的领导下，我国迅速组织起历史上救援速度最快、动员范围最广、投入力量最多的抗震救灾活动。2008—2010年，党和政府还带领人民取得了抗击南方雨雪冰冻极端天气、青海玉树强烈地震和甘肃舟曲特大泥石流等严重自然灾害以及恢复重建的胜利；依法坚决平息和妥善处理了2008年3月14日拉萨等地严重打砸抢烧暴力犯罪事件和2009年7月5日乌鲁木齐严重打砸抢烧事件，坚决打击了暴力恐怖势力、民族分裂势力和宗教极端势力的破坏活动，维护了民族团结和社会稳定。

“十一五”期间，我国还办好了许多喜事。2008年8月8—24日，以“同一个世界、同一个梦想”为口号的第二十九届夏季奥运会在北京举行。随后，第十三届残疾人奥运会于9月6—17日在北京举行。2010年5月1日—10月31日，以“城市，让生活更美好”为主题的世界博览会在上海举行。

“十一五”时期，经济社会快速发展，国家面貌发生历史性变化。“十一五”胜利结束，标志着在20世纪头一个十年我国成功抓住并利用重要战略期，在促进经济社会发展方面取得了举世瞩目的成就。2010年10月，党的十七届五中全会审议通过《中共中央关于制定国民经济和社会发展第十二个五年规划的建议》，对在新的历史起点上向着全面建设小康社会目标继续前进作出全面部署。“十二五”规划以科学发展为主题，以加快转变经济发展方式为主线，是党中央在深入分析世情、国情变化和我国发展面临的机遇与挑战后作出的重大战略决策。

（六）改革开放和现代化建设的巨大进展

现在我们对第十章作一个小结，简单概括一下这一历史时期改革开放和现代化建设的巨大进展。

中共十一届三中全会以来，改革开放和现代化建设在国民经济、社会主义市场经济体制、全方位对外开放、社会主义民主政治建设、社会主义精神文明建设、民族政策、宗教政策、国防军队建设、外交与祖国统一大业、党的建设等多方面取得了巨大成就。

加入世界贸易组织（WTO），是我国改革开放进程中具有历史意义的一件大事，也是进一步推进全方位、多层次、宽领域对外开放的重要契机，对于我国扩大对外开放，促进国内改革发展具有十分重大的意义。为适应改革开放和现代化建设的需要，中国政府于1986年7月作出申请恢复我国关贸总协定缔约国地位的决定，并随即成立专门机构统筹对外谈判工作，开始了长达15年的艰难谈判。2001年12月11日，中国正式成为世贸组织的第143名成员。加入世界贸易组织，使中国经济在全球化进程中获得了参与制定规则和竞争的有利位置，从而获得更为广阔的发展空间，对经济体制改革和现代化建设产生深刻影响，标志着我国对外开放进入新的阶段。到2011年，中国加入世界贸易组织后的10年间，出口和进口分别以年均21.7%和21.8%的速度增长，远高于世界同期11.5%和11.1%的年平均增长速度，也远高于中国国内生产总值的增长速度。实践证明，中国加入世贸组织，扩大对外开放，既惠及13亿中国人民，也使世界各国人民获益。

非战争军事行动已成为和平时期军事力量运用的重要方式。21世纪以来，人民解放军执行任务种类之多、用兵规模之大、出兵频率之高，是改革开放新时期少有的。人民解放军积极参加抗击“非典”、南方低温雨雪冰冻灾害、汶川和玉树地震、舟曲特大山洪泥石流灾害等抢险救灾行动，圆满完成庆祝中华人民共和国成立60周年首都阅兵，以及北京奥运会、上海世博会、广州亚运会安保支援等重大任务。2011年二三月间，因利比亚国内形势发生重大变化，中国政府分批组织中国在利比亚人员（包括港澳台同胞）35860人安全有序撤离。人民解放军派出海军“徐州舰”和空军四架大型运输机，参加了这次中华人民共和国成立以来最大规模的撤离海外公民行动。军队还积极参加和支援地方经济建设，参加了西部大开发、社会主义新农村建设、地方基础设施重点工程和生态环境建设等重大工程和重要工作。全军和武警部队以专业工程部队为主，集中援建了三峡水利枢纽、兰成渝输油管线、上海洋山深水港、大庆石油管线改造等一千余项重点工程。党的十六大以后的十年时间里，党在领导国防和军队建设的实践中积累了丰富的建军治军经验。这些宝贵经验，既是新的实践的结晶，也是对我军长期坚持的光荣传统的继承和发展。

回顾这 35 年，党的十一届三中全会做出把党的工作中心转移到经济建设上来、实行改革开放的历史性决策，实现了中华人民共和国成立以来党的历史上具有深远意义的伟大转折，开启了我国改革开放和社会主义现代化建设新时期。以邓小平同志为主要代表的中国共产党人，团结带领全国各族人民成功开创了中国特色社会主义。党的十二大以提出建设有中国特色的社会主义重大命题而载入史册。以这次会议召开为标志，改革开放全面展开。党的十三大系统阐述了社会主义初级阶段理论，明确提出党在社会主义初级阶段的基本路线，确定了社会主义现代化建设“三步走”发展战略。党的十三大以后，党团结带领全国各族人民，深化改革开放，经受住国内外政治风波的严峻考验，完成治理整顿的任务。历史证明，改革开放是决定当代中国命运的关键一招，中国特色社会主义是实现“三步走”发展战略、开创社会主义现代化建设新局面的必由之路。

党的十三届四中全会以后，以江泽民同志为主要代表的中国共产党人，高举邓小平理论伟大旗帜，团结带领全国各族人民坚持党的基本理论、基本路线，在国内外形势十分复杂、世界社会主义出现严重曲折的严峻考验面前捍卫和发展了中国特色社会主义，依据新的实践确立党的基本纲领、基本经验，确立社会主义市场经济体制的改革目标和基本框架，确立社会主义初级阶段的基本经济制度和分配制度，开创全面改革开放新格局，推进党的建设新的伟大工程，创立“三个代表”重要思想，成功把中国特色社会主义全面推向 21 世纪。实践表明，只要始终代表中国先进生产力的发展要求，代表中国先进文化的前进方向，代表中国最广大人民的根本利益，中国共产党就一定能够引领改革开放和社会主义现代化建设事业沿着正确航向破浪前进。

党的十六大以来，以胡锦涛同志为主要代表的中国共产党人，坚持以邓小平理论和“三个代表”重要思想为指导，深入贯彻落实科学发展观，紧紧抓住和用好重要战略机遇期，在全面建设小康社会进程中推进实践创新、理论创新、制度创新，坚持以人为本、全面协调可持续发展，构建社会主义和谐社会，加快生态文明建设，形成中国特色社会主义事业总体布局，着力保障和改善民生，促进社会公平公正，推动建设和谐社会，推进党的执政能力建设和先进性建设，成功地在新的历史起点上坚持和发展了中国特色社会主义。实践表明，党坚持以人为本、全面协调可持续发展，就一定能够团结带领人民在科学发展道路上奋力开拓中国特色社会主义更为广阔的发展前景。

总之，在这35年中，中国共产党带领全国各族人民，成功地开创了中国特色社会主义道路，坚持以经济建设为中心，坚持四项基本原则，坚持改革开放，初步建立起社会主义市场经济体制，大幅度提高了我国综合国力和人民生活水平，为全面建成小康社会、基本实现社会主义现代化开辟了广阔前景。

这35年的发展，为中国特色社会主义进入新时代奠定了良好的基础。“现在，我们比历史上任何时期都更接近实现中华民族伟大复兴的目标，比历史上任何时期都更有信心、更有能力实现这个目标。”①

“中国近现代史纲要”这门课程第十章内容的学习到此，希望通过这个章节的学习，对于大家梳理改革开放以来至十八大召开前的这段历史有所帮助。对历史的学习和把握，终究还是要结合社会现实问题多阅读、多思考，希望大家无论是在传统课堂的听讲学习还是线上线下的拓展自习，都能做到带着问题意识去用心去体悟。

四、释疑解惑

（一）如何认识《关于建国以来党的若干历史问题的决议》的重要意义

为把全党全国各族人民的思想统一到党的十一届三中全会路线方针政策上来，必须正确认识中华人民共和国成立以来党所走过的道路，科学总结党在这个时期的历史经验。拨乱反正既要拨林彪、“四人帮”破坏之乱，也要认识和纠正毛泽东晚年的错误，唯有如此，才能彻底冲破“左”的思想束缚，排除右的错误干扰，把党和国家事业推向前进。但这样做，势必涉及如何评价毛泽东的事业和思想的问题，而毛泽东的事业和思想“都不只是他个人的事业和思想，同时是他的战友、是党、是人民的事业和思想，是半个多世纪中国人民革命斗争经验的结晶”。② 如果党不能正确地处理这个问题，党内和人民群众中就会发生严重思想混乱，党就会迷失前进方向。

---

① 《习近平谈治国理政》，外文出版社2014年版，第50页。

② 《邓小平文选》（第2卷），人民出版社1994年版，第172页。

基于这些考虑，党的十一届四中全会对中华人民共和国成立以来的历史经验进行了初步总结，其后党中央决定在此基础上起草《关于建国以来党的若干历史问题的决议》。1981年6月，党的十一届六中全会一致通过了《关于建国以来党的若干历史问题的决议》，从根本上否定了“文化大革命”和“无产阶级专政下继续革命”的错误理论，对一些重大历史事件和重要历史人物作出了实事求是的评价，科学总结了中华人民共和国成立以来社会主义革命和社会主义建设的历史经验。该决议实事求是地评价毛泽东的历史地位，充分肯定毛泽东思想作为党的指导思想的伟大意义，既对多年来的“左”倾错误和毛泽东晚年的错误作了科学分析和深刻批评，又坚决维护了党在长期斗争中形成的优良传统，维护了毛泽东的历史地位和毛泽东思想的科学体系，从而分清了是非，纠正了当时存在的“左”的和右的错误观点，统一了全党全国人民的思想，为维护全党的团结和全国人民的团结，为社会主义建设事业的健康发展，提供了根本保证。

该决议的通过，标志着中国共产党在指导思想上拨乱反正任务的完成。

（二）如何理解邓小平南方谈话中关于计划与市场的论述

计划与市场的关系，是长期困扰和束缚人们思想的重大问题。传统观念认为，市场经济是资本主义特有的东西，计划经济才是社会主义经济的基本特征。1992年1月18日至2月21日，邓小平在武昌、深圳、珠海、上海等地视察并发表重要谈话。在谈话中，他精辟地阐述了计划和市场的关系问题：“计划多一点还是市场多一点，不是社会主义与资本主义的本质区别。计划经济不等于社会主义，资本主义也有计划；市场经济不等于资本主义，社会主义也有市场。计划和市场都是经济手段。社会主义的本质，是解放生产力，发展生产力，消灭剥削，消除两极分化，最终达到共同富裕。”①社会主义要赢得与资本主义相比较的优势，就必须大胆吸收和借鉴人类社会创造的一切文明成果，吸收和借鉴当今世界各国包括资本主义发达国家的一切反映现代社会化生产规律的先进经营方式、管理方法。这一重要思想，从根本上解除了把计划经济和市场经济看作属于社会基本制度范畴的思想束缚，使人们在计划与市场关系问题上的认识有了新的重大突破。更为重要的是，关于社会主义本质的问题，在这一系列的阐述中被鲜明地提了出来。

---

① 《邓小平文选》（第3卷），人民出版社1993年版，第373页。

五、学习测试

(一) 单项选择题（备选答案中只有1个是正确的）

1. 中国进入改革开放和社会主义现代化建设历史新时期的起点是( )

A. 真理标准的讨论　　B. 中共十一届三中全会

C. 中共十一届六中全会　　D. 中共十二大

2. 1978年12月，邓小平在中共中央工作会议上发表的重要报告是( )

A.《实践是检验真理的唯一标准》

B.《解放思想，实事求是，团结一致向前看》

C.《必须旗帜鲜明地坚持四项基本原则》

D.《关于建国以来党的若干历史问题的决议》

3. 标志党和国家在指导思想上拨乱反正胜利完成的会议是( )

A. 中共十一大　　B. 中共十一届三中全会

C. 中共十一届六中全会　　D. 中共十二大

4. 中共十一届三中全会后，中国农村在经济体制改革中推行的制度是( )

A. 个体经营制度　　B. 互助合作制度

C. 家庭联产承包责任制度　　D. 生产队为基础的集体经营制度

5. 经济体制改革以城市为重点全面展开的标志是( )

A. 国有企业实行各种形式的承包经营责任制

B. 深圳等经济特区的设立

C.《关于经济体制改革的决定》的作出和实施

D. 建立社会主义市场经济体制改革目标的设定

6. 第一次明确提出“社会主义市场经济体制”论断的党的领导人是( )

A. 邓小平　　B. 陈云　　C. 江泽民　　D. 胡锦涛

7. 我国第一批对外开放的经济特区是( )

A. 深圳、珠海、广州、厦门　　B. 深圳、广州、厦门、汕头

C. 深圳、广州、福州、厦门　　D. 深圳、珠海、汕头、厦门

8. 邓小平指出实现四个现代化的根本前提是( )

A. 坚持以经济建设为中心　　B. 坚持共同富裕

C. 坚持改革开放　　D. 坚持四项基本原则

9. 被认为是加强党的建设特别是领导班子、领导干部思想政治建设的一次创造性探索和成功实践的活动是(　　)

A. “三讲”教育　　B. 先进性教育

C. 执政能力建设　　D. 党内民主建设

10. 江泽民在庆祝中国共产党成立 80 周年大会上系统阐述了(　　)

A. 邓小平理论的科学体系　　B. 加强执政党建设的思想

C. “三个代表”重要思想　　D. 中国特色社会主义理论体系

11. 中国对澳门恢复行使主权，中华人民共和国澳门特别行政区正式成立是在(　　)

A. 1999 年 1 月 1 日　　B. 1999 年 12 月 20 日

C. 2000 年 1 月 1 日　　D. 2000 年 12 月 20 日

12. 全国范围内农业税的最终取消在(　　)

A. 2004 年　　B. 2005 年　　C. 2006 年　　D. 2007 年

13. 1998 年中共中央决定在县级以上党政领导班子、领导干部中开展党性党风教育活动，其主要内容不包括(　　)

A. 讲学习　　B. 讲政治　　C. 讲纪律　　D. 讲正气

14. 十七大以后，海峡两岸“三通”全面实现，其中不包括(　　)

A. 通邮　　B. 通信　　C. 通航　　D. 通商

15. 2001 年 12 月 11 日，经过长达 15 年的艰苦谈判，中国正式加入(　　)

A. 世界贸易组织　　B. 世界银行

C. 国际货币基金组织　　D. 联合国人权组织

16. 完整地概括中国共产党在社会主义初级阶段“一个中心、两个基本点”的基本路线会议是(　　)

A. 中共十二大　　B. 中共十三大　　C. 中共十四大　　D. 中共十五大

17. 正式提出坚持以人为本、全面协调可持续的科学发展观是(　　)

A. 中共十六大　　B. 中共十六届三中全会

C. 中共十六届四中全会　　D. 中共十六届五中全会

18. 中共十六届六中全会通过的《中共中央关于构建社会主义和谐社会若干重大问

题的决定》指出，中国特色社会主义的本质属性是(　　)

A. 科学发展　　B. 民主法治　　C. 社会和谐　　D. 公平正义

19. 科学发展观的核心是(　　)

A. 以人为本　　B. 和谐发展　　C. 统筹兼顾　　D. 可持续发展

20. 1978 年 12 月中共十一届三中全会以来改革开放新时期的最突出标志是(　　)

A. 快速发展　　B. 与时俱进　　C. 改革开放　　D. 统筹兼顾

(二) 多项选择题（备选答案中至少有 2 个是正确的）

1. 下列选项中与中共十一届三中全会有关的内容有(　　)

A. 高度评价了关于真理标准问题的讨论

B. 断然否定“以阶级斗争为纲”的指导思想

C. 把工作重点转移到社会主义现代化建设上来

D. 重新确立了马克思主义的思想路线、政治路线和组织路线

2. 自 1978 年开始，安徽、四川的基层干部和农民群众开始探索试行的农业生产责任制的形式有(　　)

A. 包产到组　　B. 包产到户　　C. 包干到人　　D. 包干到户

3. 1979 年 3 月，邓小平在中央理论工作务虚会上首次明确提出必须坚持(　　)

A. 社会主义道路　　B. 人民民主专政

C. 共产党的领导　　D. 马克思列宁主义、毛泽东思想

4. 邓小平提出的中国农业的改革与发展的“两个飞跃”是指(　　)

A. 改造传统农业，走科技兴农之路

B. 转移农村劳动力，走小城镇化之路

C. 废除人民公社，实行家庭联产承包为主的责任制

D. 发展集体经济，向集体化、集约化经济发展

5. 1980 年 1 月，邓小平在《目前的形势和任务》中提出的中国人民长期奋斗的三件大事是(　　)

A. 推进体制改革　　B. 维护世界和平

C. 实现祖国统一　　D. 加紧现代化建设

6. 1983 年 10 月，中共中央就农村体制改革问题作出的重大决定是(　　)

A. 废除人民公社

B. 建立乡（镇）政府作为基层政权

C. 成立村民委员会作为村民自治组织

D. 开始实行包产到户

7. 邓小平南方谈话中提出的判断改革成败的标准包括(　　)

A. 是否有利于国家的长治久安

B. 是否有利于发展社会主义社会的生产力

C. 是否有利于增强社会主义国家的综合国力

D. 是否有利于提高人民的生活水平

8. 中共十七大提出以改革创新精神加强党的建设的主线是(　　)

A. 党的执政能力建设　　B. 党内民主建设

C. 思想建设　　D. 党的先进性建设

9. 中共十三大正式制定了社会主义现代化建设的战略部署是(　　)

A. 第一步，实现国民生产总值比 1980 年翻一番，解决人民的温饱问题

B. 第二步，到 20 世纪末，使国民生产总值再增长一倍，人民生活达到小康水平

C. 第三步，到 21 世纪中叶，人均国民生产总值达到中等发达国家水平，人民生活比较富裕，基本实现现代化

D. 第四步，到 21 世纪末，人均国民生产总值达到发达国家水平，建成社会主义和谐社会

10. 2005 年 10 月召开的中共十六届五中全会，提出了建设社会主义新农村的要求是(　　)

A. 生产发展、生活宽裕　　B. 乡风文明、村容整洁

C. 管理民主　　D. 管理科学

（三）论述题

1. 为什么说中共十一届三中全会是中华人民共和国成立以来的伟大历史转折？

2. 试举例说明以邓小平为代表的中国共产党人是怎样把改革开放和现代化建设推向前进的？

◎ 参考答案

（一）单项选择题

1. B　2. B　3. C　4. C　5. C　6. C　7. D　8. D　9. A　10. C

11. B　12. C　13. C　14. B　15. A　16. B　17. B　18. C　19. A　20. B

（二）多项选择题

1. ABCD　2. ABD　3. ABCD　4. CD　5. BCD

6. ABC　7. BCD　8. AD　9. ABC　10. ABC

（三）论述题

1. 为什么说中共十一届三中全会是中华人民共和国成立以来的伟大历史转折？

（1）1978年12月18—22日，中共十一届三中全会在北京召开。在此之前，1978年11月10日—12月15日，中共中央在北京召开工作会议。在闭幕会上，邓小平作了题为《解放思想，实事求是，团结一致向前看》的讲话，实际上成为随后召开的党的十一届三中全会的主题报告，它为全会实现具有划时代意义的伟大转折奠定了重要基础。

（2）全会讨论了党和国家命运的各项重大问题，作出了一系列重大决策。这次会议冲破了长期“左”的错误的严重束缚，彻底否定了“两个凡是”错误方针，高度评价真理标准问题的讨论，重新确立解放思想、实事求是的指导思想，实现了思想路线的拨乱反正；停止使用“以阶级斗争为纲”的口号，作出了把党和国家的工作重点转移到社会主义现代化建设上来和实行改革开放的战略决策，实现了政治路线的拨乱反正；形成了以邓小平为核心的党中央领导集体，取得了组织路线拨乱反正的重要成果；恢复党的民主集中制的优良传统，提出使民主制度化、法律化的重要任务；审查和解决历史上遗留的一批重大问题和一些重要领导人的功过是非问题，开始了系统清理重大历史是非的拨乱反正。全会还提出要正确对待毛泽东的历史地位和毛泽东思想的科学体系，为纠正毛泽东晚年的错误，同时坚持和发展毛泽东思想指明了方向。

（3）中共十一届三中全会，是中华人民共和国成立以来中国共产党历史上具有深远意义的伟大转折。全会结束了粉碎“四人帮”后两年我国在徘徊中前进的局面，开始了中国共产党在思想、政治、组织等领域的全面拨乱反正，形成了以邓小平为核心的党的中央领导集体，揭开了我国社会主义改革开放的序幕。中国开始从“阶级斗争为纲”到以经济建设为中心、从僵化半僵化到全面改革、从封闭半封闭到对外开放的历史性转变。以这次全会为起点，中国进入了改革开放和社会主义现代化建设的历史新时期。

2. 试举例说明以邓小平为代表的中国共产党人是怎样把改革开放和现代化建设推向前进的？

第一，中国的改革开放，开始于1978年召开的中国共产党十一届三中全会，经历了从农村改革到城市改革、从经济体制的改革到各方面体制的改革、从对内搞活到对外开放的进程。邓小平是这场改革的主要领导人，是中国改革开放的总设计师，并不断把改革开放和现代化建设推向前进。

第二，1987年10月25日—11月1日召开的中共十三大，提出了社会主义初级阶段理论、党的基本路线及经济体制改革和政治体制改革的任务和目标。经济体制改革要围绕转变企业经营机制这一中心环节进行改革，逐步建立起有计划的商品经济新体制的框架。政治体制改革要兴利除弊，建设有中国特色的社会主义民主政治。

第三，十三大正式制定了社会主义现代化建设“三步走”的战略部署：第一步，实现国民生产总值比1980年翻一番，解决人民的温饱问题；第二步，到20世纪末，使国民生产总值再增长一倍，人民生活达到小康水平；第三步，到21世纪中叶，人均国民生产总值达到中等发达国家水平，人民生活比较富裕，基本实现现代化。

第四，十三大提出了政治体制改革基本思路。1980年8月，邓小平在中共中央政治局扩大会议上发表《党和国家领导制度的改革》的讲话，指出：政治体制改革要认真解决官僚主义、权力过分集中、党政不分、事实上存在的领导职务终身制等问题，认真肃清封建主义残余影响和资产阶级思想影响，发展社会主义民主，调动广大人民群众的积极性。

第五，1992年，邓小平发表南方谈话，强调改革开放胆子要大一些，要抓住时机，关键是发展经济。这对整个社会主义现代化建设事业产生了重大而深远的影响。

六、阅读文献

1. 邓小平：《解放思想，实事求是，团结一致向前看》（1978年12月13日）
2. 邓小平：《在武昌、深圳、珠海、上海等地的谈话要点》（1992年1月18日—2

月 21 日)

3. 邓小平:《坚持四项基本原则》(1979 年 3 月 30 日)

4. 江泽民:《在庆祝中国共产党成立八十周年大会上的讲话》(2001 年 7 月 1 日)

5. 胡锦涛:《在纪念党的十一届三中全会召开三十周年大会上的讲话》(2008 年 12 月 18 日)

6. 胡锦涛:《高举中国特色社会主义伟大旗帜 为夺取全面建设小康社会新胜利而奋斗——在中国共产党第十七次全国代表大会上的报告》(2007 年 10 月 15 日)

7. 习近平:《在庆祝改革开放 40 周年大会上的讲话》(2018 年 12 月 18 日)

第十一章
中国特色社会主义进入新时代

一、教学目的与要求

1. 深刻了解中共十八大以来，党带领人民开拓中国特色社会主义更为广阔的发展前景。

2. 深刻了解中共十八大以来，党和国家事业取得了历史性成就和历史性变革。

3. 充分认识到要不忘初心，牢记使命，高举中国特色社会主义伟大旗帜，决胜全面建成小康社会，夺取新时代中国特色社会主义伟大胜利，为实现中华民族伟大复兴的中国梦不懈奋斗。

二、基本教学内容

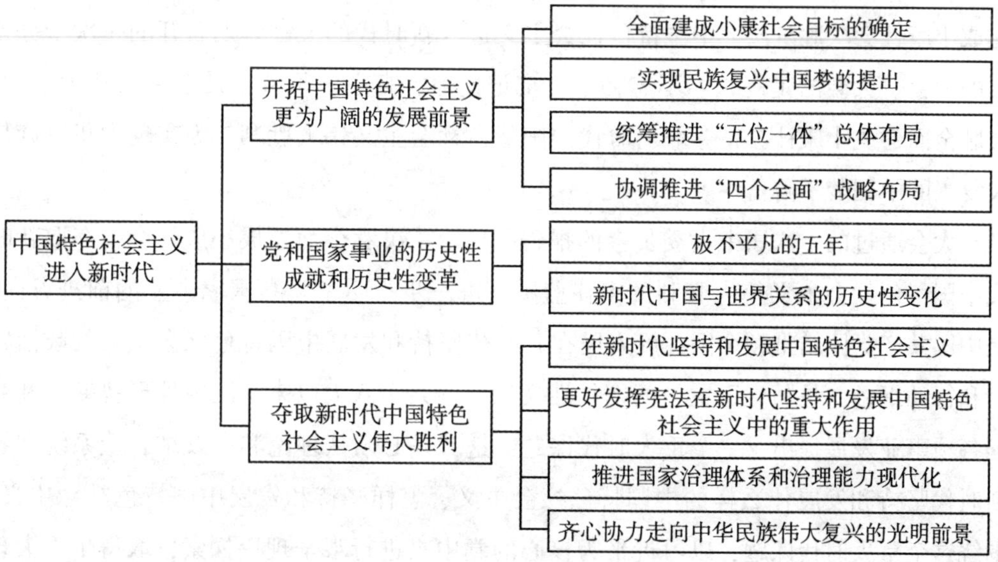

三、讨论式教学教案

（一）导学

教师：大家好，现在我们开始学习“中国近现代史纲要”这门课程的第十一章：“中国特色社会主义进入新时代。”

2012年11月8—14日，中国共产党第十八次全国代表大会在北京举行。中共十八大的召开，标志着中国已经进入全面建成小康社会的决定性阶段，开启了中国特色社会主义新时代。大会系统总结了中共十七大以来五年和十六大以来十年的奋斗历程及其成就，指出科学发展观同马克思列宁主义、毛泽东思想、邓小平理论、“三个代表”重要思想一道，是党必须长期坚持的指导思想。

大会阐明中国特色社会主义的总依据是社会主义初级阶段，总布局是经济、政治、文化、社会、生态文明建设五位一体，总任务是实现社会主义现代化和中华民族伟大复兴；阐明中国特色社会主义道路、理论体系、制度的科学内涵及其相互关系；明确提出夺取中国特色社会主义新胜利必须牢牢把握的八项基本要求，要求全党坚定道路自信、理论自信、制度自信。

2017年10月18—24日，中国共产党第十九次全国代表大会在北京举行。十九大报告提出了中国发展新的历史方位——中国特色社会主义进入了新时代。这是在全面建成小康社会决胜阶段、中国特色社会主义进入新时代的关键时期召开的一次十分重要的大会。大会的主题是：不忘初心，牢记使命，高举中国特色社会主义伟大旗帜，决胜全面建成小康社会，夺取新时代中国特色社会主义伟大胜利，为实现中华民族伟大复兴的中国梦不懈奋斗。

大会通过的十八届中央委员会的报告，描绘了决胜全面建成小康社会、夺取新时代中国特色社会主义伟大胜利的宏伟蓝图，进一步指明了党和国家事业的前进方向，是中国共产党团结带领全国各族人民在新时代坚持和发展中国特色社会主义的政治宣言和行动纲领，是马克思主义的纲领性文献。中共十八大以来，国内外形势变化和我国各项事业发展提出了一个重大时代课题，这就是必须从理论和实践结合上系统回答新时代坚持和发展什么样的中国特色社会主义、怎样坚持和发展中国特色社会主义。围绕这个重大时代课题，以习近平为核心的党中央进行艰辛理论探索，取得了重大理论创新成果，形成了习近平新时代中国特色社会主义思想。

学生：如何理解中国特色社会主义新时代的内涵？

教师：习近平在党的十九大报告中指出，中国特色社会主义进入新时代，意味着近代以来久经磨难的中华民族迎来了从站起来、富起来到强起来的伟大飞跃，迎来了实现中华民族伟大复兴的光明前景；意味着科学社会主义在21世纪的中国焕发出强大生机活力，在世界上高高举起了中国特色社会主义伟大旗帜；意味着中国特色社会主义道路、理论、制度、文化不断发展，拓展了发展中国家走向现代化的途径，给世界上那些既希望加快发展又希望保持自身独立性的国家和民族提供了全新选择，为解决人类问题贡献了中国智慧和中国方案。

这个新时代，是承前启后、继往开来、在新的历史条件下继续夺取中国特色社会主义伟大胜利的时代，是决胜全面建成小康社会进而全面建设社会主义现代化强国的时代，是全国各族人民团结奋斗、不断创造美好生活、逐步实现全体人民共同富裕的时代，是全体中华儿女勠力同心、奋力实现中华民族伟大复兴中国梦的时代，是我国日益走近世界舞台中央、不断为人类作出更大贡献的时代。

马克思指出："我们判断一个人不能以他对自己的看法为根据，同样，我们判断这样一个变革时代也不能以它的意识为根据；相反，这个意识必须从物质生活的矛盾中，从社会生产力和生产关系之间的现存冲突中去解释。"① 中国特色社会主义进入新时代后，我国社会主要矛盾已经转化为人民日益增长的美好生活需要和不平衡不充分的发展之间的矛盾。我国稳定解决了十几亿人的温饱问题，总体上实现小康，不久将全面建成小康社会。人民美好生活需要日益广泛，不仅对物质文化生活提出了更高要求，而且在民主、法治、公平、正义、安全、环境等方面的要求也日益增长。同时，我国社会生产力水平总体上显著提高，社会生产能力在很多方面进入世界前列，更加突出的问题是发展不平衡不充分，这已经成为满足人民日益增长的美好生活需要的主要制约因素。

"中国特色社会主义进入了新时代"的重大判断，以马克思主义时代观为理论指导，以党的十八大以来全方位的、开创性的成就和深层次、根本性变革为现实根据，实现了马克思主义同中国实际相结合的历史性飞跃。深刻认识这一重大判断的科学性，对于准确把握当代中国的历史方位，以坚定自信的姿态开启新时代中国特色社会主义建设的伟大征程，具有重要意义。

---

① 《马克思恩格斯选集》（第2卷），人民出版社2012年版，第2~3页。

通过对本章的学习，希望大家全面掌握中共十八大以来，党和国家事业发生了怎样的历史性变革，并明晰其意义。同时，正确认识中国特色社会主义进入新时代与我国社会主要矛盾的新变化；正确认识习近平新时代中国特色社会主义思想的历史地位。

学生：为更好地学习本章内容，请老师推荐一些参考读物？

教师：本章的必读文献有习近平在中国共产党第十九次全国代表大会上的报告《决胜全面建成小康社会 夺取新时代中国特色社会主义伟大胜利》《中国共产党章程》和《中华人民共和国宪法修正案》，延伸阅读文献有《习近平谈治国理政》三卷。

（二）“两个一百年”奋斗目标的确立

教师：现在学习第十一章的第二个问题：“两个一百年奋斗目标的确立。”

1997年9月12日，中国共产党第十五次全国代表大会在北京举行。江泽民代表第十四届中央委员会向大会作《高举邓小平理论伟大旗帜，把建设有中国特色社会主义事业全面推向21世纪》的报告。在报告中，江泽民指出，“展望下世纪，我们的目标是，第一个十年实现国民生产总值比二○○○年翻一番，使人民的小康生活更加宽裕，形成比较完善的社会主义市场经济体制；再经过十年的努力，到建党一百年时，使国民经济更加发展，各项制度更加完善；到世纪中叶建国一百年时，基本实现现代化，建成富强民主文明的社会主义国家”。① 正如邓小平所说：“现在，我们国内条件具备，国际环境有利，再加上发挥社会主义制度能够集中力量办大事的优势，在今后的现代化建设长过程中，出现若干个发展速度比较快、效益比较好的阶段，是必要的，也是能够办到的。我们就是要有这个雄心壮志！”② 在中国共产党第十六次全国代表大会上，“两个一百年”奋斗目标被写入党章。

2012年，在中国共产党第十八次全国代表大会上的报告中，胡锦涛指出：“只要我们胸怀理想、坚定信念，不动摇、不懈怠、不折腾，顽强奋斗、艰苦奋斗、不懈奋斗，就一定能在中国共产党成立一百年时全面建成小康社会，就一定能在新中国成立一百年时建成富强民主文明和谐的社会主义现代化国家。”③

2012年11月17日，十八届中共中央政治局就深入学习贯彻党的十八大精神进行第一次集体学习。习近平强调，只有高举中国特色社会主义伟大旗帜，我们才能团结

---

① 《江泽民文选》（第2卷），人民出版社2006年版，第4页。
② 《邓小平文选》（第3卷），人民出版社1993年版，第377页。
③ 《胡锦涛文选》（第3卷），人民出版社2016年版，第625页。

带领全党全国各族人民，在中国共产党成立一百年时全面建成小康社会，在新中国成立一百年时建成富强民主文明和谐的社会主义现代化国家，赢得中国人民和中华民族更加幸福美好的未来。

学生：中国共产党第十九次全国代表大会对“两个一百年”奋斗目标有哪些新提法？

教师：中国共产党第十九次全国代表大会强调，从十九大到二十大，是“两个一百年”奋斗目标的历史交汇期。我们既要全面建成小康社会、实现第一个百年奋斗目标，又要乘势而上开启全面建设社会主义现代化国家新征程，向第二个百年奋斗目标进军。这是对未来五年“两个一百年”奋斗目标历史交汇期形势特点的重大判断，是对“两个一百年”奋斗目标持续推进的重要部署。交汇期是承上启下的衔接期。“两个一百年”奋斗目标不是割裂开来单独推进的，而是同步推进、交汇推进的。具体来说，到2020年第一个百年奋斗目标实现之时，虽然距离党的二十大还有两年时间，但第二个百年奋斗目标的推进丝毫不能松懈，而是要乘势而上接续推进，努力把中国建设成为社会主义现代化国家，让中华民族以更加昂扬的姿态屹立于世界民族之林。因此，十九大报告既是全面建成小康社会的冲锋号，又是建成富强民主文明和谐美丽的社会主义现代化强国的催征鼓，生动体现了我们党时不我待的历史使命感和政治担当。

大会指出，综合分析国际国内形势和我国发展条件，从2020年到21世纪中叶可以分两个阶段来安排。

第一个阶段，从2020年到2035年，在全面建成小康社会的基础上，再奋斗15年，基本实现社会主义现代化。

第二个阶段，从2035年到21世纪中叶，在基本实现现代化的基础上，再奋斗15年，把我国建成富强民主文明和谐美丽的社会主义现代化强国。

从全面建成小康社会到基本实现现代化，再到全面建成社会主义现代化强国，是新时代中国特色社会主义发展的战略安排。

大会强调，实现伟大梦想，必须进行伟大斗争；要充分认识这场伟大斗争的长期性、复杂性、艰巨性，发扬斗争精神，提高斗争本领，不断夺取伟大斗争新胜利。实现伟大梦想，必须建设伟大工程，这个伟大工程就是我们党正在深入推进的党的建设新的伟大工程。实现伟大梦想，必须推进伟大事业。中国特色社会主义是改革开放以来党的全部理论和实践的主题，是党和人民历尽千辛万苦、付出巨大代价取得的根本成就；要更加自觉地增强道路自信、理论自信、制度自信、文化自信，既不走封闭僵化的老路，也不走改旗易帜的邪路，保持政治定力，坚持实干兴邦，始终坚持和发展中国特色社会主义。大会强调，伟大斗争、伟大工程、伟大事业、伟大梦想，紧密联系、相互贯通、相互作用，其中起决定性作用的是党的建设新的伟大工程。

习近平指出，中国改革已进入深水区，“容易的、皆大欢喜的改革已经完成了，好吃的肉都吃掉了，剩下的都是难啃的硬骨头”。① 在“两个一百年”奋斗目标的历史交汇期，越是接近我们的奋斗目标，新情况新问题就会越多，面临的风险和挑战就会越多，肩负的任务就会越艰巨。从国内发展来看，发展不平衡、不协调、不可持续等问题仍然突出。从外部环境来看，国际金融危机深层次影响在相当长时期依然存在，全球经济贸易增长乏力，保护主义抬头，地缘政治关系复杂变化，传统安全威胁和非传统安全威胁交织，不稳定不确定因素增多。因此，在“两个一百年”奋斗目标的历史交汇期，我们只有准确把握战略机遇期内涵的深刻变化，以壮士断腕的勇气、凤凰涅槃的决心，敢于向积存多年的顽瘴痼疾开刀，敢于触及深层次利益关系和矛盾，更加有效地应对各种风险和挑战，集中力量把自己的事情办好，把改革进行到底，才能不断开拓发展新境界。

（三）实现民族复兴中国梦的战略部署

教师：现在学习第三个问题：“实现民族复兴中国梦的战略部署。”

2012 年 11 月 29 日，习近平在在国家博物馆参观“复兴之路”展览时，第一次阐释了“中国梦”的概念。他说：“大家都在讨论中国梦。我认为，实现中华民族伟大复兴，就是中华民族近代以来最伟大的梦想。”② 他称，到中国共产党成立 100 年时全面建成小康社会的目标一定能实现，到中华人民共和国成立 100 年时建成富强民主文明和谐的社会主义现代化国家的目标一定能实现，中华民族伟大复兴的梦想一定能实现。他指出，中华民族的昨天，可以说是“雄关漫道真如铁”。近代以后，中华民族遭受的苦难之重、付出的牺牲之大，在世界历史上都是罕见的。从 1840 年到 1949 年的 110 年间，列强先后对中国发动过大小数百次侵略战争，强迫中国签订了 1100 多个不平等条约。从 1840 年到 1919 年的 80 年间，西方列强通过各种手段，强占中国 181 万平方公里的领土。但是，中国人民从不屈服，不断奋起抗争，终于掌握了自己的命运，开始了建设自己国家的伟大进程，充分展示了以爱国主义为核心的伟大民族精神。

---

① 《习近平谈治国理政》，外文出版社 2014 年版，第 101 页。
② 《习近平谈治国理政》，外文出版社 2014 年版，第 36 页。

中华民族的今天，正可谓“人间正道是沧桑”。改革开放以来，我们总结历史经验，不断艰辛探索，终于找到了实现中华民族伟大复兴的正确道路，取得了举世瞩目的成果。这条道路就是中国特色社会主义。中国特色社会主义理论体系，是包括邓小平理论、“三个代表”重要思想、科学发展观以及习近平新时代中国特色社会主义思想等重大战略思想在内的科学理论体系。

中华民族的明天，可以说是“长风破浪会有时”。经过鸦片战争以来180年的持续奋斗，中华民族伟大复兴展现出光明的前景。现在，我们比历史上任何时期都更接近中华民族伟大复兴的目标，比历史上任何时期都更有信心、有能力实现这个目标。

实现中华民族伟大复兴就是中华民族近代以来最伟大的梦想，需要一代又一代中国人共同为之努力。我们坚信“到中国共产党成立100年时全面建成小康社会的目标一定能实现，到中华人民共和国成立100年时建成富强民主文明和谐的社会主义现代化国家的目标、中华民族伟大复兴的梦想一定能实现”。

2013年3月17日，习近平在十二届全国人大第一次会议上进一步强调，实现全面建成小康社会、建成富强民主文明和谐的社会主义现代化国家的奋斗目标，实现中华民族伟大复兴的中国梦，就是要实现国家富强、民族振兴、人民幸福。

学生：为了实现中国梦，我们应该怎么做呢？

教师：实现中国梦必须走中国道路。中国特色社会主义道路，是在改革开放40多年的伟大实践中走出来的，是在中华人民共和国成立70多年的持续探索中走出来的，是在对近代以来180年中华民族发展历程的深刻总结中走出来的，是在对中华民族5000多年悠久文明的传承中走出来的，具有深厚的历史渊源和广泛的现实基础。

历史是现实的源头。近代以后，中国饱受战乱动荡，历经长达一个多世纪的磨难。100多年前，中国人民开始“睁眼看世界”，努力探寻救国救民的道路。如中国民主革命的先行者孙中山先生曾经到英国求学。在经历君主立宪制、议会制、总统制等的失败尝试后，中国最终选择了社会主义道路。这是历史的选择、人民的选择。诚如英国哲学家罗素所说，“只有中国人最了解自己”，“只有他们自己慢慢摸索出的解决办法才是长久之计”。

中华民族历来注重变革创新。中国社会主义不是教科书里的教条，不是刻板僵化的戒律，而是在实践中不断发展变化的生命体。我们在实践中不断完善，在发展中不断变革，形成和发展了中国特色社会主义。中国特色社会主义就是要建设社会主义市场经济、民主政治、先进文化、和谐社会、生态文明，促进人的全面发展，促进社会公平正义，逐步实现全体人民共同富裕。

实现中国梦必须弘扬中国精神。中国精神是凝心聚力的兴国之魂、强国之魂。爱国主义始终是把中华民族坚强团结在一起的精神力量，改革创新始终是鞭策我们在改革开放中与时俱进的精神力量。社会主义核心价值观是当代中国精神的集中体现，凝结着全体人民共同的价值追求，是推动一个民族、一个国家发展进步最深沉的力量。

实现中国梦必须凝聚中国力量。中国梦是民族的梦，也是每个中国人的梦。生活在我们伟大祖国和伟大时代的中国人民，共同享有人生出彩的机会，共同享有梦想成真的机会，共同享有同祖国和时代一起成长与进步的机会。习近平说：“中国梦是民族的梦，也是每个中国人的梦。只要我们紧密团结，万众一心，为实现共同梦想而奋斗，实现梦想的力量就无比强大。”① 对青年一代，他寄予厚望：青年一代有理想、有担当，国家就有前途，民族就有希望，实现我们的发展目标就有源源不断的强大力量；对工人阶级，他要求大家立足本职、胸怀全局，自觉把人生理想、家庭幸福融入国家富强、民族复兴的伟业之中，始终以国家主人翁姿态为坚持和发展中国特色社会主义作出贡献；对国家机关工作人员，他说要克己奉公，廉政勤政，关心人民疾苦，为人民办实事；对中国人民解放军，他不止一次发起气冲云霄的动员令：汇聚起强国强军的磅礴力量，为共同实现“两个一百年”奋斗目标、实现中华民族伟大复兴的中国梦而不懈奋斗。“中国力量”，归根结底还是人民的力量。“全国各族人民一定要牢记使命，心往一处想，劲往一处使，用十三亿人的智慧和力量汇集起不可战胜的磅礴力量。”②

（四）极不平凡的五年与历史性的变革

教师：现在学习第四个问题：“极不平凡的五年与历史性的变革。”

十八大至十九大的五年，是党和国家发展进程中极不平凡的五年。面对世界经济复苏乏力、局部冲突和动荡频发、全球性问题加剧的外部环境，面对我国经济发展进入新常态等一系列深刻变化，我们坚持稳中求进工作总基调，迎难而上，开拓进取，取得了改革开放和社会主义现代化建设的历史性成就。

学生：具体有哪些方面的成就呢？

教师：经济建设取得重大成就。中共中央加强和改善党对经济工作的领导，坚持

① 《习近平谈治国理政》，外文出版社 2014 年版，第 40 页。

② 《习近平谈治国理政》，外文出版社 2014 年版，第 40 页。

稳中求进工作总基调，保持宏观政策连续性和稳定性，创新宏观调控思路和方式，有针对性地进行预调微调，扎实做好各项工作，实现了经济社会持续稳步发展。

党和政府科学研判我国经济发展的阶段性特征，主动适应和引领经济发展新常态。2017 年 12 月，按照中共十九大的要求，中央经济工作会议确定今后三年要重点抓好决胜全面建成小康社会的防范化解重大风险、精准脱贫、污染防治三大攻坚战。打好三大攻坚战，是我国经济转向高质量发展必须跨越的一大关口，中央作出的这一系列具体部署，既侧重当务之急，又注重整体延续，划定了转向高质量发展的清晰路线。

在政治建设方面，民主法治建设迈出重大步伐。积极发展社会主义民主政治，推进全面依法治国，党的领导、人民当家作主、依法治国有机统一的制度建设全面加强，党的领导体制机制不断完善，社会主义民主不断发展，党内民主更加广泛，社会主义协商民主全面展开，爱国统一战线巩固发展，民族宗教工作创新推进。科学立法、严格执法、公正司法、全民守法深入推进，法治国家、法治政府、法治社会建设相互促进，中国特色社会主义法治体系日益完善，全社会法治观念明显增强。国家监察体制改革试点取得实效，行政体制改革、司法体制改革、权力运行制约和监督体系建设有效实施。

2015 年 1 月，中共中央印发《关于加强社会主义协商民主建设的意见》，对新形势下开展协商民主等作出全面部署，推进社会主义协商民主广泛多层制度化发展，把协商民主嵌入我国社会主义民主政治全过程。

坚持和完善民族区域自治制度，强调坚持统一和自治相结合、民族因素和区域因素相结合。2014 年 12 月，中共中央、国务院印发了《关于加强和改进新形势下民族工作的意见》。

坚持和完善基层群众自治制度，发展基层民主，保障人民依法直接行使民主权利。

正确处理一致性和多样性关系，做好新形势下统一战线工作。2015 年 5 月，中央统战工作会议举行，中共中央印发《中国共产党统一战线工作条例（试行）》。同年 7 月，中共中央政治局会议决定设立中央统一战线工作领导小组。

保持和增强党的群团工作和群团组织的政治性、先进性、群众性，开创党的群团工作新局面。2015 年 7 月，中央党的群团工作会议举行。此前，同年 1 月，中共中央印发《关于加强和改进党的群团工作的意见》。

在文化建设方面，坚持和巩固党对意识形态工作的领导。中共中央先后召开全国宣传思想工作会议、文艺工作座谈会、党的新闻舆论工作座谈会、网络安全和信息化工作座谈会、哲学社会科学工作座谈会等，明确提出要巩固马克思主义在意识形态领域的指导地位、巩固全党全国人民团结奋斗的共同思想基础。强调宣传思想工作一定要把围绕中心、服务大局作为基本职责；文艺工作必须坚持以人民为中心的创作导向，坚持为人民服务、为社会主义服务根本方向；新闻舆论工作要坚持正确政治方向，创新方法手段，切实提高党的新闻舆论传播力、引导力、影响力、公信力；网络安全和信息化工作要推进网络强国建设，推动我国网信事业发展，让互联网更好造福国家和人民；要结合中国特色社会主义伟大实践，加快构建中国特色哲学社会科学。

培育和践行社会主义核心价值观。2013 年 12 月，中共中央办公厅印发《关于培育和践行社会主义核心价值观的意见》，大力加强理想信念教育，弘扬中华优秀传统文化、革命文化、社会主义先进文化。

2014 年 2 月，十二届全国人大常委会第七次会议决定，将 9 月 3 日确定为中国人民抗日战争胜利纪念日，将 12 月 13 日设立为南京大屠杀死难者国家公祭日。同年 8 月，十二届全国人大常委会第十次会议决定，将 9 月 30 日设立为烈士纪念日，并规定每年 9 月 30 日国家举行纪念烈士活动。2017 年 9 月，十二届全国人大常委会第二十九次会议表决通过《中华人民共和国国歌法》，有力地维护了国歌尊严，增强了公民的国家观念。

推进文化体制改革，建设公共文化服务网络。强调把社会效益放在首位，实现社会效益和经济效益相统一；强调文化企业绝不能把市场占有率、收视率、票房和发行量作为唯一标准，不能成为市场的“奴隶”；注重把构建两效统一的体制机制作为制度设计的关键环节和考核评价的重要标准。坚持“重心下移、共建共享”，实现基本公共文化服务标准化均等化，建设覆盖城乡的公共文化服务网络。

在社会建设方面，把增进人民福祉、促进人的全面发展作为一切工作的出发点和落脚点，要坚持人民主体地位，顺应人民群众对美好生活的向往，从人民群众最关心、最直接、最现实的利益问题入手，统筹做好教育、就业、收入分配、社会保障、医疗卫生等各领域的民生工作。

不断促进教育发展成果更多更公平惠及全体人民。深化考试招生制度等教育综合改革，加快推进中西部教育发展，加大对革命老区、民族地区、边远地区、贫困地区基础教育的投入力度。统筹推进世界一流大学和一流学科建设，以提升我国高等教育综合实力和国际竞争力。多渠道创造就业机会，精准发力抓好就业工作；加大就业支持力度，统筹推进就业岗位创造和就业质量提高。

促进社会公平正义，让广大人民群众共享改革发展成果。深化收入分配制度改革，把落实收入分配制度、增加城乡居民收入、缩小收入分配差距、规范收入分配秩序作为重要任务，狠抓落实；逐步建立社会公平保障体系，强调司法是维护社会公平的最后一道防线。

坚持全覆盖、保基本、多层次、可持续方针，加强城乡社会保障体系建设。继续完善养老保险转移接续办法，提高统筹层次；加快推进住房保障和供应体系建设，重点发展公共租赁住房，坚持“房子是用来住的、不是用来炒的”；推动形成城乡基本公共服务均等化体制机制。加快推进健康中国建设，把人民健康放在优先发展的战略地位，努力全方位、全周期保障人民健康。

加强和创新社会治理，完善中国特色社会主义社会治理体系。加快推进户籍制度改革，坚持自愿、分类、有序方针，推进农业转移人口市民化；以保障和改善民生为优先方向，创新农村社会治理、城市社区治理。切实维护包括食品药品安全在内的公共安全，切实维护社会稳定，着力建设平安中国。

在生态文明建设方面，建设美丽中国，贯彻新发展理念，坚持节约资源和保护环境的基本国策，坚持节约优先、保护优先、自然恢复为主的方针，强调“绿水青山就是金山银山”，推动形成绿色发展方式和生活方式。

坚持山水林田湖是一个生命共同体，按照系统工程的思路，全方位、全地域、全过程开展生态环境保护建设。完善生态文明制度体系，用最严格的制度、最严密的法治保护生态环境。2014 年 4 月，十二届全国人大常委会第八次会议通过修订后的《中华人民共和国环境保护法》。该法案要求推进省以下环保机构监测监察执法垂直管理，建立全国统一实时在线环境监控系统；全面推行“河长制”，各级党政主要负责人担任“河长”，负责组织领导相应河湖的管理和保护工作。2015 年 8 月，中共中央办公厅、国务院办公厅印发《党政领导干部生态环境损害责任追究办法（试行）》，要求各地区各部门坚决扛起生态文明建设的政治责任，切实把生态文明建设各项任务落到实处。

（五）在新时代坚持和发展中国特色社会主义

教师：现在学习第五个问题：“在新时代坚持和发展中国特色社会主义。”

中国特色社会主义是改革开放以来党的全部理论和实践的主题。改革开放以来，历次中国共产党全国代表大会的主题都是围绕着“中国特色社会主义”展开而且不断深化。随着中国特色社会主义伟大实践的不断推进和深入，中国特色社会主义的理论创新也在不断前进和发展。

邓小平在党的十二大上第一次提出“建设有中国特色的社会主义”的命题。党的十三大的中心任务是加快和深化改革，保证我们沿着有中国特色的社会主义道路继续前进。在1992年邓小平发表“南方谈话”之后，党的十四大的任务是，以邓小平同志建设有中国特色社会主义的理论为指导，认真总结十一届三中全会以来14年的实践经验，确定今后一段时期的战略部署，动员全党同志和全国各族人民，进一步解放思想，把握有利时机，加快改革开放和现代化建设步伐，夺取有中国特色社会主义事业的更大胜利。

党的十五大是在世纪之交承前启后继往开来的一次大会，大会的主题是，高举邓小平理论伟大旗帜，把建设有中国特色社会主义事业全面推向21世纪。党的十六大是我们党在新世纪召开的第一次全国代表大会，大会的主题是：高举邓小平理论伟大旗帜，全面贯彻“三个代表”重要思想，继往开来，与时俱进，全面建设小康社会，加快推进社会主义现代化，为开创中国特色社会主义事业新局面而奋斗。党的十七大是在我国改革发展关键阶段召开的一次十分重要的大会，大会的主题是：高举中国特色社会主义伟大旗帜，以邓小平理论和“三个代表”重要思想为指导，深入贯彻落实科学发展观，继续解放思想，坚持改革开放，推动科学发展，促进社会和谐，为夺取全面建设小康社会新胜利而奋斗。

党的十八大是在我国进入全面建成小康社会决定性阶段召开的一次十分重要的大会，大会的主题是：高举中国特色社会主义伟大旗帜，以邓小平理论、“三个代表”重要思想、科学发展观为指导，解放思想，改革开放，凝聚力量，攻坚克难，坚定不移沿着中国特色社会主义道路前进，为全面建成小康社会而奋斗。

党的十八大以来，国内外形势变化和我国各项事业发展都给我们提出了一个重大时代课题，这就是必须从理论和实践结合上系统回答新时代坚持和发展什么样的中国特色社会主义、怎样坚持和发展中国特色社会主义。围绕这个重大时代课题，以习近平为核心的党中央进行艰辛理论探索，取得了重大理论创新成果，到党的十九大，正式形成了习近平新时代中国特色社会主义思想。

学生：习近平新时代中国特色社会主义思想的核心要义是什么？

教师：坚持和发展中国特色社会主义，是习近平新时代中国特色社会主义思想的核心要义。

党的十九大报告指出：新时代中国特色社会主义思想，明确坚持和发展中国特色社会主义，总任务是实现社会主义现代化和中华民族伟大复兴，在全面建成小康社会的基础上，分两步走，在21世纪中叶建成富强民主文明和谐美丽的社会主义现代化强国；明确新时代我国社会主要矛盾是人民日益增长的美好生活需要和不平衡不充分的发展之间的矛盾，必须坚持以人民为中心的发展思想，不断促进人的全面发展、全体人民共同富裕；明确中国特色社会主义事业总体布局是“五位一体”、战略布局是“四个全面”，强调坚定道路自信、理论自信、制度自信、文化自信；明确全面深化改革总目标是完善和发展中国特色社会主义制度、推进国家治理体系和治理能力现代化；明确全面推进依法治国的总目标是建设中国特色社会主义法治体系、建设社会主义法治国家；明确党在新时代的强军目标是建设一支听党指挥、能打胜仗、作风优良的人民军队，把人民军队建设成为世界一流军队；明确中国特色大国外交要推动构建新型国际关系，推动构建人类命运共同体；明确中国特色社会主义最本质的特征是中国共产党领导，中国特色社会主义制度的最大优势是中国共产党领导，党是最高政治领导力量，提出新时代党的建设总要求，突出政治建设在党的建设中的重要地位。这“八个明确”，构成了系统完备、逻辑严密、内在统一的科学体系，是习近平新时代中国特色社会主义思想最重要、最核心的内容。

党的十九大报告提出了新时代坚持和发展中国特色社会主义的基本方略，即坚持党对一切工作的领导、坚持以人民为中心、坚持全面深化改革、坚持新发展理念、坚持人民当家作主、坚持全面依法治国、坚持社会主义核心价值体系、坚持在发展中保障和改善民生、坚持人与自然和谐共生、坚持总体国家安全观、坚持党对人民军队的绝对领导、坚持“一国两制”和推进祖国统一、坚持推动构建人类命运共同体、坚持全面从严治党。这“十四个坚持”，是对党的治国理政重大方针、原则的最新概括，体现了理论与实践相统一、战略与战术相结合，是实现“两个一百年”奋斗目标、实现中华民族伟大复兴中国梦的“路线图”和“方法论”。这“十四个坚持”，既是习近平新时代中国特色社会主义思想的重要组成部分，也是落实习近平新时代中国特色社会主义思想的实践要求。

党的十九大报告强调，习近平新时代中国特色社会主义思想，是对马克思列宁主义、毛泽东思想、邓小平理论、“三个代表”重要思想、科学发展观的继承和发展，是马克思主义中国化最新成果，是党和人民实践经验和集体智慧的结晶，是中国特色社会主义理论体系的重要组成部分，是全党全国人民为实现中华民族伟大复兴而奋斗的行动指南，必须长期坚持并不断发展。

党的十九大通过的党章修正案把习近平新时代中国特色社会主义思想确立为党的行动指南，实现了党的指导思想的又一次与时俱进。

（六）齐心协力走向中华民族伟大复兴的光明前景

教师：现在学习第六个问题："齐心协力走向中华民族伟大复兴的光明前景。"

2015 年 6 月 24 日，习近平会见比利时国王菲利普时指出，了解中国近代以来的历史对理解中国人民今天的理想和前进道路很重要。独特的历史命运、独特的文化传统、独特的国情，决定了中国必然要走适合自己的发展道路。

学生：如何理解"独特的历史命运、独特的文化传统、独特的国情，决定了中国必然要走适合自己的发展道路"？

教师：近代以来，中国人民除了继续遭受本国残酷的封建压迫以外，更遭受了外国资本-帝国主义势力残暴的民族压迫。亡国灭种的阴影，笼罩在中国人的心头。近代中国人民的斗争，主要是以挽救中华民族的危亡为出发点的。近代以来，世界上的主要资本-帝国主义国家，几乎都曾经欺凌过中国；而近代中国的反侵略战争，从 1840 年反对英国侵略的战争直到抗日战争以前，无不以中国失败、被迫接受丧权辱国的条约而告结束。其根本原因，正如毛泽东所说，"一是社会制度腐败，二是经济技术落后"。① 正因为如此，为了使中国在世界上站起来，为了使中国人民过上幸福、富裕的生活，就必须推翻帝国主义、封建主义联合统治的半殖民地半封建的社会制度，争得民族独立和人民解放；就必须改变中国经济技术落后的面貌，实现国家的富强和人民的富裕。近代以来，中华民族所面临的这两大历史任务——追求实现中华民族伟大复兴的中国梦，就是这样被历史地提出来的。无数的志士仁人，一代又一代的中国人，正是为此而进行了不屈不挠、英勇顽强的斗争。

近代以来，一些爱国人士提出过工业救国、教育救国、科学救国等主张，并为此进行过努力，对中国近代社会的进步作出了一定的贡献。但是，在民族不独立、国家不统一、人民无权利的半殖民地半封建社会里，这些主张并不能从根本上给濒临危亡的中国指明正确的出路。由于这些良好的愿望在实践中不断碰壁，他们中的许多人终于抛弃了这些幻想，毅然走上了争取民族独立和人民解放的斗争道路。

---

① 《毛泽东文集》（第 8 卷），人民出版社 1999 年版，第 340 页。

怎样才能争得民族独立和人民解放？近代以来的历史表明，必须首先进行反帝反封建的民主革命。因为帝国主义列强绝不会自动放弃在中国攫取的特权，封建主义势力也绝不肯自动放弃自己控制的政权。所以，以改良的方式是不可能改变帝国主义和封建主义联合统治中国的半殖民地半封建社会制度的。近代中国曾有不少人希望通过改良的途径挽救中国的危亡，如维新变法运动和立宪运动等，但统统行不通。民主革命的先行者孙中山等，也是在进行改良的努力归于失败、对当权者幻想破灭的情况下，才走上革命道路的。

100多年来，中国共产党团结带领人民找到了一条以农村包围城市、武装夺取政权的正确革命道路，进行了28年浴血奋战，完成了新民主主义革命，于1949年建立了中华人民共和国，实现了中国从几千年封建专制政治向人民民主的伟大飞跃；团结带领人民完成社会主义革命，确立社会主义基本制度，推进社会主义建设，完成了中华民族有史以来最为广泛而深刻的社会变革，为当代中国一切发展进步奠定了根本政治前提和制度基础，实现了中华民族由近代不断衰落到根本扭转命运、持续走向繁荣富强的伟大飞跃；团结带领人民进行改革开放新的伟大革命，破除阻碍国家和民族发展的一切思想和体制障碍，开辟了中国特色社会主义道路，使中国大踏步赶上时代。

“历史是人民书写的，一切成就归功于人民。”从长征路上的红军鞋，到淮海战役的小推车；从小岗村村民的红手印，到“最成功的脱贫故事”，人民的力量一旦被激发出来，就有着改天换地的伟力。也正是亿万人民的托举，让“红船”从南湖出发，穿越激流险滩，成为承载民族希望的巨轮。波澜壮阔的中华民族发展史是中国人民书写的，博大精深的中华文明是中国人民创造的，历久弥新的中华民族精神是中国人民培育的。中华民族迎来了从站起来、富起来到强起来的伟大飞跃是中国人民奋斗出来的。

中国特色社会主义是改革开放以来党的全部理论和实践的主题，是党和人民历尽千辛万苦、付出巨大代价取得的根本成就。中国特色社会主义道路是实现社会主义现代化、创造人民美好生活的必由之路，中国特色社会主义理论体系是指导党和人民实现中华民族伟大复兴的正确理论，中国特色社会主义制度是当代中国发展进步的根本制度保障，中国特色社会主义文化是激励全党全国各族人民奋勇前进的强大精神力量。新时代中国特色社会主义思想是全党全国人民为实现中华民族伟大复兴而奋斗的行动指南。

习近平指出：“中国的未来属于青年，中华民族的未来也属于青年。”“他们朝气蓬勃、好学上进、视野宽广、开放自信，是可爱、可信、可为的一代。”① 中国梦是历史的、现实的，也是未来的，终将在一代代青年的接力奋斗中变为现实。青年兴则国家兴，青年强则国家强。青年一代有理想、有本领、有担当，国家就有前途，民族就有希望。今天，我们比历史上任何时期都更接近、更有信心和能力实现中华民族伟大复兴的目标。作为祖国未来的社会主义建设者、各条战线的生力军，当代大学生一定要牢记中国近现代的历史及其基本经验，继承先辈们的优良传统，自觉地承担起时代赋予我们的历史使命，在实现中国梦的实践中放飞青春梦想。

四、释疑解惑

（一）“中国特色社会主义新时代”和“中国特色社会主义进入新时代”的内涵是不是一致的

这是两个相近的概念，但其内涵并不是完全一致的。“中国特色社会主义新时代”是一个历史时期的概念。作为一个历史时期，“中国特色社会主义新时代”是指 2012 年党的十八大以来至中华人民共和国成立 100 周年实现中华民族伟大复兴这一历史时期。这一时期是中国社会主义初级阶段的收官阶段，也是中国建设和建成社会主义现代化强国的开启阶段。

“中国特色社会主义进入新时代”则是指一个特定的历史节点，具体来说，这个节点就指 2017 年党的十九大。党的十九大报告指出，中国特色社会主义新时代“是决胜全面建成小康社会、进而全面建设社会主义现代化强国的时代”。同时明确指出：“从现在到 2020 年，是全面建成小康社会决胜期。”文中的“现在”当然是指党的十九大。正是经过改革开放以来建设中国特色社会主义的“长期的努力”，特别是在党的十八大以来“极不平凡的”五年取得的“全方位的、开创性的”的成就，发生了“深层次的、根本性”的“历史性变革”的基础上，中国特色社会主义进入新时代。

（二）中华民族伟大复兴的最终目标是不是实现共产主义

中华民族伟大复兴的最终目标就是实现共产主义的说法是不正确的。共产主义的

---

① 中共中央文献研究室：《习近平关于青少年和共青团工作论述摘编》，中央文献出版社 2017 年版，第 9 页。

价值目标是以全为人类本位，而不是以民族国家为本位。共产主义社会是全人类成为一个共同体，即《共产党宣言》所说的“自由人的联合体”，到了共产主义社会，不仅不再有阶级的存在，也将不再有民族国家的存在，阶级、国家都将消亡。民族复兴的目标是在民族国家的背景下提出的，是民族国家发展的目标，不是人类社会的发展目标。国家富强、民族振兴、人民幸福的具体目标都是基于民族国家的前提。某一单个民族国家的强盛或复兴，发展得再强大也不是共产主义，共产主义社会的前提是要使民族国家消亡的。对于中国共产党来说，实现民族复兴是现阶段的纲领，中国共产党的最高纲领是实现共产主义。不能把现阶段的奋斗目标和最终奋斗目标混为一谈，也不能把党在现阶段的奋斗纲领和党的最高纲领混为一谈。中国共产党是最高纲领和最低纲领的统一论者，对于中国共产党来说，这两个奋斗目标是内在统一的，中国共产党今天要为民族复兴而奋斗，为建成社会主义现代化强国而奋斗，将来则要为全人类的解放，为实现共产主义而奋斗。实现民族复兴是现阶段的目标，只是为将来的最高奋斗目标奠定基础。至于中华民族伟大复兴中国梦的具体目标，中共十九大报告提了三条：一是综合国力领先；二是国际影响力领先；三是全体人民共同富裕基本实现。而习近平总书记提出的人类命运共同体构想，把中国共产党现阶段奋斗的目标和最终奋斗目标联系起来了。

五、学习测试

（一）单项选择题（备选答案中只有1个是正确的）

1. 从严治党，必须把党的(　　)放在首位

A. 思想武装　　B. 法规建设　　C. 政治建设　　D. 团结统一

2. 保障和改善民生优先发展(　　)

A. 教育事业　　B. 全民福利　　C. 实体经济　　D. 社会保障

3. (　　)是当代中国精神的集中体现

A. 社会主义核心价值观　　B. “四德”

C. 社会主义文艺　　D. 民主法治

4. 十九大修定的新党章里面，在指导思想中增加了(　　)

A. 习近平新时代中国特色社会主义思想

B. 邓小平理论

C. “三个代表”重要思想

D. 科学发展观

5. 改革开放以来，党的全部理论与实践的主题是( )

A. 为人民谋和平　　B. 实现民族伟大复兴

C. 国家富强　　D. 中国特色社会主义

6. 习近平新时代中国特色社会主义思想的核心要义是( )

A. 促进人类和平发展　　B. 坚持和发展中国特色社会主义

C. 实现中华民族的伟大复兴　　D. 实现党的指导思想与时俱进

7. ( )的基本方略，是实现“两个一百年”奋斗目标、实现中华民族伟大复兴中国梦的“路线图”和“任务书”

A. “14 个坚持”　　B. “8 个坚持”

C. “8 个明确”　　D. “14 个明确”

8. 党的十九大报告指出，( )是实现社会主义现代化、创造人民美好生活的必由之路

A. 中国特色社会主义道路　　B. 实现社会主义民主

C. 科学社会主义道路　　D. 从站起来、富起来到强起来

9. ( )是中国特色社会主义最本质的特征和中国特色社会主义制度的最大优势

A. 人民代表大会制度

B. 建设中国特色社会主义法治体系

C. 中国共产党领导的多党合作和政治协商制度

D. 中国共产党领导

10. 发展是解决我国一切问题的基础和关键，发展必须是科学发展，必须坚定不移贯彻( )的发展理念

A. 创新、协调、绿色、开放、共享

B. 创造、协调、生态、开放、共享

C. 创新、统筹、绿色、开放、共享

D. 创造、统筹、生态、开放、共享

11. 习近平总书记指出，全面深化改革总目标是( )

A. 全面建立社会主义市场经济体制

B. 实现社会主义现代化

C. 实现中国梦

D. 完善和发展中国特色社会主义制度、推进国家治理体系和治理能力现代化

12. 党的十八以来的5年，我们党坚持(　　)工作总基调，迎难而上，开拓进取，推动改革开放和社会主义现代化建设发生历史性变革

A. 稳中求进　　B. 又好又快　　C. 稳中求好　　D. 又快又好

13. 建设现代化经济体系，必须把发展经济的着力点放在(　　)，增强我国经济质量优势

A. 虚拟经济　　B. 共享经济　　C. 实体经济　　D. 国民经济

14. 习近平总书记指出，实施(　　)是新时代做好“三农”工作的总抓手

A. 乡村振兴战略　　B. 科教兴农战略

C. 创新驱动发展战略　　D. 区域协调发展战略

15. 习近平总书记强调，全面深化改革必须更加注重改革的(　　)

A. 全面性、前瞻性、针对性　　B. 系统性、整体性、协同性

C. 整体性、协同性、实效性　　D. 探索性、引领性、创新性

16. 党的十九大报告指出，中国特色社会主义文化，源自于中华民族五千多年文明历史所孕育的中华优秀传统文化，熔铸于党领导人民在革命、建设、改革中创造的(　　)，植根于中国特色社会主义伟大实践

A. 革命文化和社会主义先进文化

B. 社会主义先进文化

C. 红色文化

D. 民族的科学的大众的文化

17. 习近平总书记指出：(　　)是社会主义文艺的灵魂

A. 爱国主义　　B. 时代精神　　C. 中国精神　　D. 为人民服务

18. 党的十八大以来，党中央加强对网信工作集中统一领导，对网信工作作出了一系列战略部署，不断推进理论创新和实践创新，不仅走出一条中国特色治网之道，而且提出一系列新思想新观点新论断，形成了(　　)

A. 网络强国战略思想　　B. 网络安全战略思想

C. 网络工作重要论述　　D. 网络建设重要思想

19. 习近平总书记高度重视社会治理问题，明确提出要加强社会治理制度建设，打

造(　　)的社会治理格局，为在新的历史条件下加强和创新社会治理指明了方向

A. 共建共治共享　　B. 共治共有共享

C. 共建共治共有　　D. 共建共有共荣

20. 我们要坚持节约优先、(　　)的方针，坚持生产发展、生活富裕、生态良好的文明发展道路

A. 发展优先、合理保护为主　　B. 保护优先、自然恢复为主

C. 保护优先、人工恢复为主　　D. 发展优先、适度开发为主

(二) 多项选择题（备选答案中至少有2个是正确的）

1. 中国特色社会主义进入新时代，意味着(　　)

A. 近代以来久经磨难的中华民族迎来了从站起来、富起来到强起来的伟大飞跃，迎来了实现中华民族伟大复兴的光明前景

B. 科学社会主义在二十一世纪的中国焕发出强大生机活力，在世界上高高举起了中国特色社会主义伟大旗帜

C. 中国特色社会主义道路、理论、制度、文化不断发展，拓展了发展中国家走向现代化的途径，给世界上那些既希望加快发展又希望保持自身独立性的国家和民族提供了全新选择，为解决人类问题贡献了中国智慧和中国方案

D. 实现贫困人口全面脱贫

2. 新时代中国共产党的历史使命可概括为(　　)

A. 伟大工程　　B. 伟大梦想　　C. 伟大斗争　　D. 伟大事业

3. 下列选项中属于“四个全面”战略布局的是(　　)

A. 全面依法治国　　B. 全面建成小康社会

C. 全面深化改革　　D. 全面对外开放

4. 中国将高举(　　)的旗帜，恪守维护世界和平、促进共同发展的外交政策宗旨

A. 合作　　B. 共赢　　C. 发展　　D. 和平

5. 党的十九大报告指出，要推动“四化”同步发展，“四化”是指(　　)

A. 新型工业化和信息化　　B. 城镇化和农业现代化

C. 军队机械化和科技现代化　　D. 科技现代化和信息化

6. 我们党的三大历史任务是(　　)

A. 完成祖国统一　　B. 推进现代化建设

C. 维护世界和平与促进共同发展　D. 实现民族复兴

7. 实施乡村振兴战略，必须加强农村基层基础工作，健全(　　)相结合的乡村治理体系

A. 自治　B. 法治　C. 德治　D. 民主

8. 推进社会主义民主政治(　　)，保证人民依法通过各种途径和形式管理国家事务，管理经济文化事业，管理社会事务，巩固和发展生动活泼、安定团结的政治局面

A. 制度化　B. 规范化　C. 法治化　D. 程序化

9. 习近平新时代中国特色社会主义思想以全新的视野深化了对(　　)的认识，开辟了马克思主义中国化的新境界

A. 人类社会发展规律　B. 社会主义建设规律

C. 共产党执政规律　D. 科学技术进步规律

10. 我们对中国特色社会主义的自信包括(　　)

A. 道路自信　B. 制度自信　C. 理论自信　D. 文化自信

(三) 论述题

1. 试述中华民族伟大复兴中国梦的实现路径。

2. 试述新时代中国特色社会主义思想的核心要义和主要内容。

◎ 参考答案

(一) 单项选择题

1. C　2. A　3. A　4. A　5. D　6. B　7. A　8. A　9. D　10. A

11. D　12. A　13. C　14. A　15. B　16. A　17. C　18. A　19. A　20. B

(二) 多项选择题

1. ABC　2. ABCD　3. ABC　4. ABCD　5. ABCD

6. ABC　7. ABC　8. ABCD　9. ABC　10. ABCD

(三) 论述题

1. 试述中华民族伟大复兴中国梦的实现路径。

实现中国梦必须走中国道路。中国特色社会主义道路，是在改革开放40多年的伟大实践中走出来的，是在中华人民共和国成立70多年的持续探索中走出来的，是在对近代以来180年中华民族发展历程的深刻总结中走出来的，是在对中华民族5000多年悠久文明的传承中走出来的，具有深厚的历史渊源和广泛的现实基础。

实现中国梦必须弘扬中国精神。中国精神是凝心聚力的兴国之魂、强国之魂。爱国主义始终是把中华民族坚强团结在一起的精神力量，改革创新始终是鞭策我们在改革开放中与时俱进的精神力量。

实现中国梦必须凝聚中国力量。中国梦是民族的梦，也是每个中国人的梦。生活在我们伟大祖国和伟大时代的中国人民，共同享有人生出彩的机会，共同享有梦想成真的机会，共同享有同祖国和时代一起成长与进步的机会。全国各族人民一定要牢记使命，心往一处想，劲往一处使，用14亿人的智慧和力量汇集起不可战胜的磅礴力量。

2. 试述习近新时代中国特色社会主义思想的核心要义和主要内容。

坚持和发展中国特色社会主义，是习近平新时代中国特色社会主义思想的核心要义。新时代中国特色社会主义思想，明确坚持和发展中国特色社会主义，总任务是实现社会主义现代化和中华民族伟大复兴，在全面建成小康社会的基础上，分两步走，在21世纪中叶建成富强民主文明和谐美丽的社会主义现代化强国；明确新时代我国社会主要矛盾是人民日益增长的美好生活需要和不平衡不充分的发展之间的矛盾，必须坚持以人民为中心的发展思想，不断促进人的全面发展、全体人民共同富裕；明确中国特色社会主义事业总体布局是“五位一体”、战略布局是“四个全面”，强调坚定道路自信、理论自信、制度自信、文化自信；明确全面深化改革总目标是完善和发展中国特色社会主义制度、推进国家治理体系和治理能力现代化；明确全面推进依法治国总目标是建设中国特色社会主义法治体系、建设社会主义法治国家；明确党在新时代的强军目标是建设一支听党指挥、能打胜仗、作风优良的人民军队，把人民军队建设成为世界一流军队；明确中国特色大国外交要推动构建新型国际关系，推动构建人类命运共同体；明确中国特色社会主义最本质的特征是中国共产党领导，中国特色社会主义制度的最大优势是中国共产党领导，党是最高政治领导力量，提出新时代党的建设总要求，突出政治建设在党的建设中的重要地位。这“八个明确”，构成了系统完备、逻辑严密、内在统一的体系，是习近平新时代中国特色社会主义思想最重要的内容。

六、阅读文献

1. 胡锦涛：《坚定不移沿着中国特色社会主义道路前进 为全面建成小康社会而奋斗——在中国共产党第十八次全国代表大会上的报告》（2012 年 11 月 8 日）

2. 习近平：《人民对美好生活的向往，就是我们的奋斗目标》（2012 年 11 月 15 日）

3. 习近平：《关于坚持和发展中国特色社会主义的几个问题》（2013 年 1 月 5 日）

4. 习近平：《决胜全面建成小康社会 夺取新时代中国特色社会主义伟大胜利——在中国共产党第十九次全国代表大会上的报告》（2017 年 10 月 18 日）

5. 习近平：《在庆祝改革开放 40 周年大会上的讲话》（2018 年 12 月 18 日）

6. 习近平：《在纪念马克思诞辰二百周年大会上的讲话》（2018 年 5 月 4 日）

7. 习近平：《在庆祝中国共产党成立 95 周年大会上的讲话》（2016 年 7 月 1 日）

8. 中共中央宣传部：《习近平新时代中国特色社会主义思想学习纲要》，学习出版社、人民出版社 2019 年版

后 记

武汉大学开设的高校思想政治理论课“中国近现代史纲要”课程曾先后被评为“国家精品课”“国家精品资源共享课”“国家精品在线课程”。武汉大学“中国近现代史纲要”MOOC 自 2016 年 9 月在中国大学 MOOC 上线以来，每年运行 2 季，迄于 2020 年春季，已经运行 8 季，先后有 30 多万学习者在线学习了这门课程，受到了广大学习者的好评。

为了配合广大学习者更好地学习“中国近现代史纲要”国家精品在线课程，根据学习者的要求，我们组织编写了这本 MOOC 学习辅导教材。

本书借鉴并参考了武汉大学“中国近现代史纲要”国家精品在线课程的相关建设资料，以在中国大学 MOOC 运行的武汉大学“中国近现代史纲要”MOOC2.0 版教案文本为主体内容来编写，部分文字有修改。全书从学习者的角度，将内容分为六个板块：一是“教学目的与要求”，明确各学习单元所要达到的教学目的和具体的学习要求；二是“基本教学内容”，以知识图谱的方式简略梳理各学习单元需要完成的全部学习内容；三是“讨论式教学教案”，以师生对话的方式讲解各学习单元的主要知识点；四是“释疑解惑”，主要根据学习者提出的重点、难点问题进行解答，有意识地选择了学习者在中国大学 MOOC 讨论区提出的较集中的问题进行针对性的回复；五是“学习测试”，设单项选择题、多项选择题、论述题等题型，帮助学习者实时检测自己的学习状态和学习效果；六是“阅读文献”，结合每单元的学习内容，列出若干篇重要的学习文献供学习者选择。

本书由武汉大学马克思主义学院“中国近现代史纲要”教学团队集体撰写。各章具体分工如下：绪论：宋俭；上编综述：吴向伟；

第一章：万军杰；第二章：卢勇；第三章：万军杰；中编综述：吴向伟；第四章：李学桃；第五章：李华；第六章：罗永宽；第七章：焦奎；下编综述：丁俊萍；第八章：李勤；第九章：刘新华；第十章：徐嘉鸿；第十一章：卢勇。宋俭、万军杰负责全书的统稿和修改。武汉大学马克思主义学院研究生陈煜桦、孙明阳、万雅雯、李伦、王文浩、谢若扬、赵虎承担了本书的文字校对工作。

该书的编撰得到武汉大学马克思主义学院、武汉大学出版社的支持。本书存在的不足之处，敬请广大读者批评指正！

编 者

2021 年 8 月 2 日于珞珈山